freedom
letters

СЕРИЯ

Февраль • Лютий

№ 59

Андрей Мовчан

# От войны до войны

Freedom Letters
Лондон — Иерусалим
2024

# freedom letters

Сайт издательства freedomletters.org
Телеграм-канал freedomltrs
Инстаграм freedomletterspublishing

Издатель *Георгий Урушадзе*
Технический директор *Владимир Харитонов*
Художник *Денис Батуев*
Редактор *Георгий Урушадзе*
Корректоры *Злата Климас* и *Юлия Гомулина*

Андрей Мовчан. От войны до войны. — Лондон — Иерусалим :
Freedom Letters, 2024. — (Серия «Февраль • Лютий»)

ISBN 978-1-998265-33-6

От войны до войны. Первая — агрессия России против Украины. Вторая — нападение на Израиль. Один из самых известных финансистов представляет свою версию развития событий. Основу книги составили публицистические материалы 2022–2023 годов.

# СОДЕРЖАНИЕ

Посвящается моим детям:
Фае и Полине, которые за полтора года вывезли из России, Украины, Беларуси сотни молодых людей, нашли для них финансирование и устроили их на учебу;
Илье и Соне, которые сейчас, пока книга готовится к печати, спасают жизни людей в Израиле так же, как они делали это во время ковида.

Я писал эти статьи в надежде, что мир может стать чуточку лучше — чуточку достойнее моих детей, которые заслуживают на Земле мира, процветания, разума, доброты и прогресса.

Я уже не юн и успел пожить в четырех разных Россиях, а теперь живу в Великобритании.

Первая Россия была империей зла, как назвал ее один артист, ставший президентом ее главного врага (сейчас президент главного врага России — тоже артист, но это уже другая история, главный враг теперь меньше во много раз, как и амбиции). Она была жесткой снаружи (чего стоили одни только лица «сопровождающих» делегации за рубеж) и жесткой внутри — ей все было крайне важно, все ее интересовало… кроме своих граждан, которым оставалось в перерывах между прорывами в космос стоять в очередях за костями со следами мяса, польским тренировочным костюмом «у-кого-быстрее-отвиснут-коленки» или зелеными бананами (последние — только в сезон). Надев спортивный костюм, они приносили кости с бананами в еле вмещающую две кастрюли и табуретку кухню или комнатушку с ободранными обоями (обои тоже были дефицитом), в которой жили одновременно три поколения покорителей пространства и времени.

Второй Россией была страна мечты. О ней мечтали много и давно — интеллигенты и диссиденты (и, как им казалось, все остальные тоже). В этой России неожиданно появилось все — но не для нас, а для странно похожих на старых функционеров «новых русских». Впрочем, нам для счастья хватало воздуха свободы, да ничего другого толком и не было доступно. Эта страна вообще не имела амбиций и была готова на все, лишь бы прислали гуманитарную помощь. В ней мечтали о двух вещах: завтрашнем успехе и стать бандитом. Многие, но не все, осуществили одну или даже сразу две эти мечты. Чудом не справившись с осуществлением второй (хотя почти получилось), я зато отлично справился с первой — мой завтрашний успех настал по полной программе.

Наконец, появилась и третья страна: новая империя. Эта, выросшая на потоках нефти, перерабатываемых бывшими райкомами партии и первыми отделами непосредственно во власть, минуя все промежуточные стадии, уже никак не могла считаться империей зла (особенно в столице). Я бы назвал ее «сказочной империей».

Посудите сами: границы открылись во все стороны — для людей и капиталов (а спустя каких-то двадцать лет даже пограничники начали улыбаться и спрашивать, как дела). Место бараков заняли вознесенные ввысь человейники, место домов культуры с облупленной штукатуркой — фантастические мегамоллы с мультиплексами и фудкортами, место столовой 31-го машзавода — невероятные кофемании, место точек общепита — тысячи ресторанов с самыми изысканными меню. А сервис — этот сервис! Место злобных гномов, хозяев жизни из империи зла, тех, перед кем положено было пресмыкаться и лебезить (иначе не запишут к врачу, не положат свежих костей в магазине, не продадут недырявый костюм, не починят текущий кран), заняли мириады бессловесных (в прямом смысле — не говорящих по-русски) смуглых эльфов, как в сказке, исполняющих все наши желания почти бесплатно.

Сказочность империи сквозила из всех ее многочисленных щелей. Сказочен был источник благоденствия — странная жидкость («углеводородица», как метко заметил кто-то из моих коллег), ставшая энергией достатка, бьющая из-под земли и окормляющая живущих в империи так щедро, что большинство граждан даже не задумывалось о возможности делать в жизни хоть что-то полезное (если, конечно, не считать полезными бесконечные «дизайн пространств», «коучинг», «блогерство», «консультирование», «мотивирование», «модерирование», работу в офисе по перекладыванию бумаги, получение финансирования венчуров от государства или просто и откровенно «государственное управление» — то есть плотное сидение на попе с основной задачей удержать под собой стул).

Сказочны были пространства. Как в Кощеевом царстве, на тысячи и тысячи километров руин и пустынь приходилось в империи несколько неожиданных мегалитических сооружений: мостов из ниоткуда в куда-нибудь, газопроводов из бог знает чего в практическое никуда, университетов на пустынных островах, волшебных городов, в которых жизнь бьет ключом, вырастающих, как град Китеж, неожиданно посреди миллионов квадратных верст грязи и запустения. В империи встречались истинно сказочные персонажи (помимо эльфов): множество Кощеев чахли над тоннами золота и миллионами долларов в подпольях, как птицы феникс, возрождались из пепла обанкротившиеся и укравшие деньги клиентов банки и застройщики, Иванами-дураками ходили топ-менеджеры госкорпораций, поймавшие жар-птицу даровых доходов за хвост, множество Емель ездило на е-мобилях, звонило через йотафоны, летало на ракетах с ядерным двигателем — и все это во время своего бесконечного сна на печи.

Но, как бывает в сказках, все рухнуло в одну ночь, точнее — одним утром. Говорили дуракам, что нельзя жечь овечью шкуру российской власти — хоть и выглядела она в ней подчас сущим бараном, но все было лучше, чем злобная зверюга, которая под ней пряталась. Взорвалась сказка былью, унесла за два года четверть миллиона жизней, порушились города, надломились экономики, разделились люди на тех, кто в ужасе от катастрофы, и тех, кто, подобно спутникам Одиссея, верит, что продолжает жить в сказке, хотя давно уже со свиным пятачком хлебает у корыта в ожидании, когда его используют на жаркое.

Я, правда, не застал последнего превращения — к 24 февраля 2022 года я давно жил уже далеко, в совершенно другой империи. Я жил в Лондоне, работал, как всегда, в инвестиционном бизнесе и, как всегда, писал.

Зачем я писал? Затем, что в современном мире даже к зубной щетке прилагается инструкция по эксплуатации и предупреждение о рисках, а вот к империям такие бумаги забыли приложить. Между тем вырастающие сегодня как будто ниоткуда империи (в этом строю Россия не первая, не последняя, не самая сказочная и не самая страшная) требуют такой инструкции как минимум потому, что империи опасны по самой своей сути — в их ДНК нет идей гуманизма, но лишь идея власти, силы и коллективного превосходства. Дело осложняется тем, что имперские нарративы привлекательны своей сказочностью и силой, и это осложняет объективную оценку опасности. Вот что-то вроде инструкции и предупреждения я и создаю своими статьями.

В этой книге собраны мои посты, колонки и заметки за период с 24 февраля 2022 года по ноябрь 2023 года — с начала войны за независимость Украины до начала (увы, это, конечно, только начало) второй войны за независимость Израиля. Войну 22-го года начала страна, в которой я родился, в войне 23-го была атакована страна моего народа, страна, гражданином которой я являюсь. И в первой, и во второй войне жертвы агрессии являются форпостами цивилизованного мира (худо-бедно), и удар по ним — это первый серьезный удар по с огромным трудом построенному миропорядку развитых демократических стран, удар «на пробу», попытка проверить, насколько просто этот миропорядок развалить, насколько можно надеяться существенно сузить или вообще уничтожить пространство свободы, демократии, прав человека, экономического достатка — и заполнить весь мир тоталитарным контролем, держащимся на насилии, фанатизме, лжи и страхе.

К сожалению, ответ цивилизованного Запада и на первую, и на вторую войну не выдерживает никакой критики не только с моральной (что, наверное, не так важно), но и с прагматической точек зрения. Поддержка Украины, очень эмоциональная поначалу, быстро стала стухать, превращаясь в рутинное бремя. Военная помощь была и остается катастрофически недостаточной, она поступала и поступает слишком поздно. Поддержка Израиля, которая вроде бы существует на словах лидеров большинства западных стран, нивелируется полностью выигранной террористами информационной войной, массовыми выступлениями левых радикалов и малообразованных борцов за права всех кого попало, невнятной политикой ограничения антисемитизма, слабыми и противоречивыми миграционными законами, отсутствием более широкой политической реакции, направленной на обуздание спонсоров терроризма. Как в известном фильме, Запад предпочитает «не смотреть вверх».

Как любой автор, я надеюсь, что мои статьи развлекают читателей. Но кроме того я надеюсь внести хоть самый маленький вклад в разъяснение происходящего сегодня — в период двух войн. Если мне удастся хоть на немного уменьшить благостное неведение Запада и повлиять в том числе на позицию моих русскоязычных читателей (а Россия, если без шуток, может устойчиво существовать только как часть западной цивилизации, и либо она сравнительно скоро изменит свою политику, либо исчезнет), моя задача будет выполнена.

## Хтонь

Как честный человек, должен вам заранее (перед тем, как вы будете читать дальше) представить отзывы моих читателей — точнее, избранные комментарии к моему интервью, которое в 2022 году я дал Лизе Осетинской. По поводу них я написал пост в фейсбуке в декабре 2022 года:

«Там конь-огонь, апокалипсис и лебедянь в одном стремительном домкрате. Там такой дух, таким пахнет! В этой стране не победить — никого и ничем; она сама себя давно победила и, торжествуя, на дровнях обновляет путь в свое привычное никуда. Сорокин плачет в уголке».

Читайте, завидуйте, и думайте, читать ли дальше. Орфография оригинала сохранена, чего бы мне это ни стоило.

*Мовчан считает себя элитой ..., осядет в Израиле , сначала Обманет в Англии (всем скажет я не отвечаю за ваша деньги), типичный ЕВРЕЙ ...*

*Стыдно за то, что это экономист, за что ему выдали диплом? Непонятно.*

*Все валите в Лондон, или в ЕС там жизнь, а тут все умрут… Читаю комментарии и вы поете оды этому человеку, он поет то, что должен, чтобы свою … держать в комфорте в Лондоне, этот человек подлец и лицемер.*

*В 90-х сущность еврейства взяла верх, а жажда наживы — целью в жизни. Спасибо гниющему западу за открытие черт в человеке. Каждый второй в России стал евреем.*

*Рассказывал гоям, что нужно еще потерпеть. А сам прихватив шекели свалил в Лондон, где теперь в тепле трясет шнобелем на других интервью для таких же гоев.*

*У нашей страны и правда водятся деньги, которые вы никогда в жизни не увидите, потому что не развиваетесь. Стоило бы поучиться, потенциал наш огромен.*

*Иностранные агенты решили что-то опять рассказать. А ведь на самом деле никакой войны не было и не будет. И вы все так же нарушаете законы РФ, при чем специально.*

*Лиза извени, он потологический лгун*

*Крайне бестолковый спикер. Не смотрю его уже лет 7. Тогда же и выводы сделаны.*

*Чересчур заумный. Типа он умнее всех западных экономистов. Тошнит*

*России не свойственен цинизм потому что -это достойная и благородная страна*

*Так и скажи Мовчан, что работал на армян! А теперь типа частный художник))))*

*мовчан противен жалок и смешон..... КАК можно говорить что НЕ ВЕСЬ НАРОД виноват?*

*В России не может быть цинизма потому что Россия -единственная страна, которая сражается с неонацистами и Россия делает из чувства справедливости и чувства долга.*

*У ведущей хочу спросить: за что Россию и русских так ненавидишь!!? Просто бес в полуженском облике!*

*Вроде умный мужик, а дурак дураком*

*Один метет пургу, другая делает вид, что верит....*

*Вроде здраво, но очень однобоко. Мы плохие, не такие, фу..., а о них (западных проамериканские агрессорах пытающихся всех сожрать) ни слова..*

*Сейчас же уже русофобия граничит с насилием и нарушением прав человека- началась блокировка карт граждан РФ в Грузии.*

*Инвест банкир это человек из Морган Стенли. А это лохопед какой то*

*Мовчан в русские норм)) а шлойзберга у вас в закромах нет?*

*Народ - ОТВЕТСТВЕНЕН!!! за свой выбор, прежде всего, за те интервью, которые он дает на задаваемые им вопросы*

*никто умный свою страну покидать и не подумает. Но Мовчан явно к умным не подходит. Предатель и только*

*сколько можно Российские деньги считать?? тупость несете*

*а вы чего деньги России то в се считаете? своих нет???*

*Как же любят противники считать деньги России. Наверное правильно говорят, что когда своего нет, всегда хочется посмотреть, что у твоего соседа.*

*Мовчан то персик, молодец. А нам то что делать? Я живу на севере*

*мерский типчик но очень интересно*

*Евреям золото заплатили коган, а русским крыши соломой покрыли*

*Фу, как мерзко поливать грязью Россию! Мы между прочим чуть ли не последний оплот адекватности в мире!*

Если такие характеристики вас не остановили, welcome to the book.

ENJOY


# Антихтонь

Спасибо, что прочитали мнения моих оппонентов и тем не менее продолжаете читать эту книгу. Но не оставлять же мне вас только с негативными эмоциями!

Вот один читатель, например, написал мне в фейсбуке:

«Снимаю перед вами шляпу! Вы высказали в точности мои мысли, один в один!»

«Снимаю шляпу» — это ведь выражение восхищения и благодарности, не так ли?

Давайте вслушаемся в этот тихий шелест дьявольских крыльев: мой ФБ-друг восхищен тем, что я думаю то же, что и он, он благодарен мне за это!

То есть по-простому: я не сказал для него ничего нового, не принес никакого развития, не заставил его ничего изменить, уточнить, улучшить. Если он прав, то пользы от меня было ноль. Если он не прав, то от меня огромный вред, потому что я увеличил его уверенность в ошибочном мнении. Но он благодарен мне!

Мы все так благодарны тем, кто подтверждает наши заблуждения! Чистым, дистиллированным и концентрированным результатом благодарности за согласие является компиляция подростковых страхов, сексуальных фобий, конспиративных теорий с пыльных полок аутсайдеров философского мира, плохо пересказанных фейковых историй и неуклюжих оправданий своих грубейших ошибок и подлых действий. Пока мы снимаем шляпу перед теми, кто льстит нашим комплексам, подпевая нашим мыслям, мы будем получать на выходе вот такую адскую смесь и в своих головах, не думайте, что вы по определению лучше и умнее.

Нет уж, дорогой друг, спасибо, но я не принимаю вашей благодарности. В следующий раз, если вам захочется снимать передо мной шляпу, дождитесь момента, когда узнаете от меня что-то новое, неожиданное, когда я смогу изменить ваше мнение, помочь решить проблему, которая не решалась, когда я вызову у вас возмущение, несогласие, растерянность своей позицией.

А пока оставайтесь в шляпе. Не губите свой некролог.

То же самое относится и к читателям этой книги.

# ДИСКУССИИ

## Как думать

Мне кажется, что мышление, основанное на системе ригидных мнений, на защиту которых тратится очень много сил и потенциальная ущербность которых является серьезной угрозой самооценке, — это признак состояния тотальной некомпетентности. Исторически это состояние свойственно малообразованным или не слишком умным людям, но в последние десятилетия (или даже один–два века) масштаб задач и оценок, взваленный на мыслительный аппарат обычного (образованного и смышленого), человека настолько вырос, что в это состояние попало подавляющее большинство людей.

Нынешняя свобода, требующая собственного мнения по вопросам от политики в Гондурасе до приема лекарства, прописанного врачом (и, конечно, разрушение традиции требует от простых людей ответов на вопросы — можно ли бить жену, как растить детей, что полезно есть, какая ставка рефинансирования подходит в нынешней макроэкономической ситуации, эффективна ли векторная вакцина), оставляет человека в глубоком кризисе компетентности, параллельно внушая ему, что он — не тварь дрожащая, а имеет право на мнение.

Важнейший культурный феномен современности — опрос на узкоспециальную тему среди случайных респондентов. Не иметь мнения — быть дураком. Вот люди и пытаются изо всех сил уцепиться за обломки традиции или высказывания «авторитетов», создавая из протухшего и ядовитого бинарный газ собственного непререкаемого суждения, которое они готовы защищать до потери жизни, потому что отказаться от него — потерять не только собственную значимость, но и последние ориентиры.

Вот почему я много пишу на тему «как думать, как узнавать факты, как собирать информацию, чему верить и почему верить». Без умения думать жить плохо. Но без умения узнавать истину в ее полноте, не ограничиваясь примитивной проекцией истины на плоскость чьих-то предпочтений, без умения находить факты и делать из них выводы, без умения распознавать, кому доверять, кому не доверять, а чьи слова воспринимать через призму его интересов, вообще невозможно жить успешно, да и просто безопасно.

Поэтому я и в этой книге, во всем множестве статей, написанных от войны и до войны, на первое место ставлю раздел «Дискуссии». Поговорив о том, как думать, мы сможем поговорить о том, о чем думать.

## Объективность?

Мы много говорим о пропаганде с разных сторон, о фактчекинге, о том, что надо «искать независимый источник». Все это называется «объективность». На «СловоНово» осенью 2022 года в камерной Будве, приютившей бежавших от войны русских, представители «Дождя», «Гвоздя», DW и прочих говорили, что их главная проблема (главная, Карл) — что «представляющие другое мнение» перестали давать им интервью.

Как будто мы имеем дело с двумя концепциями зарождения жизни и должны оценить объективно работу нобелевских лауреатов.

На практике же информационное поле устроено следующим образом: возьмем, например, вопрос потерь российской армии. С одной стороны — условные «иноагенты». Их мнение о потерях базируется на:

- сообщениях многих агентств, имеющих информацию от разведок США и Британии;

- оценках ожидаемых потерь в рамках боестолкновений схожей интенсивности;
- данных о перемещениях, выводе и переформировании частей;
- отрывочных записях переговоров военных и показаниях пленных;
- данных о заполняемости госпиталей в прифронтовой зоне и вообще по стране ранеными;
- объявлении мобилизации и простом соображении, что если армия, в которой изначально было 200 тысяч человек, к которым прибавили потом еще десятки тысяч мобилизованных в ДНР/ЛНР, тысячи из зарубежных группировок и 10 тысяч зэков, вдруг нуждается в удвоении на том же фронте, то либо генералы изначально бездарно рассчитали ресурсы, а оккупированные территории захвачены чудом господним, либо потери начальной группировки очень велики и цифрам западных агентств можно верить.

А «другое мнение»?

Вот, например, некий Данила Грибов, писатель в ФБ из Ярославля, который сегодня пишет огромный пост про «Праздник пятилетия паспорта туриста Золотого кольца». Очень своевременный и нужный пост, я вам скажу. Но вообще Данила — патриот, клеймящий уклоняющихся от мобилизации площадной бранью, он — рупор величия русского мира, обличитель либералов, которые распространяют фейки за деньги европейских НКО. Вот как он определяет потери российской армии:

«Вы видели как в России хоронят наших героев — с воинским салютом, всем миром, с речами представителей администрации и пр.? И что, о каком количестве таких похорон вы слышали? Вот то-то! О небольшом. Не может быть чтобы 99% наших солдат похоронили незаметно! Врет либеральная пропаганда!»

Считать сограждан дебилами — давняя и понятная традиция и нынешней российской власти, и ее верных почитателей. Но вот считать то, что они изрекают, «мнением», кажется мне некоторой перверсией демократичности и объективности. На месте «Дождя» я бы не так переживал.


## О способах мышления

Вот какую интересную вещь я замечаю в последнее время (то есть она, конечно, была всегда, но замечаю я ее в последнее время): огромное большинство людей на полном серьезе мыслит не категориями возможностей, а категориями долженствования.

Меня жизнь приучила начинать рассуждения о реальности с формулировки иерархии целей: вот это задача-максимум, вот это хуже, но возможно, вот это — серьезный компромисс, а вот на это я совсем не готов. Дальше я обычно изучаю «что есть» — настолько объективно, насколько могу. Следующий этап — размышление на тему «что делать, чтобы в рамках того, что есть, реализовать цели», насколько это возможно, как это сделать наиболее эффективно. Если в процессе мне становится понятно, что даже на серьезный компромисс мои возможности не выводят, я начинаю все заново — поиском других целей или поиском других пространств решения.

Примерно так же я и пишу свое мнение по более или менее любому вопросу: мне интересно говорить о возможностях, о методах достижения целей, о проблемах и их решениях.

Другое дело — огромное количество моих читателей. Они начинают свои размышления с того, что «должно быть». Это загадочное «должно быть» иногда является продуктом «хочу», иногда — «меня так воспитали», но кардинально отличается от формулировки целей тем, что воспринимается как данность, не требующая никакого действия и всегда абсолютно реальная. «Так должно быть» — и обсуждать нечего, надо требовать, чтобы было, ждать, что так будет, обрушиваться с обвинениями на тех, кто сомневается, что так будет (или есть), обижаться на них, на мир и продолжать вести себя так, как будто «должное» непременно само по себе состоится. Врагом человека, мыслящего такими категориями, является не столько тот, кто реально стоит на его пути к «должному», сколько тот, кто указывает на оставшееся расстояние, преграды, реальные возможности и шаткую перспективу «должное» получить.

Специалистов по «как должно быть» очень легко быстро выделить из среды:

- они склонны обобщать («все знают», «общее мнение», «нам [гражданам страны] так нужно» и пр.);
- они обижаются на советы и, как правило, выдают обобщающий от них отказ («нам не нужны советы», «оставьте ваши советы при себе») или требование инклюзивности («только тот, кто с нами, может давать советы»);
- они легко находят решение задачи, основанное на действиях третьих лиц («он/она должен…»), и игнорируют волю этого третьего лица; это касается как союзников (им моментально начинают указывать, как помогать, как себя вести, выговаривают за недостаточность помощи, как будто авторы не скромные просители, а хозяева), так и противников (при этом то, что противник по определению будет действовать не в их интересах, игнорируется);
- они сфокусированы на «справедливости», а не на «эффективности», вопрос «как сделать» тут же трансформируется в «как правильно»;
- процесс их не волнует, они в принципе не распознают разговора о возможностях, принимая его за разговор о форме идеала, и горячо спорят не на предмет «возмож-

но/невозможно», «эффективно/неэффективно», «как достичь», а о том, каков автор, каков мир и каковы они сами;

- они не понимают разницу между стимулом и действием, будучи уверены, что первое и второе всегда направлены в одну сторону: чтобы корова давала больше молока, ее надо больше доить, чтобы собирать больше налогов, надо поднять ставки, чтобы не воровали, надо запретить воровать, чтобы Запад дал больше оружия, надо больше требовать и пр.;

- мой способ мышления они, как правило, объявляют «циничным», поведение «трусливым» и не скрывают своего морального превосходства надо мной — еще бы, ведь я весь погружен в какие-то мелочи, а они видят сверкающую цель и требуют ее исполнения немедленно;

- они, как правило, обижены и страдают, точно зная, кто в этом виноват; сами они в список виноватых никогда не входят.

Вот, например, написал я недавно пост с простой мыслью: пропаганда коллективной ответственности по признаку гражданства/национальности применительно к русским неэффективна и невыгодна для Украины. Привел пять или шесть аргументов. Обратите внимание: я задаюсь вопросом полезности. Для Украины. Бесспорных аргументов в мире вообще почти не бывает, поэтому я не сомневался, что будет дискуссия. Но в моем представлении дискуссия должна была бы идти вокруг тезиса — выгодно или нет Украине (украинцам) пропагандировать русскую коллективную ответственность с точки зрения их задач, в которые входит прекращение войны, возврат территорий, построение сильной независимой Украины и ее экономическое процветание. Я, честно скажу, был бы рад самым разным альтернативным мнениям на тему. По мне, коллективная ответственность народа — вещь скользкая, но я уверен, что позиции могут различаться. Однако что я получил в ответ?

1. «Все русские — козлы». Не оспаривая эту глубокую и, видимо, выстраданную истину, я хочу спросить, какое это имеет отношение к вопросу поста?

2. «Россия должна выплатить репарации, это и будет коллективная ответственность». Класс. Я за. Кто объяснит это России, которая даже то, что должна по международным договорам, делает через раз, но главное — какое это имеет отношение к вопросу поста?

3. «Автор козел». Ценное замечание, но какое это имеет отношение к вопросу поста? К слову, козлы часто пишут умные вещи, а более приятные животные — глупости.

4. «У-лю-лю, как автор боится ответственности!» [в реальности там выражения жестче]. Может, боюсь, может, нет, но, блин, вопрос поста же не в этом! Он даже не в том, «правильно или нет» применять коллективную ответственность к русским, он в том, выгодно ли это украинцам или нет.

5. «Как можно такое писать, когда Киев бомбят?!» Если возможность обсуждать выгоды Украины зависит от того, бомбят ли Киев, то Кремль будет бомбить его, просто чтобы никто не мог обсуждать, что выгодно Украине, не так ли? Наконец, какое это имеет отношение к вопросу поста?

6. «Нечего давать НАМ [украинцам, видимо] советы!» Ну вообще-то я не на Крещатике их выкрикиваю, а у себя в ФБ, читать никто не заставляет, можно считать это академической работой. Совет — это всегда опцион позитивной стоимости — исполнять-то его не обязательно, но вдруг пригодится? И еще раз: пост не про пользу советов, а про пользу пропаганды коллективной ответственности — какое отношение ваше диковатое требование, что писать и что не писать мне на моей странице, имеет к теме поста?

7. «Вы не понимаете, о чем говорите, вы не живете в Украине». Ну-ну. Дарвин никогда не откладывал яиц и не вил гнезда, что не помешало ему, изучая птиц, сформулировать теорию эволюции. Насколько я знаю, ни одна птица этого до него не сделала. Ситуацию можно знать и не будучи ее ча-

стью (и так даже правильнее — эффект свидетеля искажает восприятие); кроме того, ситуация Украины не оригинальна и не впервые в мире случилась. Многие выводы вообще не на ней основаны. И снова: оспорьте мои тезисы, не обсуждайте, где я живу!

Очень грустно все это, и, честно говоря, я даже не знаю, как помочь людям, живущим в раковине, построенной из своей уверенности в том, «как должно быть». Я понимаю, что страх советов и буллинг их авторов — это на самом деле страх потерять раковину, увидеть ее иллюзорность. Но без потери раковины невозможно двинуться вперед и добиться успеха — зато очень легко стать жертвой политических мошенников, продающих тебе раковины под видом реальности. Я могу быть десять раз неправ, но спорьте со мной по существу вопроса, черт возьми, вам же будет лучше!


## Накипело

Я, конечно, понимаю, что травма, вот это все, но чем дальше, тем больше дискуссии в ФБ становятся похожи на соревнования пропагандистов. А это неправильно. Поэтому мне хочется напомнить аудитории несколько важных, но не совсем интересных и не совсем очевидных истин.

1. Есть дискуссии теологические (я сюда отношу и морально-этические, потому что мораль в отрыве от рационали есть предмет веры), а есть дискуссии практические. В отличие от водки с мартини, их нельзя смешивать, потому что получается страшная дрянь. Выводом теологической дискуссии может быть только понимание, верят участники в одно и то же или в разное. Выводом практической дискуссии может и должно быть только то, какова соответствующая реальности картина и как в ее рамках наиболее эффективно достигать поставленной дискуссией (явно или нет) цели. Цель — вот что может

являться результатом теологической дискуссии и из нее перекочевывать в практическую.

2. Стоит помнить, что вера (в том числе вера моральная) — это всегда вера и она имеет одни и те же недостатки вне зависимости от того, в чем она заключается и какие у нее достоинства. Главными недостатками веры являются:

a. ригидность (вера, как правило, не меняется со скоростью обстоятельств, поскольку связана во многом с химией мозга индивидуума. Да-да, не смейтесь, есть большой пласт научных работ о том, как химический баланс мозга определяет спектр морально-этических предпочтений);

b. контраст (вера — это всегда выделение и противопоставление, часто искусственное, вера требует существования греха и грешника против святости и праведника; концепция серой зоны вере недоступна);

c. примитивность (вера основана на очень простых моделях, в рамках веры «все однозначно»; вера оперирует массами: странами, народами, жизнями целиком, действиями широкого спектра; вычленять различия, видеть сквозь забор вера не умеет);

d. радикализм (вера служит разделению, а не объединению, требует борьбы с представителями другой веры);

e. встроенный концепт спасения (наши всегда победят в итоге, без этого не может быть веры);

f. встроенный концепт жертвы (достижение спасения не может происходить без затрат, потерь, неудобств; если они не просматриваются, то вера начинает их создавать искусственно);

g. идея всеобщности (вера говорит своему носителю: «Я единственно правильная для всех, если кто-то верит в другое, он идиот; если он не идиот, то он верит в то же самое, но он на стороне зла и притворяется»).

3. Носитель любой веры, если он не прилагает существенных усилий, чтобы побороть вышеуказанные негативные свойства веры, опасен для окружающих.

4. Вера в прогресс, права личности, «моя свобода заканчивается там, где начинается свобода другого», демократию, отсутствие дискриминации, рыночную экономику и прочие вещи, в которые верю я лично, — это точно такая же вера, как любая другая (например, в «жесткую руку», домострой, величие конкретной нации и пр.). Не существует никакой «объективной веры», как не существует объективной цели нашего существования, как (с точки зрения эволюции) не существует нас — а есть только случайно смешивающиеся и мутирующие наборы генов. Фанатик этой веры (фанатик — это тот, кто не борется с негативными последствиями наличия веры в самом себе) опасен не меньше фанатика любой другой веры — и мы видим тому многочисленные примеры в жизни.

5. Вышесказанное вообще не означает, что «все веры плохи», — просто потому, что плохость веры может быть определена только по отношению к другой вере и являет собой всего лишь дистанцию между ними: чем дальше одна вера от другой, тем они хуже друг для друга.

6. Вышесказанное также не означает, что бороться за торжество идеалов своей веры плохо, ровно потому, что плохость — понятие относительное, как сказано выше. Для приверженца веры бороться за торжество ее идеалов совершенно естественно. Я как могу борюсь за торжество идеалов, описанных мной в п 4.

7. Правильных вопросов здесь два:

a. Может ли фанатик (определение выше) эффективно бороться за торжество идеалов его веры? Ответ: конечно нет, почти всегда фанатики как раз снижают шанс на торжество их веры в перспективе. Борьба фанатика за веру напоминает тыкание с большой силой квадратного в сечении ключа в круглую дырку диаметром, равным стороне квадрата: вроде размеры совпадают, отверстие ломается, гнется, а ключ не лезет; более того, скажу я, после такого продолжительного тыкания туда не будет влезать даже правильный круглый ключ.

b. Можно ли верить и не быть фанатиком? Да, разумеется, можно и нужно. Для этого надо учитывать сказанное в пункте 2 и затрачивать значительные усилия на нейтрализацию этих побочных эффектов веры.

8. Что означает 7b на практике?

a. Жизнь и мир быстро меняются. Живая вера должна меняться так же быстро, иначе она умрет, станет фанатичной и неспособной себя продвигать, бесполезной для носителя и токсичной для других. Вера, одетая в костюм прошлого века (тем более — средних веков), всегда мертва.

b. Основа живой и продуктивной веры — сопоставление «лучше — хуже», а не «хорошо — плохо». 99% ситуаций (действий, людей) лежат между, 50% — более хороши, чем плохи. Конкретный человек чем-то лучше, чем-то хуже, когда-то лучше, когда-то хуже, можно судить в целом, но редко это продуктивно, куда эффективнее судить только здесь, сейчас и конкретный факт, признак, действие.

c. В реальном мире не существует сферических коней в вакууме, относительно которых верующий может решить свою задачу «качества» без калькулятора. Простых моделей не так много. Для моей веры ситуациями «абсолютно плохими» являются явления уровня Холокоста, изнасилования или убийства ребенка. В большинстве остальных случаев, чтобы определиться с моральной оценкой, нужно разбираться в деталях. «Очевидно» — плохое слово.

d. Как это ни странно прозвучит, но реальный успех веры вряд ли возможен в непримиримой борьбе с другими религиями. В любой драке морда побита у обоих. Это, конечно, не значит, что конфликта всегда необходимо избегать любой ценой, — да часто его и не избежать, как бы ты ни старался. Но все же успех создается на 90% сотрудничеством с теми, чья вера не так далеко отстоит от твоей, и лишь на 10% в конфликте с теми, чья вера безнадежно далека.

e. В этом мире ничто не гарантировано. Христиане не правы. Маркс не прав. Фукуяма не прав. Мир не обречен на прогресс, «хорошие парни» не обречены на победу, вероятность самоуничтожения всей цивилизации в ближайшие сто лет очень велика, а то, что человечество не будет существовать через 5 млн лет, почти очевидно. В истории человечества любая вера без труда найдет мириады случаев, когда ее апологеты были повержены, унижены, уничтожены — индивидуально и целыми народами и странами; их личный бой был проигран навсегда. Будущее, скорее всего, не будет отличаться от прошлого в этом смысле. Стоит держать это в голове.

f. Затраты, потери, неудобства — это категории практические, а не морально-этические. Мирозданию не нужна ваша нога. «Страдать за веру» — почти всегда далеко не лучший, а часто очень плохой способ приближения ее торжества. Делать это надо, только если ты, здраво поразмыслив, не придумал ну совсем никакого другого способа. Кстати, «повести за собой», «стать примером другим», «вдохновить своей гибелью» — это нарративы из маркетинга, продвигаемые теми, кто пользуется наивной верой жертвующих в своих целях (то есть целях, далеко не соответствующих верованиям жертв). Никто никогда на практике не продвигал этим свою веру, и особенно это является лишним в нашу эпоху — эпоху постправды. Я совсем не говорю, что не надо защищать свою семью, свой дом, ценой своего неудобства или даже жизни добиваться чего-то. Я просто говорю: не верьте, когда вас призывают жертвовать во имя — скорее всего, «имя подменили».

g. «Правильной веры» не существует: любая вера — это продукт свойств набора генов ее носителя, полученных путем естественного отбора, и заблуждений и предрассудков этого «носителя генов», сформированных в процессе получения опыта, индоктринации и травматизации в течение жизни. Для каждого своя вера правильна, но вер много, они разные. Два человека очень разных верований и моральных принципов зачастую могут успешно сотрудничать и находить компромиссы — оба будут честны, оба будут искренне верить в разные вещи. Уважение к другим убеждениям крайне помогает продвижению собственных идеалов. Это никак не означает, что конфликта всегда удается избежать, но уважение к врагу полезнее, чем убеждение, что враг либо идиот, либо врун. Наконец, зачастую договоренность «не лезть друг к другу со своими идеалами» является самым лучшим решением с точки зрения продвижения и обеспечения безопасности идеалов своих.

Как бы классно было в ФБ, если бы авторы и комментаторы помнили всё это.

## Письмо в редакцию

«Письма в редакцию» зачастую приносят одно и то же: очередной читатель возмущен моей попыткой вырвать его из власти подавляющих тревогу шаблонов — ментальных антидепрессанто-обезболивающих плодов массированной пропаганды. Читателю страшно, и от этого он не спорит, а бранится. Но так уж устроена моя садистическая личность, что я хочу вырывать в общем-то хороших и неглупых людей из матрицы суеверий и верований, искусно созданной в России за двадцать лет с одной целью: обожествить существующую власть и заставить за нее умирать вне зависимости от того, что делает власть с верующими.

Поэтому я отвечаю. Возможно, я беру на себя труд не по силам, а может быть, моя гордыня здесь проявляется особо (гордыня — это грех, я знаю). Кто не хочет слышать критику, дальше не читайте, дабы не расстраиваться и не ОСКОРБЛЯТЬСЯ. Я часто думаю, как точно было выбрано на определенном этапе это слово властью в России для запрета на здоровую критику безумных суеверий: действительно, верующему свойственно не задумываться, а оскорбляться, ибо вера для него — предмет достоинства и защиты одновременно, а посягательство на веру оскорбляет достоинство и пугает потенциальной беззащитностью — особенно когда достоинство только в вере и она же — единственная защита.

Читатель из Новосибирска Elena Sloik:

«И далась Вам эта немытая Россия с ее еще более немытыми русскими людьми на востоке Украины, которых терроризировали укроарийцы? Их же нет, как и нет нацистов на Украине — это пропаганда Кремля. Как там умные и красивые Джонсон и Трасс? А что с доходностью Вашего фонда? Намного выше инфляции? В демократичном Лондоне все хорошо? Ну и хорошо. Если Вы действительно не поняли сарказма (в чем я сильно сомневаюсь), я поясню, что стоит за неуместными (на самом деле нет) вопросами. Еврей повесил на аватар украинский флаг с модным слоганом. В то, что у еврея, который живет в Лондоне на деньги буратинок, питающих его фонды, в том числе грязных, российских, болит сердце за простых украинцев — не верю. Их убивают с 2014 года. Понемногу. А с 24 февраля нынешнего — включили на территории Украины мясорубку. У них нет света, воды и отопления (которыми Вы любите хвастать). Лично для меня киевлянин — такой же украинец, как житель Горловки или Донецка. И москвич — такой же русский, как житель Горловки или Донецка. Но не для тех, кто с 2014 года сидит на Банковой и, обмотавшись таким же флагом, что у Вас на аватарке, делает все, чтобы эти люди страдали и умирали. Еврей рассуждает о злодеяниях Кремля, о бесперспективности российской экономики, пуская пыль в глаза буратинкам, для которых именно Вы, а не Смит, Маркс, Маршалл являются авторитетами в данной области. Все это уже было, не прошло и ста лет. Когда русские, украинцы и Ваши собратья складывали головы и горели в печах, в США складывали в стопку золотые слитки и разрабатывали Бриттон-Вудскую систему, чтобы завалить весь мир долларами и заработать еще больше. А нацисты, те, кто тогда подбрасывали в печи, и сегодня подбрасывают. Только горят в печах не евреи, а украинцы и россияне. Вы прекрасно понимаете, что, когда мир начинает захлебываться долларами, как сегодня, необходима война, реки крови и новый план Маршалла. Вы далеко не глупы, поэтому в Вашу наивность я не верю. Это дешевый популизм для продвижения собственных (не слишком эффективных) услуг. Можно и украинский флаг налепить. Это ничего не стоит, но местами работает».

Елена, будет ли вам интересно узнать, какие ошибки вы, по моему мнению, совершаете? Если да, читайте дальше. Если нет, спасибо вам за мнение и до свидания.

Если вы читаете дальше:

1. Вы делаете множество предположений относительно незнакомых вам людей, их мотиваций, их истории и пр. В любом случае такие предположения не обоснованы ничем, кроме вашего личного опыта и способа мышления (возможна, конечно, еще индоктринация теми, кто для вас авторитетен), но они не могут иметь никакого отношения к реальности, кроме случайных совпадений — это же не выясненные вами факты! Говорить вам, что вы катастрофически ошибаетесь относительно того, что я делаю и кто мои клиенты, достаточно бессмысленно, просто поймите, что ваш способ мышления дает вам вероятность ошибки 50%.

2. Вы вовлекаете в процесс мышления самооценочные эмоции. Оскорблять поголовно людей определенной стра-

ты (например, тех, кто имеет средства для инвестирования, а вы оскорбляете именно их) — это проявление зависти или страха — ваших зависти или страха, к оскорбляемым они отношения не имеют. Особенно ярко это видно из совершенно неуместной метафоры. Буратино по-итальянски — «поленце», «чурбачок». Это имя дано российским писателем, сделавшим копипаст итальянской сказки, герою, который, будучи деревянной куклой и проявляя очевидные черты подростка (у меня сыну 13 лет, я знаю), обладал всеми качествами будущего благородного и умного мужчины, почти идеала: он оказывается храбрым, честным, принципиальным, готовым постоять за друзей и помочь своему отцу, бороться со злом — пусть он по-детски наивен и даже глуп и по-подростковому упрям и разгильдяй. Если инвесторы — «Буратины», это должно быть для них лестно, не так ли?

3. Вы же не экономист и не политолог (я имею в виду не тех, кто так самоназвался, а реальных специалистов)? На основании чего вы всерьез начинаете рассуждать о сложных идущих вокруг Украины процессах так, как будто вам известна истина в последней инстанции? Увы, ваша истина очень напоминает дешевые конспирологические агитки печально известных шарлатанов типа Хазина. Их способность ошибиться 10 раз из 9 возможных известна уже, кажется, всем, но, конечно, в силу особенностей человеческой психики их псевдотеории для многих привлекательны. Есть банальная истина: о сложных вещах судить может только специалист. Я вам советую ее не забывать. Когда это берется делать неспециалист, возникают вот такие смешные и печальные, а на самом деле дурацкие заявления типа «мир начинает захлебываться долларами», «складывали в стопку слитки», «разрабатывали Бреттон-Вудскую систему» и прочие несуразицы. Вы можете подробно объяснить, что такое Бреттон-Вудская система, почему она возникла и почему была отменена (да-да, она была давно отменена)? Нет — так обратитесь к специалистам. Как вам определить, какому специалисту доверять? Очень про-

сто: посмотрите на историю его аналитики. Посмотрите, какая история у Гуриева, Сонина, Иноземцева, Рогова, Юдина, Баунова, Колесникова. Это цвет русскоязычной экономики и политологии, у всех них есть громкое международное имя, их прогнозы имеют свойство сбываться с удивительной точностью (хотя иногда и не сбываются — на то они и прогнозы). Почитайте их, оставьте в покое Смита, который когда-то создал азбуку экономики и не более того, Маркса, который был средним философом, ужасным историком и плохим экономистом, Маршалла, который вообще ничего не создавал в области науки, и попробуйте увидеть мир не глазами средневекового верующего в ведьм, чертей и заговоры, а современного человека, который умеет собирать и анализировать факты и применять общепризнанные научные теории.

4. Вы уделяете очень много времени и места национальностям, предполагая, что все люди уделяют им столько же времени и места. Это категорически не так. Я, безусловно, еврей и даже ем мацу в Песах. Но это никогда не заставит меня поддержать другого еврея, если он будет сволочью. А еще я наполовину запорожский казак. Но и это не заставит меня ненавидеть русского, если это честный и добрый человек. Я живу в Лондоне, в частности, потому что здесь доминирует культура разделения людей на хороших и плохих, а не на черных и белых, евреев или арабов, гомосексуалов и обычных и пр. Национальности, расы, сексуальная ориентация или отношение к устрицам в качестве дифференциаторов — это умирающий атавизм темных времен, его не возьмут в будущее человечества, как и тех, кто его придерживается. Все, что вами написано, — совершенно ошибочно, потому что опирается на этот ваш неверный постулат. Впрочем, Кремль ведь тоже его не использует — ему все равно, какой национальности люди погибнут в устроенной им мясорубке, он относится к «своим» так же, как и к «чужим», они тоже средство для достижения мирового господства. Почитайте Ханну Арендт, она очень хорошо пишет о тоталитарных культах и их отно-

шении к тем, кого они называют «своим народом». Ханну Арендт, а не Владимира Соловьева.

## Одиннадцать ошибок мышления жителя фейсбука

В последнее время я стал замечать особенное озлобление всех на всех на просторах социальных сетей. Думаю, дело не только в весеннем обострении [этот текст написан весной], но скорее в шизофренической дихотомии, очень точно сформулированной Ингеборгой Бахман: «Немыслимое вошло в обиход». Я бы добавил и обратное: важно помнить, что наш локальный «обиход» отличается от других и то, что в него что-то вошло сегодня, не означает, что у других его не было уже давно, равно как и то, и что оно «вошло» всем. Сегодня обиходное для одних ощущается как немыслимое другими, и порог немыслимого у всех разный — не только потому, что кто-то «хуже», а кто-то «лучше», но чаще всего, потому что на наше восприятие сильно влияет наша история: наши травмы, обстоятельства, к которым мы привыкли, наше воспитание.

Глядя на это, я решил, что полезно «каталогизировать» аберрации ожиданий участников сети, тем более что такие аберрации ожиданий являются питательной средой для спекуляций приходящих в ФБ с изначально враждебными намерениями — в частности, получить удовольствие от унижения, разочарования или испуга других, самоутвердиться за чужой счет или просто сбросить злобу и усталость.

I. Мои ощущения субъективны. Твои тоже. Спор про ощущения вообще бесполезен. Иметь «правильные» ощущения невозможно, как невозможно иметь «правильную» форму носа. Описанные кем-то ощущения можно изучать, можно делать выводы на их основе для себя, но критиковать — бессмысленно. Одним нормально, что кто-то живет в России, другим — нет. Оба могут высказаться. Но спор их будет тратой времени, нервов и сил.

2. Моя ситуация мало когда в фокусе у других. В реальности это одно из эволюционных достижений человечества: какая бы его часть ни пострадала, поведенческие искажения, связанные с этим фактом, затухают пропорционально социальному расстоянию от пострадавшей части. Восприятие зависит от расстояния до события в рамках «социальной сети» человеческих отношений: трагедия для находящихся в прямом контакте с субъектом события является драмой для следующего уровня сети, расстройством для третьего, неприятной информацией для четвертого и сухим фактом для пятого. Каждое наше столкновение друг с другом в ФБ (он устроен так, что сталкивает людей из разных частей реальной социальной сети, с разной историей и воспитанием) обнажает разницу наших моментальных восприятий. Этот закон, кстати, «открыл» Адам Смит, известный всем по своему вкладу в экономику, но начинавший с работ по этике. Если бы было по-другому, разрушительный эффект локального несчастья стал бы куда более страшным для всего человечества. Те, кто требует от русскоговорящих перестать радоваться жизни из-за войны в Украине, сами, если бы этой войны не было, радовались бы жизни, невзирая на войну в Судане. Это требование суть требование продемонстрировать близость, которой может не быть по факту. Утверждать, что отсутствие близости есть отсутствие осуждения происходящего, — ошибка, не очевидная многим, но опасная, потому что, делая ее, пострадавшие сами занимают конфликтную позицию по отношению к тем, кто достаточно далек, чтобы ломать свою жизнь, но одновременно готов, например, помогать и поддерживать.

3. Если вы думаете, что текст в социальной сети написан не для вас, то... так оно и есть! Текст в медиа пишется не с целью совпасть лично с вами, а с целью поделиться собственным мнением или переживаниями с теми, кому они созвучны и/или теми, кто ищет совета. Вероятность, что вы входите

в адресную группу, невелика. Комментарий «для кого это написано?» выдает неумного человека: кто вам должен отвечать на этот вопрос? Автору нечего делать? Если вам правда интересно — посмотрите, кто оставил лайки, сделайте анализ их профилей, и узнаете.

4. Текст не может быть написан «слишком длинно». Он может быть написан плохо (нестройно, с повторами, с избыточными формами) или хорошо (то есть стройно, без повторов, без избыточных форм). Если текст написан плохо, не важна его длина — это плохой текст. Если хорошо — значит, в меньшее весь вложенный смысл не помещается, если было бы написано вдвое меньше, смысла уместилось бы вдвое меньше. Советовать «писать короче» — расписываться в собственном неумении читать и неспособности улавливать смысл текста. Ну а писать плохие тексты — конечно, грех. Но в сети можно их не читать — не тратьте силы на указание автору на его проблему (не обижайте его, зачем?!)

5. Любой, даже самый дурацкий совет является опционом с положительной стоимостью лично для вас. В худшем случае — с нулевой. Писать автору протест по поводу его совета, обращенного «городу и миру», — пустая трата электронов в сети. Во-первых, автор никогда и не думал, что именно вы нуждаетесь в совете, он даже не знал, что вы существуете. Он оставил свой совет в свободном доступе: кому надо — воспользуется. Вам не надо? Проходите мимо молча. Во-вторых, смотри выше, советы имеют позитивную ценность, хотя вы не так часто им следуете. Когда ваше «я не нуждаюсь в советах» осмысленно? Когда вы не хотите, чтобы конкретный совет давался автором ДРУГИМ людям. Почему? Из зависти, что они послушают, а вы, например, боитесь или не можете. Из страха, что они станут умнее и вы их не сможете обмануть. Из желания, чтобы другим было хуже. Почему я не указал искреннего желания оградить других от плохого (вредного) совета? Да потому что имеющий такое желание никогда

не напишет «я в советах не нуждаюсь» — он напишет, почему совет вредит тем, кто ему последует.

6. Выбор — дело личное, а обсуждение — общественное. Своим выбором вы не можете обидеть никого (разве что он ждал, что вы выберете его, а вы не выбрали). Выбравший гуляш с макаронами никак не обесценивает выбравших котлеты с картошкой. Выбирающий уехать из России никак не обесценивает выбирающих остаться. То же самое с мнением о выборе: смешно запрещать высказывать мнение (мы же за свободу слова все) и смешно его скрывать. Обида на мнение возникает как в случае несогласия с мнением, так и если обиженный тоже придерживается этого мнения. Причиной обиды является стыд обидевшегося (за такое мнение, за свой страх это мнение высказать или последовать совету) или страх обидевшегося, вызванный самим существованием такой позиции. Обида эта на самом деле на себя — на свой стыд, страх или немощь. Обида на себя, естественно, транслируется на того, кто ее обнажил — на выразителя мнения. Моя обида на какого-нибудь ура-патриота из России, который призывает убивать либералов и заодно украинских детей, продиктована не его «мнением», а моим страхом: слишком эти угрозы реальны и слишком мне обидно быть беспомощным перед лицом его агрессии. Обида на «пора валить» связана со страхом переезда и завистью к переехавшим. Вообще ничто так не обижает, как правда, потому что неприятная правда вызывает чувство беспомощности. Если вы что-то сказали и на вас многие обиделись, велика вероятность, что вы сказали правду.

7. Вы никого не представляете. И я никого не представляю. Каждый из нас — индивидуум, отвечающий за себя и только за себя. Нет ничего глупее, заносчивее и смешнее одновременно, чем фраза в сети «Мы [армяне, ученые, мужчины, дети, футболисты, жители Измайлово, купцы первой гильдии, рыжие] считаем [не нуждаемся, любим, протестуем и пр.]». Знаете статистику — приведите ее: «88% рыжих из Измайлово, согласно опросу Левады…» Принадлежите к партии? Проци-

тируйте ее заявление. Решили вместе с друзьями? Напишите, сколько вас было точно, как они вас уполномочили за себя говорить и что именно. За «мы» всегда скрывается невежество, страх оставленности и жажда групповой ответственности.

8. Единомышленники в чем-то — не единомышленники во всем. Украинские националисты хотят победы Украины; российские либералы — тоже. В остальном их мотивации и убеждения диаметрально противоположны. У первых больше общего с националистами из России, сегодня желающими Украине поражения. Обиженная на меня читательница из Казахстана (я верно, но недостаточно почтительно описал взаимоотношения ее страны, России и Китая) пишет: «Вот такие агенты колониалистской России пробираются к нам! Пора бы компетентным органам обратить на них и их бизнес внимание!» Я, как и она, против экспансии России. Но я хотел бы не допустить экспансии российского авторитаризма в надежде на демократическое будущее Казахстана; она же хочет видеть Казахстан таким же, как Россия — страной, где за нелояльное высказывание «компетентные органы» арестовывают и отбирают бизнес. Столкнувшись с как бы единомышленником в сети, не обольщайтесь: в отличие от офлайна, где дискуссии широки и единомыслие проверяется легко, здесь вас ждут частые разочарования.

9. У соцсети нет редколлегии, худсовета, аттестационной комиссии, даже завалящего департамента проверки текстов на идиотизм. В сеть все пишут, что могут и как могут. Знания истории, культуры, естественных наук у всех разные, и у многих они так (как бы это помягче…) неполны, что вы никогда не догадаетесь, в каких волшебных мирах живут авторы. Одна дама написала мне: «Вот и в Коране сказано, что Израилю недолго существовать». У нее, видимо, есть личный Коран, написанный после образования государства Израиль — «нормальный»-то Коран был написан за 1400 лет до или спустя 600 лет после, как вам больше нравится. Фразы «Сегодня весь мир исповедует христианство» — вообще дело

обычное. Стойкие верования, протянувшиеся от «революцию в России делали евреи, все политбюро из них состояло» до «США экспортируют инфляцию», непобедимы ничем, кроме принудительного качественного среднего образования, что противоречит современной политике, в рамках которой образование — это право. Так что приготовьтесь встречать в сети людей, убежденных в разного рода «плоской земле», чаще, чем знающих и понимающих. Более того, в университете Чикаго нам когда-то преподавали целый курс по когнитивным искажениям, которые присущи всем: представьте себе человека, убежденного в том, что земля плоская, и поверх практикующего все эти искажения, — вы получите портрет среднего обитателя сети; представив себе это, вы легко сможете перестать переживать из-за комментариев и отказаться от священной войны в сети за правое дело.

10. У авторов в социальной сети может быть множество разных задач. Один использует ее как дневник; второй сбрасывает эмоции; третьему нужна публика, чтобы покрасоваться; четвертый промотирует себя или свой продукт; пятый убивает время. Но в социальную сеть НИКТО не приходит с целью установить истину. Дискуссии в ней носят исключительно соревновательный характер, не в последнюю очередь потому, что большому количеству пользователей необходимо (и всем хочется) увеличивать аудиторию и отклик, а он лучше всего увеличивается скандальными, жесткими и неожиданными постами и суждениями в комментариях. Лучше всего проходят перепосты «горячих вещей», и поэтому все стремятся подогреть ситуацию. Ругань с противником, — отлично. Ругань с кем-то, кто имеет много подписчиков — прекрасно! Главное — суметь его вытащить на комментарий и еще лучше — на гневный перепост: он фактически открывает тебя своей аудитории, среди которой, кстати, многие именно по этому вопросу могут быть согласны с тобой (см пункт 8). Таких «паразитов» очень много, и они знают, что делают.

II. В реальности профессиональных «ботов» и «троллей» в сетях не так уж и много. Ботовое/тролльское поведение демонстрируют не только «паразиты» и желающие слить отрицательные эмоции, не только люди с комплексами. Поведение «тролля» на самом деле свойственно человеку не слишком образованному, имеющему, так сказать, «поверхностную эрудицию». Мышление такого человека зачастую основано на трех взаимопроникающих массивах информации: 1) полубессознательном наборе шаблонов, воспринятых в детстве и юности; 2) наборе реакций — следствий перенесенных травм, заставляющих его беспричинно верить одним вещам, ненавидеть другие и бояться третьих; 3) наборе транслирующихся ему внутри его информационного пузыря псевдофактов, догм и идей, которые он не в состоянии проверить и не будет критически осмыслять — ведь выбранный им информационный пузырь выбран не случайно, а в полном соответствии с 1) и 2). Попадание на поверхность его мозга информации, не соответствующей 3), вызывает у него страх и агрессию (это норма, так со всеми нами), а его слабый логический аппарат (вы удивитесь, как мало людей в мире умеет, например, отличать необходимое от достаточного, формировать ответ на тот вопрос, который задан, понимает, что такое доказательство, предположение, определение, как работает индукция и пр.) не позволяет ему усомниться в 1), 2) и 3) даже под воздействием наглядных фактов. Такого «естественного тролля» легко отличить от того, кто не согласен с вашей точкой зрения на основе логического анализа. Последний либо перестает вас читать и уж точно ничего не пишет либо пишет аргументированно и спокойно, желая вас убедить, а не уесть. Первый же будет читать всегда и тут же писать: «В 3000-й раз читаю его тексты, он во всем неправ!» Его комментарии будут апеллировать не к вашим аргументам, а к чему угодно — к вашей личности, вашим мотивам, абстрактной этике, вашей манере письма — you name it. Из этого следует набор заявлений, на которые вообще не стоит реагировать, — их автор является «естественным троллем», его можно пожалеть, но, цинично говоря, всех жалеть сил не хватит. Вот примерный список: «Везде так…», «А у вас еще хуже…», «Автор это пишет, потому что…», «Не пишите про страну А, если живете в стране Б», «Мне не интересно», «Отписываюсь», «Вы не имеете морального права так писать [никогда или как вариант — когда (далее указывается на что-то происходящее или произошедшее)]».

О да, слишком много букв. Разумеется, автор ничего не понимает в вопросе и написал это для того, чтобы увеличить свою популярность. И не только — еще потому, что он хочет оправдаться за свои действия (какие-то). Безусловно, так не только в России, везде еще хуже. Я осознаю, что не имею права все это писать. Извиняюсь, что обидел столько людей. Грущу из-за того, что вы отписываетесь.


## Не будь, как Геродот

Я сижу в саду под сенью пиний (почти как Плиний Старший, только вот к берегу нашей новой Помпеи я не поеду) и работаю. А заодно думаю и пишу сюда.

А думаю я о распознавании правды и лжи в получаемой информации и принципе «проверки на здравый смысл», который мы так любим.

Жил-был давным-давно (кажется, 3200 лет назад) некий египетский фараон. Представление о земле у египтян тогда было как о большом континенте, омываемом мировым океаном, а Средиземное море — в центре. И вот захотелось ему снарядить экспедицию вокруг Африки — посмотреть, как там дела. Для него «вокруг Африки» было очень абстрактно, так как вся Африка для него заканчивалась Пунтом и Эфиопскими нагорьями на востоке и тропическими лесами на западе, а что дальше — он понятия не имел, но знал, что что-то есть и это можно оплыть (ведь все омывает же океан!).

Фараон нанял финикийцев, которые подписались стартовать в Красном море и вернуться через Гибралтар. Они получили «отличное логистическое обеспечение» и,по плану, должны были плыть до момента, когда почувствуют, что пора сажать злаки и овощи, в этот момент высаживаться на берег, сажать, ждать урожая, собирать и плыть дальше.

План оказался удачным, и примерно через три года корабли финикийцев вернулись через Гибралтар. Путешественники рассказали много всего, но мало интересного для фараона: южнее того, что мы сейчас называем Сомали, вдоль берега было безлюдно, безынтересно, и так продолжалось почти до Гибралтара — в общем, плодородных земель или специфических богатств они не приметили, животных, невиданных для Египта, тоже. Поэтому об их путешествии записали в многочисленных документах и тихо забыли.

Вспомнил о нем великий Геродот примерно через семьсот лет. Вообще Геродот был, если хотите, Мединским своего времени (только, разумеется, масштаб личности его несравнимо больше и талант у него был, а у Мединского одна хитрость). Геродот писал историю мира, достаточно вольно перемежая ее мифами и легендами, побасенками и, возможно, своими домыслами (то ли дело Фукидид, это был настоящий аккуратный историк, но спросите себя — вы знали про Фукидида? А про Геродота? Вот именно).

Геродот, конечно, не мог пройти мимо путешествия финикийцев. И тут вдруг (то ли от скучности их рассказов, которая никак не вязалась с идеей Геродота сделать историю интересной, то ли просто дни у него были такие) случился с Геродотом приступ критического мышления. Геродот заявляет: «Среди прочего рассказывали путешественники, что, когда они плыли вдоль южного берега Африки [слово „Африка" еще не использовалось тогда, так что я заменяю для понятности], солнце было от них по правую руку. Мы же знаем, что в мире солнце всегда идет по южной части небосвода; так что многие не верят этому рассказу (и я тоже). Соответственно, в том, что они действительно оплыли Африку, есть большие сомнения».

По иронии судьбы именно этот рассказ финикийцев дает нам, знающим про Южное и Северное полушарие, полную уверенность — действительно оплыли. И правда, 3000 лет назад ничего интересного на берегах Южной Африки они найти не могли — кайсоговорящие племена не селились у моря, сам же берег был сильно беднее к югу, чем изобильные берега Красного моря, сомалийского Рога и Северо-Западной Африки.

Дает он нам и еще одно крайне важное знание. Не все в мире ложь, что не укладывается в рамки нашего привычного знания, — возможно, это просто новое знание.

С удовольствием представляю себе пост Геродота про финикийцев в ФБ и тысячи комментариев к нему с обличением «врунов, которые, скорее всего, и до Танзании-то не добирались».

## Инструкция для яростного бойца

Не все же мне писать советы и инструкции для людей своего круга — они и сами все понимают. Попробую создать инструкцию для яростного борца, такого яростного, что в результате его борьбы за все хорошее не останется камня на камне.

Главное в деятельности борца — это нахождение врага. Будь то либералы в Берлине или сионисты в турбине — без врага нет борьбы. Несогласие с вашей точкой зрения — первый признак врага. Вы придерживаетесь разных мнений, а значит, он будет против вас и в критической ситуации вас подставит: ведь вы для него такой же враг, как и он для вас. Отсюда вывод: никакой жалости или пощады, никакой поддержки тому, кто с вами не согласен. В войне все средства хороши: давите его, пока он не раздавил вас. Кто сказал, что существуют правила ведения дискуссий и даже боевых действий? Это сказал враг, потому что он труслив. Не слушайте врага.

Неправда, что враг всегда глуп. Враг всегда труслив и подл, но бывает очень хитер. Враг понимает вашу силу и стойкость вашего мировоззрения, поэтому он может маскироваться. Самая распространенная маскировка врага — попытка показаться вдумчивым, рассудительным, взвешивающим разные доводы. Вы должны понять: никто не ведет себя так по-дурацки всерьез, это обманный маневр с целью вас запутать. Не менее распространен и другой прием: демагогические доводы. Враги запутывают вас требованиями «привести конкретные примеры» или, наоборот, сами приводят примеры (искаженные или выдуманные для них соответствующими службами). Они заявляют, что ваш личный опыт и знания, полученные в реальной жизни, «могут отличаться от средних значений в мире» и пр. Не верьте и не слушайте разглагольствований — если ваш личный опыт врет, то что же правда? Наконец, враги, понимая, что вас сложно одолеть, потому что на вашей стороне правда, будут пытаться убеждать вас, что «надо вести себя вежливо», «спорить по существу вопроса, а не переходить на личности», «аргументировать позицию». Чушь: вежливость — это дань уважения, а уважение к врагу могут испытывать только перверзные мазохисты. Споров по существу вопроса вообще не может быть — все споры идут об интерпретациях, а интерпретация — это продукт личности: гнилая личность — гнилая и интерпретация. Аргументировать позицию каждому уроду, который с вами не согласен, жизни не хватит, именно этого они и добиваются.

Хитрые приемы врага должны вызывать в вас только одно естественное чувство — ярость. Представьте себе, что с вами будет, если позволить врагам заполнить ваш мир? Это не так сложно представить, с вами будет то же, что будет с врагами, если справедливость восторжествует и вы займете их мир. Вы просто обязаны защитить себя и своих близких. Как? Конечно, (пока) не силой оружия — на стороне врагов сейчас такие ресурсы и такая власть, что вас немедленно привлекут как преступника и уничтожат (во все времена они уничтожали тех, кто пытался спасти этот мир). Но вы можете быть хитрее и действовать безнаказанно.

Можно, нужно и необходимо давить врагов морально — если уж вы выходите с ними на связь, ваша ярость должна выливаться на них без ограничений. Пусть ни одно их заявление не останется без вашего эмоционального ответа. Только помните: не давайте втянуть себя в дискуссию, это их уловка. Говорите жестко, прямо, адресуйтесь к личности врага, исключите любые аргументы, чтобы не втянуться в диспут. Не обвиняйте врага в конкретных деяниях — обвиняйте его в том, что он враг. На это ему будет нечего ответить. Унижайте врага, высмеивайте, поливайте грязью — рано или поздно он не выдержит и саморазоблачится, ответив вам резко: и вот тут вы будете иметь легкую возможность прищучить его за некорректность дискуссии.

Не забывайте наклеивать ярлыки вместо описания ваших претензий по существу. По существу — долго и нудно, а ярлык сразу все объяснит, что к чему. Чем ярче ярлык, тем лучше. Ну и что, если он совершенно не подходит вашему врагу — раз он враг, то легко может быть кем угодно, и лучше заранее об этом громко сказать.

Никогда не следует забывать, что идеи «баланса» и «равноправия» выдуманы врагами для того, чтобы вас стреножить и перехватить инициативу. Вы всегда должны делать то, что вам выгодно — врагам же этого нельзя позволять, потому что это будет выгодно им. Нет ничего такого, чего бы вы не могли сделать для победы своих идей и в своих интересах, и это правильно. Но врагу ничего нельзя давать делать.

Смешнее всего, что враги сами придумали и дали вам в руки оружие против них: они изобрели «правила», «моральные принципы», «законы», «культуру». Дураки, они думали, что эти пустые слова должны сдержать вас, но теперь вы можете повернуть их против них: вы сами будете делать что угодно, но стоит врагу шевельнуться, вы должны обрушить на него свой праведный гнев, поскольку враг только что нарушил те самые «правила» и «моральные принципы», преступил «законы», покусился на «культуру». Не имеет значения, так ли это, — всегда найдется много желающих поверить вам.

Кстати, о желающих: никогда не забывайте, что в каждом человеке сидит ребенок, который: 1) мыслит очень просто, 2) предпочитает шаблоны сложным конструкциям и 3) очень плохо знает, что происходит вокруг. Если вы хотите получить поддержку широких масс «добрых людей» (поддержку других вы всегда получите за деньги или за страх), вы должны всего лишь: 1) без стеснения врать о том, что ваши враги цинично попирают все принятые в обществе простые шаблоны хорошего поведения; 2) делать это в очень простых словах и выражениях.

Как это работает на практике? Очень просто, можете провести эксперимент. Например, четверо здоровенных мужиков насилуют девушку в парке поздним вечером самым жестоким образом. В процессе у одного из них оказывается поцарапано лицо. Вы должны по всем каналам медиа и социальных сетей начать сообщать, что: 1) мужчина страшно пострадал и теперь останется уродом на всю жизнь (про изнасилование не надо упоминать, говорите «в результате инцидента между пострадавшим и женщиной»), ему будет очень тяжело создать семью, устроиться на работу, он может впасть в депрессию и умереть, 2) у него была очень тяжелая жизнь, потому что такие, как та женщина, окончив университеты, заняли все высокооплачиваемые рабочие места, а он, не окончив даже школы, должен был довольствоваться работой курьера, которая была ему не по характеру, и потому он жил на пособие, которое как унизительную подачку выплачивали такие, как эта женщина, в виде налогов, 3) инцидент явился следствием презрительных взглядов, которые эта женщина много лет бросала на таких, как он, 4) начал не он, а она, неделю назад наступив ему на ногу в автобусе, 5) пару раз от этой женщины слышали презрительные высказывания в адрес мужчин вообще, она не верила в глобальное потепление и не любила кошек, 6) виновата в инциденте сама женщина и ее семья, потому что она оказалась в парке вечером, и никто ее не провожал — это развенчивает миф о способности так называемых «обеспеченных классов», построивших свое благосостояние на горе народа, себя защищать, и за одно такое развенчание надо благодарить мужчину — жертву инцидента, 7) царапаться — это насилие, мы всегда знали, что «богатые белые женщины» пропагандируют отказ от насилия лицемерно, а сами готовы его применять в самых ужасных формах, — что же остается бедным мужчинам?

Ну что, в вашем мысленном эксперименте по всему Западу уже проходят демонстрации в поддержку насильников? Им собирают на лечение по всему миру? Женщину еще не посадили в тюрьму за нападение? То-то.

Наконец, не забывайте, что люди как золотые рыбки: они хорошо помнят только последнюю новость. Поэтому даже если вы убьете миллион человек, обязательно позаботьтесь, чтобы на следующий день вам в автобусе случайно дали локтем под дых, и сообщите о ваших ужасных моральных и физических страданиях всем, кому возможно: поверьте, в памяти толп, борющихся за все хорошее против всего плохого, останется только злодейский локоть и вы сможете спокойно эксплуатировать свой статус жертвы до следующего убийства миллиона (и тогда не забудьте про локоть, и все повторится).

## Список бесполезных дел

Теперь, кажется, принято писать IMMTHO (in my more than humble opinion). Будь я президентом России, я бы отменил идиотские дисклеймеры по поводу иноагентов и вместо этого всем без исключения СМИ и блогерам предписал ставить эту аббревиатуру в начале всех текстов восемнадцатым кеглем. Уверен, результат был бы фантастический.

Ну так вот. Я слишком мало образован и слаб эмоционально, чтобы ввязываться в текущие сейчас в ФБ дискуссии. Зато как человек практический, я решил составить список IMMTHO бесполезных дискуссий/занятий как для тех владельцев российского паспорта, кто уехал, так и для тех, кто остался по необходимости, и даже для тех, кто остался с радостью, потому что «наконец-то все будет хорошо».

Общий для всех список бесполезных (и даже вредных) дел:

1) вести дискуссию о стихотворении Бродского по поводу Украины, менять свое отношение к Бродскому из-за этого стихотворения, стремиться поменять чужое отношение к Бродскому из-за этого стихотворения и по любому другому поводу. Поэты на то и поэты, чтобы через них говорили дискурс и муза. Бродский — призма, зеркало высочайшего качества, и неча на него пенять. Впрочем, «не пенять» тоже неча, оставьте Осю в покое;

2) вести любую дискуссию, в теме которой есть слово «имперскость». Дело даже не в том, что это слово в устах участников ничего не означает, кроме «ты плохой», даже не в том, что путем многочасовых анализов крови российского дискурса вы в лучшем случае дистиллируете свойства, отлично известные по более или менее всем другим народам (не верите — спросите у украинцев, не татарский ли Крым), даже не в том, что все то же самое можно отнести к, например, «империи Европейского Союза» и обвинять в имперскости — все равно что обвинять в половом влечении: изнасилование от любви отличается не причиной, а методами. Дело в том, что дискуссия эта ничего не изменит, потому что... нет, не буду объяснять почему, если еще не понятно;

3) обсуждать Кучеру или Цыгановых, вообще упоминать их фамилии. Дудь молодец, он знает, как себя маркетировать.

Кучера — микрогерострат, интеллектуальный привязыватель консервных банок кошке к хвосту, чтобы громко и чтобы вся школа знала. Но вы-то зачем за кошкой бегаете уже столько времени? Цыгановы — приживалки у власти, косящие под безобидных безумцев. Но вы-то зачем проводите часы в сумасшедшем доме?

4) обсуждать, «как правильно относиться к России и войне». В мире нет единой морально-этической системы, и только религиозные фанатики полагают, что есть одна верная. Нет ни одной верной, есть та, которой вы придерживаетесь. Люди типа Соловьева (сюрприз) придерживаются той же системы, что и я (и, надеюсь, вы), в которой действия Кремля расцениваются как страшные преступления. Просто они готовы быть аморальными за теплое место под солнцем. Но огромное множество людей (особенно в России) придерживается других морально-этических систем. Очень распространена слегка архаичная система (или, как они сказали бы, «традиционная»), в которой «родина» — это географический идол, его мощь, познаваемая через борьбу с другими идолами, стоит качества жизни его обитателей, а его размеры важнее, чем сами эти жизни, и, конечно, жизни подданных других идолов вообще не имеют значения. Обсуждать с этими людьми, «что правильно», — как католику спорить с зороастрийцем. Подождите, вы правда думаете, что верить в воскресение после распятия, чудесную силу обрывков средневекового женского пояса, необходимость не есть мясо с сыром для спасения души или в благотворность обвязывания веток тряпочкой нормально, а в то, что написано выше, — нет? Поборниками приведенной моральной парадигмы были еще сто лет назад почти все, а двести лет назад — все, кроме горстки философов. «Наша» современная парадигма «нет ничего ценнее человеческой жизни, ее качество важнее принадлежности, все люди разные, но равные, наш дом — Земля» выросла из современных экономических условий, в которых концентрация таланта определяет уровень возможностей, а ресурсами

выгоднее торговать, чем ими владеть. Отступите назад на сто лет, и ситуация будет ровно обратной — hence the paradigm. Ну да, многие российские граждане подзадержались и выпадают из логики момента. Но спорить с ними на эту тему бесполезно, мораль не меняется в процессе дискуссии. Их мораль изменят поколенческие сдвиги на базе изменения экономических отношений. Долго ждать? Ну да. А что, у вас есть другие варианты?

5) прогнозировать окончание войны. Окончание войны произойдет (все кончается когда-нибудь) из-за факторов, которых еще нет «на столе». Их можно выдумывать, но они будут выдуманными, как и сам прогноз будет пустышкой. Нельзя даже сказать очевидное: что Россия не может проиграть войну, потому что на ее международно признанную территорию никто не осмелится вторгнуться. Последнее, скорее всего, совершенно верно, но СССР проиграл войну в Афганистане, да и вообще Западу СССР проиграл вчистую даже без войны — развалился и впал в состояние «мы бедные, покормите нас, мы будем хорошими», и ни один иностранный солдат даже не навел ружье в его сторону. Кстати, западные аналитики много говорят как раз о том, что с учетом 5600 (или сколько там) боеголовок единственно верная стратегия Запада по защите от российской агрессии — это дать России спокойно убиться о стену самой. Это будет, наверное, долгий процесс, потому что и Китай помогает, и рыночные отношения пока внутри, и сырье дорогое, но Запад вообще не торопится. Так что мы можем лишь наблюдать;

6) обсуждать, «что было сделано не так». Все было сделано не так. И что? Процессы, которые мы наблюдаем, — социально-тектонические, где-то в глубине общества двигаются гигантские литосферные плиты страт: их интересы, убеждения, фобии, привычки меняются или нет, и в результате где-то происходит землетрясение переворота или через вулкан политической борьбы вылетает вдруг поток лавы типа «Вагнера» или черный кусок камня типа того, что сидит

в Кремле. Ни лава, ни камень не принимали этого решения, никто по отдельности его не принимал. Так сложилось. Можно ли из этого извлечь урок? Можно, наверное, два: развитые общества должны брать архаичные под контроль в момент их слабости, если не хотят, чтобы последние на новом витке цикла усилились и попытались навязать архаику остальным; вся Земля является социальной сейсмоактивной зоной. Жить в социуме надо так, как будто вы ждете землетрясения всегда. Знайте, куда побежите и как спасете близких, если оно произойдет;

7) дискутировать, есть ли «хорошие русские». Эта дискуссия абсурдна сама по себе (конечно, есть, так же как есть плохие украинцы и пр.), но еще абсурднее ее полная бессмысленность в практическом смысле. Предположим на секунду, что мы установили, что «нет хороших русских». Кому и как это поможет в жизни? В основном это поможет тем самым «русским», поддерживающим Кремль: заявление «нет хороших русских» настолько отдает фашизмом, что «русским патриотам» останется добавить: «Мы же говорили», и их легенда о войне с нацистами будет звучать чуть правдоподобнее. Ну а если мы установим, что они «есть»? «Хорошим русским» это никак не поможет (им помогли бы более адекватные действия европейских администраций, но те ФБ не читают). А кому?


# Абьюз
## О людях и странах

По следам беседы со специалистом-психотерапевтом Ольгой Мовчан.

Есть стандартный набор аргументов, которые использует патологический абьюзер — зависимый (например, алкоголик) садист, удушающе контролирующий под предлогом заботы и одновременно безмерно эгоистичный — в момент, когда его партнер-жертва наконец решается освободиться. Вот как он примерно выглядит:

«Кому ты такая нужна? Да у них таких как грязи! Да ты ничего не можешь, уродливая, тупая, я тебя из жалости взял»;

«Ты что, думаешь, другие лучше меня? Да они намного хуже! Это всё сказки они рассказывают, пока до дела не дошло!»;

«Им только и надо что трахнуть тебя. Потом на панель пойдешь за гроши, будешь вспоминать меня, поздно будет — обратно не приму!»;

«Да я же все это из любви! Ты сама во всем виновата, это все твой дрянной характер, стерва!»;

«Я же вижу, ты на самом деле не хочешь уходить, это ты меня шантажируешь!»;

«Да ты же обещала в загсе! Да ты же предательница!»

«Ты вообще не понимаешь, что делаешь — я тебя не выпущу просто, ты же не в себе! Кто тебя накрутил? Я знаю, ты сама ни на что не способна — говори, кто тебя подучил!»;

«Только попробуй уйти — пожалеешь!»;

«Ну вот, смотри, я цветы тебе принес! А ты неблагодарная дрянь! Ну хорошо, ну я обещаю, бить больше не буду, хочешь — целый год пить не буду?»;

«Ну и убирайся — квартира мне остается, ты не заслуживаешь ничего, голая пойдешь! Подарки все верни, сволочь! Вообще все отдай, без меня у тебя этого бы не было!»;

«Ты что, хочешь, чтобы я с родителями твоими разбирался? Ты этого хочешь?».

Все хорошо знают этот набор и понимают: бояться угроз — значит оставаться жертвой и дальше; верить обещаниям — значит оставаться жертвой и дальше, выполняться они не будут; сомневаться в себе или в том, что мир полон честных и добрых людей, — значит оставаться жертвой и дальше. Чем громче звучат эти аргументы, тем быстрее надо бежать, тем надежнее должно быть убежище и жестче ответ на попытку преследования.

Когда вы слышите такой набор аргументов, даже если он обращен не к вам, даже если вы лично не испытали на себе еще насилия и гиперконтроля, помните: перед вами абьюзер, личность, с которой иметь дела нельзя ни в коем случае — он и себя, и вас разрушит морально и, вполне возможно, физически. Кстати, такие люди умеют быть привлекательными: они могут красиво говорить, много обещать, дарить дорогие подарки. Только надо помнить: слова останутся словами, обещания не будут выполнены, подарками скоро упрекнут, а при неповиновении — отберут и изобьют.

Социумы часто очень похожи на людей в паттернах поведения. Целые страны могут вести себя как патологические абьюзеры — и по отношению к соседям, и по отношению к своим гражданам.

Если вы заметили, что пропаганда некоей страны начинает приводить схожие аргументы в отношении соседа, который хочет дистанцироваться, или в отношении своих граждан, собирающихся уехать за границу или несогласных с политикой власти, знайте — страна нездорова. Как это бывает и у человека, у страны этой серьезные психопатологические проблемы, которые угрожают разрушением и самой стране, и соседям, и гражданам — всем без исключения, не только тем, кто решил уехать. Более того, тем, кто решил остаться, они угрожают намного больше. И поступать в этом случае следует так же: бежать подальше и выстраивать защиту от преследования как можно жестче.

Бегство от такого человека, как и от такой страны — дело нелегкое психологически: они умеют быть привлекательными и виртуозно манипулятивными, играя на привязанности, чувстве вины, желании верить и страхе неизвестности, и легко прибегают к запугиванию и прямому насилию, если чары не действуют. Более того, очень многие люди (и социумы, кстати, тоже) полуосознанно стремятся снять с себя ответственность, переложить ее на другого, отказаться от выбора. Абьюзеры очень удобны в этом смысле: во всем плохом виноват он, ты сделать ничего все равно не можешь — ты же боишься его, он не позволит; а при этом — «он на самом деле не такой плохой, он даже очень хороший, только несчастный», «он же свой, родной, я его люблю таким, какой он есть», «зато он сильный, я за ним как за каменной стеной, я им горжусь», «другие все еще хуже».

Невозможность уйти из страха, смешанная с комфортностью отказа от ответственности за себя, вступает в конфликт с естественным осуждением действий доминирующего партнера/власти, и единственный доступный человеку психологический выход из этого конфликта состоит в отрицании действий абьюзера или нахождении им «уважительных причин». Жертва, как правило, говорит: «Не верю, он такого не мог сделать», даже если предъявлять ей факты. Припертая к стенке фактами жертва начинает говорить: «Его спровоцировали», «Бьет, значит любит», «Все так делают», «Да я сама виновата» («Да они сами виноваты»).

Способность видеть реальность уступает потребности сделать эту реальность выносимой и примириться с ней ввиду своей ответственности за выбор оставаться с этим партнером (жертва не признает, что ее выбор состоит в отказе от выбора). Оставаясь, жертва хочет себя оправдать. В качестве защитной реакции она психологически объединяется со своим партнером и разделяет с ним совершаемые им действия, включая насилие по отношению к себе. При появлении в поле третьих лиц она может начать вести себя по отношению к ним так же, как ее партнер, в том числе действуя вместе с ним. Она перестает думать о побеге, и, даже если «спасти» такую жертву, она не будет благодарна — принять спасение будет означать осознание собственной истинной роли, на что жертва не готова была согласиться изначально. Напротив, «спасенная» будет винить спасителей, выстраивать миф об отнятом у нее мучителе как о лучшем, что было у нее в жизни, и в конечном итоге — искать другого абьюзера, который может занять по отношению к ней то же положение. Альтернативой было бы осознание своей травмы, принятие стыда, взятие на себя ответственности — все то, на что такая жертва не готова.

И снова хочу напомнить: я пишу это применительно к стране и ее гражданам. Мне кажется это важным для понимания процессов, которые протекают в патологическом социуме. Именно так формируются общества, на 70–80–90% состоящие из не готовых видеть реальность и верящих пропаганде, даже если им случится «проверить» ее лживость на своей шкуре; из «энтузиастов» социальных преступлений и «готовых на трудности и лишения» — согласных на любой безумный и бессмысленный лозунг в виде цели, лишь бы он был предложен «сверху».

Более всего эти люди боятся не своих мучителей, а тех, кто может поколебать веру в правильность их действий (на самом деле бездействия) и их положения. Возглавляемое абьюзерами по природе (реальными садистами, психопатами, подлецами), это большинство подвергает «всенародному» гонению оставшиеся 30–20–10 процентов общества — тех, кто не готов принять роль жертвы и своей позицией угрожает общественной «зоне комфорта», построенной на «контракте» абьюзеров и жертв. Сам социум постепенно самоизолируется от внешних источников информации, трансграничных коммуникаций, физического контакта с иностранцами, потребления иностранных сервисов и товаров, начиная воспринимать внешнее окружение как угрозу. Формально общество переносит на внешний мир реальные свойства своего мучителя-государства и заодно — страх, в котором оно живет. Реально общество отказывается смотреть наружу, находясь в ужасе от перспективы оказаться перед необходимостью осудить собственный выбор. В таком «свернувшемся» состоянии социум может пребывать долгие годы — в принципе срок не ограничен, изменения могут произойти в случае тотального исчерпания ресурсов и разрушения социальной структуры или в результате внешнего воздействия, причем и первое, и последнее чаще всего оборачивается гуманитарной катастрофой.

Освобождение жертв, стремящихся бороться или сбежать, — дело не безнадежное. Их травма бывает излечима, и они, вырвавшись, иногда могут построить нормальную жизнь. С жертвами, которые не стремятся ни бороться, ни вырваться, дело обстоит куда хуже. В обществе, ставшем патологическим абьюзером, они даже после чудесного (в результате действия внешних сил или внутреннего развала) избавления оказываются не способны осознать свое прошлое и проработать травму и как социум пытаются воспроизвести прежнее состояние при первом удобном случае.

Лечение общества «согласных» после избавления от абьюзивного состояния должно прежде всего состоять в длительной проработке травмы. На уровне общественном эта проработка должна в том числе включать активное предложение альтернативной идеологии (сотрудничества и ненасилия), запрет на символы и нарративы, использовавшиеся в предыдущем состоянии общества, навязчивое и откровенное информирование о всех ужасах прошлого, наказание тех, кто был проводником действий абьюзивного государства, и тех, кто пользовался ситуацией, становясь абьюзером лично. На уровне персональном такая проработка требует в том числе психотерапии, обеспечения широких контактов с нормальными обществами, выстраивания надежных институциональных защит от возможности построения личных абьюзивных отношений, от вспышек насилия и пр. Необходимо законодательное, институциональное и физическое устранение малейшей возможности рецидива (то, что абьюзеры назвали бы «реваншем») на долгие годы — время лечения занимает жизнь более чем одного поколения. Первое упоминание о таком лечении содержится в Библии: Моисей выводит рабов из абьюзивного Египта. Лечение занимает 40 лет, на протяжении которых в общности, мигрирующей по пустыне, дважды едва не возникает рецидив.

# ГЕОЭКОНОМИКА

Тема «гео» подразумевает глобальность, значимость, влияние на судьбы всей Земли. И тем не менее раздел «Геоэкономика» мне хочется начать моей статьей по поводу ареста Рубена Варданяна — некогда одного из самых известных инвестиционных банкиров в России, личного друга Чемезова, филантропа и инвестора в развитие Армении. Почему? Потому что «гео» (будь то экономика, политика или что-то другое) в конечном итоге отражается на реальных людях — и зачастую так же цинично и жестоко, как в этом случае. Геоэкономика как абстрактная материя не стоит бумаги, на которой она описывается, особенно если в результате ее развития живые люди страдают.

## Карабах. Почему я не занимаюсь политикой?

Меня раз пять позвали прокомментировать арест Рубена Варданяна в Карабахе. Я отказывался по очень простой причине — мне нечего сказать такого, что было бы интересно слушателям.

Рубена я знаю страшно сказать сколько лет; видел его без дела последний раз, наверное, лет десять назад. Пять лет назад, еще в Москве, брал у него интервью для «Форбс Капитал». Мы работали вместе до 2001 года, во многом сходились, во многом наши позиции были и потом оставались диаметрально противоположными. Я бы никогда не стал делать многое из того, что он считал нужным и даже естественным, — и в обратную сторону это наверняка тоже верно. Например, я бы никогда не стал заниматься политикой. Но Рубен и тридцать лет назад был очень взрослым (он в 25 казался зрелым мужчиной и вел себя как старейшина — тем более сейчас), а взрослые мужчины сами выбирают, что им делать, не мое дело судить или советовать. Его любимый тост был про бабочку в кулаке, заканчивавшийся словами: «Все в наших руках!» Все было в его руках. Или он только так думал, а кто-то играл им, как фигурой на доске?

Мне и правда нечего написать «по поводу». Лично и вне контекста я желаю Рубену скорейшего освобождения. Правильнее написать «чудесного освобождения» — для России он уже никто, не гражданин даже, да Россия и не заботится о своих гражданах; для Еревана он, по крайней мере, пока — лишний персонаж в политическом раскладе; для Запада он российский олигарх, и этим сейчас все сказано.

Я пытался найти список арестованных Азербайджаном руководителей Арцаха — на 130 тысяч жителей там были десятки, если не сотни, чиновников, военных начальников и пр., все они делали как минимум то же, что и Рубен. Я не нашел ни одной фамилии, кроме Варданяна [когда уходит в печать эта книга, уже известно, что арестовано несколько человек — но все же не десятки или сотни, и Рубен явно не был одним из «самых опасных»]. Либо они благополучно перебрались в Армению (заранее или сразу после атаки), либо их никто не собирался задерживать (если первое — где список официально объявленных в розыск?). Кто-то из них прямо сейчас ведет переговоры с Баку (что официально сообщается и Азербайджаном, и Арменией), и это кажется и им, и Баку совершенно нормальным. Вот сотня человек руководила много лет анклавом, противостояла силам Азербайджана. Были президенты, руководители армии, разведки, министры, замминистры, все, кто положено. И вот в течение восьми месяцев приезжий из России занимал позицию премьера — в основном решал гуманитарные проблемы, кажется. И оказалось, что он и только он преступник, виновный во всем. Представляю себе, как кто-то звонит из Еревана в Баку: «Ну что, обо всем договорились... Да, это, там будет такой Варданян, у него политические амбиции, нам совершенно не нужные. Можете его задержать? Да? Спасибо, удачи». Впрочем, это мои больные фантазии, и могло быть совершенно по-другому.

Вот почему я не хочу в политику.

Не первый раз Рубена подставили «надежные партнеры» и «коллеги». Как-то много лет назад я даже говорил ему (было дело в «Романовом дворе»): «Рубен, если тебя зовут куда-то, уверяя, что ты великий гений, что только ты сможешь, что без тебя никак, что всех ждет великое будущее благодаря тебе, значит, тебя хотят подставить, потому что никто из знающих не согласен лезть в петлю. Тут выбор — верить в свое величие и лезть в петлю, или не верить и не лезть. Увы».

В нашем мире правит сильный, а слабый бесправен. Это универсальный закон, который никогда не изменится, даже если сочинить утопию, в которой закон и порядок установлены и слабые защищены, они будут защищены некоей силой, которая самолично решает, что так правильно, — полицией, армией, роботами, управляемыми искусственным интеллектом. Решит, что правильно по-другому, — будет по-другому.

Сказанное не означает, что сильный всегда плохой, а слабый — хороший. Просто исход их конфликта никак не определяется «хорошестью», но только силой.

Глобальный сильный сегодняшнего мира — США — декларирует приверженность защите слабых и даже иногда их защищает, правда, не всех, не всегда и редко эффективно. В процессе защиты слабых множество других (и этих же) слабых страдает и даже погибает. США часто защищают нерушимость границ; часто — право наций на самоопределение; часто — стабильность и центральное правительство; часто — законное право народа на восстание. Защищая что-то одно, они разрушают всё остальное, но об этом не принято говорить. Собственно, все так делают.

Локально сильные бывают разными, их аппетиты и действия различны. Сильные ссылаются на законы, обычаи или договоренности, но и законы, и обычаи, и договоренности можно извращать, тасовать и перемешивать так, что в итоге получается любая требуемая смесь. Рубен Варданян отличается от премьера турецкой части Кипра только тем, что Азербайджан сегодня сильнее.

Я так саркастически охарактеризовал США, но разве мы все сильно отличаемся от чиновников Вашингтона? Ответьте быстро себе на вопрос, на чьей вы стороне в: 1) Карабахе; 2) войне России и Украины; 3) кипрском вопросе; 4) Ливии; 5) Сирии; 6) каталонском сепаратизме; 7) ирландском сепаратизме; 8) чеченском сепаратизме; 9) ситуации вокруг Абхазии; 10) вопросе Западного берега реки Иордан. Результат будет кошмаром для математика, никакая регрессия по любому набору объективных факторов не сможет предсказать его, потому что единственно значимыми будут: а) ваша аффилиация; б) ваше представление о хорошем и плохом, примененное к вашим очень однобоким знаниям о вопросе. Я не исключение: прохожу этот тест сам и получаю именно такой ответ.

Вот поэтому я занимаюсь бизнесом. В бизнесе все ясно: если продукт нужен и хорошо сделан — будет прибыль. Не нужен — не будет. Политика вмешивается в бизнес не слишком часто, каждый раз это сравнимо со стихийным бедствием (особенно когда политика хочет помочь или установить справедливость), но бизнесмены приучены это переживать, отстраиваться заново и продолжать в том же духе. В бизнесе выгодно соблюдать договоренности и уважать законы. Да, я знаю, что в бизнесе есть и воровство, и коррупция, и подставы, и мошенничество. Но в пространстве бизнеса можно обойтись без всего этого и быть успешным, можно обойти все это на своем пути и пройти куда тебе надо. В политике — нет.

Сегодня утром моя любимая жена написала с конференции, куда она поехала второй раз за месяц: «Спасибо тебе большое, что ты не полез ни в какую политику и никогда не связывался ни с какими государственными деятелями, чиновниками и близкими к любому государству людьми». Я честно ответил: «Ну видишь ли, тому есть как минимум пять причин: 1) меня никогда не привлекали интриги; 2) я рационалист, а политика вся насквозь — идеи; 3) все политики, с которыми я сталкивался, были скользкими, склонными к насилию, самоуверенными негодяями; 4) я отлично знаю, что очень силен в честных играх и совершенно беспомощен там, где нет правил и игра идет в подставу; 5) ты мне запретила заниматься политикой».

Может быть, моя позиция эскапистская… Рубену Варданяну желаю удачи, несмотря ни на что. Чума на все дома политиков.


## Экономическое

> Мне для лекции осенью 2022 года надо было необъятное упаковать в десять минут и пришлось даже написать себе шпаргалку. С удовольствием делюсь ею: хотя она очень схематична и многого не учитывает, она, на мой взгляд, дает с высоты птичьего полета отличное представление об основных элементах метаморфозы мировой экономики и даже очень скромный прогноз на ближайшее будущее. Пусть эта шпаргалка будет вступлением к разделу про глобальные мировые проблемы.

Краткая история развития экономик в XX веке:

+ Рост производительности агросектора за счет использования удобрений и селекции — база для вовлечения в промышленный труд жителей бедных стран.

+ Снижение стоимости перевозок с использованием двигателей внутреннего сгорания и морского контейнера.

= Переход к мировому производству — рождение развивающихся рынков — фабрик мира, освобождение ресурсов для интеллектуального труда в развитом мире.

=> Инновационный рост производительности труда — экономика R&D.

=> Переход от экономики дефицита к экономике перераспределения — рождение сервисной экономики.

Следствия:

— Рост скорости денежного обращения не успевает за ростом потребности — отказ от золотого стандарта, деньги как необеспеченное государственное обязательство и инструмент управления.

— Переход от обеспечения потребностей к формированию спроса на всё новые товары и услуги.

— Новые рынки (географически) и новые товары (компьютеры) как драйверы роста в конце XX века. Исчерпание драйверов к XXI веку.

— Мягкая монетарная политика как единственный доступный следующий драйвер; дефицит бюджетов; займ у будущего.

Следствия и неожиданные явления:

— Замедление роста развитых стран (хотя и на большой скорости).

— Стеклянный потолок нересурсного роста у недемократических стран, но — устойчивость недемократических режимов = потолок роста развивающихся стран и отсутствие мощных драйверов оттуда.

— Увеличение «капитальной базы» = капитал перестает быть дефицитным.

Ошибки и вынужденные действия:

— Избыточная защита от рисков привела к снижению конкуренции.

— Борьба с уклонением от налогов привела к бюрократизации и затруднению движения капитала, высоким накладным расходам в банковской сфере.

— «Плоское» стимулирование спроса привело к спекулятивным пузырям и стагнации производительности в развитых странах.

Пандемия:

— Впервые в мире массивные экономические меры приняты для снижения волатильности доходов параллельно с массивными экономическими ограничениями.

— Монетарные стимулы оказались чрезмерными и плохо сфокусированными.

— Сильно пострадали ультрациклические области — в том числе добыча полезных ископаемых и логистика.

Следствия:

— Инфляция началась как немонетарная, но ее устойчивость связана с избытком денег.

— Из логистической инфляция быстро перешла в инфляцию предложения сырьевых товаров.

— Война в Украине — тоже фактор, но не самый большой.

— Инфляция предложения сырьевых товаров переходит в инфляцию продуктов питания, затем — товаров, затем — услуг. В классическом формате такая инфляция лечится повышением стоимости денег.

— Страны идут в цикле с разной скоростью. США уже в фазе услуг, и общая инфляция начала снижаться. Великобритания — в фазе продуктов питания. Европа еще в фазе сырьевых товаров.

— За снижение инфляции платят ростом. 2023 год еще не является годом рецессии в глобальном мире, но в 2024 году ее ждут.

— Мировые фабрики зависят от спроса в развитом мире — спрос снижается, то есть здесь тоже будет замедление.

Рынки:

— Рост рынков обеспечивался увеличением денежной массы, часть которой не шла на увеличение физического спроса на товары и услуги.

— Дополнительным драйвером было снижение стоимости денег. В пандемию произошел обвальный выброс денег на финансовые рынки — не субсидий, а остановившихся в результате рестрикций сумм.

— На фоне перегретых рынков рост ставок создает эффект холодного душа и начинает цепную реакцию падения.

— Тем не менее объем денег все равно большой, а экономики стабильны — стабилизация ставок вызовет стабилизацию рынков и, скорее всего, снижение спредов в облигациях высокого качества. Но кредитный кризис никто не отменяет.

— Междуциклие завершится в 2024 году, и мир вступит в следующий долгосрочный этап экономического развития. Можно предположить, что он будет идти с несколько более высокими ставками, несколько более жесткой монетарной политикой и несколько более низкой скоростью роста.

*Геоэкономика, как я выше писал, легко описывается глобальными тезисами, но преломляется в реальной жизни. Вот о такой реальной жизни мой следующий пост, написанный осенью 2022 года.*

## Письмо русскому читателю

Привет, как дела?

У нас в Лондоне прекрасная погода: +15 и яркое солнце. Нам обещают indian summer и +23 в конце октября. Спасибо тем, кто наверху, за экономию нашего газа.

Стоимость коммуналки — это штука серьезная. Цены выросли на 25% в среднем за этот год, и это при том, что у провайдеров пришлось отнять часть прибыли и часть стоимости субсидировать из бюджета. Правда, Джереми Хант (министр финансов) сказал, что субсидии только до апреля — позже они будут уже не нужны, с учетом того как летят вниз цены на газ и нефть: газ уже стоит 40% от июньского уровня, нефть — южнее 90 долларов за баррель, и это на фоне сокращения потребления на 10–20% без потери ВВП. Британцы умеют повышать эффективность, когда необходимо.

О коммунальных расходах в Британии говорят много и с серьезными лицами. Думаю, это потому, что они не жили в России. Мой дом в Лондоне, в котором живут три человека, обходится мне сегодня где-то в 400 фунтов в месяц [вынужден сделать примечание — к ноябрю 2023 года он обходится уже в 300 фунтов, цены снизились] — средний британец, услышав эту цифру, пару дней проклинал бы правительство на Parliament Square. Моя квартира в Москве, в которой никто не живет сейчас и которую я так и не могу продать (никто не берет — может, кому надо, кстати, отличная квартира!), обходится в 500 фунтов в месяц — та же коммуналка [и еще одно примечание от ноября 2023 года: квартира была продана весной, на удивление за хорошую цену – спрос в России на недвижимость в 2023 году вырос].

Конечно, в Москве я плачу управляющей компании за обслуживание и охрану (и это входит в 500 фунтов), но в Лондоне меня еще лучше обслуживает муниципалитет в счет уплачиваемого мной налога (он за мой дом здесь чуть меньше, чем налог на имущество за квартиру в Москве, но в Москве мне за этот налог никто ничего не делает), а охранять меня в Лондоне ну совершенно не нужно. А еще правительство сейчас возвращает мне 60 фунтов в месяц, потому что ему очень жалко, что я так много плачу за коммуналку, и будет возвращать до апреля. Надеюсь, ты понял, что речь о британском правительстве.

В остальном жизнь в Британии сейчас — это милый уютный европейский ужас. Если в России все плохо, а по телевизору говорят, что, наоборот, хорошо (а может, правда хорошо, просто я чего-то не понимаю), то в Британии вокруг все хорошо, зато по телевизору нам 24 часа в сутки 30 каналов внушают, что все ужасно. Еще бы — инфляция докатилась до 10% (правда, за три года она всего 5% годовых, а за 10 лет — всего 3%). И то сказать, инфляция здесь какая-то неуловимая, по крайней мере, мой личный «индекс помидоров» стоит на месте уже года два, а «индекс стейка» даже несколько ушел вниз. Среднее повышение стоимости аренды в Британии за последние годы — около 3% в год, такси и транспорт не дорожают.

Все, конечно, ждут рецессию в 2023 году — прогноз минус 0,3% ВВП, то есть с 33 000 фунтов на человека (38 000 долларов) он упадет до 32 900 фунтов на человека. Кто знает, пока в 2022 году ВВП Британии, кажется, вырастет на 1% (существенно ниже, чем в 2021 — тогда он вырос на 7,5%), то есть на 330 долларов на человека. Для России это было бы эквивалентно росту ВВП на 3,3% — скорость роста, забытая в последние 12 лет. Промышленное производство идет вровень с ВВП, перекоса в сторону сервисов нет.

Рецессию ждут, но как-то вяло: безработица ниже 4% и как раз в области низкооплачиваемого труда (по британским меркам низкооплачиваемого), дефицит рабочей силы ощущается везде. Озабоченные ухудшением экономической ситуации лондонцы ходят в рестораны и театры как не в себя — везде надо за два дня заказывать столики. В аэропортах толпы — по каждому поводу англичане летят отдыхать. Да, продажи новых машин в Великобритании упали до 1 100 000 штук в год, меньше, чем по машине на 60 человек; они вообще-то давно падают — в стране великолепный общественный транспорт. Но, конечно, дорогой бензин делает свое дело тоже. Правда, в России по 1 машине на 60 человек в год вообще никто никогда не покупал, а в 2022 году новую машину купит только 1 из 250 россиян.

Почему рецессия случится, никто толком не обсуждает: все верят, что раз ставка растет, а она растет, чтобы победить инфляцию, то рецессия непременно будет. Если спросить меня, то с долгом, равным 100% ВВП, и ростом ставки с почти нуля до нескольких процентов рецессия будет непременно, будет и кредитный кризис, и сокращение продаж недвижимости, и крах долговых схем с большим рычагом, и много-много чего другого. В худшем случае мы увидим, как государство спасает пару банков, занимая под 5% годовых в фунтах надолго (уникальный, скажу я тебе, момент — можно без риска разместиться под 5% в фунтах при долгосрочной инфляции не более 2–2,5%). В общем, времена грядут тяжелые — года на два политикам придется отвлечься от gender equality и глобального потепления и ругаться по поводу того, надо повышать налоги или надо понижать налоги. В остальном тяжелые времена неспециалисту будет заметить непросто.

Почему я это тебе пишу? Потому что недавно в комментарии к моему посту ты спросил меня (цитирую, что называется, с сохранением орфографии, синтаксиса, пунктуации и интеллекта автора):

*«Почему вы не учитываете кризис в Европе? Деградацию в упрощении экономики. И в выбывание промышленности и сельского хозяйства. Рост расходов домохозяйств, который будет увеличивать велферы и расходы бюджетов. Печатный станок может и перегреться. Парадокс современных финансовых систем в том, что им не нужна реальная экономика для роста ввп. Но сможет ли этот ввп позволить немцам хотя бы жить в тепле, а не ходить дома в двух свитерах, как посоветовал тут вчера один большой немецкий политик? Как экономика Европы будет конкурировать с Китаем и Америкой если стоимость энергоресурсов и рабсилы для нее будет выше в разы? Или вы думаете, что накормите и согреете Европу в обмен на деривативы пятого порядка впаренные туземцам? Так туземцы ныне ученые пошли. И не все на службе у глобалистов».*

Я так проникся твоим комментарием, что отвечаю письмом. Коротко говоря: ты вообще не понимаешь, как устроена современная экономика. В твоей голове страны — это советские заводы, директора которых конкурируют за выделяемые ЦК продуктовые заказы для сотрудников. В реальном мире нет и не может быть «ресурсов в разы дороже» — есть мировой рынок ресурсов, их стоимость более или менее одна и та же (транспортные расходы, конечно, играют роль, да немножко ресурсов можно купить у людоедских режимов контрабандой), а вот эффективность использования различается в разы — и тут Европа точно в выигрыше. Это только домохозяйкам кажется, что «в России бензин дешевле». На самом деле он стоит столько же, сколько в Европе, просто, когда россиянин заправляет машину на АЗС, большую часть стоимости бензина уже заплатила компания, которая его добывает, потому что не продала его по рыночной цене на глобальном рынке. Поэтому россиянин палит бензин, как не родной, и топит дом на полную, живя при открытых форточках и двадцати шести градусах в комнате. Поэтому у российского нефтегаза нет средств на развитие технологий и эффективную добычу, поэтому коэффициент извлечения в России в полтора раза ниже. У меня в доме 20 градусов и летом (за счет кондиционеров), и зимой — и это очень комфортно. У меня гибрид, который по городу ездит только на электричестве, сжирая эквивалент полутора литров бензина на 100 км. Поверь, колес в нем столько же, сколько в супер-Жигулях с их расходом в 8 раз больше. Если бы россияне платили за бензин и газ рыночные цены, то их кошельки волшебным образом не пустели бы — просто они бы не выкидывали в помойку море углеводородов, которые шли бы на мировой рынок и еще снижали бы цену.

В реальном мире также нет «стоимости рабсилы на порядок дороже» — вы просто выносите процессы туда, где эффективнее, а стоимость географически локального рынка труда определяется спросом: если люди хотят жить и потреблять именно здесь, то дефицитный труд будет здесь дороже, а если нет, то дешевле, процесс саморегулируется. В Британии труд дорогой (о да!), только потому что за него готовы платить. Британия — лидер в качестве жизни. Это не слова — это миллиарды долларов инвестиций от тех, кто приезжает в Британию жить.

Россия когда-то привлекала гастарбайтеров (уже нет); каждый гастарбайтер за год производил добавленной стоимости на несколько тысяч долларов, возможно, на пару десятков. Каждый состоятельный эмигрант в Британии тратит на порядок больше, канализируя ресурсы извне в британскую экономику и давая возможность (вернее — заставляя) британские сервисы быть дорогими. Стоимость жилья в Лондоне выше, чем в Москве, в разы, но это не делает жизнь в Лондоне хуже — это вообще ничего не делает, потому что это не причина, а следствие того, что очень многие хотят жить в Лондоне и будут за это платить. Строители жилья будут зарабатывать и покупать жилье себе, сантехники, электрики, садовники, инженеры, установщики оборудования, провайдеры интернета, доставщики еды и товаров, врачи, учителя, артисты, официанты — продолжите список сами — зарабатывают очень хорошо, потому что они сделали Британию страной, в которой хорошо жить и туда все едут. Дорогая рабсила является признаком процветания, а не угрозой процветанию. В Китае по мере роста экономики росла стоимость рабсилы. Если Китай (как, похоже, будет) останавливается в развитии, стоимость рабсилы встанет. Если пойдет назад — вниз пойдет стоимость рабсилы.

Дорогой труд — это хорошая жизнь для множества людей (отсюда покупка машин в четыре раза больше, чем в России, отсюда заграничный отдых не у 5%, а у 60% граждан, отсюда «страшная ситуация с жильем», при которой среднее количество квадратных метров на человека в Британии превышает 37 (в Германии 44), а количество комнат — 2,5 (в России — 25 м$^2$ и одна комната). Стоит ли говорить, что жилье в Британии принципиально другого качества, в то время как в богатой газом России газифицировано только 72% жилищ?

Есть и еще один нюанс: дорогой труд в среднем там, где производится больше дорогого труда. Талантливый ученый стоит много дороже дворника — разумеется, не в России, а там, где его труд коммерциализируется. Но если вы не коммерциализируете труд, то даже если он очень дешев — толку нет. Сегодня миллион человек бежали из России, и среди них есть много высокооплачиваемых специалистов. Они осядут в Таиланде, Грузии, Израиле, Черногории, Великобритании, Штатах и увеличат среднюю стоимость труда там, в то время как в России стоимость труда упадет (как в известном анекдоте: человек, переезжающий из Великобритании в Россию, увеличивает средний интеллект сразу и там, и там). И что Россия выиграет от такого снижения стоимости труда?

Отдельный вопрос здесь — эффективность труда. Она в Европе и Британии выше во всем, от производства сахарной свеклы до IT-бизнесов. И это определяет процветание — нет проблем платить вдвое больше тому, кто производит вчетверо.

Про «выбывание промышленности» я уже написал — как видно по динамике ВВП, промышленность идет вровень с остальным. Хотя почему кого-то должно заботить, что происходит с промышленностью? Мир сегодня — это огромная сеть кооперации. Если промышленность где-то становится невыгодной, то ее переносят туда, где выгодно. Исчезновение России с радаров тут ничего не меняет — в России промышленности отродясь не было и не будет. Ну а если Китай, например, захочет избавиться от промышленной нагрузки (дело такое — он отгружает в Европу товаров на 1 трлн долларов, 5% ВВП Европы), то в мире есть десятки стран, которые ее тут же заберут на себя — к ужасу Китая, поскольку весь его рост держится на этом экспорте. Сколько бы своих технологий Китай ни создавал, как он будет кормить 1,4 млрд человек без 3 трлн экспорта в год?

То же самое с сельским хозяйством. Вообще-то в Британии более 70% всей территории используется как сельскохозяйственные земли. 54% потребляемой в Британии еды производится в стране. При этом Британия импортирует продуктов питания на 26 млрд фунтов, а экспортирует — на 20 млрд (данные 2020 года), то есть практически соблюдает «паритет». Чтобы ты понимал масштаб, выручка британских частных школ в год превышает 30 млрд фунтов. Кстати, Россия-матушка импортирует 25% от потребляемого объема продуктов питания (27 млрд фунтов), а экспортирует агропродукции в ценах 2022 года на 29 млрд фунтов (то есть при-

72

мерно столько же, сколько Британия, цены-то в 2022 году выше!). Ну и в чем разница кроме того, что Россия имеет на порядок больше сельскохозяйственной земли и в 2,5 раза большее население, а выручки всех частных школ в России хватило бы разве что на туалет в геленджикском дворце?

Про «рост расходов домохозяйств» написать в негативном ключе может только специалист по распределению продуктов по карточкам. Во всем мире рост расходов домохозяйств — это то, ради чего работает экономика, и то, что экономику стимулирует. Основной проблемой развитых стран в последние 20 лет была как раз стагнация расходов домохозяйств. Кстати, эта проблема никуда не делась. А вот доходы домохозяйств в Великобритании росли в эти 20 лет почти каждый год. Это в России они уже 11 лет не растут, а с 2014 года упали на двузначную величину. Но проблемы, конечно, у Британии…

Я не очень понял про «печатный станок». Что он печатает? Наверное, деньги? Денежный агрегат М2 в Британии вырос за год на 6,4% и составляет 3,7 трлн фунтов, или примерно 137% ВВП. Знаете, какое соотношение М2/ВВП в Китае? 208%. Кстати, рост М2 за год там 12,2%. И у кого тут станок перегреется?

Парадокс, о котором ты пишешь, это не парадокс финансовых систем — это парадокс невежд, которые пишут о том, чего не понимают. ВВП — это совокупность всех прибылей в экономике. Совершенно не важно, как распределяются эти прибыли по секторам (это, грубо говоря, дело для рынка внутреннее — где-то банкиры берут большую долю, где-то бандиты), — все равно в сумме это чисто экономический продукт, произведенный в стране. Финансовый сектор не может сам «произвести ВВП» — кому он продаст свои услуги, если никто другой не заработал и ему будет не с чего платить? Кстати, про «справедливость»: и в Британии, и в Китае финансовый сектор дает около 8% ВВП — что это за такие «финансовые системы, при которых ВВП может расти без реальной экономики», я так и не понял.

Про «два свитера» пусть вам расскажут падающие цены на газ — они красноречивее меня. Европа тем и велика, что умеет быстро находить выходы из проблем, величие России же в том, чтобы находить проблемы, из которых нет выхода.

В заключение я хотел бы привести тебе сравнение, которое, возможно, даст понять, в чем твоя ошибка. Британия по сравнению с Россией — это примерно как сильно улучшенные Москва и Московская область по сравнению с остальной Россией. Ликсутов когда-то сказал, что «Москва производит смыслы». Британия тоже производит смыслы, а заодно нефть и газ, металлы, химию, продукты питания, машины, самолеты, поезда, станки, приборы и так далее — тысячи типов товаров. Но поверх всего и больше всего Британия производит знания, технологии, информацию и, конечно — сервисы. В нашем мире, в котором «что» сделать понятно почти всем, и конкуренция идет за «как» сделать, сервисы стоят дороже всего и рынок на них самый устойчивый. Британия — лидер в финтехе. Это не «деривативы пятого уровня» (кстати, что это такое?) — это существенное снижение издержек в мировом масштабе. Британия — это четвертый по величине рынок потребления инноваций после США, Китая и ЕС. Обрати внимание — после Китая (со всей его когда-то дешевой рабсилой Китай потребляет очень много инноваций, большая часть которых создана в Великобритании).

Засим остаюсь преданный вам, но живущий теперь далеко и возвращаться не собирающийся гражданин той самой Европы, о которой вы так заботитесь, когда-то живший в России, о которой вы так не заботитесь,

житель Лондона

*Андрей Мовчан*

Пойду открою форточку, что-то жарко в комнате.

# Про демократию, которая монархия, и наоборот

Очень интересный диалог возник в комментариях к одному посту — про то, где и когда была раньше демократия и где есть сейчас. Мне кажется, надо дать внятные пояснения.

1. Демократия, олигархия, автократия, автаркия и прочие типы механизмов управления государством через систему принятия решений познаются путем непосредственного наблюдения и мысленного эксперимента. Наблюдение ведется за тем, чьим позициям соответствуют принимаемые решения, мысленный эксперимент устанавливает ответ на вопрос «были бы решения другими, если бы позиции этой группы отличались?».

Если решения соответствуют позициям большинства и они меняются, если большинство придерживается другого мнения, то это демократия. Если то же самое можно сказать про ограниченные слои общества, то это аристократия/олигархия. Если про буквально несколько человек, то это автократия/автаркия.

При этом только первой части вопроса недостаточно — интересы, например, узкой элиты могут совпадать с интересами большинства, и это не значит, что в стране демократия. Большинство путем массированной пропаганды и устранения носителей другого мнения может быть «зомбировано» идеями элиты, это не значит, что в стране демократия.

2. Что очень важно — вышеперечисленные типы общественного устройства НЕ определяются конституциями, договорами, декларациями, названиями должностей, наличием декларируемых институтов и прочими формальными атрибутами. Единственное, чем они определяются, — это соотношение реальных сил у различных акторов.

В стране может быть парламент, всеобщее голосование, референдумы и пр., но при этом контролировать страну будут силовики и человек со скромной должностью «президент» без права переизбрания на следующий срок будет фактическим самодержцем, обнуляющим счетчик каждый раз, когда это требуется, — это не демократия.

И наоборот — в стране, как в Великобритании, может быть король, на бумаге имеющий право править как самодержец, а на практике это будет смешанная аристократия/демократия, в которой демократии 90% — просто потому что нижняя палата парламента де-факто контролирует все экономические и силовые структуры.

В этом смысле нет никакой пользы дискутировать про формы власти. Бессмысленно говорить: «У вас король». Ну да, у нас король. А у вас — президент. Вопрос — в чьих руках ресурсы власти. У нас — в руках нижней палаты парламента. У вас — кучки силовиков и друзей президента. У нас это так уже лет триста. А у вас так с самого начала, со времен Рюрика. Если хотите что-то изменить, не надо менять формальные институции, надо нужные институции наделить реальной (а не бумажной) силой и ресурсами.

Поэтому основная опасность демократии сейчас не в монархиях: монархии адаптировались к современности, передав де-факто власть выборным коллективным органам. Основная опасность как раз в странах, где создана видимость демократий, — там авторитарные лидеры перераспределяют реальные ресурсы и, следственно, реальную власть в свою пользу с невинным видом, на все вопросы отвечая: «Да что вы, у нас же выборы, парламент, полная демократия!» В этом смысле Россия или Венесуэла уже «за гранью», а Турция и Израиль — в зоне риска, в отличие от Британии или Дании.


# Русская Вена

Вена полна дворцов и монументов, запаха глинтвейна и сосисок, зимней изморози, елок, иллюминации, туристов и эмигрантов.

Вена полна русскоязычных. Они бродят по улицам, сидят в кафе и лобби отелей, покупают в бутиках в центре города и продают в этих бутиках — русскоязычные русскоязычным, ходят в театры и на выставки, а за кулисами этого живут в безликих спальных районах и пригородах или шикарных отелях на венском бульварном кольце, части которого носят имена великих композиторов.

Русская речь слышна отовсюду и везде; говорят громко, потому что «никто же нас не понимает здесь». Ошибка: понимает каждый второй, а на уровне «спасибо», «с Новым годом», «спутник», «как пройти», «где купить», «Путин», «у этих немцев все не как у людей» и «Гитлер капут» — так и каждый первый.

*«Я ушла от мужа. У меня было столько секса на стороне, что я вдруг осознала: зачем вообще мне брак?»*

*«Одень шапку!»* — *«Не хочу».* — *«Я тебе сейчас так не захочу, что ты все что угодно оденешь».* — *«Мне жарко».* — *«Я тебе сейчас так покажу, что тебе в шапке холодно станет».*

*«Почему ты всегда все в последний момент? Ты могла сказать, что нам надо в аптеку?»* — *«Мне что, в аптеку за сутки чекиниться, как на самолет?»*

*«Здесь есть нормальная еда?»* — *«Откуда у немцев нормальная еда?»* — *«Это не немцы».* — *«Тогда тем более».*

*«Мне нужна тогда квартира поближе к этой школе, я ее возить не буду каждый день. Да, большую не надо, мы не гордые».*

*«Почему у них везде так жарко, что они так топят — Путину назло, что ли?».*

Нас везет таксист, с виду Омар Шариф в старости. Мы говорим между собой по-русски. Спрашивает по-немецки:

— Вы с Украины или из России?

— Мы из Лондона, когда-то жили в России.

— А я азербайджанец, но из Ирана. Это ужасно, что там творится — столько лет диктатуры. Я очень надеюсь, что эти женщины победят теперь. Мужчины не могли, значит, женщины должны смочь.

— Да, мы тоже надеемся, у нас много друзей из Ирана, мы вам желаем победы.

— А как по-русски сказать «Willkommen»? «Добрьо пришлы»?

— Нет, это почти по-сербски, по-русски — «Добро пожаловать».

— О, добрьо пожавать! Видите, я немного говорю по-русски, я знаю слово «спасибо» тоже!

— А как по-ирански «спасибо»?

— О, мы все говорим «мерси» — это теперь по-французски, но и по-ирански тоже, французы у нас это взяли... Русские очень хорошие. Вам русскую диктатуру тоже надо сбросить. Если ваши мужчины не могут, почему женщины этим не займутся?.. Вам потом в аэропорт? Давайте моя жена вас отвезет — я на заказе буду. Она, конечно, немка, но мы вместе работаем.

В Австрии, как в Германии, не только красиво. Вена добра и вежлива. Немцы говорят «прекрасное пожалуйста» (от этого веет самолюбованием, вот как я хорошо сделал), австрийцы — «пожалуйста с удовольствием», и они правда помогают с удовольствием.

Вена дышит Европой, в отличие от Лондона; а еще Вена дышит спокойствием. Зеленых колоссов монархов далекого прошлого никто не сносит, но никто на них и не молится. Об имперском прошлом напоминают гуляш в меню и орел на гербе. Сложно поверить, что 110 лет назад Австрия чувствовала себя империей, имела аж пять ядер со своими парламентами и законами (Австрия, Венгрия, Босния, Хорватия, хорошая часть Чехии и Словакии) и всерьез претендовала на расширение за счет Балкан и южнославянских земель — разговоры о том, чтобы объявить превентивную войну Сербии, шли всерьез, и война таки случилась (по вине сербов, но это другая история). Такое ощущение, что Австрия имперская родила Австрию новую и потом умерла. Дочь трогательно хранит реликвии матери, но живет совершенно другой жизнью.

Мы увозим из Вены новые свитера за 10% от их лондонской цены (проклятие гражданина мира — даже рефанд налога мне не сделают, я же европеец, хоть и живу в Лондоне) и непременный «Захерторт» (в кафе «Захер» очередь на полквартала, хоть так поедим). Вернемся уже в январе и, похоже, будем часто бывать. Не исключено, что и в Вене появится наш офис. Bis bald, Vienna!

## Брикс? Чайникс!

Напишу-ка я про БРИКС пару слов, а то все что-то возбудились последними заявлениями лидеров этого странного образования.

1. БРИКС — это не международное объединение (экономическое или политическое). Это фактически ежегодное совещание глав нескольких государств. Члены БРИКС декларируют стремление «создать альтернативу контролируемым Западом международным финансовым и экономическим союзам», но спустя четырнадцать лет после создания БРИКС страны не заключили никакого валютного, торгового, таможенного, оборонительного или другого соглашения.

2. Единственным возвышающимся над уровнем разговоров достижением БРИКС является создание Банка Развития. Банк создан почти десять лет назад, его капитал 50 млрд долларов (заметьте — не юаней), всего выдано кредитов на 30 млрд долларов (Мировой банк выдает в год порядка 100 млрд). Треть проектов банка реализуется в Китае. Есть, конечно, еще стомиллиардный фонд помощи, но он живет в декларативной форме.

3. БРИКС — это давно не только пять стран. В том же Банке Развития акционеров более десятка (в том числе Бангладеш, Египет, ОАЭ).

4. По заявлению руководителей в общем-то всех стран БРИКС, вопрос совместной валюты не стоит в повестке — вместо этого предлагается «усиливать роль локальных валют в торговле», то есть юаня. Зачем это Китаю, я уже как-то писал — в основном чтобы снизить давление доллара и стоимость юаня, сохраняя таким образом конкурентоспособность.

5. С инвестиционной точки зрения БРИКС — это Китай. Посмотрите график объема инвестиций стран БРИКС друг в друга и всё поймете. Китай делает вербальные интервенции и под это дело расширяет свое инвестиционное присутствие, преследуя свои интересы. У многоугольника БРИКС Китай — это центр, все отношения других стран — с ним, между собой другие страны едва (ли) связаны.

6. При этом в самом БРИКС заложена бомба в виде растущих противоречий между Китаем и Индией. Индия слаба экономически (несравнимо с Китаем), но Китай — стареющий монстр (на экономических стероидах стареют быстро), а Индия — экономический подросток. Индия в оборонном плане никогда не будет ориентироваться на Китай, а значит, и экономически они конкуренты. Индия будет пытаться оторвать жирный кусок у международного бизнеса Китая, Китай будет бороться. В этих условиях сложно говорить о «блоке», да никто и не говорит.

7. Риторика БРИКС (за которую отвечает Китай) в основном противоположна реальным действиям. Так, в связи с опытом ковида необходимость объединения для совместной работы в области здравоохранения (с целью исправить перекосы «прозападной» системы) декларируется среди целей БРИКС. Однако именно Китай отклонил идею создания Global Health Board при G20, куда все страны БРИКС входят.

В целом БРИКС представляется просто значительно большей, но при этом значительно более рыхлой моделью ЕАЭС — воображаемым объединением, в котором права и обязанности никогда не будут прописаны, просто потому что это не объединение равноправных партнеров, а скорее клуб соискателей благосклонности Китая, использовать которую члены клуба намерены для торговли с Западом за более выгодные условия взаимодействия. Сам же Китай готов предоставлять свою благосклонность в обмен на усиление контроля над экономиками клиентов. Альтернативой «прозападным» блокам здесь и не пахнет.

## Статья Гарбузова

Иногда в России случаются загадочные истории. Одной из них в 2023 году стал выход в провластной «Независимой газете» (смешно звучит, правда?) статьи совершенно номенклатурного академика Гарбузова с целой чередой разумных мыслей и очевидной фрондой.

Вокруг статьи академика Гарбузова в НГ витает легкий ореол загадочности — вопросов больше, чем ответов. Действительно, Гарбузов — вполне «системный» ученый, бюрократ от науки, получавший медали от государства, специалист по «консерватизму», который в той же «Независимой газете» в 2022 году определяет причину вооруженного конфликта в Украине как «безответственную политику националистически настроенной, нацеленной на евроинтеграцию украинской политической верхушки, проводившей на протяжении 17 лет при опоре на экстремистские группировки и поддержке снабжавших ее оружием западных стран антироссийский курс». Что заставило его, все эти годы великолепно колебавшегося вместе с линией партии, пойти на откровенную фронду, не только объявив нашего короля подвижником, великомучеником, но (!) не святым И назвав саму суть современной российской пропаганды, основу национального самосознания «мешаниной, напоминающей антизападные идейные изобретения почти 200-летней давности»?

Еще более простой вопрос: почему «Независимая газета», вполне лояльная и даже, я бы сказал, с энтузиазмом лояльная Кремлю, чья редакционная статья вчера называлась «Сильный народ, сильное народное правительство никогда не боятся войны» (вообще безумное заявление, на мой взгляд, но там уже берега давно потеряны), вдруг публикует такую статью Гарбузова? И что еще более непонятно — почему эта статья до сих пор находится на сайте НГ, в то время как Гарбузов уже уволен из своей синекуры?

Мы могли бы удариться в конспирологию, вообразить себе, что поскольку статья де-факто посвящена признанию Китая второй «неформальной империей» и лидером оппозиции США на мировой арене, то за всем этим видна «рука Пекина» и Кремлю дана команда готовить россиян к принятию роли России как вассала Поднебесной. Можно предположить, что Гарбузов сам созрел для «евроинтеграции» в виде, например, переезда на Запад на пенсию и потому неожиданно уподобился «безответственной украинской политической верхушке», причем сделал он это не один, а со всей редколлегией НГ. А может быть, всем им явился Иисус по дороге в ресторан «Живаго», и они одновременно прозрели. Но конспирология не так интересна, как собственно осмысление самой статьи и попытка дискуссии с ней.

\*\*\*

Статью можно условно разделить на три части. Если бы Гарбузов писал ее план, как делает школьник перед написанием сочинения, то план выглядел бы примерно так:

1) российско-советский экспансионизм потерпел поражение в борьбе с модернизировавшимся миром капиталистических государств,

2) США стали доминирующей силой через интеграцию интересов других государств в свою экономическую систему; Китай идет тем же путем, попытки сегодняшней России стать третьей глобальной силой обречены

на провал во многом из-за того, что «новая государственная мифология», апеллируя к мифу российского величия, на самом деле имеет единственной целью сохранить власть за нынешней правящей элитой и интегрированным с ней олигархатом.

Эти тезиса достойны обсуждения.

Разумеется, российско-советский экспансионизм потерпел поражение. Однако почти одновременно с ним (и даже чуть раньше) потерпели поражение британский, французский, бельгийский, португальский, немецкий, турецкий, японский и прочие экспансионизмы. Выводов отсюда можно сделать два, и оба они будут в какой-то степени противоречить идеям статьи:

1) экспансионизм был на протяжении всей истории свойственен высокоорганизованным сообществам, так что фактически все региональные, да и глобальные лидеры в военном и экономическом плане стремились к экспансии. Россия тут не исключение, не enfant terrible мирового сообщества, а в каком-то смысле заштатный региональный лидер, ведший себя, как любой региональный лидер в свое время. Надо сказать, что Россия в глобальные лидеры не выбивалась ни разу, оставаясь на региональном уровне (признаем при этом, что регион был достаточно велик). Россия даже не использовала случайно волей обстоятельств после Второй Мировой войны открывшееся окно возможности стать глобальным лидером — было слишком поздно для экспансионистских методов, а других в арсенале не было. Агрессия против Афганистана была классическим кинематографическим «укусом мертвеца», последним агональным ударом поверженной системы — и закончилась соответственно,

2) экспансионизм не случайно потерпел поражение повсеместно. Стержнем политики экспансионизма все-

гда (от Шумеров до Гитлера) была экономическая конструкция, в которой издержки вооруженной агрессии были значительно ниже стоимости накопленных жертвами ценностей, природных богатств и географических преимуществ, получаемых в результате экспансии. Так было, пока природные ресурсы (в первую очередь земля) были диспропорционально дороги по сравнению с трудом и капиталом, квалифицированного труда требовалось сравнительно мало и предложение было в избытке, а интеллектуальная собственность была, с одной стороны, дешева, с другой — легко приватизируема. Ситуация коренным образом поменялась к середине XX века, но начала она меняться уже к середине XIX, в период буржуазных революций. Первым вестником грядущих перемен были итоги войны Голландии за независимость и вообще крах империи Габсбургов, чей трон обрушился как раз под тяжестью плодов экспансии. К 1950 году даже для очень эффективных экономик стало невыгодно захватывать, подчинять и удерживать территории: намного выгоднее стало формировать с ними товарно-денежные отношения, основанные на обмене товаров с высокой добавленной стоимостью (ВДС) на товары с низкой добавленной стоимостью (НДС). Вчерашние империи стали едва ли не естественным путем делиться на зоны производства товаров с ВДС (собственно метрополии) и остальные пространства, с гордостью становившиеся «независимыми» государствами, чья зависимость от мирового рынка, управлявшегося теми самыми метрополиями, была по факту намного выше, чем раньше была зависимость от «колониальных хозяев».

Поражение СССР состояло не в том, что страна не справилась с вооруженной экспансией, — все не справились; оно было в том, что СССР (в силу понятных причин) не стал территорией производства товаров и услуг с ВДС и тем самым обрек себя на роль «новой колонии». Тем более что на территории СССР (а затем России) было достаточно товаров с НДС, чтобы элиты могли расслабиться и зарабатывать достаточно.

Последняя мысль является зеркальным отражением совершенно верного посыла в части США, описанного во второй половине статьи: действительно, пользуясь целой чередой уникальных возможностей XX века, США сумели и накопить огромный потенциал производства товаров и услуг с ВДС, и создать систему их дистрибуции по всему миру. К слову, основные «уникальные возможности» состояли как раз в том, что США вовремя отказались от экспансионистских методов развития (последние территориальные экспансии США относятся к середине XIX века) и пропустили вперед своих потенциальных конкурентов, позволив им крепко разбиться о свои экспансионистские устремления. США же в этом печальном процессе занимали позицию «продавца лопат и тачек», увеличивая свои мощности и наращивая доверие к себе на всех значимых рынках.

Однако сказав об этом, академик Гарбузов объявляет Китай страной — конкурентом США на международной арене, как будто позиционирование этих двух, безусловно, крупных экономик эквивалентно. Между тем при относительной сравнимости размеров экономик США и Китая (в номинале экономика США примерно в полтора раза больше), все остальные их свойства различаются. США — экономика товаров с ВДС, Китай — классическая «фабрика», производящая товары НДС в большом количестве (в этом смысле напоминающая Россию, только ресурсом в Китае служит дешевый труд). США достаточно независимы от мира — их внешнеторговый оборот составляет около 15% ВВП. Все благосостояние Китая целиком зависит от внешней торговли, его внешнеторговый оборот превышает 38% ВВП и все время растет. Остается только добавить, что крупнейшими торговыми партнерами Китая являются США, а также ЕС, Япония и Южная Корея — давние и убежденные партнеры США. ВВП на человека в США составляет в пять раз большую величину, чем в Китае, и скорость роста подушевого ВВП в США выше, чем в Китае, примерно в три раза. США активно используют свою валюту — доллар — как инструмент внешней торговли и как валюту международных расчетов. Китай так и не сделал свой юань конвертируемым и может использовать его только в очень ограниченном пространстве билатеральных операций. Сегодня, после ковида, США борются с инфляцией поднятием ставки рефинансирования так, что она уже в два раза превышает текущую инфляцию. При этом ВВП США растет сравнительно быстрыми темпами, а рынок труда едва ли не перегрет. Китай же вынужден снижать ставку рефинансирования, чтобы попытаться спасти свои внутренние рынки недвижимости и активов, остановить дефляцию и подстегнуть экономику, которая после нескольких лет стабильного прироста ВВП на душу населения стала замедляться вместо послековидного ускорения. В заключение можно заметить, что вся эта разница существует на фоне существенно более развитых пенсионной и социальной систем США, при том что население США стареет уже медленнее, чем китайское; население США растет, в то время как Китая — уменьшается.

Все вышесказанное (тем более если вспомнить, что Китай исповедует своеобразный вариант социалистической доктрины) говорит скорее о том, что Китаю, имеющему сегодня амбиции расширения своего экономического влияния в мире, уготована в перспективе роль СССР/России. Пока Китай находит страны, чьи товары имеют еще более низкую добавленную стоимость, и ценой принятия несоразмерных рисков и политической индифферентности расширяет свою долю на рынках этих стран, он будет продолжать производить впечатление «неформальной империи» на политологов, особенно живущих в стране такой слабой экономики, как Россия. Но этот процесс имеет свой финал, и первые признаки его приближения уже проступают. Экономику не обманешь.

Отсюда, кстати, можно поговорить и о будущем России, вернее — об условности предсказаний. Разумеется (и в этом я совершенно согласен с Гарбузовым), то, что сегодня предлагается России под видом национальной стратегии, представляет собой настойку из измышлений лукавых царедворцев двухвековой давности, измысленных тогда в силу лишь желания угодить бедному умом самодержцу. Гарбузов совершенно прав: цель этой настойки лишь в том, чтобы одурманить население, тем самым отвлекая его от реальных проблем разрушающейся экономики, тотальной коррупции и растущего уровня произвола, без которых нынешняя власть не видит возможности удержаться во главе страны. Такая стратегия ведет лишь к превращению России в страну-изгоя, прислугу проблемного регионального лидера — Китая — и, возможно, в конечном итоге к исчезновению России как политического образования с карты мира. Мечтатели-славянофилы видят в нынешней России потенциального Давида, который должен чудесным образом сразить Голиафа — США. Им стоит напомнить: Давид не мучил чужих кошек, он вместо этого пас своих овец и защищал их от хищников. Давид умел обращаться с оружием, не знакомым Голиафу и более современным, его «добавленная стоимость» была выше; Давид защищал свою землю, а не пытался отнять чужое. Наконец, Давид не был лизоблюдом у царя и не кричал: «Саул — это Израиль».

Но сказанное ни в коем случае не означает, что Россия в любом случае обречена на роль «малой страны» и шанс стать «неформальной империей» (по Гарбузову) у нее отсутствует. Напротив — все необходимые составляющие для того, чтобы попытаться, у нее есть. Россия обладает огромными территориями и беспрецедентными запасами полезных ископаемых, что делает ее менее зависимой от внешних рынков. Население России достаточно велико и легко может пополняться молодыми энергичными новыми гражданами по американскому принципу — территории в России надо осваивать, и пространство для построения новых экономических образований огромно. Многонациональность страны является хорошей защитой от потенциальной замкнутости и потери контакта с миром. Историческая традиция России как части европейской цивилизации с ее просвещением, стремлением к знанию, совершенствованию, открытостью новому может служить прочной основой для построения идеологии развития страны в новом мире, в котором доминируют экономики высокой добавленной стоимости. Все, что позволило США стать лидером XX–XXI веков, у России в принципе есть. Осталось сделать все, что США сделали на основе естественных преимуществ. В частности, России надо развивать возможности в создании товаров высокой добавленной стоимости (и не надо забывать, что в товары с наибольшей добавленной стоимостью включаются, например, система права, защищающая граждан и инвесторов, устойчивая свободно конвертируемая валюта, открытый, привлекательный для большого количества высококлассных специалистов рынок труда, высокоразвитая инфраструктура и экологичность центров проживания и пр.). Наконец, России надо последовательно интегрировать свою экономику ВДС в развитые рынки, вместо того чтобы искать «союзников» среди еще более отсталых и зависимых от стран с экономиками ВДС государств.

Растущие кредитные проблемы развитых экономик, ползучая бюрократизация Европы и США, их сваливание в лево-социалистическую форму экономического развития, политическое противостояние Запада с Китаем на фоне абсолютной экономической интеграции дают России дополнительные преимущества в смысле усиления ее экономической роли в мире и серьезный шанс реализовать претензию на превращение в одну из ведущих, если не ведущую экономическую силу мира. Увы, в то время как все вышеперечисленное дает России уникальный шанс, нынешняя элита страны, объединившаяся с большой частью населения вокруг мертворожденной идеологемы исторического величия через экспансивное доминирование, проявляющееся в противостоянии с США методами объединения изгоев и международного хулиганства, этот шанс у страны забирает — возможно, навсегда.

## Письма чиновников

Решил написать о делах местных, англицких. Потому что на наших болотах творится не вполне традиционное для старой доброй.

Инфляция у нас сейчас 0,7% м/м (8,4% в год) против 8,7% за 12 месяцев, продолжается инфляция в еде и сервисах против падения цен на энергию. Базовая инфляция 7%. Ставка банка Англии 5%, подняли только что, но это все еще «минус 3%» в смысле реальной ставки.

Для сравнения: базовая инфляция в США — 4,8%, что делает реальную ставку ФРС +0,45%, а общая инфляция в США так вообще 2,2%. Судя по стабильному снижению стоимости арендной платы (в 2022 году рост год к году был 17%, в 2023 пока на уровне 6% и падает), инфляция в США почти побеждена.

Так что, по всему, Великобритания что-то задержалась, и не видно конца инфляционному циклу, пошли вторичные эффекты.

В Великобритании все прозрачно и публично, и даже иногда несколько публичнее разумного, поэтому, например, если инфляция более чем на 1% отличается от целевой, то управляющий Банком Англии пишет открытое письмо канцлеру Казначейства, почему такое безобразие приключилось. А канцлер Казначейства, соответственно, пишет ответ.

Перефразируя Петра I, чиновникам полезно говорить и писать публично, чтобы дурость каждого была видна.

Вот выдержки из письма управляющего Банком Англии Эндрю Бейли канцлеру Казначейства Джереми Ханту (комментарии по-русски мои):

Dear Jeremy (они на «ты», если такое вообще возможно в английском языке, и, конечно, здесь все друг к другу по имени, даже к премьер-министру),

*Bringing inflation down is our absolute priority. The MPC will do what is necessary to return inflation to the 2% target sustainably in the medium term, in line with the primacy of price stability in the Government's monetary policy objective and the MPC's remit.* (То есть не беспокойся, друг, мы любой ценой приведем ее к 2%. Вопрос только — вы цену прикидывали? Она 8% вообще-то сейчас, а ставка у вас уже 5%, и стоимость обслуживания вашего долга утроилась, и стоимость ипотеки тоже).

*After my last letter, annual inflation for food and non-alcoholic beverages rose from 18.0% in February to 19.1% in March, before easing a little to 18.3% in May. With a CPI weight of around 12%, this accounts for about 2 percentage points of the overshoot of inflation from the 2% target.* (Это он имеет в виду, что доля еды в корзине 9%, и поэтому инфляция в еде на 16% выше целевой дает 2% + к инфляции в целом. Но там кроме этих 2% еще 4% — что он к еде пристал?)

*The rise in food prices is a global phenomenon, largely reflecting steep rises through much of last year, after Russia's invasion of Ukraine, in prices of agricultural commodities, energy and fertilisers.* (Боюсь, что руководителя Банка Англии обманули дважды. Во-первых, Россия тут ни при чем. Как легко проверить, цены на эти коммодитиз либо росли уже и до вторжения, либо успели давно упасть до уровней, которые были до него. Так что не стоит валить все на войну. Во-вторых, в США продовольственная инфляция составляла за 3 месяца минус 1,7%, то есть это не «глобальный феномен». Но чиновник есть чиновник, и ему надо свалить все на неподвластные ему силы, даже если их и не существует.)

*The recent increase in goods price inflation excluding energy has occurred despite a sharp recent fall in UK manufacturing output price inflation. Producer Price Index (PPI) input and output inflation fell to 0.5% and 2.9%, respectively, down from 4.2% and 5.2% in April, and from peaks of 24.4% and 19.6% in mid-2022. The same pattern has been observed in many other economies. UK non-energy import prices appear to have ris-*

*en further, however, suggesting that core goods manufacturers and retailers could still be facing high input costs in global markets. While data for world export prices have softened of late, Bank staff analysis suggests that elevated world export prices can account for a significant share of high core goods inflation in the United Kingdom.* (Чем дальше, тем чудесатее. Если цены производителей сильно отстают от инфляции «во многих других экономиках», то откуда инфляция берется и, главное, — каким образом импорт дорожает сильно быстрее? Нет, это проблема конкурентоспособности именно британской экономики — импорт дорожает, собственное производство — нет, потому что на него нет соответствующего спроса. А спроса нет, потому что 1) плохо, и 2) дорого. А почему дорого, он сейчас попробует сказать.)

*Strength in wage growth and costs of inputs from service sectors appear to be additional factors pushing up consumer prices for retailers. Annual private sector regular pay growth has also picked up further, to 7.6% in the three months to April.* (А чего вы хотите с таким многолетним перекосом в образовании в сторону бизнеса и экономики, и, главное, — с такими гигантскими налогами на труд? Я сегодня рассказывал про Техас, там налоговая нагрузка на средний доход 8,7%. В Британии — что-то около 25–28%. Но разве кто-то в правительстве об этом будет думать?)

*The ratio of the number of vacancies to the number of unemployed people has fallen from its peak, it remains significantly above pre-pandemic levels. The rate of unemployment is near historical lows.* (Разумеется, после Брекзита и главное, после осыпания всех деньгами в ковид работать некому. Эндрю ничего не говорит про participation rate, а с ним огромные проблемы. Об этом скажет его корреспондент, но вы посмотрите, каким образом!)

*Headline CPI inflation is expected to fall significantly further during the course of the year, in the main reflecting developments in energy prices.* (Ну то есть как ни в чем не бывало — сейчас не падает, и вот сто причин почему, но скоро упадет. А это большой вопрос: Эндрю ждет падения цен на коммодитиз, а куда им дальше падать? Правда, к концу года заканчивались льготы на оплату коммуналки, и, возможно, именно это могло приостановить рост потребления, но я сомневаюсь, слишком это незначительно.)

*In the MPC's latest projection, presented in the May Monetary Policy Report and conditioned on market interest rates prevailing at the time, an increasing degree of economic slack, combined with declining external pressures, meant that CPI inflation was expected to fall significantly below the 2% target in the medium term.* (Ага-ага! Май был месяц назад, и сэр Эндрю хочет сказать, что за месяц они так поменяли свое мнение, при том что ничего не изменилось?)

*However, now the Committee judged that the risks around that modal inflation projection were skewed significantly to the upside.* (Оцените британский способ сказать: «Мы были на 100% не правы».)

*At the time of the previous MPC meeting and May Monetary Policy Report, the market-implied path for Bank Rate averaged just over 4% over the next three years. Since then, gilt yields have risen materially, particularly at shorter maturities, now suggesting a path for Bank Rate which averages around 5½%. Mortgage rates have also risen notably.* (Честно признается: «Мы вообще не понимали, что будет».)

*The Committee is continuing to monitor closely the impact of the significant increases in Bank Rate so far. As set out in the May Report, the greater share of fixed-rate mortgages means that the full impact of the increase in Bank Rate to date will not be felt for some time.* (Ну, про greater share я бы поспорил, мало их и сроки короткие, уже через год все будет в рынке недвижимости, а до этого будет в бюджете.)

*The MPC will adjust Bank Rate as necessary to return inflation to the 2% target sustainably in the medium term, in line with its remit.* (А это официальное заявление, в Британии просто так говорить нельзя. Банк Англии будет повышать ставки дальше и дальше, невзирая ни на что, — инфляция в 2% единственная цель. Надо, значит, готовиться к росту стоимости фунта, рецессии, бюджетному дефициту в облаках, падению гособлигаций и прочим радостям.)

Ответ канцлера Джереми Ханта:

*High inflation is the greatest immediate economic challenge that we must address. That is why the Government has made it a priority to halve inflation this year, on the path back to the target of 2% CPI. Our commitment to this target is iron-clad and it applies at all times.* (Хорошее priority, с какого уровня только будем уполовинивать? И как правительство это будет делать?)

*As we focus on getting inflation down, we will continue to ensure that fiscal policy remains aligned to monetary policy by controlling public sector borrowing. This will require continued discipline on public spending and tax policy. Increased borrowing would add to inflationary pressures and risk prolonging higher inflation. It is also vital that medium-term fiscal policies, including public sector pay awards, be based on the expectation of full achievement of the inflation target.* (Будем сокращать выплаты в public sector. Ждем забастовок везде, ничего, как обычно, не будет работать, и у всех есть оправдание: «Денег нет, но вы держитесь». А как вы будете меньше занимать, если вам надо платить высокие проценты?)

*I note that the rise in food prices is a global phenomenon, exacerbated by external factors including supply constraints caused by Russia's invasion of Ukraine.* (Спасибо за информацию, я сам ничего не знаю даже про статистику в Штатах, не говоря уж о графиках цен, и поэтому рад поверить во вранье.)

*Continued pass-through of costs to consumer prices may also be indicative of some rebuilding of profit margins.* (О! Наконец-то нашли всех виноватых: 1) Россия и 2) проклятые капиталисты слишком много зарабатывают! Интересно, Джереми Хант не стажировался в российской думе?)

*Next week, I will meet with regulators to discuss how we can make sure falls in input costs are passed onto consumers. I will discuss what action regulators are taking, and how we go further to reduce inflation and ease the impacts of the cost of living.* (Явно стажировался. Он цены собирается регулировать. Фантастика, он не понимает, что искусственное снижение цен ниже равновесных не уменьшает инфляцию, а увеличивает за счет роста потребления в этой и других областях!)

*I announced a labour markets package aimed at bringing parents, older workers, welfare claimants and the long-term sick and disabled back to the workforce. We will also continue to ensure public sector pay awards do not exacerbate inflationary pressures.* (Может, меня подводит мой английский? Он правда сказал «выгоним больных и стариков на работу»? А здоровых и молодых снять с пособий он не пробовал?) *High growth needs businesses and investment and consumer confidence, none of those are possible with inflation.* (Это новое слово в экономике, стоит Нобелевской премии. А как тогда экономика росла 20 и 30 лет назад? И не предшественник ли Ханта сокрушался, что в Европе дефляция, и поэтому экономика не может расти и, в частности, надо выйти из ЕС? Вообще-то при низкой инфляции мотивация тратить и инвестировать ниже, долг обесценивается дольше и рост экономики затруднен, но, наверное, потому я и не канцлер Казначейства, канцлеру такое знать нельзя.)

В общем, традиция Черчилля обещать англичанам только кровь, пот и слезы не умирает. Если кто думал, что Россия монополизировала цирковое искусство, так вот нет.

А ведь в следующем отделении к власти придут лейбористы, и нынешняя левая политика правых покажется счастьем...

## «Майские тезисы»

Вот как виделся мир в начале 2022 года — теперь читателям легко проверить мои аналитические способности (я и сам из ноября 2023 года могу это сделать). В общем и целом, предсказания сбылись (ставка оказалась немного повыше), и что особенно важно — процесс падения стоимости активов действительно имел место и был ощутимым. Где я ошибался, так это в итогах «ребалансировки». Я угадал и долгосрочную инфляцию, и скорость роста мирового ВВП, но не ожидал, что все это может поддерживаться при положительной ставке рефинансирования. Ну что ж, это на самом деле хорошая новость для мира. Посмотрим, насколько долго она продержится.

Тезис 1. Мировой кризис

Инфляция в развитом мире стабилизировалась на высоком уровне (8–10%), но никто не гарантирует, что она не двинется опять вверх. В инфляции почти не осталось немонетарной части: проблемы логистики не разрешены только в ограниченном наборе областей, так что мы наблюдаем следствие запущенного немонетарными проблемами роста цен, подхваченного избытком денег, который очень плохо уходит с рынков потребления, даже несмотря на рост ставок.

На этом фоне ВВП развитых стран то ли вяло растет, то ли встал (и это вместо ожидавшегося второго года ускоренного восстановления). В Великобритании — рост 0,8%, в США — сокращение 1,4% (объяснение: отсутствие антиковидных мер в Великобритании). При этом в США располагаемые доходы населения подскочили аж на 4,8% (рост зарплат на фоне сокращения социальных выплат) — это много, но ниже инфляции, и доля сбережений упала до 6,6% — минимум за много лет.

Можно смотреть на это как на «высокая инфляция — низкий рост» (малая стагфляция). Можно вспомнить, что в течение десяти предыдущих лет рост доходов населения опережал инфляцию на 2–3% в год и ВВП рос примерно на 3% в год (период ковида не считаем). В этом смысле монетарные стимулы эпохи ковида скорее помогли выровнять долгосрочную тенденцию, чем привели к кризису.

Собственно кризиса (рецессии, дальнейшего роста инфляции и пр.) ожидают немногие. Консенсус — ставка на конец года более 2% (возможно, 3%), инфляция умеренно ниже (5%), рост ВВП что-то около 3%. С точки зрения рынков сильно отрицательная реальная ставка гарантирует мягкость процессов. Однако рост слабоват, инфляция высоковата, количественное ужесточение идет, к осени с большой вероятностью мы увидим как «долговую спираль»[1], так и неспособность большинства компаний перенести рост себестоимости на потребителей, а это означает делевередижинг, то есть дальнейшие падения рынков — мягкую и не очень посадку (но все же не слишком жесткую — ставка-то сильно отрицательная).

Под риском, по сути, все активы, включая недвижимость: рост ставок будет очень сильно влиять на стоимость ипотеки, на которой держится рынок во всех развитых странах. Как в любом рынке с активно задействованным кредитом, в рынке недвижимости даже десятипроцентное движение стоимости активов вниз вызывает пересмотр размера доступного кредита и требование по частичному погашению, что будет возможно не для всех собственников. Рост процентных выплат параллельно с ростом стоимости коммунальных платежей заставит множество домохозяйств задуматься о продаже своего и переезде в более скромное жилье, многие отложат или отменят планы расширения или приобретения дополнительного жилья. На этом фоне продолжается процесс падения спроса на офисные помещения. Девелоперы уже почувствовали проблемы, но нужно еще какое-то время, чтобы их чувства превратились в финансовые затруднения.

Золото и криптовалюты тоже под ударом: когда растут ставки на традиционных рынках, активы, не приносящие

---

[1] «Долговая спираль» — процесс, начинающийся ростом стоимости заимствований. На этом фоне многим компаниям будет сложнее перекредитоваться, то есть начнутся многочисленные проблемы с возвратом/выплатой по кредитам/облигациям. Это, в свою очередь, заставит рынок снижать стоимость долгов, увеличивая спред к безрисковой ставке (первый виток спирали). Рост стоимости долга заставит компании стремиться сокращать долю долга в капитале, привлекая акционерный капитал. Предложение на рынке акций начнет расти, а спрос будет снижаться, так как денег на рынке меньше и долги становятся привлекательнее. Это приведет к падению стоимости акций (второй виток спирали). На падении стоимости активов крупные сбалансированные фонды будут продавать активы, потому что они должны поддерживать баланс между различными классами активов (третий виток спирали).

текущего дохода, дешевеют. Инфляция будет несколько сдерживать этот процесс, но не на 100%. Проблемы на рынке криптовалют уже очевидны, на рынке золота большую роль играют центральные банки, поэтому золото волатильно, но, по сути, стоит на месте. Что будут делать банки дальше — трудно сказать, но получать ноль проще в кэше, чем в золоте, в любом случае.

Ничто из описанного не неожиданно — в конце концов, мы все уже года три как говорили о переоцененности рынков, о приближающемся росте ставок, о необходимости новой финансовой нормальности. Вот она и наступает. Балансировка займет, может, год, а может, и три, в итоге (если не считать возможных «черных лебедей» по дороге) мы получим развитый мир с низким ростом ВВП (скажем, 2,5%), инфляцией среднего (4%) уровня и низкой отрицательной реальной ставкой (скажем, 3%), медленным «делевереджем», низкой нормой сбережений, депрессивными рынками, на которые вернется value investing, а долги будут приносить справедливые (и потому интересные) доходы. Говоря все это, я вспоминаю 1998 год, который случился во всей своей красе из-за лопнувшего пузыря в тайском бате (казалось бы!). На рынках все слишком взаимосвязано, и потому вероятность жесткой посадки мировых рынков из-за взрыва рынка небольшой страны (см. ниже про продовольствие, там причины для взрыва есть) выше нуля.

Наконец, сырье и продовольствие. Судя по всему, сырье переживает сейчас свой звездный час (рост постковидного производства и потребления и так разогнал цены на фоне отстающей добычи и не в последнюю очередь переработки и траспортировки, а тут еще Россия со своей войной). Долго ли он продлится? Думаю, что не слишком. Рынок углеводородов адаптируется. Добыча растет, мощности по переработке наращиваются, эффективность потребления растет. Рынок нефти должен был стать профицитным к середине года — ну что ж, Россия отодвигает этот срок на 6–9 месяцев. Что касается металлов, там проблема похожая (производство отстало от спроса), но спад потребления в Китае будет сильным драйвером возврата цен к многолетним средним (по итогам первого квартала он выглядит очень серьезно, потребление стали упало на 4% на фоне сокращения рынка недвижимости на 20–25%, и дело не в локдаунах — Китай не может больше наращивать неэффективную инфраструктуру и сталкивается со всеми проблемами инвестиционного перекоса экономики).

Продовольствие — самая сложная тема, поскольку это второй сектор, на который прямо влияет война в Украине, причем тут влияние выше, чем в нефтегазовом секторе (около 15% мирового экспорта пшеницы, в частности). В отличие от ситуации с нефтью и металлами, производство продовольствия в этом году может даже сократиться — в ЮВА и Индии очень жаркий сезон, что будет в других регионах, пока не понятно. Кукуруза и пшеница стоят на исторических максимумах. Кризис угрожает бедным странам. Доля продовольствия в потребительской корзине развитых стран невысока: в США — около 6%, а вообще по развитым странам в пределах 15%; для сравнения в России она 30%, как и в Индии, в африканских странах — более 50%. Продовольственная корзина в центральной Африке уже подорожала примерно на 50%. Что будет дальше, сложно сказать. Во-первых (это позитив), у крупных стран есть стратегические запасы зерна, которые можно распечатать и сгладить проблемы. Во-вторых (и это тоже позитив), в России негде хранить невывезенный урожай-2022, и, скорее всего, какие-то решения по экспорту будут найдены всеми сторонами. Но в-третьих (и это негатив), Россия, разумеется, будет использовать проблему для политического шантажа (и, возможно, предпочтет зерно уничтожать, чем продавать). Добавим еще, что проблемы с логистикой сохраняются и стоимость логистики очень высока — зерно, возможно, будет, но довезут ли его до бедных регионов и сколько оно будет стоить с доставкой? В общем, вероятность кризиса слаборазвитых государств Ближнего Востока, Африки и ЮВА присутствует — за Шри-Ланкой могут последовать еще 10–15 стран. Вероятность переворотов, войн, увеличения потока беженцев высока. Это не глобальный кризис, конечно, но плохих новостей добавит, в том числе и на рынках.

## Тезис 2. Война
(крайне цинично, не для чувствительных натур)

Даже если кто-то из нас воспринимает 24 февраля 2022 года как поворотную точку в мировой истории, с объективной точки зрения мы имеем дело с региональным военным конфликтом, который в глобальной перспективе так и остался бы где-то между войной Эфиопии и Эритреи и войной Ирака и Ирана, если бы не два обстоятельства:

1) страна-агрессор является крупным (а для Европы главным) поставщиком углеводородов, цены на которые и так сильно выросли за последние полтора года из-за проблем логистики и опережающего рост добычи (после ковидного сокращения) восстановления спроса,

2) обе стороны конфликта являются значимыми поставщиками зерновых на мировой рынок, а цены на продовольствие и так росли и продолжают расти в рамках высокой инфляции по всему миру.

Плохая диверсификация европейцев в части энергетики, плохая диверсификация развивающихся стран в части продовольствия и очень неудачное время конфликта, его наложение на постковидные проблемы и ошибки определяют и внимание, уделяемое этой войне, и реакцию на нее.

Говоря про реакцию, я имею в виду не «жесткую единодушную реакцию всего развитого мира», о которой много говорят с февраля. Она как раз стандартна для сложившейся ситуации: агрессоры всего мира (если это не США, конечно) сидят под похожими санкциями, граждане стран-агрессоров так же ограничены в правах, в этом смысле Россия просто вступила в клуб, в который бесплатно принимаются кровавые диктатуры, ультрарелигиозные враги прогресса, коррумпированные борцы с «Западом», агрессивные петрократии и популистские режимы, процветающие на торговле наркотиками. Правила клуба для всех членов одни и те же, никаких исключений. Но в российском случае сделаны поблажки, и они становятся всё более очевидными. Судя по всему, эмбарго на поставки нефти в Европу не будет. [Не могу не вмешаться с высоты ноября 2023 года: эмбарго, пусть и не полное, пусть очень поздно, но ввели; однако это не слишком сильно помешало России продавать нефть.] Последний пакет санкций завис в обсуждениях, и к нему не возвращаются. Венгрию использовали в качестве enfant terrible, чтобы получить формальное основание, но не похоже, чтобы европейские страны реально хотели эмбарго вводить. Аналогичная ситуация с газом, и хотя обещаний отказаться от российского газа много, реальных действий почти нет. [И здесь тоже: от поставок газа все-таки почти отказались, и это повлекло за собой уменьшение добычи в России на 15%.] Напротив, на уровне корпораций идут переговоры об урегулировании системы оплаты за газ. Нет также и вторичных санкций на поставки в Россию техники и технологий двойного назначения и современных технологических систем. Поставка через перекупщиков уже налаживается (по крайней мере, представители радиоэлектронной промышленности это заявляют). Вопрос об исключении России из ВТО поднимался и был забыт. Напротив, похоже, именно Россия готовится из ВТО выходить. Разумеется, никто даже не заговаривал об ограничении экспорта зерна из России, кроме самой России, которая как раз готова использовать зерновой шантаж, не только остановив собственный экспорт, но и заблокировав экспорт зерна из Украины.

Война войной, а интересы интересами, даже если это война вселенского добра со вселенским злом, и особенно если это интересы избирателей. Все прогрессивное человечество желает дешевой нефти и изобилия продовольствия. Вопрос границ, вообще говоря, вторичен, если, конечно, это не границы крупнейших стран Запада. Желает ли все прогрессивное человечество мира — большой вопрос. Но в данном конкретном случае мир будет означать дешевую нефть и изобилие продовольствия, и потому прогрессивное человечество, даже та его часть, которая выступает за справедливость и нерушимость границ, желает мира — в том числе ценой изменения этих границ.

Исключение из прогрессивного человечества составляют две силы: США выигрывают от дорогой нефти и обеспечены продовольствием больше чем на 100%; Китай выигрывает от ускоряющегося энергоперехода и обеспечен продовольствием более чем на 100%. Увы или ура, обе эти силы далеки от конфликта и увлечены решением своих внутренних проблем; война в Украине для них не более чем риторический повод и возможность укрепить свои политические доктрины, так что можно считать, что и они (умеренно) желают мира — особенно если политически (США) или экономически (Китай) на нем можно поживиться.

Как это ни парадоксально, Россия сама себя загнала в ситуацию, в которой именно и только она экономически выигрывает от продолжения войны. Сложно предположить, что с России снимут санкции после остановки военных действий (для этого надо будет как минимум оставить ДНР-ЛНР и, вероятно, Крым, чего российская власть просто не может себе позволить). А раз так, мир не принесет России ничего, кроме падения цен на зерно, нефть и газ на внешних рынках; добыча и экспорт России вряд ли увеличатся, при этом «русский дисконт» сохранится или уменьшится незначительно. Если сегодня Россия продает нефть по 70 долларов за баррель из-за дисконта, то завтра она продавала бы ее по 70% от новой рыночной цены (которая легко может быть те самые 70 долларов за баррель и ниже), то есть дешевле 50 — потери 40%.

Да, конечно, российская экономика сокращается от санкций: 7–8% падения гражданского ВВП в 2022 году и 20–30 в совокупности за ближайшие 5–7 лет являются разумным прогнозом, как и 20–30% падения располагаемых доходов россиян, что на практике означает едва ли не 50% падения у россиян с доходами ниже медианных. Да, номенклатура предложения в России стремительно сократится и расти практически не будет, спрос необратимо переместится из товаров высокого качества и средней стоимости в две стороны — немного в «люкс» и, в основном, в товары низкого качества. Да, остановится развитие логистики и пойдет ее деградация, можно ставить крест на развитии сложных технологий и науки, информационных систем и образования — нечем, незачем и в большой степени некому будет всем этим заниматься (масштаб потока представителей науки, интеллигенции и среднего класса за границу хоть тушкой, хоть чучелом поражает воображение). Да, едва начавшаяся пролиферация современной медицины в регионы, можно считать, закончилась — да что там медицины, закончилась пролиферация всего: возить будет нечем, брать негде, эксплуатировать некому, как некому и платить. Да, сокращение частного бизнеса будет в разы: питающие надежды на новые возможности не учитывают ни резкое падение спроса, ни резкий рост аппетитов силовиков, ни развал логистики, ни разрыв производственных цепочек. Москва и частично Питер, полдюжины нефтяных регионов, зерновой Краснодар и получающая дань Чечня будут держаться, медленно снижая уровень, остальные регионы рухнут в девяностые. Но этот сценарий уже больше не зависит от течения военных действий и окончания войны, он предопределен 24 февраля. А вот цена на продаваемые Россией углеводороды не предопределена.

Тут полезно заметить еще, что в рамках «двух Россий» — России элитной и России остальной — устойчивое разделение экономик никуда 24 февраля не делось: Россия элитная (100 семей и 2–3 миллиона человек включенных в процесс) бенефициирует почти напрямую от баланса счета валютных операций, то есть от углеводородного экспорта; Россия остальная

(140–142 миллионов человек) бенефициирует от остатков со стола России элитной и пробавляется, как может, внутренней экономикой. В новом раскладе элитной России почти ничего не грозит, напротив — баланс счета валютных операций растет, лишь бы война не кончилась. Не забыл ли я санкции? Нет, не забыл. Завезти в Россию товаров для 2–3 миллионов человек «серым» импортом не проблема, отдыхать можно не в Европе, жизнь же в России будет для элиты только дешевле. Россия же остальная и так покорна, а в условиях войны на ее обращенный к Неизвестным Отцам из элиты застенчивый вопрос «будешь ли ты меньше пить?» ответ «нет, ты будешь меньше есть» выглядит совершенно естественным: война же, причем против НАТО — кто не хочет страдать за родину, тот предатель.

Конечно, процесс падения цен на нефть будет идти и вне зависимости от продолжения боевых действий, только намного медленнее, и в условиях изоляции от импорта он будет для Кремля существенно менее болезненным. У России есть «гэп» в 2–3 года или более, и, понимая это, Кремль скорее всего будет растягивать конфликт, даже если мог бы его закончить на приемлемых для себя (с точки зрения патриотических масс) условиях: когда тебе не запрещают продавать твой товар, нужно делать все для максимизации его стоимости. Кстати, война в Украине и следующие из нее ограничения, ведущие к росту цен на нефть и газ, — это не единственные возможные факторы, толкающие цены вверх. Конфликты в Африке, на Ближнем Востоке, рост иранской угрозы, масштабные террористические акты — любая существенная нестабильность в регионах добычи и переработки будет увеличивать цены в краткосрочной и среднесрочной перспективе. В этом смысле логично ожидать от Кремля попыток дестабилизации обстановки в зонах напряжения: поддержки антисаудовских формирований в Йемене, антиамериканских и антисемитских выступлений и действий Ирана [сегодня, в ноябре 2023 года я могу констатировать, что, к огромному сожалению, я тут просто в точности угадал], повстанческих движений в Нигерии и центральной Африке и пр. Экспорт конфликта будет выгоден России, а затраты на него существенно меньше, чем выигрыш от роста цен на углеводороды.

Сценарий «медленной войны» выгоден Кремлю и невыгоден Украине, чья и до войны слабая экономика последовательно разрушается, возможности экспорта блокированы, а в социуме нарастает усталость (как нарастает она и во всем мире). Разговоры о поставках тяжелых вооружений, которые переломят ситуацию и позволят ВСУ освободить украинские территории, остаются разговорами: перелом сперва обещали в апреле, потом в мае, в марте назывались цифры поставок (смешные), с апреля они засекречены, и говорящие о поставках многозначительно закатывают глаза — все это плохие признаки. Похоже, «Запад» не собирается помогать Украине выигрывать войну. Почему — большой вопрос. То ли это действительно «не его война», то ли делается ставка на максимальное истощение военных ресурсов России чужими руками, то ли Европа не хочет довести Россию до отказа от поставок газа, то ли есть страх ядерного ответа и (у отдельных стран типа Израиля или Польши) страх переноса конфликта на их локальную почву, то ли всё вместе плюс неспособность современных западных бюрократов договориться между собой и с производителями оружия?

В Украине, казалось бы, объединившейся в начале агрессии, вновь начинают прорастать внутренние политические конфликты. Казалось бы, объединившиеся против агрессора США, ЕС и еще 120 стран медленно разбредаются по комнатам своих интересов: все так же против России и за украинцев (в основном — беженцев), но всё меньше за Украину как страну с незыблемой границей. Где-то на горизонте просматривается тезис «худой мир лучше доброй ссоры», вот только Кремлю он не выгоден — Кремль не смущают ни человеческие потери, ни экономический кризис. У Кремля есть две опасности: драматическое падение выручки от продажи углеводородов и военное поражение, которое невозможно скрыть.

Противоядие и от первого, и от второго — продолжение войны, и Кремль будет ее продолжать, бросая в бой законсервированные танки 60-х годов, а также десятки тысяч мобилизованных жителей ДНР/ЛНР и новых контрактников, нанятых в глухих поселениях глубинной России. Он будет вести войну, лениво разрушая немногочисленными ракетами инфраструктуру Украины и медленно отгрызая кусочки территории. Настолько же, насколько тотальная агрессия 24 февраля была глупостью и не соответствовала состоянию вооруженных сил России и ее военной доктрине, сегодняшние действия России на фронте осмыслены (для Кремля), обеспечены ресурсами и вписываются в сценарии, для которых армия строилась.

Остановить Россию — в экономических интересах не только Украины, но прежде всего того самого «Запада». Но для этого нужно всерьез вступить в войну, хотя бы поставками вменяемого вооружения в нужных количествах (я уже не говорю о вводе войск НАТО на те части границы Украины, где сегодня нет боестолкновений, для высвобождения ВСУ с этих направлений — это была бы крайне действенная мера, не сопряженная с прямым вооруженным конфликтом с Россией). Но мы начинаем ходить по кругу, прямо как «Запад», позицию которого сегодня точнее всего характеризует словосочетание «сочувственный нейтралитет» (compassionate neutrality, как говорил знаменитый комик прошлого про свидетелей изнасилования).

## Тезис 3. Изображая жертву
### (нет, это не об украинцах)

Не имея в арсенале сколько-нибудь эффективных мер для изменения российской внешней политики и/или контролируемой смены российского режима, страны «антипутинской коалиции» оказались перед достаточно сложным выбором.

Стратегические интересы коалиции очевидны и достаточно хорошо соблюдаются в рамках программы медленного отказа от сотрудничества с Россией в части природных ресурсов и последовательной изоляции РФ от международных технологических рынков. Но тактически «Запад» (просторечное наименование этой коалиции, принятое в российских СМИ) должен решать две сиюминутные проблемы. Первая — рост цен на сырье и углеводороды на фоне и так высокой вследствие описанных в первом тезисе ошибок инфляции. Вторая — необходимость сохранять нарратив поддержки Украины и хотя бы видимость участия в войне на ее стороне и одновременно не переборщить, спровоцировав неадекватный ответ Кремля или, наоборот, — обрушение текущего российского режима с неконтролируемыми последствиями.

Решение первой проблемы предполагает, что медленный отказ от сотрудничества в энергетической сфере будет действительно медленным, а решительная форма будет мало соответствовать мягкому содержанию. Как это реализуется, мы видим на практике: за кулисами громкого отказа от танкерной нефти сложены многочисленные исключения, позволяющие использовать российскую нефть в смесях, перенаправлять ее третьим странам, ряд потребителей выведен из-под ограничений и пр. В итоге (с учетом всех трудностей, связанных со страхованием танкеров, обходными маршрутами и пр.) Россия, кажется, теряет в год на эмбарго меньше валюты, чем оставляли российские туристы за рубежом за такой же период мирного времени. По мере развития эмбарго будут развиваться и возможности России по перенаправлению нефти на альтернативные рынки, ценовой баланс будет более или менее поддержан и приличия соблюдены (про газ все забыли, но, конечно, с газом будет та же история — медленный как бы отказ, переориентация и пр.). Справедливости ради надо сказать, что реальной угрозой России является не эмбарго, а энергопереход, снижение спроса на углеводороды. Истощение легко добываемых запасов является второй угрозой — сложная добыча в России будет невозможна без западных технологий. Но ни то ни другое не воспринимается как помощь Украине, и потому ни о первом, ни о втором много не говорят.

Вторая же проблема касается нарратива и в его же рамках решается. Помимо поставок единичных экземпляров относительно современных вооружений (но не дай бог очень эффективных, американцы прямо заявили об этом: Украина не должна получить возможность атаковать территорию России) и радостного избавления стран Восточной Европы от металлолома советского производства в обмен на современные системы западных образцов нарратив требует «решительных действий» и «Запад» сосредотачивается на мерах бесполезных, но показательных, атакуя вполне мирные и даже антивоенные, но незащищенные цели.

Козлами отпущения назначены российские бизнесмены, специалисты и туристы, средний класс — исторически оппозиционная Путину сила и потенциальная основа для будущей (маловероятной) российской «Перестройки-2», а также случайные прохожие: Европа ограничила депозиты россиян (а по факту опасливые европейские, а за ними и ближневосточные и даже китайские банки просто закрывают россиянам счета), Британия, США, ЕС запретили юристам обслуживать юридические лица и трасты граждан России, имущество сотен олигархов (выбранных по принципу попадания в «Форбс» или присутствия на совещании в Кремле) и тысяч их бизнесов арестовано.

Под ударом оказываются кто попало. Вдруг замораживается счет выходца из России, который уехал из нее тридцать лет назад и давно является гражданином ЕС, — банк проглядел эту мелочь. Остановлены операции десятков фридманов всех полов и возрастов. Не проходят платежи от компании, одним из учредителей которой является некто Степанов, потому что такая фамилия есть в санкционных списках, а Степанов, как известно, один на весь мир, кто ж сомневается? Заодно в банках и брокерах олигархов по всему миру под арест попало имущество десятков, если не сотен тысяч, их клиентов, даже никакого отношения к России не имеющих, — там, где власти как бы разрешали его забрать (американцы давали 30 дней, британцы вообще не давали ни минуты), депозитарии, банки, юристы, брокеры просто отказались совершать транзакции. «Почему?» — «Fuck you, вот почему».

К слову, подобный арест активов непричастных означает не «подождите немного». Для большинства невозможность управлять своими активами может обернуться их потерей и даже убытками существенно выше их стоимости в случае, если активы покупались «с плечом» и рыночная ситуация изменится (а она меняется каждый день).

Для России подобные санкции (активно приветствующиеся Украиной) оборачиваются существенным валютным доходом: россияне не тратят деньги за рубежом, вывоз капитала прекратился, остающиеся в стране спешно заводят свои сбережения из западных банков в Россию, не имея никаких альтернатив, вынуждены переводить под российскую юрисдикцию и бизнесы. Интересно, сколько раз в Кремле тихо произнесли «спасибо» европейским, американским, британским и швейцарским регуляторам за действенную помощь в консолидации валютных ресурсов и рост патриотизма среди богатых россиян. Кремль решительно присоединился к санкциям «Запада»: россияне, которые активно торговали бумагами с развитых рынков через российских брокеров, тоже не могут получить свои активы — НРД заморозил счета, валютный контроль больше не разрешает получать выручку от продажи ценных бумаг «недружественных стран».

Интересно (и несколько жутко, честно говоря) наблюдать, как легко страны коалиции избавились от химер типа «отсутствия коллективной ответственности», «запрета на дискриминацию по национальному признаку», «равенства прав всех граждан», «примата судебного решения», «нерушимости договорных обязательств» в угоду нарративу борьбы. Неожиданно всплыло такое, что даже в России казалось бы чудовищным пережитком.

Банки откровенно наживаются на ситуации: повсеместно (кроме Британии, справедливости ради) клиентам с российским паспортом, даже (и особенно) при наличии второго европейского и/или ВНЖ сообщают: «Мы будем проверять вас особенно тщательно и каждый год (каждый квартал), с вас за это 1000 евро в год дополнительно». Особенно забавны проверки получения гражданства выходцами из России, которые им заблаговременно запаслись в обмен на существенные инвестиции в экономику Европы, — их тоже будут делать раз в год, прямо как в России человеку с одной ногой раз в год делали перепроверку, чтобы подтвердить инвалидность. «Вы не доверяете своему правительству, выдавшему паспорт?» — «Мы обязаны все проверять сами». — «Кому обязаны?» — «Это распоряжение руководства отдела комплаенс». — «Можно поговорить с руководством?» — «Нет, нашему отделу комплаенс запрещено разговаривать с клиентами». — «Кто запретил?» — «Руководство».

Ладно, 1000 евро. Банки маленьких гордых стран южной Европы теперь берут 5–6 тыс. евро за проверку нового клиента с ВНЖ еще до открытия счета — спрос оправдывает цены.

К «имеющим отношение к России» организациям (что такое «иметь отношение»? Например, если учредители когда-то жили в России и работали там, если есть клиенты, говорящие по-русски, если есть подрядчики в России) приходят провайдеры и говорят: «Мы прекращаем с вами работу». — «А как же договорные обязательства?» — «Fuck you, вот как». — «А как же наши обязательства? Вы делаете нам аудит уже четыре месяца, мы должны сдать его через месяц, мы же даже не успеем никого нанять!» — «Это не наши проблемы, у нас такая глобальная политика». «Имеющие связи с Россией» бизнесы, будучи в положении Херо из «Много шума из ничего», начинают униженно оправдываться и просить доработать с ними хотя бы по срочным проектам. Играющие Клавдио провайдеры либо презрительно отказываются, либо (чаще), так и быть, соглашаются — часто за существенно большую цену.

Если на вас есть хотя бы малейший русский след, то, чтобы не попасть под каток «отмены», надо быть не только вне санкций и отношений с подсанкционными лицами, не только не подпадать под «директивы»: надо быть 1) милым, нетребовательным и спокойным и 2) выгодным клиентом. Очень похоже на положение людей второго сорта. Еще немного, и известное русское выражение «на птичьих правах», которое однозначно описывает положение «замеченных в связях с Россией» сегодня, можно будет сделать международным: «на русских правах» («Russian right») будет точно описывать состояние, при котором тебе вроде можно, но чуть что, и будет нельзя — без всяких причин. While parents were on vacation, he had a Russian right to host joyful parties at home.

Надо заметить, что вся эта совершенно бесполезная (на самом деле вредная) для Украины и полезная для Кремля вакханалия (скорее луперкалия, поскольку связанные с Россией чувствуют себя выпоротыми на этом празднике «единения мира в борьбе с агрессором») не имеет никакого отношения к бытовой практике. Русские, русскоязычные, россияне и прочие подобные не испытывают в Западной Европе или США никакой степени остракизма или агрессии; напротив, здесь и их, и украинцев примерно одинаково воспринимают как беженцев и жалеют: «У вас там война». Это теоретически несправедливо к украинцам и происходит по большей части от малого внимания местных жителей к деталям, но в итоге соответствует декларируемым ценностям антипутинской коалиции: на бытовом уровне все равны, война не с людьми, а с режимом. Так или иначе, эмиграция из России в страны коалиции и нейтральные страны беспрецедентна и, по моему мнению, только начинается.

Уверен, что многие, прочитав этот тезис, воскликнут: «Но это же конец Pax Liberalis! Грош цена тому, на чем, казалось бы, стояла современная демократия в мире! Не об этом ли говорил Кремль все эти годы?» Нет, конечно, Кремль говорил не об этом. Но главное — для конца Pax Liberalis, каким бы плохим он ни был, нужна альтернатива, а альтернативы нет. Черчиллю приписывают фразу (ему много фраз приписывают): «Демократия — худшая форма правления, если не считать все остальные». Pax Liberalis — худшее мироустройство, если не считать все без исключения иные модели. Так что все разумные люди вынуждены плакать, колоться, но продолжать жить в странах коалиции, если они не хотят жить намного хуже.

Разумеется, еще другие многие по прочтении злобно воскликнут: «Вот истинная мелочная суть автора! Когда дети и женщины Украины гибнут и подвергаются насилию от рук российских солдат, когда безумный диктатор из Кремля грозит ядерной бомбой всему миру, он думает о сбережении капиталов и бизнесов россиян, на которых лежит коллективная вина за режим, правящий в России!» Да, это правда. Я думаю о сбережении капиталов и бизнесов россиян, и на то есть несколько причин.

Во-первых, как я уже внятно объяснил, существующие меры вредят Украине и помогают Кремлю, затрудняя отток валюты из России, провоцируя ее приток и препятствуя возможности российских бизнесменов и специалистов релоцироваться и релоцировать бизнесы вовне России. Утверждать, что репрессии по отношению к владельцам российских паспортов «способствуют прекращению войны» или «приближают смену российского режима», особенно цинично на фоне готовности Европы платить России огромные деньги за нефть и газ, жалких поставок как бы вооружений Украине и широко открытых ворот для вывоза капитала из самой Украины.

Во-вторых, идея «идет война, как ты можешь думать о чем-то другом» сама по себе является следствием психологической травмы, а не здравого суждения. Война — это как раз время думать о множестве вещей, только еще в сто раз точнее и лучше, чем в мирное время, — цена размышлений очень высока, как мы отчетливо видим сегодня. Помимо этого, война когда-то закончится, и разрушенное войной придется восстанавливать. Будет очень удачно, если мы в процессе не разрушим ничего лишнего — меньше будет потом работы.

В-третьих, фраза «на войне все средства хороши» настолько же неверна, насколько и опасна: «все средства» чаще всего отвечают узким интересам эти средства предлагающих, а не тех, кто ведет справедливую войну. Кроме того, война кончится, а привычка использовать «все средства» останется и обернется против тех, кто наивно полагал, что выигрывает от них на войне. Вангую, насильники и убийцы, которых сегодня Кремль награждает орденами, вернутся после войны в Россию и будут насиловать и убивать уже россиян. Вангую, Украина получит сотни миллиардов евро кредитов и репараций на восстановление и существенная часть этих денег, разумеется, будет украдена и выведена за рубеж (или вы верите в волшебное преображение страны с высочайшим уровнем коррупции до начала войны?). И еще вангую: Запад с удивлением обнаружит это (он всегда очень удивляется, что-нибудь обнаружив у себя под носом, как он удивился 24 февраля, обнаружив, что российские олигархи, которые были любимыми гостями президентов и парламентариев, легальными владельцами бизнесов и недвижимости, оказались в одночасье ужасными «спонсорами агрессивного режима»). Обнаружив, Запад применит к украинцам и украинским бизнесам уже проверенные на россиянах методы (не пропадать же им), и под каток попадут десятки тысяч честных украинцев и тысячи украинских бизнесов.

Я отлично понимаю, что мой голос никто не услышит — на войне музы молчат, включая такую жалкую, как моя. И тем не менее, для протокола: не надо изображать из россиян и русскоязычных жертву, тем более жертву из них делать. Ограничения на частных лиц и частные бизнесы (кроме, разумеется, одиозных сторонников режима и бизнесов, работающих на войну) надо снимать, а вот переводы валюты в Россию надо ограничивать суммами, которыми живущие за рубежом поддерживают своих родственников. Олигархов надо лишить права под угрозой уголовного преследования финансировать Россию и путинский режим в любой форме, при этом надо разморозить их активы вне России. Визовый режим и ВНЖ для россиян, возможности вывода средств из России надо предельно упростить (не отменяя, конечно, строгих комплаенс-процедур) — при этом надо бы сперва деньги принимать, а потом делать KYC, и замораживать средства в случае обнаружения их криминального источника или связи бенефициара с режимом. И, конечно, надо вернуть в западное правовое поле примат соблюдения договорных обязательств и равенство всех перед законом — вернуть на уровне директив законодателей, чтобы обуздать жажду обогащения провайдеров и их нежелание «возиться». Мы по России знаем, что джинн «кидалова», будучи выпущен из бутылки, обратно загоняется с неимоверным трудом.

## Отмененный апокалипсис

В начале 2023 года на американском банковском рынке случилось то, что не могло не случиться, — сразу четыре банкротства. К этому все шло, не надо было быть математиком, чтобы посчитать, что при росте ставок в пять раз банки, которые раздавали длинные дешевые кредиты, а занимали коротко, будут банкротами. Тем не менее мир был страшно удивлен и удивительно испуган. Эти удивление и испуг я тогда комментировал в короткой статье.

1. Миром правят мотивации, а не регуляции. Это могли бы знать регуляторы, если бы в регуляторы не шли те, кто не способен пойти в бизнес, науку, искусство или политику, но ра-

ботать руками тоже не хочет. История о кобрах[2] повторяется с завидной регулярностью — регуляторы ничему не учатся.

О чем это я? Я о том, что если ты разрешаешь банку не переоценивать активы на своих счетах, то он будет их не переоценивать именно тогда, когда их нужно переоценить с точки зрения рисков — еще бы, руководство же мотивировано скрывать проблемы! Если ты устанавливаешь нижнюю границу усиленного контроля банков, то ты просто объявляешь конкурс на создание проблемных банков ниже границы контроля.

2. Большое регулирование не значит хорошее регулирование. В правилах работы американского банка можно разобраться только группой из 30–40 высококвалифицированных юристов. Это создает рабочие места, это заставляет банки быть большими, но это не решает единственной проблемы — обеспечения надежности банков. Во всем гигантском корпусе регулирования «случайно» пропала идея баланса активов и пассивов по срочности. Это — провокация не только того, что сделал SVB, но и вообще структур Понци. Это как если бы я создал фонд с ежедневной ликвидностью и вкладывался бы в private equity. В Европе, кстати, это ограничение есть, и поэтому CS жив (хотя и ужасен). Сколько еще дыр в регуляции, заполненных доверху зловонным «креативным эккаунтингом»? Мы не знаем, но можем предположить, что немало.

3. При выборе, кому доверять, надо помнить что: 1) «верить никому нельзя», ибо без удачи джентльменов нет [мне и Мюллеру — можно], 2) люди не меняются, 3) странные биогра-

---

2  На всякий случай напомню: где-то сто лет назад англичане в Индии постановили извести кобр, кусающих слишком много местных жителей, и стали платить по фунту за каждую убитую и сданную властям змею. Когда через десять лет комиссия оценила эффективность меры, обнаружилось, что (1) укушенных стало еще больше, (2) кобр стало еще больше. Удивленные англичане выяснили, что местные жители, вместо того чтобы охотиться на диких кобр, стали разводить змей, убивать их и сдавать за деньги. Этот случай считается классическим примером, как неправильная мотивация приводит к неправильным результатам.

фии — для странных людей. CAO банка был топ-менеджером «Артур Андерсен» — компании, уличенной в фальсификациях отчетности клиентов и почившей в бозе; затем он был CFO Lehman Bros. CEO Банка был простым кредитным офицером, а потом вдруг стал руководителем огромного банка и президентом регионального отделения ФРС в Сан-Франциско. Оба закончили третьеразрядные вузы, CEO даже не магистр. Старую собаку не научишь новым трюкам, а опыт нельзя получить экстерном.

4. В ФРС есть много очень богатых и авторитетных людей, и у каждого из них по две руки, но у всех есть только две большие ручки-переключатели: «дать денег–взять денег» и «поднять ставку–понизить ставку». Все эти дяди и тети ничего нового не придумали и не придумают. Ах да, есть еще кнопка «усложнить регулирование». Каждый раз, когда оказывается, что регулятор epicly failed, они переключаются в режим «дать денег» и жмут кнопку «усложнить регулирование». Когда-то на переключателе была позиция «дать немного денег», но ее убрали. Люк открывают полностью, что потом делать с инфляцией — думают отдельно, не забывая, что ручек все еще две и кнопку надо жать в любом случае.

5. Если малые лесные пожары не тушить, то рано или поздно сгорит весь лес. Этого регуляторы тоже не знают. И не узнают, потому что их мотивации короткие: реши проблему сегодня, а завтра ты уже на пенсии и работаешь консультантом за 500 000 долларов в год. Поэтому все текущие проблемы банков зальют деньгами; поэтому вкладчики, уверенные в том, что их спасут, будут давать деньги под самую громкую рекламу и самый большой процент. А вот владельцы банков будут знать, что их не спасут. Поэтому выводить деньги начнут значительно раньше. Поэтому риски вырастут.

6. Банковская индустрия — не единственная в мире. Переход от бесплатных денег и триллионных дефицитов к реальной стоимости денег и умеренным расходам правительств — катастрофа для бизнесов, сделанных не на базе добавленной

стоимости, а на базе финансовой вакханалии. Таких едва ли не большинство — уж очень все привыкли. Все самое интересное еще впереди.

7. Качество планирования, регулирования и прогнозирования одинаково во всех областях. Вот, например, перед 24 февраля на столах в высоких кабинетах в США лежали две огромные папки-сценарии: «Путин не напал» и «Путин захватил Украину за три дня». Все отлично знали, что делать в обоих случаях. Третьей папки не было — отсюда продолжающееся год метание от «сжечь все» до «нам бы договориться», бессмысленные санкции, атаки на тех, кого можно достать, не на тех, кого надо атаковать, драматическая неспособность обеспечить Украину оружием и полное непонимание целей. То же самое постоянно происходит во всех областях американской внешней политики. Это мы теперь знаем два места, где government fails. А какие нам еще предстоит узнать?


## Гайд-парк, Лермонтов, «Аватар»

В Гайд-парке в воскресенье, да еще без дождя, уйма народу, пожалуй, даже больше, чем цапель, лебедей, гусей и уток (ну, может быть, надо добавить лис). Лондонцы гуляют прохладным июльским утром, пока погода не переменилась (спойлер: с обеда таки пошел дождь, теперь на неделю). Лондонцы — разнообразный народ, в прямом смысле разноцветный и разновидный. Перед поездкой в Италию мне кажется, что вокруг Серпентина одни итальянки. Вот смуглая, худая, держит перед собой айфон и кричит по-неаполитански громко и распевно: «Я никогда не понимала тебя — что тебе еще нужно? Нет, я не буду это обсуждать в воскресенье утром, ты можешь развестись со мной в понедельник!» Вот молодая парочка: круглоликий китаец и русая, кудрявая, с длинным носом и высокой грудью юная итальянка из Пьемонта сидят на скамейке. У китайца гигантская палка для селфи. Она размахивает руками и смотрит на него во все огромные глаза: «Ту капиши ньенте! Дей синифика джорно!» Он улыбается и с готовностью повторяет: «Джао-ляо» и мелко кивает. Она вскакивает, всплескивает ручками: «Но-о! Джор-рно!» У нее получается «хрно» от усердия, грудь вздымается, китаец смотрит на грудь пристально, как в окуляры большого бинокля, улыбка его ширится, он кивает и повторяет: «Си-и, джа-ао, льао». Оба очень довольны собой и друг другом, оба счастливы. У кафе пара: кажется, француз и, кажется, вьетнамка выгуливают троих детей совершенно вьетнамского вида. Дети уже перемазаны мороженым, а развлекать их еще надо, и папаша разучивает с ними песенку — по мне, звучит в точности как «Калинка», но, возможно, я ошибаюсь, у меня совсем нет слуха. На лужайках сидят индийские семьи, почти голые дети бегают за утками. Пара афробританцев с мальчиком лет пяти кормит полугодовалых лебедей-подростков, еще серых и в пуху, но уже размером с хорошего гуся. Птиц кормить запрещено, но афробританцам законы пофигу.

Почти все они родились не в Лондоне и не в Британии. Они приехали (или их родители приехали, или родители родителей) за интересной работой, за любовью, за более сытой жизнью; или, наоборот, они бежали от войн, диктатур, голода, цирцеиных садов любого пошиба. Они все разные. Все принесли свои корни, и все они — теперь люди одной культуры, одной нации, одного пространства. Они — британцы. Кто приехал, дома говорят на родных языках, постепенно все больше слов заменяя на английские, потом — вставляя английские фразы и даже абзацы. Их дети говорят с родителями на родном языке, а с остальными — на английском. Для их внуков английский родной. Приехавшие читают новости страны исхода. Их дети узнают про новости страны исхода от родителей. Внуки знают, что предки приехали сюда, примерно так же, как то, что евреи когда-то вышли из Египта. Внуки читают местные новости.

***

В последнее время часто вижу в сети дискуссии по поводу «русской культуры». Думаю, нет никакой «русской культуры». Культурные коды либо существенно у́же (в этом смысле я, например, принадлежу к московской диссидентской культуре позднего СССР, ни на сантиметр больше), либо существенно шире: в широком смысле у меня и еще миллионов россиян, украинцев, белорусов, поляков, немцев, англичан, американцев, израильтян и так далее культура более или менее одна и та же — условно панъевропейская. Действительно, те англичане и россияне, кто не прочел в жизни даже школьного списка литературы, читали разные книги: отсутствие культуры у каждого свое. Те же, кто читал много, читали, в сущности, одно и то же. В возрасте, когда я зачитывался Уайльдом, Харди, Фолкнером или Джойсом, они читали Достоевского, Бунина и Пастернака. Маркиш или Зингер (оба Зингера), конечно, еврейские писатели, но знают и любят их от Москвы до Сан-Франциско — и не только знают и любят, но и понимают, потому что культура одна. Впрочем, даже и «панъевропейская» кажется мне узким определением: что, кто-то из нас не чувствует, не понимает всем своим нутром романов Харуки Мураками, фильмов Ким Ки Дука или книг Салмана Рушди? «Бхагавадгита» для нас дальше, чем «Илиада» или Книга Эстер? Стихи Тагора менее понятны и близки, чем стихи Тютчева или Браунинга?

Культура другого уровня тоже объединяет. В рабочих районах старой доброй Англии местные сидят на корточках в трениках и кепках — совсем как в рабочей России. Поменяй имена в «Острых козырьках», и получится «Бандитский Петербург». Все мы — дети панъевропейской культуры, ругаемся одними словами и благословляем одними.

Недавно я был в гостях в компании известной в узких кругах российской поэтессы. Она благосклонно готова была одарить гостей лучами своей славы и настояла, что будет читать свои стихи. К ней в гости пришел англичанин, переводчик, который перевел пару ее сборников на английский. Она таки прочла полдюжины очень средних стихов. Из вежливости гости кивали и немного хлопали. А потом переводчик прочел свои переводы тех же вирш. Это было великолепно. Он не только поймал «русский дух» стиха — он превратил посредственные тексты в прекрасные произведения. Хлопая ему в восхищении, я было подумал, что английский язык на порядок богаче русского (что правда) и потому такой перевод закономерен, но поймал себя на мысли: ведь «Горные вершины» Лермонтова несравнимо лучше текста Гете, а «Летучий корабль» в его переводе на порядок талантливее, вообще говоря, посредственного оригинала Зейдлица. Не в языке дело: все мы живем общей культурой, в которой талант говорит на любом языке, как и бездарность, честность честна одинаково, и подлость везде равно подла.

А вот на днях мы с сыном смотрели «Аватар», красивую сказку про жадных и жестоких людей, инопланетян-индейцев и выбор, с кем ты — со своей расой или с теми, кто нуждается в защите против агрессоров и убийц. Для меня выбор очевиден, но я не о том, я о культуре. Главный герой фильма «внедряется» к индейцам и за три месяца становится своим настолько, что включается в ритуальную систему, в культурный код местных жителей. Он выбирает добро, справедливость, защиту слабых (конечно, это же хорошая сказка в общечеловеческой культурной традиции), но еще он выбирает их культуру, не потому что она лучше, а потому что она… такая же, как у людей. Неудивительно, ведь человечество не встретило на своем пути никого другого, имеющего культуру, откуда же сценаристу взять ее другой вариант?

Нет никакой «русской культуры», есть человеческая. Думать по-другому можно, только наглухо задраив двери своей темной убогой избы — зачем? Думаю, от страха потерять исключительность. Кому-то лучше быть первым парнем на деревне, чем равным в Риме.

Не надо бояться смены места, утраты корней, потери языка. Какой-то язык у вас останется, и на нем вы сможете прочитать и выразить все то же самое. В «Аватаре» на сказочной планете миллиарды деревьев, священных для местных жителей, связаны между собой корневой системой в единую передающую импульсы сеть. Эта сеть у нас — мировая культура. Не надо изо всех сил держаться за кривенький саксаул «национальной культуры»: то, за что вы держитесь, — обманка, мертвый куст. Настоящая русская культура — та, что проросла корнями в мир и объединилась с мировой культурой так, что не найдешь границ. С какого бы дерева вы ни зашли, вы будете всё в той же сети — даже если ваш собеседник вместо «джорно» сможет произнести лишь «джао-ляо», это не помешает вам понимать и любить друг друга. Лондон тому доказательство.

## «Нет бесправней человека, чем предприниматель. А, нет, есть — инвестор»

США ввели санкции против крупнейшего кипрского юридического и трастового бизнеса Кристодулоса Вассилиадиса. Британские санкции обрушились на того же Вассилиадиса и на владельца крупной бухгалтерской фирмы Деметриса Иоаннидеса. Вассилиадис был специалистом по созданию компаний, их администрированию, предоставлению сервиса локального директорства. Кипр с его удобным корпоративным законодательством, умеренным налогом на прибыль и почти нулевым налогом на прирост капитала и дивиденды, одновременно находящийся в ЕС и потому «белый» с точки зрения большой части мировой общественности (мое личное мнение как владельца бизнеса на Кипре и гражданина Кипра — действительно «белый», иногда — даже слишком) был местом для холдингов и компаний-кошельков десятков (если не сотен) тысяч бизнесменов и инвесторов.

Для неосоциалистов сразу скажу, что в размещении холдинга или кошелька в той стране, в которой ты хочешь, нет ни преступления, ни уклонения от уплаты налогов — все 100% законно само по себе. Все серьезные страны давно обложились законодательными статутами, описывающими, как надо относиться, например, к дивидендам, выплачиваемым на Кипр (часто с них берут налог у источника). У самого Кипра соглашения об избежании двойного налогообложения заключены с множеством стран — это фактически договоренности о том, как делить налоги в случае трансграничности бизнеса.

У меня нет никаких комментариев к факту попадания под санкции лично Вассилиадиса и Иоаннидеса — не потому, что я согласен, просто я не в курсе, что такого страшного они делали. Говорят, помогали Усманову и Абрамовичу уйти от санкционного режима. Вполне возможно. Санкции — это как бы законно (законно ли — отдельная тема), а значит, их обход как бы незаконен (тоже отдельная тема), так что логика есть. Но есть также и нюанс.

У Вассилиадиса огромный трастовый бизнес. По кипрскому законодательству, можно создавать трасты, которые в основном решают банальную проблему наследования. Ты передаешь собственность (компанию, как правило) в траст, то есть переписываешь владение акциями на «трасти», сам остаешься «протектором» траста, то есть тем, кто принимает решение об операционной деятельности компании, бенефициарами назначаешь кого хочешь: случись что с тобой, они тут же получают соответствующие доли и/или выплаты. Мы с женой сделали такой траст на Кипре (не с Вассилиадисом) весной 2020-го, когда от ковида умирали сотнями тысяч и мы хотели защитить детей на случай нашей смерти.

Для неосоциалистов опять же скажу, что траст — это не способ избежать налогов или скрыть владельца-бандита. Сегодня в любом банке, брокере, у любого риелтора с компании, принадлежащей трасту, требуют данные о протекторе и бенефициарах. Анонимные трасты в природе существуют, но в принципе не работают (исключение — трасты, в которых учредитель не имеет права влиять на решения, это редкость, но и в них скрыться крайне сложно). Налогообложение объектов в трасте никак не отличается от обычного. Все серьезные страны давно «смотрят сквозь» трасты с налоговой точки зрения, в этом смысле они стали похожи на партнерства. Траст сегодня — это что-то вроде продвинутого завещания.

Так вот, у Вассилиадиса огромный трастовый бизнес. Тысячи трастов. Стоимость годовой работы трасти — что-то около тысячи евро, то есть Вассилиадис зарабатывал этим бизнесом свои трудовые два-три миллиона в год. За тысячами трастов — тысячи семей, которые разместили активы, сбережения, источники дохода в трасты; как я уже сказал, 95% — с целью организовать спокойное наследование, если что. А теперь внимание, фокус: компании-то в трастах формально «принадлежат» трасти! А трасти-то попал под санкции! То есть владелец компаний попал под санкции! То есть счета всех этих трастов и переданных в них компаний замораживаются!

Еще раз: тысячи семей де-факто попали под санкции «за компанию», за то, что их трасти что-то там где-то сделал. Еще раз: если директор вашей компании окажется маньяком, его посадят, вы смените директора, и все. А вот если ваш трасти, который без вашего указания даже пальцем не шевелил в вашем бизнесе, окажется под санкциями, ваш бизнес встает, вы не можете перевести деньги, заплатить по обязательствам, у вас будут накапливаться долги и штрафы, вы будете терять на незакрытых позициях, которые надлежало бы закрыть. Вы, конечно, ни в чем не виноваты (вы даже, возможно, к России никакого отношения никогда не имели) — вы collateral damage, вы — щепки от леса, который рубят.

Знали ли высокие лица в США и Великобритании про трастовый бизнес Вассилиадиса? Безусловно. Сложно ли было дать клиентам этого бизнеса окно в шесть месяцев на смену трасти и уведомить реестр на Кипре о таком их праве? Да вообще как нечего делать. А почему же это не было сделано? А идите на хрен, вот почему. Поэтому же заморожены активы клиентов брокерского бизнеса «Альфы» из-за санкций против Фридмана, а в Брюсселе «нет ресурсов» рассматривать просьбы о разрешении их вывести от инвесторов, которые к Фридману никакого отношения не имели. Поэтому же, когда FCA останавливает работу брокера из-за нарушений с несколькими клиентами, активы всех остальных клиентов морозятся на месяцы, а то и годы, и на все запросы FCA отвечает: «Не мешайте работать» (спасибо, что отвечает!).

Наверное, когда-нибудь ситуация разрулится. Власти на Кипре пообщаются с властями Великобритании и США, разрешат переводить трасты к другим трасти или раскрывать их. Наверное. По опыту — пройдет много времени.

И еще: Усманов и Абрамович ведь не только с Вассилиадисом сотрудничают. У первого есть наверняка активы и счета в Узбекистане. У второго — в Израиле. Ждать ли нам санкций против крупного израильского банка с заморозкой всех счетов всех клиентов? Думаю, нет. Потому что: 1) Израиль является стратегическим партнером, 2) израильское правительство умеет вовремя посылать даже своих стратегических партнеров по адресу, если последние творят дичь. Кипр же, напротив, имеет опыт лояльности любым решениям — вспомните haircut, во время которого активы клиентов двух крупнейших кипрских банков просто были превращены в пыль по рекомендации ЕС.

К чему я это пишу? Финансовый мир становится все опаснее и опаснее для владельцев финансов. Великая эра девяностых-нулевых в развитом мире, когда закон превалировал и суды были эффективными, ушла в прошлое. Теперь надо быть крайне осторожными, чтобы не попасть под удар, который предназначался вообще не вам, а третьему лицу, или производится «по всем вообще» в угоду тем или иным идеям или избирателям.

Так что убирайте по максимуму посредников типа трасти и номиналов; переходите к среднего размера игрокам, не обслуживающим олигархов и не делающим «очень сложные и прибыльные сделки». «Балдж брекетс» тоже опасны — их комплаенс может в любой момент сделать что хочет, и судиться с ними вы не будете. Храните все бумажки по истории денег — могут пригодиться. Делите средства на 2–3 кошелька как минимум, чтобы между ними не было прямой связи, в разных юрисдикциях. Избегайте «странных» юрисдикций, не известных вам лично управляющих и банкиров, любых финансовых схем типа «мы напишем одно, а сделаем другое», менеджеров, открывающих вам счет «по-хитрому». Сегодня лучше иметь портфель из мелких вложений, чем депозит в банке: банк может попасть под санкции или лопнуть, множество эмитентов — вряд ли. Диверсифицируйте валюты — кто знает, что США, ЕС или кто-то еще придумает именно про ваше использование их валюты. Кипрские банки — опасно. Кстати, ОАЭ — тоже опасно, в любой момент они могут сделать что угодно по согласованию с США, и сентиментов там будет не больше, чем на Кипре.

Все вышесказанное — не для олигархов (сами разберутся), не для находящихся под санкциями (не поможет), не для отмывающих деньги (они как раз легко обходят все ограничения и проблемы, я им не советчик). Все это для тех, у кого деньги честные и задачи — тоже. Вот раньше была лафа: деньги из России вывел, и уже спокоен. Not anymore. Ни для кого.

## День Незнания

Сегодня в далекой России День знаний (в остальном мире дети идут в школу, когда бог на душу положит, например, в Лондоне он положил 30 августа в этом году). В связи с этим у меня есть что сказать за профессионализм.

Говоря коротко, в мире, где всё умеют все, всё работает одинаково.

Вчера в отставку ушел министр обороны Великобритании, на место которого назначен министр энергетики (это его пятый пост в правительстве Сунака). Бен Уоллес был кадровым военным, его преемник к армии никакого отношения не имеет, он профессиональный клерк. Чтобы было кому руководить энергетикой, на его место назначен министр образования. Все затихли и ждут, кто станет министром образования — хотя какая разница?

А вот в России в один день отметились два академика по две стороны баррикад.

Один (политолог) сказал, что в мире остались две империи — Китай и США. Возможно, он был назначен из академиков по рыбному хозяйству в политологи, раз не знает, что такое империя. Ему, правда, один профессор ответил, что Россия снижает свою зависимость от США и потому снова становится империей. Я, признаться, раньше никакой зависимости России от США не замечал — разве что в плане куриных окорочков в 90-е годы, но на то я и не профессор.

А другой академик (от психологии) сообщил, что во время сеанса психотерапии помимо терапевта и клиента в комнате всегда присутствует государство. Ну, этот понятно откуда назначен в академики, под этой фразой погоны топорщатся.

Но возвращаемся в Британию. Суд по иску Швидлера к госсекретарю по поводу попадания под санкции, из-за которых, в частности, его сын лишился места в школе. Читаем решение судьи и узнаем много нового: 1) наложение санкций — прерогатива министра и его личное решение, 2) санкции могут налагаться, если они способствуют внешнеполитическим целям Британии, факт способствования определяет министр, сами цели — тоже, 3) под санкции может попасть кто угодно, если получал выгоду от поддержки правительства РФ сколь угодно давно (но совершенно не обязательно все — решает министр), 4) быть менеджером в компании, которая в России добывает минеральные ресурсы, — значит, получать выгоду от поддержки правительства РФ, 5) любой, кто предоставлял финансовые ресурсы, технологии, товары, другие ресурсы тому, кто получал выгоду [далее по тексту], тоже может попасть под санкции, если министр решит, 6) не дело суда оценивать решения министра, он лучше знает, 7) целью санкций против Швидлера является заставить его повлиять на Абрамовича, чтобы тот повлиял на Путина (Швидлер хорошо повлияет на Абрамовича, который тоже под санкциями, потому что о друзьях мы заботимся больше, чем о себе), 9) даже если Швидлер не может повлиять на Абрамовича — не беда, важен эффект не индивидуальных санкций, а всех в совокупности, 10) все признают, что мистер Швидлер понесет серьезные убытки от санкций и члены его семьи пострадают, но ведь это временно, санкции непременно когда-нибудь снимут, а сейчас это нужно для общественного блага.

Вот я не знаю, этого судью откуда в судьи назначили? Вы как думаете?

Зато я знаю, откуда взялся secretary of state for foreign affairs — ровно тот министр, который своим решением может заморозить все имущество любого человека, «чтобы тот повлиял на своего друга, чтобы тот повлиял на своего друга», и который лучше суда знает, когда и к кому применять санкции. Джеймс Клеверли (какая фамилия!) в отличие от нынешнего министра обороны всегда хотел служить в армии, но прослужил недолго, почти сразу повредив ногу (однако остался в резервных войсках и даже имеет медали за выслугу лет). После этого он получил степень бакалавра по гостиничному бизнесу в Университете Западного Лондона (сейчас это 77-й в рейтинге университетов Британии, но во времена Клеверли он еще назывался Илинг Колледж и был совершенно заштатным). Клеверли работал сейлз в издательстве, затем рекламным агентом, еще в 2006 году он зарабатывал на жизнь продажами онлайн. А потом ушел в политику и с тех пор был бюрократом в Консервативной партии. Клеверли — увлеченный игрок в «Вархаммер» и ведет ютуб-канал, демонстрирующий, как надо раскрашивать фигурки из этой игры. Свою работу министра иностранных дел он так любит, что за день до решения суда по делу Швидлера (в ответ на предложение возглавить министерство обороны, кстати) публично заявил: «Если меня удастся вытащить из моего нынешнего офиса, то на паркете останутся следы от моих ногтей!»

Мне видится объявление в «Таймс»: «Требуется на позицию министра иностранных дел энергичный партийный работник с опытом работы рекламным агентом; образование не выше бакалавра гостиничного бизнеса, плохой университет предпочтителен; ногти на руках и ногах длинные и прочные. Умение играть в „Вархаммер" обязательно. Склонность к замораживанию активов частных лиц и организаций будет считаться преимуществом».

А вы думали, только в России можно Рогозина назначить руководить Роскосмосом? А вот и нет.

И снова в Россию. Более семисот участников войны или их детей поступили в вузы России без экзаменов и вне конкурса. Интересно, сколько среди них тех, кто освободился из тюрем и отвоевал полгода? Интересно, сколько из них заменит в будущем уехавших или посаженных инженеров? Да что там инженеров — министров?

Не помню, кто сказал, что война — это соревнование ошибок; кто их сделает меньше, побеждает. В последнее время история всего мира кажется одной сплошной комедией ошибок — всех, везде, во всем. Их так много, что, возможно, в этой всеобщей войне с хаосом победителей не будет.

А так-то, конечно, День знаний — это праздник. В этот день можно помечтать о том, что появится на карте мира страна, где во власти будут компетентные люди, которые будут слушать профессионалов. Но только не увлекайтесь —

с завтрашнего дня все равно придется иметь дело с реальностью.


## Китайский рост

Когда лидеры стран, менее успешных в глобальной конкуренции, постепенно на словах собираются под крыло Китая (чья элита справедливо считает себя underdog в соревновании с США и их экономическими союзниками), а Кремль добровольно принял на себя роль китайского глашатая и ультраантиглобалиста, на фоне которого Пекин смотрится едва ли не миротворцем, реальная мировая экономика, кажется, движется ровно в ту сторону, в которую хотели бы китайские товарищи — однако с противоположными их ожиданиям результатами.

В США и ЕС неожиданно для многих вероятность рецессии (которую все прочили развитым странам вследствие перегрева после ковида, роста инфляции и, соответственно, репрессивных финансовых мер) уменьшается с каждым сетом месячных данных. На начало августа Goldman Sachs сохраняет лишь тридцатипроцентную вероятность, что в ближайшие год–полтора экономика США покажет три последовательных квартала с падением ВВП. Пока же рост ВВП США в 2023 году превышает 2,1% (1500 долларов на жителя страны в год), безработица находится на нижних границах исторических наблюдений, а инфляция уже к 1 июля вошла в коридор 4–5% (в зависимости от того, какую инфляцию мы считаем) при ставке рефинансирования выше 5%.

Спасибо за эту стабильность, а также за растущие рынки следует сказать не только и не столько демократическим властям США, сохраняющим огромный дефицит бюджета, но и процессу деглобализации, созданию полицентричной экономики, о которой так много говорили китайские власти (спокойно) и российские власти (громко и с придыханием).

Результатом начавшегося глобального перемещения производств из Китая и вообще ЮВА являются и поддержка экономического роста США и ЕС, и (симметрично) усугубляющиеся экономические проблемы КНР и всего региона. За первые 7 месяцев 2023 года китайский экспорт в США упал на 23,1%, в ЕС — на 20,6%. В переводе на американскую валюту это почти 250 млрд долларов. На этом фоне июльские цифры показывают дальнейшее снижение, оказавшись хуже прогнозов аналитиков (по темпам снижения импорта реальность июля хуже прогноза в два раза!). Мало этого (деглобализация — так деглобализация!), другие страны ЮВА купили у Китая за эти 7 месяцев на 21% меньше, чем за тот же период прошлого года. Снижение экспорта в основном затрагивает товары с относительно высокой добавленной стоимостью — косвенным отражением этого является резкое (на 17%) падение импорта Китаем микросхем.

Почувствовав себя самостоятельнее, европейцы и американцы постепенно ужесточают правила передачи Китаю современных технологий. Поднебесная же в новых технологиях будет нуждаться все больше, в том числе потому, что в китайской промышленности начинает ощущаться дефицит рабочих рук и прогнозы говорят о росте этого дефицита в ближайшие годы, несмотря даже на очевидно связанное с сокращением экспорта снижение промышленной активности. Китаю насущно необходимо увеличивать производительность труда, но в последние годы она падает.

В полном соответствии с провозглашаемой многополярностью Пекин наращивает свои торговые и промышленные связи с Россией. Торговый оборот между странами вырос на 36% за те же 7 месяцев (по сравнению с январем-июлем 2022 года). Стремительной китаизации российского транспорта КНР обязана сохранением и даже увеличением почти единственной растущей статьи своего экспорта — экспорта автомашин. Но представленная цифра выглядит значительной только вне глобального контекста: в реальных долларах рост экспорта в Россию (составляющий часть года к части года мощные 74%) достиг аж 40 млрд долларов — слабое утешение при шестикратной потере только в отношениях с США и ЕС. Китай сегодня уже экспортирует в Россию более 50% всего ее импорта. Даже доведя эту долю до 75%, Китай получит дополнительно к сегодняшней позиции около 60 млрд долларов в год, и это если общий импорт России не будет сокращаться (а он, скорее всего, будет, учитывая сжатие российской невоенной экономики и снижение стоимости рубля). Диверсификации не получается — трудно лететь на двух крыльях, если одно в 20 раз меньше другого.

Рост китайского ВВП даже в официальном представлении Пекина (доверие к которому ограничено из-за применения креативных методов вычислений) в 2023 году составляет 5% (или около 500 долларов на человека — в три раза ниже, чем в США), а прогноз на 2024 год составляет чуть более 4%. И это на фоне как «восстановления после ковида», так и «обретения экономической независимости и стимулирования внутреннего потребления». Что-то не складывается у Китая в процессе создания многополярной экономической модели — возможно, китайские политики недооценили роль условного Запада в развитии экономики КНР, а возможно, просто забыли древнюю китайскую же мудрость: от сотрудничества выигрывают и слабые, и сильные; от конфликта могут выиграть только сильные.

# РОССИЯ

## «Бэринг»

В этой книге собраны статьи с февраля 2022-го по ноябрь 2023 года — за этим исключением. Эта статья была написана в 2020 году, когда у старейшего, крупнейшего фонда частных инвестиций в России «Бэринг Восток» приятель сына одного из крупнейших силовиков России решил отобрать банк и для этого руководители фонда были отправлены в тюрьму. Не помогло даже американское гражданство главного партнера.

Эта история случилась до войны. Но она совершенно соответствует «военной» политике Кремля: те же местные экономические интересы «друзей», обеспечиваемые с помощью грабежа, те же жестокость и насилие, то же презрение даже и к американскому паспорту и позиции США, те же фиговые листки сфабрикованных обвинений, в которые не верят ни те, кто их сочиняет, ни те, кто их слушает.

Что было можно в отношении миллиардного фонда, стало впоследствии можно в отношении государства. В 2020 году можно было сажать — в 2022-м можно стало убивать. Дело «Бэринг Восток» было прелюдией, одной из множества прелюдий к большой войне.

Дело «Бэринг Восток» тянется давно. Профессионалы, чей опыт и знания могли бы принести России много пользы, отсидели год в тюрьме и продолжают оставаться (неслыханная милость!) под домашним арестом, без приговора вопреки распоряжению властей «не сажать до суда за экономические преступления»; сидят за то, что их оценка стоимости юридического лица разошлась с оценкой, сделанной контрагентом.

Не важно, что их оценку подтвердили несколько уважаемых оценщиков. Не важно, сколько подсудимые сделали для России. Даже если бы речь шла о личностях сомнительных, продавших «копейку за рубль», процесс оставался бы примером абсурда. Такие вопросы должны решаться в арбитраже, который должен признать наличие ущерба, потребовать возмещения, вынести требование арестовать средства в обеспечение покрытия ущерба. Если же виновная сторона будет уклоняться от исполнения решения суда, можно говорить о ее преследовании другими средствами. Хотя даже думать об уклонении будет непросто: у фонда, чьи менеджеры отправлены за решетку, в России активов на сумму, многократно превышающую максимально вообразимые размеры иска.

Впрочем, дело это — не новость. В России решение хозяйственного спора методом заключения под стражу не выглядит из ряда вон выходящим — скорее, это принятая практика. Существует множество теоретических аргументов против такого чудовищного состояния дел с правоприменением в России.

Говорить об этике, о нравственности власти, о том, что исполнение, а не изнасилование закона отличает цивилизацию от варварства и является залогом развития и процветания общества? В России тех, кто заявляет подобные глупости (помню, например, Сахарова, Новодворскую или Ковалева), считают фриками, блаженными, объектами буллинга. Какая нравственность, когда единственный эффективный метод управления — страх, а единственное эффективное право — сила, и это мы слышим от всех ветвей власти и в еще большей степени от бизнесменов? Где-то я прочел высказывание заслуженного силовика: с органов какой спрос — это сами бизнесмены так сводят между собою счеты.

Иностранные инвесторы? В джунгли, в которых можно упрятать за решетку ни за что и держать там сколь угодно долго, никто не даст ни реальных денег, ни реальных технологий. «Тем лучше, — ответят сегодняшние идеологи — не будут мешаться под ногами, ставить условия и растаскивать Россию, влиять на политику и смущать народ». И правда: никогда не было в России значимых иностранных инвестиций, и страна пережила этот факт. Бюджет профицитный, резервы — почти половина ВВП, инфляция низкая, государственные программы инвестиций в сотни раз превышают объемы того самого «Бэринг Востока».

Да, больше триллиона долларов ушло из России в XXI веке, потому что все, от высшего чиновника до владельца булочной, боятся российского беззакония. Количество частных компаний сокращается год от года, из страны уезжают предприниматели, Россия импортирует множество товаров и услуг, которые могла бы делать сама, а то, что могла бы делать на экспорт (от газовых мембран до программных продуктов), делают ее бывшие граждане за пределами страны. Но разве это важно? Государство замещает частный бизнес там, где считает нужным, к выгоде избранных «бизнесменов». Экспорта нефти, газа, металлов и пшеницы хватает с избытком, импорт не поспевает за экспортом. А для власти так даже удобнее, нет частного бизнеса — нет бесконтрольного капитала, нет желающих финансировать оппозицию.

Да, ВВП России десять лет не растет — нет инвестиций, конкурентный бизнес замещается неэффективными, коррумпированными государственными структурами. Другие страны растут в 3–4, а то и в 6 раз быстрее нас. В 2019 году в России доходы населения на 7% ниже, чем в 2013-м, неравенство растет, бедность увеличивается. Но если бы это имело значение, существующая власть не получала бы такую поддержку на всех без исключения выборах. Мы ведь хотим от власти следования воле и желаниям народа. И если народ одобряет и поддерживает власть и ее действия, как можно ждать, что власть начнет менять свою стратегию?

Последний аргумент — это нефть. Все успехи, все изобилие, положительное сальдо торгового баланса, 25% ВВП, 35% бюджета, сверхдоходы приближенных бизнесменов, последние военные победы, роскошь столицы имеют одно объяснение: экспорт углеводородов. Мы не замечаем, как разрушается экономика страны во всех остальных областях, как год за годом отстает Россия даже от стран второго эшелона в индустриях, в которых еще СССР имел существенные позиции. Когда-нибудь поток нефтедолларов закончится, и России, чтобы не погрязнуть в нищете, а возможно, гражданской войне, срочно потребуются масштабные инвестиции и умные инвесторы, такие как менеджеры «Бэринг Восток». Но это будет не завтра, и скорее всего, на век нынешней власти нефти хватит. А не хватит — достаточно будет пообещать новый курс, сменить риторику, начать приватизацию. Новые инвесторы пойдут в страну, и потекут технологии: у инвесторов короткая память, а жадность побеждает страх. 5-10 лет, которые нужны для инвестиционного цикла, власть переживет на заемных деньгах — сегодня отношение долга к ВВП одно из самых низких в мире, есть возможность занимать много и надолго.

Нет у нас аргументов, которые нынешняя российская власть, полностью контролирующая судебную систему, могла бы услышать. А значит, нет и надежды ни на справедливый исход процесса, ни на помилование постфактум. Среди арестованных нет граждан Израиля, и подворий на каждого, чей бизнес решили отобрать, не напасешься. Даже дежурное предложение «инвесторам и бизнесменам сделать выводы» неуместно: все уже давно сделали все выводы. Многие продали или закрыли бизнес и уехали, многие слились с властью и наивно верят в ее защиту. Кто-то надеется на русское «авось» и думает, что пронесет. А страна и мир продолжат жить, не замечая происходящего — все привыкли и почти никого не касается, это ведь не коронавирус.

# О каше в головах

Цитирую раздумья одного человека, искренне верящего, что он хорошо образован, патриот России и «знает, как надо». Из тех, что «не одобряет убийства в целом, но в данном случае просто не было выбора». В общем, как раз такой, каких призывал бояться Бруно Ясенский:

*«Тихий спор о месте России в международном разделении труда и о причитающейся ей доле добавленной стоимости шел все эти годы непрерывно. Я, с детства любивший экономгеографию, внимательно за этим наблюдал. „Ответ один — отказ“, как писала М. И. Цв. Путин произнес мюнхенскую речь после семи лет открытых дверей и шагов навстречу партнерам, которые в ответ протянули ему обобщенную фигу с маслом. Я и сам сурово критикую интеллектуальные способности нашего начальства и предлагаю способы их мирного укрепления, но надо признать: нами была предложена честная и достаточно справедливая сделка. Она была отвергнута и в целом, и в частности. То, что у России не очень хорошо с экономикой — результат кратного сокращения рынка для русских товаров после распада СЭВ (о нем и не помнит никто) и СССР. Попытки расширить рынок были отвергнуты, потому что это „русский империализм“ в лайковых перчатках, а на самом деле потому, что добавленная стоимость Америке с Европой самим нужна. Попытки разнообразить структуру предложения и отойти от бензоколонки были также блокированы: русские суперкомпьютеры, самолеты и даже подшипники укрепляют русскую военную мощь, что нельзя. Сейчас вместо тихого спора видим бой посуды и драку сковородками. Думаю, обобщенному Западу следовало дать России справедливую долю, когда она вежливо об этом просила».*

Вчитайтесь, вот она, бездна текущей российской катастрофы, коктейль Молотова из пассивной агрессии, тотальной инфантильности, знаний на уровне введения в учебник «политэкономии социализма», наконец — отсутствия и рефлексии, и способности к целеполаганию (не дали, когда «вежливо просила», а теперь что, дадут, что ли?). Боюсь, эти псевдоинтеллигенты любили экономическую географию неразделенной любовью и она им про себя ничего не рассказала; говорю как специалист.

В мире никто не «распределяет причитающиеся доли добавленной стоимости», там госплана нет, как нет пятилетних планов и норм выработки. В мире есть конкуренция, по большей части честная конкуренция, в большой степени основанная на кооперации (но, конечно, есть место и для нечестной, и для конфронтации — и при этом большинству стран удается найти свое достойное место на рынке, включая крошечные типа Сингапура, Нидерландов или Израиля). Да, не у всех в мире есть равные стартовые возможности. Но в мире есть общее представление о «поле равных возможностей», пропуск на которое дается как высшее признание страны равной; тот, кто получил такой пропуск, имеет все права, все блага, все возможности для того, чтобы стать чемпионом — ему никто уже не мешает, он в высшей лиге.

По иронии судьбы, России такой пропуск был выдан авансом и с грифом «полный допуск — высший уровень»: место в ВТО, режим наибольшего благоприятствования в торговле с США и ЕС, разрешение на квазимонопольные поставки углеводородов в Европу, неограниченные возможности по инвестированию в развитые страны, практически неограниченные (ограниченные сильно меньше, чем для Китая, ЮАР, Аргентины, Бразилии, Мексики и пр.) возможности на приобретение технологий, включая военные, весьма формальная проверка денежных потоков, идущих из страны, закрытые глаза на мутные схемы при закупках, в которых на счетах друзей Путина оседало до 70% средств, шедших на закупки из бюджета, никакого внерыночного противодействия экспорту оружия из России и пр.

«Кратное сокращение рынка российских товаров» — это не причина проблем с экономикой, а ее следствие, следствие чудовищной отсталости позднего СССР. Господин интеллектуал сам жил в позднем СССР и должен помнить, что штаны были дефицитом, отечественные магнитофоны — насмешкой, а вместо туалетной бумаги шла газета «Правда». Но все можно было исправить. За тридцать лет Южная Корея из отсталой страны превратилась в лидеров мировой экономики с огромной долей рынка. Да что там, есть три десятка примеров такого взлета. Так сделали все, у кого появился шанс, и почти ни у кого из них не было ни такого пропуска в элиту, ни такого богатства в недрах, как у России.

У России было тридцать лет. До 2014 года Россия помимо «пропуска» имела еще и так помогающий в бизнесе ореол «русской романтики»: Россией интересовались, ее культуру любили, «дружить» с русским было «зачетно» и для девушек, и для членов парламентов. If anything, российский бизнес получал преференции. Но даже после 2014 года, когда отношение испортилось, Россия имела тот же «пропуск» плюс десятки тысяч иностранных специалистов, которые на нее работали в самой России, плюс кооперацию с ведущими бизнесами мира, которые сами пришли и были рады сотрудничать: «Боинг» и «АЕГ», «БМВ» и «Дженерал Электрик», «Самсунг» и «Интел».

Тридцать лет воровства, имитации деятельности, уничтожения всякого, кто готов был развивать реальную экономику, и вместо этого — строительство монстрообразных квазимонополий под руководством личных друзей, которые своей неэффективностью и отсталостью войдут в историю, насаждение псевдохристианского мракобесия и консолидация власти в руках силовиков. Тридцать лет изгнания лучших менеджеров и профессионалов из страны и превращения оставшихся в прислугу в огромной схеме отмывания нефтяных доходов. Но, конечно, виноват некий Запад — чего он не поделился?

Вот сижу, представляю себя Западом, ломаю голову — что еще можно было дать?

# Швейцарский анекдот

Эта зарисовка — конца 2022 года, но я поставил бы ее эпиграфом к разговорам о России нашего времени.

Пятница, переговоры с швейцарцами. Лондон, район Виктории, небольшое офисное здание, переговорная в подвале. На столе кофе, швейцарские конфеты, графин с виски, 4 стакана, 4 чашки. За столом — русскоговорящий юрист, специалист по судебным разбирательствам очень богатых людей из СНГ, давно сменивший имя и фамилию на европейские, швейцарский портфельный менеджер, управляющий 600 млн франков, швейцарский инвестиционный банкир — специалист по построению банковских структур и ваш покорный слуга. Говорим о потенциальном JV, о новых рынках, о создании банка на Маврикии, о том, где открывать новые фонды.

Пауза. Наливается еще виски. Отличный спейсайд, лет 20.

Инвестиционный банкир откидывается в кресле, отпивает. Смотрит на меня.

«Я вообще-то работал в России. В девяностые. Тогда все Россию очень любили. Хотите расскажу швейцарский анекдот, только услышал в Цюрихе?»

Я откидываюсь в кресле, отпиваю виски. Молчу, смотрю на него.

«Приезжает сын белоэмигрантов, Алексис, на своем „Бентли“ на сервис в Цюрихе к знакомому мастеру. Ну представьте: Алексис такой старичок, банкир, костюм, платочек в кармане. Механик — турок, Мехмед, в чистом комбинезоне, почти как часовой мастер. Мехмед смотрит машину, Алексис пьет кофе, спрашивает:

— Мехмед, сколько ты будешь делать машину в этот раз?

— Ну, герр Алексис, в прошлый раз ТО заняло три часа. Я думаю, нет причин, чтобы в этот раз было короче или длиннее.

Алексис дальше пьет кофе, Мехмед что-то проверил, покрутил и говорит:

— Герр Алексис, скажите, вы же русский? Там, я слышал, диктатура Путина, репрессии, идеология, кошмар что творится, это же ужасно!

— Да, Мехмед, это очень плохо, в девяностые мы все так надеялись, я сам ездил в Россию работать, побывал там через 70 лет после того, как родители уехали, но сейчас вернулось то, от чего они убежали!

— А скажите, герр Алексис, сколько же это может продолжаться?

— Ну, Мехмед, в прошлый раз...»

Он качается в кресле и широко улыбается. И Алексис, и Мехмед, и Россия для него далеки, как далека война в Конго или проблемы Венесуэлы — не удивлюсь, если он и там, и там успел поработать. Он похож на капиталиста из советских, снятых на Рижской киностудии фильмов. Он толковый юрист, быстрый и умный, холодный и циничный. Он думал меня обидеть или просто передать отношение к русскому рынку? Скорее второе — работать со мной он явно хочет.

Никогда не знал, что в Швейцарии есть анекдоты, и, похоже, был прав. Давно не слышал менее смешного.

## Страна-абьюзер

Это вторая моя статья со ссылкой на термин «абьюз». Как написано ниже, в этой статье 2022 года я не имел в виду никакие конкретные страны. Но все же в книге я помещаю ее в раздел о России — и не просто так.

Говорят, целью автаркий является изоляция страны от внешнего мира, чтобы ни с кем не делить власть и богатство, параллельно выгнав из нее всех внутренних конкурентов, — и война является средством такой автаркизации. Не сомневаюсь, что автаркизация является приятным бонусом. Однако многие даже и малые страны построили автаркию, и военные действия им не требовались, равно как не требовалось терять миллиарды долларов замороженных резервов и недополучать доходы от продажи ресурсов.

Нет, автаркия — это бонус, необходимая стадия, но не цель. Война — это, конечно, средство для естественного превращения страны из плутократической автократии в милитаристскую автаркию, но и это лишь средство для достижения значительно более существенной цели — например, власти над миром.

Власть над миром в нашу гибридную эпоху понимается не через формальные атрибуты, а гибридно — через реальные, пусть даже не всем видимые результаты на фоне, возможно, полного отсутствия формального признания. Это власть не бога — почитаемого и признаваемого, это власть дьявола — его все могут ненавидеть, все могут не признавать за ним власти, в него можно даже не верить, но по факту он будет иметь возможность добиваться своего без каких-либо границ; и тем более будет это приятно дьяволу, чем с большим унижением «борцов со злом» это будет происходить.

В психотерапии такой «дьявол» называется «абьюзер» — человек, целью которого является контроль жертв путем комбинации унижения, принуждения, манипуляции и обмана. У Ольги Мовчан был на эту тему отличный пост, в котором она писала, что абьюзер рассматривает уступку исключительно как основание увеличить требования, в итоге не имеющие предела. Абьюзера можно только самым жестким образом остановить, иначе с ним не справиться.

И вот тут возникает проблема: что вы сделаете со страной, которая вооружена достаточным количеством ядерных боеголовок?

Власть абьюзера не переживет его собственной гибели, и поэтому ядерный апокалипсис не входит в его планы. Но ядерный апокалипсис не входит ни в чьи планы! При ограниченном же применении самим абьюзером ядерного оружия остальные его владельцы должны будут решить, что ценнее:

мир без ядерного апокалипсиса или неисполнение условий абьюзера. А значит, разумный абьюзер будет наносить ядерные удары, не грозящие всемирным апокалипсисом, и выставлять условия, которые явно лучше, чем этот апокалипсис. «Ответный ядерный или даже массированный неядерный удар вызовет глобальную ядерную войну», — будет угрожать вам абьюзер, и вы признаете, что выполнение его требований менее опасно, чем попытка отпора.

Собственно, не нужно даже ждать ядерного удара абьюзера, чтобы понять: лучше просто выполнять его условия, чем доводить до ядерного удара, потому что потом все равно их придется выполнять. Но кто поверит, что это не блеф, что абьюзер нанесет ядерный удар? Есть только один способ убедить мир — один раз удар нанести.

Для нанесения такого удара, однако, нужно наличие веских причин, иначе в следующий раз страх не будет сочетаться в головах жертв с необходимостью выполнять условия абьюзера. Веские причины необходимы и для внутреннего употребления — все-таки, какой бы ни была автаркия, для действий такого рода нужна поддержка существенной части населения и элиты, особенно, когда это делается в первый раз (потом будет проще).

Как выглядят идеальные веские причины? Как война и массовые жертвы со своей стороны, причем лучше как можно больше и среди максимально широких слоев населения, еще лучше — на своей территории. Этого добиться проще, устроив затяжную военную операцию, а затем бросив на фронт неподготовленных гражданских, одновременно присоединив театры военных действий к своей стране.

100 000 похоронок, и можно выставлять ультиматум: признание аннексий, снятие санкций — иначе мы будем вынуждены применить ЯО. Против непосредственного противника, разумеется, не против других ядерных держав, что вы. Но на фоне 100 000 похоронок и твоего отступления кто же этот ультиматум примет — ведь очевидно же, что это блеф!

И вот тогда будет «ограниченный ядерный удар» и предупреждение: «Вздумаете отвечать, будет еще удар, на порядок сильнее».

Что будет потом?

Все поймут, что абьюзер выполняет свои угрозы. Наступит новая реальность, в которой принимающим решения в крупнейших ядерных державах нужно будет объяснить, что является более важным: вопрос о границе между двумя мало кому интересными странами или предупреждение всемирного апокалипсиса. С большой вероятностью будет согласование условий абьюзера: территории, снятие санкций, свободная торговля, противник разоружен и включен в список сателлитов, его руководство показательно осуждено и наказано.

Мир угрюмо констатирует, что это вынужденная жертва для спасения всего мира, и будет утешать проигравших предложением мест для беженцев и обещанием, что «в будущем все изменится».

Внутри страны-абьюзера будет ликование: «Операция закончилась победой, все жертвы были не напрасны, мы сильнее всех в мире». Не поймите превратно, абьюзеру аннексированные территории не нужны совсем. Ему нужен факт, что весь мир подчинился его требованиям — и подчинится еще раз, и еще раз.

В мире еще много не самых сильных стран, не самых важных рынков, не самых значимых институтов и политических решений. А значит, у абьюзера есть неограниченное поле для развития абьюза и удовлетворения собственного комплекса Наполеона, но, конечно, не в виде захвата всего континента, а в виде спорадического выставления безумных требований и их удовлетворения. Хотим сухопутный коридор к анклаву, иначе — бомба. Хотим часть территории соседа, иначе — бомба. Хотим преференций в торговле, иначе взорвем трубопроводы, если будет ответ — тогда бомба. Хотим место вечного председателя в самом главном международном органе и право вето на все и везде, иначе проспонсируем всех террористов мира и все агрессивные режимы, в случае ответа даже на их территории — бомба. Разумеется, в перерывах между удовлетворения всех этих требований страна-абьюзер (как и человек-абьюзер) будет много говорить о всеобщем благе и желании сотрудничать, о своей миссии по спасению мира. А внутри страны все, кто не в тюрьме, этому даже будут верить.

Не поддерживать абьюзера будет опасно для любой неядерной страны и даже для ядерных, но небольших. Поэтому постепенно поддержка абьюзера будет расти, как будут расти и его возможности — экономические и военно-технические (разумеется, не за счет собственной экономики и науки, просто он будет получать все, что ему надо). Абьюзер станет мировым судьей, к которому пойдут за решением споров третьи страны; он станет мировым диспетчером, который будет определять, что, как и где будет работать. Возникнет новый мировой порядок, и даже экономики и рынки отреагируют позитивно — они всегда реагируют позитивно на рост определенности. Крупные страны с ядерным оружием будут держать лицо, сохраняя подобие независимости и «хорошую мину при плохой игре», но даже внутри них самих будет расти восхищение абьюзером и его возможностями: «А мы почему так не можем?» Мир будет становиться все хуже, но будет относительно стабильным, пока кто-то (скорее всего, сам абьюзер) не допустит фатальной ошибки и не наступит август 2014 года, но только в ядерном варианте.

Что еще я могу сказать? Сейчас Рош а-Шана, а не Пурим, но тем не менее какая-то сила до сих пор спасала мир от Аманов самого разного пошиба; спасала на грани чуда, за пределами действия теории вероятностей. Будем надеяться, что в этот раз будет так же. Правда, существует еще вариант, что пришло время нового всемирного потопа или армагеддона. Но уж если время пришло, тут точно ничего не поделаешь.

Наконец, в этой теоретической статье я не имел в виду никакие конкретные страны или народы, никакую конкретную ситуацию. Все совпадения случайны, и если кому-то кажется, что я писал о нем, это его проблема и его мысли не соответствуют современным законам его страны: его, а не мои; его, а не моей.

## Колониальные мечты РИА Новости

Эта статья — ответ на программную статью РИА Новости, напечатанную в апреле 2022 года, — статью-инструкцию по ведению агрессивной братоубийственной войны, начатой Россией. Статья эта написана была в лучших традициях речей гитлеровцев, и, конечно, для чистоты эксперимента надо было бы ее здесь привести; но, как мои читатели догадываются, найти в России статью подобного рода, датированную 2022 годом, крайне просто — там других не писалось; после февраля вакханалия варварства, архаики, провала даже не в XIX век, а местами в ветхозаветную хтонь, была в расцвете. Нет смысла перепечатывать агрессивную дрянь, вы сами можете догадаться, о чем там шла речь, — и почитать мой ответ.

Статья РИА Новости — банальная (привет Ханне Арендт) инструкция по обращению в рабов жителей соседней страны под девизом наставления их на путь истинный. Ничего нового не сказано, ничего старого не забыто. Вкупе с многочисленными «письмами из народа», в которых «лучшие люди России» ругают «гнилых либералов, плачущих по кока-коле» и восхищаются мифическими отличниками-студентами, которые одновременно спортсмены-перворазрядники и настоящие патриоты, эта статья могла бы быть написана на немецком и была бы существенно более аутентичной. Да что я говорю — на немецком она была написана почти слово в слово много раз, и письма такие тоже. Правда, было это 80 лет назад.

Хочется назвать это «фашизмом», но разве наклейка, которую используют все, кому не лень, прибавляет нам понимания происходящего? В Германии был, строго говоря, национал-социализм. Да и что такое фашизм изначально? По большому счету, фашизм — это обращенная внутрь общества энергия колониализма. Обращение внутрь, естественно, вызывается невозможностью обращения наружу, неудачей попыток строительства империи или распадом, умиранием империи прошлого. Обратное верно: попытки колониальной экспансии несут ту же идеологию, что и фашизм, но только вовне. С учетом того, что статья РИА написана под вторжение в Украину и про Украину, тут имеет место обычный старый, заплесневелый колониализм, плохой разлив XIX века, эдакий green whiskey колониализма. «Деевропеизацию» предлагают проводить, потому что «европеизация» — это плохо; замените на «христианизацию», «цивилизовывание», на что хотите из колониального репертуара — не отличите.

Основные предлагаемые методы: убить сопротивляющихся, изнасиловать их женщин, отобрать и перевоспитать их детей, наказать лишениями тех, кто не сопротивлялся «европеизации», заставить подчиняться из страха и из страха же полюбить надсмотрщиков. Конечный предлагаемый продукт — популяция, которая «дает сама», потому что так накормят и бить не будут, а отдельным особенно понравившимся даже дадут право стать повелителями второго сорта и, может быть, ассимилироваться до повелителей первого сорта в течение нескольких поколений. Это что, новость? Или точь-в-точь «бремя белого человека»?

Отличий от доктрин империй XIX и предшествующих веков нет, кроме одного: «российская доктрина» датируется XXI веком. В статье нет ничего, что не исповедовали бы Британская империя в Индии, Океании или Китае, Португалия в Бразилии и в Азии, Испания в Латинской Америке, Франция во Вьетнаме и так далее. Значит ли это, что Россия отстала от Британии, Португалии, Испании, Франции на век и больше?

Да, значит. Отличий нет и от немецкой доктрины Lebensraum. Действительно, Германия и Италия — неудачники эпохи колониализма, изживали свои колониальные мечты дольше и уродливее и прошли последний пароксизм колониальных судорог 80 лет назад. Россияне в угаре фашистской идеологии отличаются кардинально от жителей развитых и практически всех развивающихся стран «в горизонтальном» срезе, то есть сейчас. Но «вертикальный» срез показывает: все общности, пережившие имперский период, болели в свое время колониалистским мышлением, которое истребляется крайне тяжело и в период гибели империи долго и часто рецидивирует, превращая ядро умирающей империи в фашистский по идеологии социум.

Российская империя умирает, и в этом самом по себе нет ничего плохого. Испанская, Французская, Британская империи умерли, испанцы, французы и британцы стали жить только лучше. Стрела истории летит вперед и протыкает насмерть того, кто бежит медленнее скорости ее полета, таков закон природы. Но запоздалая смерть ее (а запоздала она из-за консервации на время большевизма) не может быть безболезненной и для «ядра», и для соседей, которые «ядром» все еще воспринимаются как части империи, зона естественных интересов, сателлиты, страны второго сорта. На следующем этапе, когда у России не будет ни ресурсов, ни энергии воевать за возврат республик СССР, стране предстоит уход внутренних пока колоний — мусульманского Кавказа и Поволжья, Восточной и Центральной Сибири, дальневосточных территорий, Алтая и соседних регионов, Карелии и так далее. И будут та же боль, и такие же статьи, и жертвы, и будет уход: стрела истории не сворачивает. И пока это не случится, любые идеологии в России, кроме фашизма, будут лишь временными передышками.

А пока колониализм для России является и главной идеей, и главным мотивирующим страхом, экзистенциальным ужасом бытия. В парадигме колониализма все отношения поляризованы. Есть метрополия — властитель, владелец, ментор и эксплуататор и колония — подчиненный, младший брат, слуга, послушный прихоти метрополии, боящийся наказания и благодарный за право быть в услужении. Если ты не метрополия, то ты колония. Страх быть колонией в России является самой массовой эмоцией, к которой апеллируют кукловоды из Кремля и государственных СМИ, и самым эффективным способом манипулировать гражданами. Кошмар порабощения со стороны НАТО, жидомасонов, США, англосаксов (Китай, кстати, не является фигурантом кошмаров, видимо, Китай изначально не воспринимается русским сознанием как метрополия, все привыкли видеть в Китае фабрику Запада), превращения в «сырьевой придаток», потери независимости иррационален — 6000 ядерных ракет являются достаточной защитой от подобных попыток, да и пытаться явно никто не станет — бывшим империям давно удалось избавиться от своих колоний и создавать еще одну их не тянет.

Но фобия, особенно являющаяся проекцией собственных страстей, не вылечивается рациональной беседой. Имперская идея «если не мы, то нас» — это и оправдание «мы», в котором колониалисты, безусловно, нуждаются, и отражение иррационального страха про «нас». Страх тем сильнее, чем сильнее желание самим быть колонизаторами. Эта идея (как все иррациональные идеи) глубоко пролиферировала в соседние области социальных отношений. Столь же иррационален, например, страх россиян перед гомосексуальностью. В колониальной модели бытия в сексуальной паре мужчина/метрополия доминирует, женщина/колония подчиняется. Страх оказаться «колонией» сродни страху оказаться пассивным партнером в гомосексуальных отношениях. Поскольку в колониальном сознании насилие является способом стабилизации отношений пары, идея равенства (и/или постоянной смены ролей, что характерно для гомосексуальных пар) в голову имперцу просто не приходит.

Кстати, хотя развитый мир излечился в большой степени от колониализма как болезни и имперского сознания как способа смотреть на отношения, отдельные симптомы ушедшего недуга все еще иногда проявляют себя. Безусловно, вторая война в Ираке, оккупация Афганистана, атаки на Ливию, поддержка повстанцев в Сирии, бомбежки Сербии и Черногории имели свои причины и цели, лежавшие в рациональной плоскости, в отличие от мистического колониализма россиян в отношении к Украине. В Ираке местный диктатор травил химоружием курдов, закатывал в асфальт инакомыслящих, развязал кровавую войну с Ираном, захватил и разорил соседнюю страну. В Афганистане талибы, для защиты от которых США так неудачно ввели свои войска, стремились (и добились-таки своего) вернуть страну в Средневековье, закутать женщин в паранджи и лишить права на работу, побивали людей камнями и пр., и пр. Сербские военные устраивали резню мирного населения на оккупированных территориях. Ливийский диктатор санкционировал теракты, включая гибель самолета над Локерби. Асад в Сирии фактически устроил геноцид собственного народа в стремлении удержать власть. Ситуация везде разительно отличалась от украинской — с преступностью в Украине до вторжения ниже, чем в России, с демократическими выборами, соблюдением прав человека насколько это возможно в развивающейся стране, открытыми границами, вялыми попытками защищаться от террористов на своей же территории и полным отсутствием попыток внешней агрессии.

Но почему мы решили, что некий клуб или одна страна могут определять, что хорошо, что плохо и где проходят красные линии? Кто имеет мандат на определение? Кто решил, что членство в ЕС — это хорошо, а паранджа — плохо и членство надо защищать, а паранджу снимать ракетами и танками, не забывая при этом убивать и иногда насиловать тех, с кого паранджу сняли? История человечества знает массовые примеры массовых же заблуждений относительно того, что хорошо, что плохо.

И даже если мы нашли «великое мерило», определяющее, что вторжения в Ирак и Афганистан были оправданы, а вторжение в Украину — нет, то покажите мне позитивные итоги вторжений в Ирак и Афганистан, бомбардировок Ливии и Сирии? Миллионы убитых — это позитивный итог? Появление ИГИЛ — это позитивный итог? Ирак, Ливия, Сирия до сих пор в руинах, цивилизация отсутствует — это позитивный итог? В Афганистане десять лет войны, украденные местными начальниками миллиарды долларов, и в итоге у власти те самые талибы — это позитивный итог?

Да, колониализм обречен в современном мире, что бы он ни нес на своих штыках, великое зло «русского мира» или великое благо «свободы и демократии», он неизменно терпит поражение. Разрушая местный (какой есть — плохой ли, хороший ли) мир, он не способен ничего создать. Империя либо проиграет, как США во Вьетнаме, и тогда колония-победитель имеет шансы что-то свое построить, или выиграет, как США в Ираке, и тогда — вы сами видите, что тогда. В этом смысле Украина не исключение. Она либо победит и построит какой-то свой строй (не обязательно он нам будет нравиться), либо проиграет и превратится в европейский Ирак. Никакого русского мира там все равно не будет, как нет в Ираке свободы, демократии и процветания.

В качестве лирического отступления: мы отлично понимаем вслед за J. P. Morgan, что у любого действия есть всегда две причины: хорошая и настоящая. Декларируемые в статье РИА цели — это «хорошая» причина развязанной агрессии (она «хороша» настолько, насколько это кажется агрессору, так же как недопущение одевания женщин в паранджи кажется хорошей причиной для защиты Афганистана от талибов). Хорошая причина всегда коренится в идеологии. В данном случае это колониализм на излете империи, продуцирующий фашизм как форму ресентимента. Настоящая причина всегда прагматична. Здесь она, как и в случае с Индией для Великобритании или Вьетнама для Франции, в коммерческих возможностях и укреплении власти. Консолидация экспорта агропродукции, доступ к железным и титановым рудам, углю, гидроресурсам, комфортный выход к Черному морю, комфортный коридор в Крым — это настоящие причины стратегического характера. Есть еще и причины личные: сокращающаяся российская кормушка заставляет друзей Кремля искать новые территории и возможности для раздела и выкачивания бюджета (с воровством большей части), коррупцию в армии удобнее всего списать на военные потери, падающий рейтинг дряхлеющего диктатора надо поднимать, и проще всего это делать ненавистью и войной. Наконец, есть еще малюсенькая причинка, единственная, которая имеет значение для малюсенького человечка, статью под заказ сочинившего: у него нет таланта, чтобы пробиться, а кушать ему хочется сытно — приходится пересказывать человеконенавистнические идеи тех, кто готов платить. Чувствовать себя ничтожной, но частью большой силы тоже приятно.

Но и «настоящие» причины нападение на Украину не могли оправдать. И разворованная армия, многолетние традиции очковтирательства, традиционный российский метод начальствования, когда доклад важнее результата, ни при чем. Оккупация Ирака не оправдала «настоящих причин» для США. Колониальные замашки совсем сломались в современном мире. Агрессия против Украины рейтинг поднимет безусловно, и воровство в армии спишет удачно, и автор статьи наверняка премию получил — в этом смысле хоть кому-то от последних судорог колониализма стало лучше. Но не более того.

И вот тут у меня начинается дежавю.

Все чаще в материалах моих единомышленников я вижу рассуждения на тему «что нам делать с Россией». Всех нас возмущает, расстраивает, угнетает то, что произошло со страной, в которой мы выросли и которой хотели бы гордиться, а не стыдиться. Совершенные российским режимом преступления (агрессия против Украины — самое страшное, но далеко не единственное преступление) требуют, казалось бы, самых жестких действий; российский народ, казалось бы, надо спасать от власти клептократических тиранов, а весь мир — от угрозы российских милитаристских устремлений. Неудивительно, что многие очень достойные люди, обсуждая тему, употребляют слова «принудительная депутинизация», «строжайшее наказание причастных», «запрет на идеологию», «внешнее управление», «демилитаризация» и даже «разделение на части» или «сферы влияния».

Цель таких проектов действительно «хороша», с моей совершенно субъективной точки зрения. Предложения же как будто под копирку списаны со статьи РИА Новости. И я не понимаю, как мне быть: «деевропеизировать» Украину не надо, потому что это плохо, потому что не получится и вместо результата будет только хаос, трагедии и нищета; и тут же: «депутинизировать» Россию теми же методами — отличная идея.

Рискну предположить: если даже все изложенные предложения в отношении России удастся реализовать технически (аналогично «захвату Украины»), цели не будут достигнуты. Вместо новой цивилизованной свободной либеральной России будет чудовищная пропасть, полная ненависти, нищеты, терроризма и готовая пересобраться в еще худший аналог путинской России при первом удобном случае. Если сейчас Россия форматируется под «православный Иран», то высказываемые предложения превратят ее в «православный Ирак».

Что же делать? Мне кажется, надо жестко отделить внутренние вопросы страны от внешних. Безусловно, должно быть сделано все, чтобы Россия больше никогда не стала агрессором. Страна должна быть лишена и технической возможности всерьез атаковать соседей, и малейшей идеи, что такая атака может принести хоть какие-то дивиденды. В частности, наверное, надо создать вокруг России оборонительные союзы и эффективные механизмы военной взаимопомощи с включением НАТО, Китая и других сил, способных моментально отреагировать на попытку агрессии и нанести сокрушительный ответный удар. Ограничение на поставки в Россию технологий, изделий и компонент двойного назначения должно быть тотальным, должен использоваться режим вторичных санкций. Россия должна компенсировать Украине материальные потери с избытком, равно как заплатить родственникам всех жертв очень значительные суммы. На будущее должно быть выработано понимание высочайшей экономической цены агрессии.

Однако в остальном необходимо не только отказаться от планов внешнего влияния на российскую внутреннюю политику — надо постоянно доносить до жителей России и Белоруссии информацию, что никто не собирается никаким образом вмешиваться во внутренние дела этих государств; жить в тоталитарном режиме или жить в демократии — это их и только их выбор. Гражданам же этих стран, которые разделяют ценности, принятые в странах развитых, и хотели бы эмигрировать, надо обеспечить такую возможность без ограничений: места в развитом мире хватает, и нельзя оставлять единомышленников без помощи.

Я понимаю, что всем нам хотелось бы видеть Россию демократической, процветающей, свободной от диктаторов и тлетворных идеологий, открытой миру. Но навязывать такой выбор жителям страны, как навязывать любой выбор жителям любой страны, невозможно без насилия и причинения несоразмерных несчастий. И самое главное — в итоге такое навязывание не достигает цели. Это слишком часто проверялось в последние сто лет. Я бы остановил любые дальнейшие эксперименты на эту тему.

# Вторая армия мира

Очень хочется поговорить о популярной у апологетов «русского мира» легенде.

Легенда эта — о великой русской армии. Звучит она так: «Кто только не воевал с Россией, всех русская армия побеждала. Их, супостатов, давно нет, а Россия жива. Вот теперь США хочет Россию победить — видно, не умеют они извлекать уроков из истории».

Вряд ли история (любая история, впрочем) пригодна для извлечения информации о настоящем. Я бы не советовал, базируясь на прошлом, строить прогнозы, хотя бы потому что не бывает одинаковых войн, да и «Россия» (в кавычках намеренно) так сильно менялась с течением времени, что говорить о наследовании признаков не приходится. Каким бы ни было военное прошлое «России», ее военное будущее не определено прошлым.

Однако и сама эта легенда не соответствует действительности. Анализ войн и военных кампаний, которые вела Русь, Великое княжество Московское, Русское царство, Российская империя, СССР и, наконец, Российская Федерация (вот сколько было вариантов только названия), показывает самый широкий спектр исходов. Были сокрушительные поражения, как, например, при завоевании монголо-татарами или от поляков в Смутное время. Были серьезные поражения, как в первой Северной войне, первой войне с Казанским ханством, крымской, русско-японской войнах, Первой мировой войне или вторжении в Афганистан. Были «ничьи» разного сорта, включая семилетнюю войну, войну Третьей коалиции или финскую войну. Были, конечно, и победы (в основном над среднеазиатскими сатрапиями и Турцией), и безусловные победы — как во второй Северной войне, второй войне с казанским ханством, отечественных войнах. Все как у всех, но есть нюансы.

1. Легко видеть, что имидж непобедимой Россия создала себе выигрывая «большие» войны, которые сопровождались изначально глубоким проникновением противника на ее территорию (как минимум это верно для Северной войны и двух Отечественных войн, их и вспоминает пропаганда) — тем не менее Русь проиграла в аналогичной ситуации монголо-татарам, а чтобы победить поляков в XVII веке, потребовалось много лет, так что побеждали их уже не те, кто проигрывал. Большая территория, тяжелый климат, труднопроходимые дороги делали логистику агрессора неэффективной, затрудняли продвижение, связывали значительные ресурсы и приводили к краху. Тем не менее эти победы давались Руси — Московскому княжеству — Русскому царству — Российской империи — СССР крайне тяжело; за исключением Второй мировой войны, когда Москва была сохранена чудом (Гудериан допустил серьезнейшую ошибку и не взял Москвы, хотя она была не защищена), русская армия откатывалась за столицу и ее сдавала, для достижения перелома и победы во всех случаях требовались годы и миллионы жертв, экономика России разрушалась (следует заметить, что во время Первой мировой войны Россия не сдавала Москву и теряла не так много территории, как в других случаях, но войну проиграла).

2. Еще одно крайне интересное наблюдение состоит в том, что Россия почти всегда проигрывала или сводила вничью войны на чужой территории. Исключения составляют множественные мелкие конфликты по окраинам, связанные с покорением небольших и менее развитых технологически народов, да пара войн с Турцией за Балканские территории, которые Турция проигрывала в большой степени из-за сопротивления самих балканских народов. Война 1733–1738 годов, «война за австрийское наследство», многие другие такие войны, последней из которых была финская война 1939 года, кончались «вничью», причем Россия каждый раз несла большие потери. Не меньше было прямых поражений: включая первые этапы наполеоновских войн, русско-японскую войну

1904–1905 годов или вторжение в Афганистан 1979 года. Находясь на чужой территории, Россия моментально испытывала на себе все «прелести» логистических проблем агрессора, русской армии не удавалось зайти далеко и даже временно захватить столицу сколько-нибудь серьезного соперника; Афганистан — исключение в смысле столицы, но не в смысле исхода войны.

3. Наконец, Россия во всех своих ипостасях редко воевала всерьез одна, без мощных союзников. Чаще всего это были европейские страны и США, большую роль играли союзники локальные — те же балканские народы или дружественные народы Средней Азии или Кавказа. Наиболее выдающимся союзником России была Британия. За последние 250 лет Россия выиграла почти все большие и малые войны, в которых Британия была союзником (только Первую мировую проиграла), и проиграла все, в которых Британия выступала открыто против России.

4. В последние 250–300 лет (и даже больше) Россия в сколько-нибудь успешных войнах не всегда пользовалась прямой военной поддержкой западных стран, но неизменно использовала европейских союзников и для поставки вооружений, и как источник кадров для военного руководства (во Второй мировой СССР почти не использовал европейских офицеров, но поставки оружия, оборудования и продовольствия были гигантскими, да и воевал СССР далеко не один).

О чем все это говорит? Ни о чем — как я уже сказал, история в данном случае не несет информации о дне сегодняшнем. Но два факта всё же важны:

1) быть агрессором очень тяжело. Армия России традиционно не была сильна, но ей удавалось выбить агрессора со своей территории. Когда же она была агрессором (исключаем из рассмотрения вариант с Турцией, в данном случае местные жители были на стороне России, тут непонятно, кто агрессор), у нее ничего не получалось,

кроме случаев совсем уж диспропорциональных сил, да и то последние успехи были 200 лет назад,

2) союз хотя бы с частью Европы крайне важен для российских военных успехов. Это не удивительно, учитывая более высокий технологический уровень европейцев. Британия — наиболее эффективный исторически союзник (не только для России — для всех, кто хочет победить в Евразии).

Если бы вы были командующим российской армией и вас спросили, какие у вас шансы в агрессивной войне на чужой территории против сравнительно большого государства, население которого враждебно к России, при условии, что вся Европа, США и вообще большинство стран мира выступает против вас и не только не помогает вооружениями, офицерами и продовольствием, но прямо блокирует товарооборот России и помогает противнику, вы бы что ответили?

## Океан возможностей. Россия апреля 2022-го

Сильно меня все просили написать про открывающиеся возможности бизнеса в России в связи с уходом иностранцев и инакомыслящих. Это очень похоже на знаменитую картину Петрова-Водкина «Новоселье. Рабочий Петроград» (1937 год) — приглядитесь к ней повнимательнее, к этой вакханалии цинизма, и вспомните про год — подумайте про будущую судьбу въезжающих в освободившуюся квартиру.

Нет, вру, конечно, — это больше похоже на открывающиеся возможности занять каюты первого класса на тонущем «Титанике». Картины такой, к сожалению, нет.

Но раз просили...

Некоторые видят голубой океан в уходе западных (и многих восточных, чтобы быть точным) производителей и поставщиков, отъезде опытных предпринимателей и профессионалов, лидеров рынка. Л — логика: пока они были, рынок был насыщен их товарами/услугами и мы не могли ничего сделать. Теперь их не будет, и остается неудовлетворенный спрос, который мы удовлетворим с прибылью. Логично?

Не логично. В этом рассуждении есть четыре кардинальные ошибки.

1. Где вы были 8 30 лет? Конкуренция в реальности не мешает продавать товар, который лучше и/или дешевле. То есть если вы 30 лет не делали что-то в России, то это либо потому, что вы не могли сделать это лучше/дешевле, либо потому, что вам мешало что-то нерыночное. На самом деле, конечно, и то, и то.

2. Сделать хорошо и дешево — трудно. Сделать плохо и дорого — тоже. Особенно сейчас. Для этого необходимо (если, конечно, это не микробизнес):

а) простроить логистику (нужна эффективная логистика вокруг, которой 30 лет не было и неоткуда ей взяться. Хуже того — сейчас полетит все: и авиаперевозки, и ж/д, и системы учета и пр.);

б) инвестировать в технологии (вы 30 лет этого не делали, пока ставки кредита были в три раза ниже, иностранцы готовы были давать деньги, границы были открыты для экспорта и, главное, импорта оборудования, — как вы думаете, при ставке кредита 30% годовых, рекордных оттоках пассивов банков, уходе нерезидентов, закрытых границах вы сможете это делать успешно?);

в) нанять работоспособный и мотивированный персонал (вы этого не сделали, пока в стране были миллионы мигрантов, обеспечивавших дешевый неквалифицированный труд, и миллионы специалистов, готовых обеспечивать высококвалифицированный, — как вы это сделаете теперь, когда мигранты тихо едут домой, а высококвалифицированные специалисты десятками тысяч бегут во все стороны света?);

г) найти сырье и комплектующие (даже для парикмахерской вам нужно немерено сырья и комплектующих — вы этого не сделали за 20 лет открытых границ и свободной конвертации рубля, где вы найдете это теперь, когда в России не производится 40% потреблявшихся продуктов питания, 60% номенклатуры для внутреннего производства и 90% потребления в машиностроении? Обратите внимание: гипотетические производители вашего сырья и комплектующих в России имеют те же проблемы, что и вы, но только, поскольку вашего бизнеса еще нет, они не знают, что на их товар есть спрос).

То есть вопрос-то простой: почему, когда это было в сто раз проще, вы этот бизнес не делали, а сейчас будете? Предлагаемый ответ, очевидно, один: потому что вы не могли делать продукцию, конкурентоспособную с импортом, а теперь импорта нет, и будут покупать наше, плохое (если оно было бы хуже импорта раньше, то в нынешних условиях оно будет хуже импорта еще в десять раз) и дорогое (та же логика — если раньше оно было бы дороже импорта, то теперь с нынешними ставками кредита и подавно). И вот тут я должен вас еще раз разочаровать:

3. А спрос-то где?

Экономика России устроена достаточно просто: есть цикл добычи полезных ископаемых и их экспорта. На вырученные средства можно было купить импорта и продать в России, можно было отложить эти деньги за рубежом себе на старость, можно было покупать активы вне России, можно было инвестировать внутри России во внутреннюю экономику, то есть в перераспределение результатов труда в свою пользу. Можно было даже создавать новые продукты и услуги, их немного тоже экспортировать. Второй цикл — это внутреннее потребление и внутреннее производство. Оно было сильно зависимо от импорта, и в конечном итоге продажи в нем шли самим себе или экспортерам, чтобы получить свою долю импорта.

Что происходит сейчас? Сейчас резко сокращается экспорт по всем статьям, кроме продажи нефти и газа (они тоже будут сокращаться резко, но немного позже). Параллельно из-за проблем в цепочках поставок импорта резко сокращается внутреннее производство. Ну и, понятно, сокращается импорт из-за санкций. Казалось бы, это же кризис предложения, какое прекрасное время попробовать удовлетворить спрос! Но: 1) читайте выше и 2) сокращение собственного производства — это прежде всего кризис спроса: в России сбережений немного и ставка кредита запретительная, так что упало производство — сократилась зарплата — упал доход — упал спрос. Я уже молчу о таких статьях дохода, как дивиденды (забыли) и проценты (по сравнению с инфляцией забыли, да и депозитов стало сильно меньше), а прирост капитала у инвесторов в этом году, как сказали бы в России, «сильно отрицательный».

Так что если вы в нарушение законов физики все-таки произвели что-то стоящее и не запредельно дорогое, вы немедленно встретитесь с упавшим спросом (если это премиум, то сильно, если это дисконт, то, возможно, еще сильнее, потому что низкооплачиваемые слои населения пострадают больше всех), и (сюрприз!) ваша себестоимость единицы неожиданно еще вырастет из-за малого объема продаж.

Но, строго говоря, наверное, будут существовать ниши, в которых и отсутствие импорта можно пережить, и спрос не так сильно упадет, и инвестиции не так важны, и пр., и пр., и можно было бы половить рыбку в пропахшей порохом воде, если бы не главная проблема:

4. Главная проблема России никуда не делась и стала только больше!

Главная проблема России, из-за которой бизнес в ней не развивался, это риски. Из стихийно бандитской системы управления девяностых экономика России в течение нулевых мигрировала к централизованно бандитской системе управления, в которой права у того, кто ближе к власти, дела возбуждаются по звонку сверху или за взятки, конкуренция в основном идет методом посадки конкурента, местный губернатор или замначальника ФСБ могут отобрать или разрушить бизнес в любой момент. Эта проблема не сильно касалась сложных бизнесов без существенных активов, работавших на внешний рынок или в виртуальной среде (поэтому толпы IT-шников, инстаграмщиков, инвестбанкиров, основателей стартапов и владельцев платформ не чувствовали на себе проблемы), но все эти бизнесы пошли сейчас под нож без надежды вернуться. И даже там, где ласковое море IT касалось каменистого берега госзаказа, уже давно могли существовать комфортно лишь специальные персонажи типа Ашманова, а список посаженных и сбежавших удлинялся чуть ли не каждый день. Вопрос Матвиенко, почему в России гвоздей не делают, имеет очень простой ответ: потому что мало кому охота вложить свои деньги в производство гвоздей, платить дань местным силовикам, а потом сесть за то, что не захотел отдать еще больше.

Так вот, в новой России количество тех, кто готов тебя посадить или должен с тебя получить, никак не уменьшится, наоборот, вырастет (чтобы власть беречь, их надо все больше, а сейчас еще и «Союз ветеранов Украины» наверняка подоспеет с предложением защиты за большие деньги). А кормовая база у них сильно сократится, то есть брать с каждого заработанного бизнесом рубля надо будет больше.

А на этом фоне еще и происходит окончательное разложение понятий собственности или исполнения обязательств: невозможно на уровне государства одной рукой красть самолеты у лизинговых компаний и софт у производителей (и гордиться этим), красть территорию у соседнего государства (и пускать туда своих солдат воровать стиральные машинки), узаконить контрабанду, а другой рукой заставлять своих граждан не воровать друг у друга, не отнимать бизнесы, исполнять обязательства и вообще вести себя как подобает для процветания экономики. Бизнес же держится на доверии — к поставщикам и подрядчикам, к клиентам, к регуляторам, к местной валюте, стране в целом. Про это слово теперь в России можно забыть совсем; значит, и про бизнес, по большому счету, можно забыть. Нет, конечно, государство будет что-то заказывать (и не всех подрядчиков сажать); и управлять бизнесом в пользу местного чиновника (а если повезет, в пользу очень большого федерального), наверное, будет возможно; и, разумеется, будут лакуны небольшого размера, которые какое-то время будут жить даже неплохо. Но, по большому счету, океан возможностей оказывается мелким, бурным, полным мин и мелей, да к тому же и вода в нем дурно пахнет и цвета она не голубого, а красного.

Несколько лет назад я говорил, что, если бы у меня было только сто долларов, я бы их целиком вложил в Россию. Если же у меня было бы сто тысяч долларов, я бы вложил в Россию те же сто долларов. Сейчас я бы снизил размер своих инвестиций на сто долларов. Я вообще не люблю океаны.


# В чем вопрос?

Не прошло и тысячелетия, как наконец-то умные социологи сообразили (не ищите иронию — я совершенно серьезно, они большие молодцы) перестать задавать россиянам вопрос «поддерживаете ли вы реально принятое решение власти» и начать задавать вопрос «поддержите ли вы, если власть примет такое-то решение», причем последовательно предлагать решения взаимоисключающие.

В частности, респондентам предложили ответить на вопросы: 1) «поддержите ли вы решение власти завершить спецоперацию?» и 2) «поддержите ли вы решение власти наступать на Киев?». В результате такого простого опроса выяснилось, что по (примерно) 20% россиян высказались за первый и против второго варианта и за второй и против первого. Что же сделали оставшиеся 60%, спросите вы? А они поддерживают оба решения сразу.

Это и есть реальность российского общества. По вопросу войны и мира 40% имеют мнение, и мнения тут разделились поровну (в реальности, скорее всего, «за войну» несколько меньше — часть из этих 20% просто пыталась угадать «правильный» ответ). 60% — за власть и любые ее действия, у них нет своей позиции, право быть политическим, экономическим и моральным ориентиром делегировано власти. Скорее всего, при этом делегирование не персонифицировано: «власть есть власть, разберутся».

Этим Россия кардинально отличается от стран Запада, в которых 99% населения имеет мнение о действиях власти и о том, что правильно делать (иногда оно в большинстве негативное, иногда позитивное, но оно точно определенное). Эти пассивность и делегирование делают совершенно невозможным изменения во власти в результате предложения обществу другой повестки и идеологии: существующая власть (как и любая другая, будь она на ее месте) все равно имеет поддержку 60% + та часть 40%, которые ее поддерживают осмысленно.

Очевидно, таким образом, что любые изменения повестки и идеологии возможны только по факту изменения власти, и при этом изменения такие пройдут достаточно гладко — с поддержкой 60+% (а скорее, 80%).

Этот тезис подтверждается и историей России в последние сто лет: Сталин, уничтоживший ленинскую элиту, Хрущев, развенчавший Сталина, Брежнев, отменивший оттепель и Хрущева, Андропов с дисциплиной, Черненко без всего, Горбачев с социализмом с человеческим лицом в рамках СССР, Ельцин с капитализмом без человеческого лица и без СССР, Путин первых сроков с «равноудалением» олигархов и административной вертикалью, когда 77% россиян считали, что США им друг, Путин последнего времени с СССР 2.0, православным тоталитаризмом и репрессиями — все имели примерно одинаковый уровень поддержки.

Соответственно, если кто-то хочет что-то в России изменить, апеллировать надо не к обществу, а к элитным группам, которые могли бы изменить власть. Есть, наверное, еще очень долгий путь перевоспитания общества и выработки у него мнения относительно политики власти, но прогресса на этом пути не видно, несмотря на триста лет усилий интеллигенции.

Кто эти элитные группы в России сегодня? Высшие офицеры ФСБ? Армейское руководство, которое сформируется по итогам войны в Украине? Некое межгрупповое сообщество влиятельных людей и их кланов? Региональные элиты, скрытые в тени кремлевских ставленников? Или — обратный вопрос: кто в элите будет держаться нынешнего курса до последнего, кого нужно будет нейтрализовать для изменения курса? Какая перспектива может привлечь элиты и объединить их в достаточно рискованном деле изменения вектора власти (хотя бы по факту смерти первого лица, как принято в России испокон веков)? Как сделать так, чтобы эта перспектива, за которой пойдет элита, была не страшнее текущей страшной реальности?

Вот, мне кажется, достойные вопросы для политологов, политиков и просто думающих людей, которых не устраивает то месиво, в которое превращают Россию ее сегодняшние власти, и та угроза, которую Россия сегодня представляет всему миру. Не «как наказать Россию» (от наказаний только хуже), не «как остановить Россию» (хотели бы остановить, остановили бы давно), а «как получить поддержку значимых российских элит в вопросе смены политического вектора и системы власти в стране».

Впрочем, я не помню, чтобы в мире кто-то когда-то действовал таким образом. Нет, помню один пример. Именно так был решен вопрос с Чечней. Но это не западные методы, Запад скорее будет карточки блокировать.

# Выученная беспомощность

Детская загадка: что общего между следующими комментариями в моем ФБ:

*«Запад нас обложил санкциями — что нам остается, кроме как поворачиваться к Китаю?»*

*«А я вот живу в нищете; завод у нас приватизировали и развалили, директор в Москву переехал, тоже небось в большом доме живет. Наворовали, теперь легко им говорить».*

*«Сколько уже вы будете писать по этой методичке?»*

Автор первого — русский «патриот», сломавший диван во имя победы России над Омерикой. Автор второго — русскоязычный житель России, который искренне не одобряет то, что творится в отчизне, да и ранее не одобрял. Автор третьего — либерал-западник, ненавидящий режим Путина и Россию давно покинувший.

Общее во всех трех комментариях — наделение «русского» как субъекта выученной беспомощностью (ВБ), фактическая объективизация последнего.

Еще бы, Запад вдруг обложил санкциями, мы-то сами ни при чем, мы ничего сами не сделали. Конечно, я живу в нищете, потому что кто-то что-то украл, а кто хорошо живет — значит, те украли. Да разве может русский писать что-то от себя — ему дали методичку, он и переписывает.

Выученная беспомощность — это когда в заборе пролом шириной десять метров, а субъект продолжает стоять, не пытаясь убежать, даже если его идут убивать. Спроси его: «Чего ты стоишь?» и получишь ответ: «Да все равно не убежать; да и зачем — рано или поздно это бы и так случилось. А если не бежать, то, может, и не убьют. А если убьют — так мне не страшно умирать». ВБ — это комбинация неспособности действовать и неспособности увидеть причину для действия.

ВБ — это, конечно, отклонение. Развивается она (как доказано многочисленными экспериментами, даже у животных) простой пыткой: надо поставить жертву в действительно беспомощное положение и долго причинять ей боль. Например, зафиксировать и бить током. Спустя какое-то время жертву можно отвязать. Если ее продолжать бить током, она будет страдать, скулить, но не сдвинется с места.

Надо ли объяснять, как в России в последние столетия создавался синдром массовой ВБ?

Стоит только сказать про важное следствие ВБ — трансляцию. Ужас ведь подавляется, но никуда не девается. Не превращаясь ни в «бей», ни в «беги», он требует выхода и находит его в трансляции на наиболее удобную и безопасную жертву: это тот, кто слаб и не может дать отпор, и/или тот, на кого укажет реальный преследователь, позволяющий своей жертве перед закланием почувствовать себя частью агрессивной силы и забыть, кто жертва на самом деле. Антисемитизм (и вообще ксенофобия) — это трансляция первого рода (а иногда и второго). Антиамериканизм, очень модный нынче в мире — это трансляция второго рода, инспирированная реальными мучителями — авторитарными властями. Жертва ВБ сама может быть крайне жестокой к своим жертвам, особенно если ей перед тем, как самой погибнуть, «разрешено» мучителем убить кого-то. В этой жестокости отражается подавленная, запрещенная агрессия к мучителю, подавленный адекватный ответ на мучение. Нация, страдающая ВБ, вместо свержения палачей убивает в концлагерях или на фронте выдуманных врагов и погибает сама, даже не задумываясь, что стоит свергнуть диктатора и кучку его приспешников, и можно будет зажить без боли и страха.

Синдром трансляции так силен, что работает, даже когда жертве удается технически вырваться от агрессора. Неспособность к контратаке заставляет даже спасшихся бегством искать легкую мишень. В то время как многие россияне в России готовы гибнуть для «спасения России от Запада» и «искоренения укрофашистов», россияне, на Запад бежавшие, зачастую наполняют свою жизнь ненавистью ко всем 144 миллионам оставшихся и с упоением ждут краха России, смуты, страданий и жертв огромного народа, в котором подавляющее большинство действительно беспомощно. Но и те и другие с удовольствием транслируют свою ненависть к странным и чуждым олигархам, упиваются атаками на них что западных чиновников, что Кремля, что активистов ФБК, рады видеть в них корень зла и готовы пожертвовать и законами, и справедливостью, и даже политической и военной выгодой — лишь бы позлорадствовать над их мучениями. Буквы V и Z, равно как и белое пальто — это символы трансляции по обе стороны процесса.

Вряд ли мне удастся сформулировать рецепт излечения нации от ВБ. Это только в фантастических романах излучение башен способно манипулировать народом. В реальном мире излучение пропаганды — всего лишь слабый катализатор уже заложенных в народе потенций: уж сколько агитировали в России за демократию и права человека, как только не облучали население волнами западных ценностей, а народ, погруженный в ВБ 200 прошедших лет, вернулся в бездну ресентимента при первой возможности.

Зато я хорошо знаю рецепт излечения от ВБ в масштабах одного человека. Он очень прост: надо принять, что мир объективен и потому все, что происходит в твоей жизни, зависит только от тебя. Разумеется, спектр твоих возможностей зависит от того, как мир вокруг тебя устроен. Но бить, бежать или притвориться мертвым — всегда твой выбор. В нем некого винить, как некого винить и в том, каковы последствия твоего выбора. Все, что сделал ты, имеет значение. Все, что ты получил от мира, — реакция на твое действие. Хорош мир или плох — не важно; важно, как ты умеешь с ним управляться. Если применять такой подход и к себе, и к другим, многое станет понятнее, многое — возможнее, но главное — исчезнет стремление обвинять и требовать, народы окажутся не виноваты, Запад — не плох; у каждого преступления появится конкретная фамилия, на каждое действие — конкретный ответ. И тогда возникнет возможность действовать.

# Гадство против ПТСР

Вокруг выступления моей жены на «СловоНово» идут споры на тему «можно ли считать гадство психологической защитной реакцией», а добрые люди, сидящие по уши в проекции, всё так же не устают проецировать свою агрессию на кого поближе.

Должен сказать, что в большинстве случаев я вполне разделяю Ольгин взгляд на происходящее, и этот — не исключение. Как правило, за позицией что «белых пальто», что «профессиональных жертв», что «патриотов» мне видятся травма, страх, игнорирование поневоле, потеря рефлексии, но не гадство в чистом виде.

Однако должен признать, что прямолинейное, рациональное и циничное гадство тоже существует. Не удержался, публикую диалог в мессенджере, состоявшийся у меня на днях с одним старым знакомым, который прожил длинную жизнь корпоративного менеджера, и в старые времена мы вполне выпивали из одной бутылки, а его рассуждения о жизни, людях и бизнесе даже не вызывали у меня существенной аллергии. Назовем меня АМ (что логично), его — X (без всяких коннотаций!).

X: Андрей, привет, как дела? Давно не общались, лет пять уже. Нужна помощь, дом во Франции продать.

АМ: Привет, действительно давно. Ты где и как?

X: Я в Москве, Генеральный в \*\*\*. Если нужен, готов к услугам.

АМ: Понятно. Нет, услуг не нужно. В России нас ни в каком виде нет, позиция наша по отношению к происходящему вполне конкретная и очень однозначная, по отношению к владельцам \*\*\*, разумеется, тоже.

X: Жаль, надеюсь мы в дружеских все же? Не считаю, что личные отношения этого должны касаться у людей умных.

АМ: Если тебе не опасно иметь дело с человеком, который выступает на митингах в Лондоне против российской агрессии, а на аватарке в ФБ держит слоган WeStandWithUkraine, то в чем проблема — ты же не воюешь, бомбы не сбрасываешь и даже не производишь?

X: Ты мой друг. А по остальным вопросам мне же пиздец будет. Сразу.

АМ: Вот я об этом же, так что смотри сам. Я же и от российского гражданства отказался — вас там еще за «связь с иностранцем» не репрессируют?

X: За переписку могут посадить? Да. Если уж человека, который поддерживает операцию, могут посадить))) Я бы вступил в дискуссию, я здесь остался, и сейчас я вижу, что это хорошо. Я за операцию, как это тебе ни покажется странным. Смотри на это не граждански, не эмоционально. Экономически. Списываемые припасы, рабочие места. Сделай нормальный анализ с двух сторон.

АМ: Я достаточно много знаю в смысле человеческой истории и психологии, чтобы не удивляться. Мне не странно, мне грустно. Я категорически не в позиции переубеждать или обвинять — не вижу смысла. Но для меня есть свои «красные черты»: в частности, с человеком, который за войну, который знает, что там, где он, за альтернативное мнение «пиздец будет», но при этом говорит, что «там хорошо», не то что дружить не могу — постараюсь в одном поле не присаживаться.

X: Конец переписки.

Вот так: пока мы думаем, что попали в роман Ремарка, кое-кто живет в пьесе Дюрренматта и нас туда за собой тянет. Он же «умный» и считает, что мораль — это для глупых. Умные должны находить выгоду.

\*\*\*

Есть и еще один вариант гадства, который сознательно практикуется некоторым количеством людей. Это — невежество по выбору. Эти люди сознательно отказывают себе в выяснении истины и совершенно искренне верят во что хотят, исповедуют культ предков и/или культ земли (и то, и то — наследие первобытно-общинного строя, но кто ж об этом думает?), их убежденность в полной ерунде сравнима только с их возмущением по поводу любого другого мнения.

Это не тупость — это лень ума. Если бы они дали себе труд, они могли бы моментально узнать и понять, как на самом деле устроен мир. Но не дают. И я не верю, что это защита. По множеству направлений им не от чего защищаться, тем не менее их подход к любой области знания остается эталонно одинаковым. Вот пример комментария одного такого индивидуума на мое замечание про отношения СССР, Третьего рейха и западных союзников:

*«СССР „дружил" с Германией, а потом СССР победил Германию оружием, предоставленным союзниками? Вы серьезно? Вы в измененном состоянии, что ли, находитесь? Просто даже в наркотическом бреду никто не напишет то, что вы тут написали! Вы кому эту туфту тут хотите впарить?»*

То есть здесь не борьба идеологий, не тонкая дискуссия о пропагандистских шаблонах: товарищ отрицает вещи общепризнанные, описанные тысячи раз всеми, кем только можно, задокументированные, которые даже в сегодняшнем угаре российская власть не отрицает. Это не просто диссоциация. Это сознательный выбор — не знать.

И не только: это еще и выбор бессмысленной бессвязицы в качестве основы мышления. Это нам с вами нет никакой разницы в реальности, «дружил» ли СССР с Германией — и стран этих больше нет, и люди все те умерли, а новые народились, и политическая ситуация совсем другая. Нам нет, а ему — есть, и на базе этой мертвечины, причем мертвечины ложной, выдуманной (реальная — тоже мертвечина, но другая) он ведь строит свои выводы о дне сегодняшнем. Психологическая защита? Не думаю.

И последнее. Отличается ли социальный винегрет нынешней России по своему составу от социальных винегретов других стран, скажем, США или Британии? Очевидно, да. Но отличие будет не в количестве представителей описанных мной здесь «гадов». Мне кажется, их и в России меньшинство, и в других местах тоже (причем они есть везде, не надо себя обманывать). Катастрофическое отличие состоит в том, что на месте широких слоев населения США и Британии (например), способных рефлексировать, адекватно оценивать реальность, спорить, делать выводы, развиваться, в России столь же широкая масса людей, страдающих, как точно описывает Ольга, от ПТСР (в том числе транспоколенческого), которое позволяет легко удерживать их в состоянии измененно-психотического сознания.

Так что, по сути, мои дополнения не так уж и важны. Зачем я их написал? Да потому что злит меня это все. Наверное, у меня реактивная формация.

## Ехать или не ехать. 2023

Я прошу прощения, но циничный инвестиционный банкир во мне побеждает (далее все IMMTHO):

1) в России нет судебного соревнования и нет процесса выяснения истины судом — то есть нет правосудия. В его отсутствие судебная и пенитенциарная системы работают на сильного против его противников. Власть в России сильна. Вывод очевиден,

2) силовые структуры представляют собой машину, каждое указание по которой проходит сверху вниз, а обратно идет отчет о перевыполнении плана. Низовые части машины выполняют предписание, полученное когда-то, вплоть до отмены предписания. В процессе выполнения предписания они стремятся (как все живое) максимизировать свою роль, увеличиться, получить больше финансирования сверху и взяток снизу. Как? Самый простой способ — выполнять карательные предписания на 1446%. Это значит, что репрессивные процессы естественны, и, чтобы их не было, власть должна все

время подавать сильные обратные сигналы. Власть в России их, естественно, не подает — зачем? Это значит репрессии: а) есть и будут, б) будут расширяться — сегодня они пока очень точечные, в) бессмысленно апеллировать к власти, народу, соседям, силовым органам, суду, как бессмысленна любая апелляция против натуральной пищевой цепи. Ее можно только разрушить, и только созданием системы правосудия. См п. 1,

3) поэты, писатели, ученые, артисты, художники, политики (реальные), менеджеры, бизнесмены и все прочие, которые могут создавать transferable value, приносят больше пользы там, где могут свободно работать и говорить, что думают. Причем приносят ее всему миру вне зависимости от того, где находятся, в том числе россиянам. Поэт и режиссер, храбро находясь в России, никому пользы не принесет — не успеет, скорее принесет в итоге горе близким. Находясь вне, он принесет пользы намного больше, в том числе россиянам. В современном мире мученики бесполезны (в несовременном они тоже были бесполезны, вспомните Христа). Если ты, скажем, врач и лечишь больных детей здесь и сейчас и поэтому остаешься в России — это понятно, а кто их будет лечить иначе? Но если ты поэт или ученый, бизнесмен или художник, артист или менеджер — в России точно нечего делать, оставаясь там, ты вредишь и себе, и другим. Коммуницировать с россиянами сегодня извне удобнее и эффективнее в тысячу раз, изнутри уже невозможно. Изобретения, сделанные за рубежом, и всему миру помогут, и до России дойдут. На Колыме изобретений не сделаешь, разве что новый вид колючей проволоки, новый способ следить за согражданами или новый способ убивать,

4) переезд — половина пожара, переезд за границу россиян, в отличие от обитателей современного мира, не привыкших к мобильности, это десять пожаров. Не считайте переезд позорным бегством. Во-первых, нет позора в отказе уничтожать свою жизнь без всякого смысла. Во-вторых, вам хватит трудностей на новом месте. Вы никому не нужны вне Рос-

сии, кроме немногочисленных благотворителей и комитетов таких же эмигрантов, как вы, не питайте иллюзий. Везде, куда бы вы ни приехали, вас ждут потеря статуса, полная растерянность, отсутствие наработанных связей, местное свинство, депрессия эмигранта и прочие прелести. Вам придется добывать себе пищу на сей день и пробивать свое место под солнцем,

5) но и бояться этих трудностей не стоит — свобода (и не только в смысле «не посадили», а свобода говорить, думать, перемещаться, учить детей быть гордыми и честными) стоит всех трудностей переезда, умноженных на десять, поверьте. Вы сможете, все или почти все могут: арабы, африканцы, пакистанцы, латиноамериканцы, северные корейцы (когда повезет). Вы ничем не хуже. И на какое-то время забудьте про успокаивающую математику: вероятность, что «вас не коснется», вычисляется не по сегодняшнему соотношению репрессированных и погибших на войне ко всему населению, а по этому соотношению в период 1935–1945 годов. Перед тем как спорить, спросите себя: а почему должны быть отличия? Я понимаю, у вас там прекрасная квартира. Кстати, это был основной ответ евреев на вопрос, почему они не эмигрировали из нацистской Германии, пока можно было. Разумеется, тех немногих, кого можно было спросить потом. Конечно, если у вас очень пожилые родители, их не оставить, но я не про этот случай; хотя и про этот тоже, отошлите хотя бы детей. Конечно, если вы лечите людей и не готовы бросить своих больных, я первым склоню голову из уважения и не посмею спорить (но если вас заберут «за фейки», то кого вы вылечите — все же подумаю я, кстати, детей отправьте из России все равно),

6) а если вы решаете остаться — просто решаете, и всё, — это ваш выбор. В России это более или менее последний выбор, который еще не отняли, и вы имеете полное право его сделать. Никто не имеет права упрекать вас в этом выборе. Но вам же нести за него ответственность, и никто не сможет вам

в этом помочь, так уж устроена жизнь. В лучшем случае прошелестит сочувствием лента фейсбука, полсотни чувствительных блогеров сообщат городу и миру, что из-за случившегося с вами они уже три дня не могут есть фуа-гра (комок в горле у них), пожалеют они друг друга (без фуа-гра можно похудеть, ой-ой, что Путин творит с нами), потом все обвинят всех — кого в недостаточном страдании, кого — в избыточном, призовут писать вам письма, напишут 100 000 знаков про то, как они против репрессивного режима, и через недельку или месяц перейдут к другой теме, а вы останетесь на нарах ли, в морге ли — кто знает? (Это в лучшем случае, в худшем — никто даже не заметит). А даже если самого страшного не будет (в конце концов, вероятность даже в сталинские времена была менее пятидесяти процентов), то ответственность за психику вашего ребенка, которого вам придется научить постоянно бояться, врать и говорить страшные вещи на публику громко и с выражением, вам нести точно. Решение это только ваше, и никто не имеет права кинуть в вас камень. Но помните, вы его приняли сами. Это может вызвать уважение, но вряд ли — сочувствие (точно не у меня): за исключением случая заботы о близких престарелых или инвалидах, вы не жертва, вы имели выбор.

## Культ суверенитета

«Российский патриотизм» (в отличие от российского патриотизма) имеет все черты религиозного культа. В нем есть и божество (Великий Правитель), и рай (Россия, как только избавится от гнета врагов), и избранный народ (россияне, которых Великий Правитель приведет в рай, если они будут покорны его воле), и ад (США), и черти (Рокфеллер с Ротшильдом), и дьявол (мировая закулиса), и даже страдающие грешники (жители развитых стран), и свой Армагеддон (обмен ядерными ударами, в результате которого россияне попадают в рай, а страдающие грешники — в ад). Есть в этом культе и заповеди, типа «не имей других богов перед лицом Верховного Правителя» или «бойся гей-парадов». Но главная заповедь звучит так: «Только имеющий суверенитет войдет в Царство Небесное».

Культ есть культ, и «российский патриотизм» рожден и сшит по стандартным лекалам. Созданный и тщательно внедренный в умы пастырями в целях ограбления паствы и полного ее контроля, он создает свои догмы на базе страхов и невежества нехитрым путем дополнения, усечения и искажения реальности, построения силлогических выводов и индукции без проверки начального условия (точнее — с абсолютно абсурдными начальными условиями). Как в классическом псевдодоказательстве, что все числа равны 1 («пусть $2 = 1$; прибавим по 1 к обеим частям, получим $3 = 2$; но раз $2 = 1$, значит, $3 = 1$; теперь, если $n = 1$ и $1 = 2$, то $n + 1 = 1 + 1 = 2 = 1$, то есть $n + 1 = 1$»), доктрина культа, исходя из абсурдных посылок, получает доказательства других абсурдных посылок. «Суверенитет» — важный тому пример.

Концепция «суверенитета» в культе «патриотизма» включает в себя несколько утверждений:

- суверенитет — необходимое условие не только победы над злом и построения рая, но даже самого выживания России;
- мировое зло хочет отнять у россиян суверенитет;
- у большинства стран мира суверенитет отнят дьяволом через США, поэтому у них нет будущего;
- миссия России состоит в том, чтобы уничтожить дьявола и защитить свой суверенитет, указав другим народам дорогу к своему раю.

На вопрос «что же такое суверенитет», как часто бывает в рамках культа, верующие смущаются и отвечают что-то невнятное типа: «Ну, это чтобы нам никто не указывал, что делать и как жить». Дальше следует определение от противного: «Вот европейцы потеряли суверенитет и живут под указку США» — на лице говорящего обычно отражается смесь ужаса, брезгливости и насмешки над европейцами. Последствия потери суверенитета, впрочем, члены культа рассказать обычно не могут, в лучшем случае сообщают следующие ужасы:

- потерявших суверенитет заставляют быть «толерантными»;
- их заставляют ссориться с Россией, которая не потеряла суверенитет (вернее, временно потеряла в 90-х, но уже нашла обратно);
- за них ВСЁ решают «за океаном» [что именно «всё»? — «Не прикидывайтесь, вы отлично понимаете» — другого ответа получить не удаётся].

Ну что ж, суверенитет так суверенитет. Вот только у меня есть плохая новость для адептов культа: в современном мире нет стран, которые обладают суверенитетом (в том смысле, который используется в «русском патриотическом» культе). Более того, давным-давно его тоже не было.

Философ XVII века Борух Спиноза сформулировал концепцию естественного права, то есть физической возможности индивидуума (или сообщества), и тут же заметил, что естественное право всегда ограничено в применении естественными правами других индивидуумов или сообществ. Ограничение это связано не столько с «теснотой» совместного проживания, сколько с выгодами кооперации. На необитаемом острове суверенитету Робинзона угрожают, пожалуй, только природные явления. Но как только на острове появляется Пятница, суверенитету приходит конец, и вовсе не потому, что Пятница так уж лезет в дела Робинзона, — просто и Робинзон, и Пятница быстро приспосабливаются жить вместе, становятся зависимы друг от друга, а значит, уже не могут делать «что хотят». Эта зависимость не вынужденная (остров велик, могли бы и никогда не встречаться), а желанная — вдвоём намного эффективнее, удобнее, безопаснее.

1+1 становится сильно больше, чем 2, и это стоит того, чтобы поступиться суверенитетом. То есть потеря суверенитета — это далеко не всегда плохо (наоборот, в большинстве случаев — хорошо, поскольку это обеспечивает синергию).

Нет, конечно, теснота тоже играет роль, но в экстремальных обстоятельствах. Суверенитету Украины сегодня угрожает не кооперация с ЕС, а агрессия России. Однако Украина в этой ситуации теряет суверенитет в значительно большей степени не в связи с физическим захватом части территории Россией, а в связи с полной зависимостью от западных стран в финансовом и военном смысле. В данном случае это — сознательный выбор руководства страны, кажется, поддерживаемый большой частью населения: утрата суверенитета в рамках кооперации лучше его утраты в рамках агрессии и — об этом дальше — лучше его наличия в ущерб кооперации.

Есть ли в мире суверенные страны? Боюсь, что нет. Члены ЕС, разумеется, не суверенны — у них одна валюта почти на всех, и сколько ее будет эмитировано, решают в одной из стран ЕС, далеко не самой большой. Но зависят члены ЕС не только от Брюсселя. Не меньше они зависят от Китая, который поставляет им товары и платит за технологии, от США, которые покупают товары в ЕС и инвестируют в развитие европейских экономик. Еще недавно страны ЕС были зависимы от России из-за поставок топлива, и их суверенность была существенно ограничена «Газпромом». Ну а Китай? Китай совершенно не суверенная страна: стоит США и/или Европе сократить закупки товаров в Китае на 10–15%, и экономика страны пойдет на спад, взорвется кредитный пузырь и социальная и политическая структура страны зашатается.

Но как же быть? Да никак. Как уже сказано выше, суверенитет красиво звучит, но плохо работает. Суверенными пробуют быть разные страны. Как правило, в мире всеобщей кооперации они обречены либо на очень существенное отставание в качестве жизни, либо на достаточно жесткую зависимость от кого-то под маской «парадного суверенитета».

В последнем случае качество жизни в них тоже сильно страдает — этот кто-то является монопольным патроном и эксплуатирует своего клиента без зазрения совести. Кто у нас такой независимый? Северная Корея. Живет не очень, несмотря на закулисную помощь Китая. Иран — то же самое. Венесуэла — там поменьше закулисной помощи, и богатейшая с точки зрения ресурсов страна мира является одновременно одной из беднейших с точки зрения доходов населения и демонстрирует один из самых высоких уровней преступности в мире. Да, сейчас главный патрон суверенных стран — это Китай, как когда-то им был СССР. Счастья такое патронирование никому и тогда не приносило (если только вы не считаете, что кубинцы, никарагуанцы или ангольцы были счастливее своих кооперирующих с миром несуверенных соседей).

Крайне важно понимать, что «несуверенные страны» в отличие от «суверенных» избегают участи клиента одного конкретного патрона и потому чувствуют себя намного лучше. Несколько широких международных договоров, участие в полудюжине глобальных финансовых институтов, вхождение в один–два экономических и один–два политических блока, работа на двух–трех крупных рынках и соблюдение всеобъемлющих международных конвенций делают тебя ужасно несуверенным, но зато очень независимым от конкретных игроков поодиночке. Что, Южная Корея зависит от США, как Северная от Китая? Конечно, нет, она фактически вообще от США не зависит, хотя в целом она достаточно жестко ограничена «в маневре», пока хочет быть принимаемой миром, успешной, быстро развивающейся, безопасной и удобной для своих жителей.

Я, разумеется, не идеалист и понимаю, что мир циничен. Небольшие слабые экономически страны более зависимы, чем большие и сильные; страны без ядерного оружия более зависимы и менее в теории суверенны, чем имеющие такое оружие. Такова жизнь — экономику надо развивать, малые страны должны объединяться в блоки и пр. Но фокус как раз в том, что самым разрушительным способом потери независимости является именно стремление к суверенитету.

Хотите пример? Возьмем Россию. Россия 2022 года проходит своего рода обратную метаморфозу (из пусть не самой красивой, но бабочки — в гусеницу): еще год назад российский экспорт был диверсифицирован, российские продажи углеводородов давали стране возможность влиять на политику самых разных блоков и государств. Потоки инвестиций шли из России и в Россию, накапливаемые резервы позволяли не бояться плохих времен и поддерживать эффективный обмен товарами со всем миром. Да, Россия не блистала качеством экономики, уровнем жизни и безопасностью подданных, но у нее были все ресурсы, чтобы, не завися ни от кого конкретного и особо не оглядываясь ни на чей указ, улучшаться, исправляться и расти. Да, Россия была вынуждена соблюдать правила ВТО и еще кучу других правил и договоренностей и даже вести внутреннюю политику с оглядкой на Запад (то есть не убивать людей кувалдами), но в совокупности ей не слишком мешали, зато очень помогали, давая доступ к рынкам, к технологиям, к кооперации и пр. Что же теперь? К концу 2022 года Россия экспортирует в Китай 44% вывозимой нефти и около 50% газа. «В ответ» более 31% машин, продаваемых сейчас в России, китайские. На Китай переориентируется промышленность — и в плане производства, и в плане закупок комплектующих. На Китай переориентируется центральный банк: доля доступных к использованию резервов в юанях составляет едва ли не 40% при доле юаня в международных расчетах 2%, а большая часть остатка — золото, которое, кроме как Китаю, никому толком не продашь при необходимости. Изнуряя себя в борьбе за суверенитет, Россия неуклонно стремится в полную экономическую (а значит, и политическую) зависимость от Китая. Как живут зависимые от Китая страны, мы знаем. Китай, как правило, не стремится ограничивать или менять власти «миньона», но нещадно эксплуатирует его ресурсы и население. Почему это устраивает Кремль, я думаю, понятно. Но нужен ли россиянам такой странный суверенитет?

Наконец, что бы мы ни говорили про суверенитет стран, мы-то — люди, а не государства. Как личности мы изначально не суверенны — мы зависим от законов, соседей, родственников, друзей. И как по определению не суверенные личности мы крайне заинтересованы в том, чтобы вокруг нас велась игра по правилам, которые защищают нас от реализации естественных прав более сильных — будь то бандит, чиновник или просто сообщество людей (Маяковский хорошо понимал про силу сообщества: «А если в партию сгрудились малые — сдайся враг, замри и ляг»), наконец, государство как машина. И тут кроется засада: чем более суверенно государство, тем менее защищены в нем люди — в самых суверенных государствах люди бесправнее всего. Почему? Потому что государства в современном мире зависят прежде всего от сетки соглашений и правил по защите прав человека. «Нам указывают, что делать» в 90% случаев в мире касается запрета на пытки и смертные казни, требования соблюдения решений справедливых судов, использования механизмов защиты частной собственности, подчинения международным арбитражным инстанциям и пр. Ну чем и кто ограничивал суверенитет России, скажем, в девяностые? Что, кто-то определял, какой бизнес развивать и что продавать? Или кто-то мешал строить вооружения? Может быть, требовали отдать часть территории? Указывали, кого выбирать во власть? Нет, конечно. Наоборот — давали кредиты, ввозили благотворительные товары и продукты, платили за экспорт. Но бесконечно настаивали на реформе законодательства, соблюдении прав человека, построении судебной системы. Зачем? Да чтобы им было с Россией удобнее и безопаснее.

Для них, как и для простого человека в России, российское государство представляло и представляет угрозу. Всякое государство — угроза. Но не всякое настолько суверенно, чтобы быть так опасно для его жителя. Российское настолько суверенно. Ему оказалось мало места на мировом пьедестале по употреблению тяжелых наркотиков, тяжким преступлениям и коррупции, срока жизни на десять лет ниже, чем в развитых странах, пыток в тюрьмах, десятков тысяч предпринимателей, судимых по уголовным статьям в качестве способа конкуренции, политических преследований. Ему не хватило миллиона потерь в ковид. Ему потребовалось ради увеличения суверенитета посылать на смерть молодых мужчин — сколько их погибнет теперь, 100, 200, 500 тысяч? Вот истинное лицо суверенитета страны — суверенитет убивать своих граждан. У суверенитета, как видите, есть две стороны: одна обращена к власти, другая — к народу. Создателям культа такой суверенитет очень подходит. Но, если бы я был жителем этой страны, я бы предпочел несуверенное право обратиться в международный суд по правам человека.

Может быть, поэтому так много пророков суверенитета России живет в «несуверенной» Европе, хотя вещает по-русски. Вера верой, а жизнь — жизнью.

## Интервью про экономику

Это интервью взяла у меня Татьяна Рыбакова («Деньги») в начале 2023 года.

Экономика продолжает тормозить, пусть и не обвально, доходы падают, расходы растут, а опросы граждан показывают удивительный оптимизм. Что с ними такое происходит? Почему санкции не приведут к революции и нужно ли Западу корректировать санкционную политику?

*— С вашей точки зрения, как можно охарактеризовать состояние российской экономики сейчас? И куда она будет двигаться, по вашему мнению, далее?*

— Российская экономика проходит период серьезной перестройки, связанный с коренным изменением взаимоотношений с внешними рынками. В первую очередь у большинства частей российской экономики меняются поставщики. Поскольку российская экономика очень сильно была включена в мировую экономику и практически все товары, которые производятся внутри России, все равно производятся с помощью импортных комплектующих или сырья, то можно говорить, что перестраивается целиком вся экономика. Большое количество развитых стран в большей или меньшей степени прекратили приобретать в России товары и/или прекратили поставлять свои товары в Россию. Это не всеобъемлющий процесс, большой объем товаров продолжает идти. Я бы оценил изменения по номенклатуре где-то в 50%. Но эти 50% — это уже очень много.

Все индустрии при этом ведут себя по-разному. Автомобильная индустрия, например, перестраивается в конечном продукте, переходя на производство китайских автомобилей, на сборку фактически и на упрощение собственных производимых автомобилей в связи с отсутствием западных запчастей. Агроиндустрия перестраивается по-другому: у нее проблемы возникают с западными технологиями, с семенным фондом, с племенным фондом. Но она как раз перестраивается на их приобретение в других местах, конечный продукт — естественно, тот же самый — производится, и производится неплохо. В некоторых индустриях, таких как рыбная промышленность, морское хозяйство и нефтяная промышленность, нефтедобыча на экспорт, идет перестройка на других покупателей. В части импорта у этих индустрий изменений минимум. То есть каждый перестраивается по-своему.

При этом, если говорить про «основной» ВВП, исключив из ВВП его краткосрочный рост в связи с войной и не более устойчивый рост в связи с ростом стоимости углеводородов, то общее падение ВВП в России в 2022 году составило где-то около 8%. Соответственно, военный ВВП дал примерно

2–2,5%, углеводороды дали еще примерно 2–2,5%. Получилось, что конечное падение где-то между 3% и 4%. Росстат заявляет, что оно еще меньше, но это некоторые специальные креативные технологии Росстата. Что, в общем, естественно: такая перестройка, даже если бы она происходила просто в силу стихийного бедствия на западных границах и Россия продолжала сохранять хорошие отношения с Западом, все равно «унесла» бы часть ВВП, потому что любая перестройка выносит часть ВВП. А здесь еще и отношения плохие.

С точки зрения доходов населения. Доходы населения сократились, по официальным данным, примерно пропорционально падению ВВП. При этом, с точки зрения распределения по пирамиде доходов, падение очень непропорциональное. Доходы у самых верхних классов даже выросли за счет того, что конкуренты ушли с рынка. У бизнесменов, у высших государственных служащих была хорошая индексация зарплат, торговые сети зарабатывали на наценках и т. д. и т. п. У остальных классов, у третьего, четвертого, пятого квантиля доходы упали. Причем показатели падения третьего, четвертого квантиля обычно хорошо коррелируют с сокращением потребления непродовольственного ритейла, а там падение около 10%. А у самого последнего квантиля корреляция с сокращением потребления продовольственного ритейла, там 6,5% падение. То есть вот это примерно та цифра, на которую надо опираться при определении падения доходов по двум-трем нижним квантилям.

Плюс надо понимать, что российский ВВП и российские доходы населения сейчас немножко завышены за счет того, что больше миллиона человек уехало, но примерно половина из них при этом продолжает работать на российские компании. По-хорошему, их уже, конечно, надо разграничить, потому что эти люди получают в итоге деньги за границей и там их тратят. Это, в сущности, импорт сервиса. Но это по инерции учитывается все еще в российском ВВП и в доходах населения тоже. И поскольку эта уехавшая часть получает зарплату в среднем бо́льшую, чем население в России, это тоже толкает переоценку доходов немножко вверх.

— *Ну да, если люди получают деньги в России, а тратят вне ее, получается, что их расходы падают, а доходы, соответственно, растут.*

— Конечно, они в России не тратят, более того, они получают как бы в России, но тут же вывозят, естественно, из России. На этом фоне надо сказать еще про отток капитала. Вот то, чего мы все, наверное, не ожидали.

Несмотря на ограничения со стороны Запада и ограничения со стороны России, отток капитала был совершенно беспрецедентным — четверть триллиона за один год. Это гигантские деньги, такого в России никогда не было, в принципе, даже близко. Это бьет рекорды во много раз. И это в каком-то смысле показывает и отношение бизнеса, и отношение людей к нынешней ситуации. Потому что, конечно, четверть триллиона долларов либеральная, условно говоря, интеллигенция, протестующая против войны, не могла бы вывезти из страны — она бы даже не смогла собрать таких денег. Дай бог, если вся либеральная интеллигенция в сумме наберет на миллиард. То есть понятно, что это огромное количество игроков, которые молчат, либо поддерживают на словах войну, тем не менее своими действиями голосуют против.

В 2022 году в России был беспрецедентный торговый баланс, и потому что выросла выручка от экспорта углеводородов, и потому что резко упал импорт. Росстат пытается показать, что он упал на 11–15%, более реальные цифры говорят про 20%, а если учитывать наценки и инфляцию доллара, то это все 30–35% в физических объемах. Денег на импорт было потрачено мало, от продажи углеводородов получено больше, чем в 2021 году, и потому что больше продано, и потому что по цене сильно выше, чем в 2021 году. И несмотря на все это, конечный результат — финансовый минус в 50 млрд долларов, то есть валютные активы сократились на 50 млрд долларов. Идет активный отток капитала, и он, естественно, будет продолжать идти. И сам ЦБ закладывает отток в $125 млрд на этот год. И я склонен доверять этой оценке — еще $125 млрд уйдет.

— *То есть ушло $250 млрд и уйдет еще половина от этой суммы?*

— Может быть и больше, посмотрим. Это, к слову, будет зависеть от источников доходов россиян в 2023 году. Конечно, идет массированная продажа недвижимости бизнес-класса в России. Даже те, кто остается в России, сокращают свои портфели недвижимости, и эти деньги тоже уйдут за границу. И те деньги, которые в России использовались на рынках ценных бумаг, тоже уходят за границу сейчас. С точки зрения движения капиталов ситуация не очень приятная.

Я думаю, что в этом году доходов от экспорта будет минимум на 100–150 млрд долларов меньше, чем в 2022 году, — цены на нефть и газ ниже. Россия экспортирует 90% нефти по ценам сильно ниже рынка, газ дешевле, а его экспорт упал в 4 раза. Пока научатся продавать нефтепродукты из России на Восток, тоже пройдет время. Уже сокращение добычи нефти достаточно серьезное, фактически 5% из-за невозможности продавать нефтепродукты.

— *И это за первые два месяца фактически.*

— Я думаю, что больше сокращения не будет, потому что это ответ на запрет продажи нефтепродуктов. И цена нефти реально сейчас для России, за вычетом перевозки, все-таки практически везде 50+ долларов за баррель. Индия сейчас вроде как присоединилась к санкциям в этом смысле, то есть к потолку цен, значит, цена будет держаться прочно на этом уровне. То есть, я думаю, что в 2023 году будет минус $150 млрд от экспорта. А импорт вряд ли сильно изменится, но минус 125 млрд долларов в вывозе капитала — в сумме отток за 2023 год тогда составит $75 млрд: 150% оттока за прошлый год, 25% от незамороженных резервов.

И бюджет резко меняется, потому что на санкциях по нефти налоговые сборы упали. По налогу на добычу полезных ископаемых вообще был провал, потому что для базы использовалась искусственная цена Urals, которая не реализовывалась фактически на рынке. Теперь взяли за основу цену нефти Brent и управляемый дисконт, но все равно ясно, что в этом году НДПИ соберут меньше, чем в прошлом. Оценка дефицита бюджета в 6 трлн рублей, с учетом затрат на войну и санкций, мне кажется разумной — и это «дырка» в бюджете порядка 80 млрд долларов. То есть это примерно «дырка» в размере военных затрат. Это, конечно, делает бюджет слабым, требует поиска денег в виде роста внутреннего долга (по высокой ставке), дополнительной нагрузки на бизнес под тем или иным видом, эмиссии, исчерпания ФНБ. И понятно, что инфляция будет сохраняться. Может быть, не 13%, может быть, 9–10%, но она будет сохраняться. Конечно, если не рухнет потребление, но такое обрушение будет само по себе очень плохим явлением для экономики. И рубль, скорее всего, будет потихонечку сползать, потому что инфляция-то есть и все равно текущий счет отрицательный, а все всё больше и больше приспосабливаются к тому, чтобы выводить из страны деньги.

Поэтому вот такая, если говорить в двух словах, экономика: слабая, в рецессии, экономика снижающихся доходов населения. Сейчас уже потребление находится на уровне 2004–2005 годов в реальных цифрах. Средний медианный доход на человека в России сейчас составляет примерно столько же, сколько в 2003–2004 годах реально. По сути, мы завершаем круг: к очередным выборам 2024 года экономика России оказывается в состоянии года 2000. То есть 24 года коту под хвост при таких нефтяных доходах и всем прочем.

Тем не менее, конечно, экономика функционирующая, она будет жить, она будет дышать, она будет постепенно «иранизироваться», окончательно превращаться в экономику осажденной крепости с единственной оставшейся дорогой в мир — через Китай. Россия сильнее, мощнее, больше Ирана, более важный игрок на рынках, поэтому этот сценарий будет мягче с точки зрения экономики. Этот сценарий будет мягче и с точки зрения идеологии, потому что в России все-таки возобладала идеология не 1500-летней давности, а идеология 200-летней давности. Все-таки это более мягкая идеология. Но тем не менее это все равно иранский сценарий.

А раз это иранский сценарий, значит, несменяемые идеологи и силовики будут играть, как и в Иране, определяющую роль. Вся экономическая власть постепенно будет концентрироваться у них, экономика будет перестраиваться под Корпус Стражей Российского Патриотизма своего рода. В управлении в России, скорее всего, из нынешних симулякров демократических институтов, возможно, будет выделяться некоторый несменяемый верховный корпус управления, который сам за счет себя существует, никем не избирается и сам регулирует все остальное.

А более низкие уровни будет возможно даже демократизировать, потому что это естественный ответ на необходимость внизу как-то поддерживать экономическую жизнь общества. Не исключено, что через 5–7 лет в России будут реальные конкурентные выборы даже в Думу, но диапазон мнений будет жестко ограничен «российским шариатом» и выборные органы будут полностью зависимы от, скажем, «совета безопасности» и президента, члены первого будут назначаться вторым, а сам президент будет пожизненным лидером страны, имеющим полномочия царя доконституционного периода.

— *То есть муниципальные депутаты избираются, а вверху сидит Совет безопасности, который определяет, что им делать и как им жить?*

— Вполне возможно, и даже дума при этом выбирается на реально конкурентных выборах. Даже, страшно сказать, может быть, что и президент выбирается на конкурентных выборах, и будет непонятно, кто станет президентом. Но наверху будет сидеть уже не президент, а «верховный аятолла», например так называемый председатель Совета безопасности в лице Владимира Путина. И у него будет его Совет безопасности, который он сам назначает и без согласования с которым не принимается ни одно решение ни президентом, ни парламентом, никем. И фактически конкуренция будет между, условно говоря, более умеренными сторонниками курса Путина и более радикальными сторонниками курса Путина за места в органах власти, управляемых Владимиром Путиным. И эта система будет устойчива. Я думаю, если Путину удастся ее создать, то это будет его большая победа, потому что все остальные системы управления, включая Северную Корею, менее устойчивы и менее продуктивны в нынешней ситуации.

— *Но при этом, как вы, кстати, отмечали у себя в посте на ФБ, ожидания населения и ожидания бизнеса довольно позитивны. То есть все считают, что завтра будет лучше. Хотя вот буквально сегодняшняя новость [на момент беседы]: за 2022 год население в 15 раз увеличило покупки золота. То есть, с одной стороны, ожидания выдают позитивные, с другой стороны, как не в себя покупают золото. Что же на самом деле ожидает население и бизнес? А главное, какие экономические действия, какие шаги они при этом предпринимают?*

— Вы знаете, с ожиданиями хитрая штука. Люди, у которых ожидания были самые плачевные, давно покинули страну. 1 100 000 человек, которые закрепились вне страны, а еще некоторое количество людей уехало, но не закрепилось: они, может быть, вернутся, может быть, нет, но все равно их сейчас нет. Все они в этих опросах не участвуют.

Плюс мы не знаем по всем этим опросам процент отказавшихся отвечать. То есть процент людей, которые не знают ответа, мы знаем, а процент тех, которые сказали: «Отойдите от меня и не мешайте жить», мы не знаем вообще. И, конечно, в условиях диктатуры, в условиях, когда девочку забирают в детдом за антивоенный рисунок, а за перечисление 2500 рублей в Украину обвиняют в государственной измене, большинство людей предпочтет либо ответить «правильно», либо не ответить.

Третий момент, который очень важен: все-таки когда мы говорим, по крайней мере, про нижние два квантиля людей в России, то они жили плохо, они во многом отчаялись жить лучше, социальных лифтов для них практически не было. В 1990-е было два социальных лифта: в милицию и в бандиты. Они сменились двумя другими социальными лифтами: в налоговую и в полицию. Грубо говоря — и всё. И вот для них радикальные изменения, какие бы они ни были, выглядят как шанс на то, что что-то станет лучше. Они не понимают общей ситуации, просто так, как было, — плохо, и это «плохо» никак не менялось, и поэтому теперь — а вдруг станет лучше, давайте надеяться. В конце концов, что-то менять надо уже.

— *По их мнению, будет лучше, потому что хуже некуда?*

— Это будет лучше даже не потому, что хуже некуда, а потому, что плохо было так долго, что любые изменения, скорее всего, будут к лучшему. И плюс, безусловно, есть пропаганда, плюс огромное количество очень простых людей, как в шутку всегда говорим, когнитивно простых, которые считают: «Почему мы так бедно жили? Потому что американцы, Запад, эксплуатировали нашу страну. А теперь мы с ними не дружим, теперь некому эксплуатировать, и мы наконец заживем». Ну есть же такое мнение, есть! И потом, возьмите того же самого [Михаила] Хазина, как бы безумного, который рассказывает сказки, чтобы его слушали. И его всерьез слушают, и не только в среде, так сказать, русских крестьян, его слушают и в среднем классе! Была ситуация, когда меня звали на конференцию выступить, и я спрашиваю: «А кто там еще выступает?» Мне говорят: «Очень уважаемые люди. Хазин, например». Я говорю: «Нет, спасибо, тогда оставьте уважаемым людям трибуну». Ну это же факт, это реальность.

— *Да, экономически не подкованная интеллигенция тоже слушает Хазина и верит.*

— Об этом и речь. Потому что так устроена Россия. Россия ментально, Россия с точки зрения социума вообще живет будущим, сказками, великими идеями. Это часть культуры. И всегда среди этих идей находится безумная. И это может быть безумная идея краха Америки, а может быть безумная идея торжества коммунизма. Но такие идеи в России хорошо приживаются.

— *В связи с этим: как поведение людей, которые верят мифам, сказкам, которые научились двоемыслию, как их экономическое поведение влияет на экономику и личную, и общеэкономическое состояние? В конце концов, большая экономика состоит из мелких движений масс.*

— Не надо переоценивать пространство выбора у этих людей, причем на всех уровнях. Экономическая свобода есть у единиц даже в среде обеспеченных и успешных. Я — хороший пример: мой бизнес глобальный, с местом не связан, я учился в США, я гражданин ЕС, мне просто было. У меня оставался в России один из офисов, после 24 февраля за 2 недели я просто всех людей вывез, всё свернул и закрыл. А если у человека в какой-нибудь Псковской области строительство жилья, то он что свернет и как? У него текущие проекты еще года три будут идти. А если его бизнес локальный, завод построен — продать некому, заново на новом месте не построить? А если он по-английски не разговаривает? А если он просто профессор, специалист по русской лингвистике? А если родителям под девяносто лет и их не перевезешь? А если найти работу за рубежом не получается?

Поэтому большое количество людей в России на практике не имеет выбора или их выбор сопряжен с рисками и потерями, которые они не готовы толерировать. Да, они, возможно, меньше потребляют в России, выехали, может быть, даже не живут в России, но все равно приезжают часто и в экономической жизни участвуют. И при этом проекты в России они будут доводить до конца: с банками надо расплачиваться, деньги свои люди хотят вынимать. И очень маленький процент людей готов будет бросить все и, как композитор Глинка, раздевшись, уйти через границу. Да, они могут проклинать Путина, да, они могут понимать, что страной руководят преступники, но что они сделают при этом? Ко мне в какой-то момент обращался человек, начальник отдела логистики в крупной нефтяной компании. Говорит: «Я на это все больше смотреть не могу, я хочу куда-то уехать. Посоветуй куда». Я ему честно должен был сказать: «Знаешь, у меня нет для тебя совета. Никому не нужен руководитель отдела логистики российской нефтяной компании за рубежом. Ну, ты можешь, не знаю, оказаться за рулем такси, например. Готов?»

В этом смысле у огромного множества людей, в том числе тех, для кого «не все однозначно», экономическое поведение сильно меняться не будет. Они, конечно, будут учитывать ситуацию, и, конечно, общий тренд будет негативным. Но не надо переоценивать: никакие глобальные забастовки, например, вообще невозможны в России — 40% населения работает на государство. Ничего такого не случится. Люди будут продолжать пытаться извлекать доход, жить, устраиваться поудобнее. Более порядочные люди будут это делать без косвенного участия в войне, менее порядочные легко будут это делать и с зарабатыванием на войне.

Очень распространен сегодня несколько шизофренический взгляд на ситуацию, при котором война, смерти, беженцы, грабежи и насилия — это одно (это очень плохо, они против, но что они могут сделать), а уход иностранных, да и отечественных конкурентов, открывающиеся возможности, рост наценки в торговле — это классно, это надо использовать и это потому, что Запад нас не любит, но они просчитались, в России все будет хорошо, сейчас возможности для заработка огромные. Второе в сознании никак с первым вообще не связано — такой феномен. Я уже слышал от некоторого количества людей, как здорово они теперь зарабатывают, обходя санкции, поставляя микросхемы в Россию. Если кто-то скажет: «Фу, какие это гадкие люди», ну, я тоже им руки, пожалуй, не подам. Но давайте вспомним, что европейские магнаты скупали путинскую нефть и газ на корню, сидели в советах директоров, несмотря ни на что. И, в общем, деньги, к сожалению, не пахнут, это правда. Американские промышленники поставляли Японии сталь прямо перед Второй мировой войной, в том числе контрабандой — ну да, деньги есть деньги.

— *Не могу обойти этот вопрос: нынешняя банковская паника может чем-то серьезным аукнуться в мировой экономике и, соответственно, как-то повлиять на экономическое состояние России, прежде всего через цену на нефть?*

— Теоретически, банковская паника, приводящая к сокращению экономики, должна снижать цену на нефть. Но Россия продает сейчас свою нефть в страны, которые, в общем, далеки от этой паники и, собственно, стабильны, при этом продает с существенными дисконтами (если считать цену у производителя). Так что я не думаю, что даже в теории это очень сильно повлияет на ту цену, по которой Россия нефть продает.

Кроме того, никакой банковской паники, по сути, нет. Да, случились проблемы у нескольких банков второго эшелона в Америке, проблемы на не очень большую часть баланса. Это не то, что банк разорен, все сбежали, деньги украли. Условно говоря, общая сумма проблем может быть 30–40 млрд долларов, может быть в итоге 300–400, конечно, если цепочка дойдет до крупных банков или местных банков (последних просто очень много). Для Америки это не критично. Стратегически проблем в банковской системе Штатов очень много, и, конечно, она как-то должна меняться. Тактически на уровне текущего года, текущих месяцев, ситуация не критичная и не криминальная.

*— В заключение хотелось бы вас спросить вот о чем. Сейчас преобладают две точки зрения. Одна точка зрения — что россиянам надо объяснять и показывать делом, что у них дела плохи, что они должны страдать от войны, причем все. Другая точка зрения — что все-таки тем, кто не согласен с политикой Путина, надо предлагать какие-то пути выхода. Вы говорили о людях, которые, даже будучи несогласными, или не со всем согласными, или хотя бы даже сомневающимися, вынуждены жить в России, работать в России, продолжать бизнес, потому что у них нет никаких других возможностей. С вашей точки зрения, как нужно корректировать политику санкций и, скажем так, пропаганды на Россию со стороны Запада и российской оппозиции, чтобы эти люди все-таки как-то меняли свое поведение, вот это вот «деньги не пахнут»?*

— Я не верю в действия, которые могут «заставить» россиян поменять позицию. Что должно их заставить перестать зарабатывать? Вот у меня булочная, я продаю хлеб. Какая западная пропаганда, какие санкции должны заставить меня бросить хлеб в грязь и перестать его продавать? Да никакая. Ожидать, что люди, живущие в стране, перестанут работать, — бессмыслица, люди работают в Северной Корее и живут, и мы считаем этих людей жертвами. Люди работают и живут в Йемене, Венесуэле — где угодно. И в Йемене, Венесуэле, в Северной Корее, в Бирме и в тысяче еще мест мы видим диктаторские режимы, агрессию, репрессии, проблемы, в Африке в куче стран. Но Россия — это, пожалуй, первая страна, по поводу которой почему-то многими людьми на Западе, на Юге и на Востоке поднимается вопрос коллективной ответственности населения за политику, проводимую страной.

Никому не приходит в голову делать северокорейцев ответственными за политику Кима, никому не приходит в голову делать граждан Венесуэлы ответственными за политику Мадуро.

Понятно, что здесь все это накладывается на 30-летний пласт неприятных наблюдений за поведением россиян, в том числе за рубежом, и многолетняя внутрироссийская пропаганда отождествляется с голосом народа. И понятно, что сейчас резкое противостояние с Украиной, и в Украине очень многие свою ненависть, совершенно справедливую, и свою ярость, совершенно справедливую, направляют на тот объект, который ближе и который лучше доступен: вот они, эти россияне, их много, их легко ненавидеть. И я совершенно не обвиняю в этом украинцев, я им очень сочувствую в этом смысле.

Но, конечно, ни с точки зрения здравого смысла, ни с точки зрения просто современной человеческой этической культуры — просто почитайте Ясперса на эту тему, почитайте Фихте на эту тему, Арендт, например, — у нас нет никаких оснований говорить, что 144 миллиона российских граждан виноваты в том, что происходит. Среди этих людей есть миллионы, которые активно против, и этих людей не меньше, чем украинцев вообще-то. Я думаю, что 30% уж точно есть в России тех, кто активно против. Есть огромное количество людей, которые просто живут свою маленькую жизнь — не надо от них требовать, чтобы они жили жизнь побольше. Вот действительно: у человека аптека, или человек работает в институте где-нибудь в Самаре, или вот у него дети, у него жена, старые родители, их не вывезешь, профессия неконвертируема, языков не знает. И что он должен делать, по-вашему? Отдать свою жизнь за что? Если 45-миллионная Украина с помощью НАТО не может свергнуть Путина, то как эти люди-то, разделенные, без оружия, без возможностей, окруженные полицией, смогут что-то сделать? О чем вы говорите?

Поэтому я категорический противник коллективной ответственности и коллективной вины вообще. Я думаю, что имею на это право, потому что я в России всегда был открыто в оппозиции режиму и задолго до войны. И писал, что хотел, и говорил, что хотел, давно убеждал людей уезжать и сам уехал сравнительно давно, и с первых дней войны не скрываю свою позицию, считаю Кремль преступной организацией и войну преступлением. Но тем не менее я совершенно не готов разделять позицию коллективной ответственности россиян.

И мне кажется, что разумного Запад мог бы сейчас сделать — это попытаться не делать россиян врагами самостоятельно. То есть, грубо говоря, не приходить к этому человеку с булочной, аптекой и жильем в Самаре и не говорить: «Теперь ты мой враг». Потому что после этого куда ему деваться? Если он теперь враг, то всё — теперь Запад ему тоже враг. Надо, наоборот, говорить: «Нет, ты друг, ты жертва, мы тебе сочувствуем, мы понимаем, что ты жертва преступного режима. Мы готовы тебя принять обратно в тот момент, когда ты вырвешься из лап этого режима. Мы хотим, чтобы Россия была равноправной в мире, свободной, демократической, выбирающей самостоятельно свой путь, но не вредящей соседям. Мы готовы к этому, мы готовы сотрудничать с такой страной, мы подождем, пока она такой станет, мы понимаем, что вся страна сейчас захвачена хунтой КГБ, сейчас мы по разные стороны фронта, но это время пройдет. Ты тут ни при чем, мы ни в чем тебя не обвиняем». Вот тогда на базе этого можно будет чего-то в конечном итоге достичь.

Точно так же развалился Советский Союз — на базе того, что отношения со времен пика холодной войны 1970-х годов или конца 1960-х поменялись на отношение «мы против вашей политики и власти, но мы за ваш народ, мы дружим — вот вам жвачка, вот вам джинсы, вот вам гуманитарная помощь, вот, пожалуйста, мы готовы вам фильмы показывать, вот мы готовы то, мы готовы се». На этом распад, собственно, и произошел, когда новое поколение предпочло те ценности, которые Запад им предлагал, а не отказывал в которых.

*— В связи с этим не могу не спросить: что вы думаете про санкции, которые, собственно говоря, были введены первыми, которые были против того, чтобы предоставлять именно массе россиян какую-то возможность — это и уход Visa и Mastercard, и блокировки счетов,*

*включая блокировки ценных бумаг за рубежом, и визовые ограничения, и ограничения импорта потребительских товаров, где уже до унитазов дошли? Ведь и политика в отношении СССР, о которой вы упоминали, шла по линии запрета импорта высокотехнологических изделий, изделий двойного назначения. Но, например, экспортировать в СССР пшеницу — пожалуйста, на ней весь Советский Союз жил. Джинсы, жвачка, как вы сказали, — пожалуйста. А ведь это в том числе приводило к дефициту советского бюджета, потому что страна все больше и больше вынуждена была тратиться на импорт. С вашей точки зрения, сегодняшние санкции нужно как-то корректировать в этом отношении?*

— Я не скрываю этого ни перед западной аудиторией, ни перед восточной: я считаю, что санкции против простых людей — это глупость. И тут не в справедливости даже дело, про справедливость можно долго рассуждать. Я считаю, что это и несправедливо, но, главное, что это глупость, что это не приводит к положительному результату, а приводит к результату отрицательному. Конечно, все, что не связано с войной, все, что не связано с технологиями, которые могут давать возможность Кремлю продолжать наращивать свой военный потенциал, глупо и бессмысленно было запрещать к поставкам. И точно так же разумно и правильно было запретить все то, что позволяет Кремлю милитаризироваться и наращивать военный потенциал. Разумеется, и использование Visa и Mastercard, и возможность свободного перевода денег, и возможность приобретать потребительские товары в Европе, и возможность получать визы и т. д. — это в конечном итоге помимо того, что оставляло бы мостик между Западом и российским гражданами, еще и позволяло бы сильно больше выводить денег из России и тем самым уменьшать потенциал Кремля для вооружения. И вот этого никто не просчитал, не подумал.

На мой взгляд, сделана глупость, которую, к сожалению, чиновники упрямо отстаивают. С теми же самыми возможностями инвестировать через российские каналы на Запад:

ну, хорошо, заморозили и не получили в прошлом году еще, может быть, 50–70 млрд долларов инвестиций и оставили их Путину. В чем выгода, в чем смысл? Да абсолютная глупость! Теперь миллионы россиян сидят в положении обиженных, потому что им ни за что ни про что заблокировали их [иностранные] активы, хотя они ничего плохого не делали. Вчера их деньги были welcome, 24 февраля их поведение никак не изменилось, они ничего не сделали, никого не обидели — без суда, без следствия они потеряли свои средства, многие потеряли навсегда, потому что там убытки просто за этот год накопились. И понятно, что эти люди теперь в сторону Запада будут очень косо смотреть. Вот все, чего добился Запад своими действиями. Зачем? Абсолютно непонятно.

*— Более тонкий вопрос. Вот буквально завтра [на момент интервью] открывается съезд РСПП, часто называемого «профсоюзом олигархов», и известно уже, что 15 человек подали заявление о выходе из правления РСПП. И все это на фоне продолжающегося скандала по поводу письма оппозиции с просьбой снять санкции с собственников «Альфа Групп». С вашей точки зрения, нужно ли Западу разрабатывать стратегии, условия выхода из-под санкций для российских олигархов, которые сейчас, в общем-то, стремятся это сделать тем или иным путем? И что это может быть за стратегия, что это могут быть за условия?*

— По поводу скандала. Я, честно говоря, считаю, что этот скандал связан с поведением конкретных людей, декларирующих, что они российская оппозиция, но в основном занимающихся самопиаром и устранением конкурентов из числа оппозиционеров же. Я почвы для скандала не вижу.

А по поводу санкций…. Я лично поддерживаю идею снятия санкций с российских олигархов. Разумеется, не в виде «пожалуйста, заберите свои деньги, Кремлю отдайте», а под гарантии, что эти деньги не пошли в Россию, в Кремль на военную машину. Те, с кого снимают санкции, однозначно и четко должны высказаться по поводу того, что происходит, прервать свои деловые связи с Россией так или иначе, реализовать или ликвидировать все свои активы в России.

Более того, я против принудительного изъятия части их состояний куда бы то ни было, будь то казна или фонд помощи Украине. Это будет вымогательством, а не законным действием. Нам может казаться, что вот как раз в данном случае это справедливо, но принцип «справедливость выше закона» — крайне опасный, именно так условный Запад превращается в условную Россию. И олигархи, и Россия, и эта война — временны. А главенство закона должно оставаться постоянным принципом, если демократия и цивилизация хотят сохраниться. А с точки зрения логики я думаю, что у Запада был огромный шанс получить на свою сторону всех этих людей.

— *И их деньги, кстати.*

— Их деньги, их лояльность и информацию про то, что происходит и происходило в Кремле. И Запад это упустил, потому что опять на потребу толпе, на потребу избирателям были приняты бессмысленные бескомпромиссные решения на грани законности. Я в данном случае абсолютно не обсуждаю даже мораль и этику. Я точно не хочу обсуждать сейчас, хороши олигархи или плохи, потому что даже если они ужасно плохи, даже если они чудовища, 23 февраля 2022 года Запад так не считал, а 24 февраля олигархи ничего не сделали. Запад брал деньги олигархов, все эти деньги были хороши, они все прошли тогда комплаенс, никаких проблем с ними не было. Что же случилось? Ты двадцать лет принимаешь деньги этих людей, селишь их в лучших отелях, продаешь им лучшие дома, кормишь в лучших ресторанах, позволяешь им делать все что угодно, держишься за ручку, фотографируешься в королевских ложах. Потом вдруг 24 февраля кучка совсем других людей, захвативших власть в России, принимает решение начать войну — и те самые олигархи, с которыми Путин не советовался, которых не предупреждал, которые не поддержали эту войну ни словом, ни делом, тут же, ничего не сделав, становятся преступниками.

Фридман начал войну, что ли? Ах, он был близок когда-то к Путину? Отлично, что же вы тогда-то его деньги принимали, пока он был в России? Он заработал в России? А сколько европейских корпораций работало, платило взятки в России, получало деньги из России? Сколько политиков, топ-менеджеров из Европы заработали состояния на работе с Кремлем? Сколько частных банков пришло в Россию и перегоняло деньги в Европу, в том числе деньги чиновников и силовиков? Сколько нефти и газа получено из России, сколько заплачено за них миллиардов евро — тех самых, которые сегодня, дойдя до владельца булочной в Самаре, запрещены к ввозу в ЕС? Тогда под санкции должен попасть [Герхард] Шредер, который сидел в совете директоров «Газпрома» в России все эти годы совершенно не бесплатно. Под санкции должны попасть все те европейцы, которые активно в России работали и покупали нефть, торговали, давали взятки, лоббировали становление России газовым монополистом Европы. Почему руководители европейских концернов не под санкциями?

Говорят, Авен был среди тех, кто привел к власти Путина, наверное, это правда. А кто-нибудь помнит, что Путин тогда говорил и даже делал? Как его тогда любили все на Западе? То есть Запад ошибся, а потом хорошо заработал на России — ну ошибся, ОК. А Авен ошибся, а потом заработал в России — значит, его надо под санкции? Это все равно что, к примеру, сын, которого вырастили родители, совершил преступление, но это ж не родители совершили преступление. ОК, может быть, мы наложим тогда санкции на учителей нынешних руководителей России? На врачей, которые роды принимали? Или давайте все-таки будем осуждать людей за преступления, которые совершили лично они?

Проблема гибридной войны все же в том, что все ее стороны волей-неволей ведут себя «гибридно». Вот Кремль путается в описании целей войны, врет, меняет их как перчатки.

А западные политики точно то же самое делают с санкциями. Начиналось все с «разрушим российскую экономику, чтобы Россия прекратила войну». Быстро поняли, что так не бывает (как будто когда-то раньше это получалось!). Тогда, сказали они, мы сделаем так больно олигархам, что они заставят Кремль прекратить. Оказалось, что олигархи, кто давно убрался из России, вообще не имеют влияния, кто сидит в России, влияния никакого не имеют также. «Пусть россияне на себе почувствуют санкции — тогда они свергнут свою власть», — решили чиновники. Выяснилось, что россияне власть свергать не бегут, зато отношение их к Западу заметно ухудшилось. Теперь чиновники говорят о «справедливости» санкций и намекают на выборочные реквизиции. Что будет дальше?

Ну это совсем плохо выглядит, честно. Здесь много вопросов, и ответ нам никто не даст, естественно, потому что кто мы такие, чтобы нам отвечать. Но ситуация такая, какая она есть.

## Лучше разоблачений

Это статья марта 2022 года, «глас вопиющего в пустыне» с предупреждениями. Уверен, что Стрелков (Гиркин) не читал эту статью, а если бы читал, не сидел бы он в ноябре 2023 года на нарах в ожидании нескорого приговора и бесконечного срока.

Как вы, наверное, уже запомнили, я пытаюсь разоблачать ложь путинской пропаганды относительно Украины и последних событий — не чтобы вы поняли, что это ложь (вы и так понимаете), а чтобы у вас были в руках аргументы для разговоров с колеблющимися и искренне заблуждающимися.

Однако аргументы в таком разговоре могут строиться не только на разоблачении лжи. Вот вам три серьезных довода для разговора, которые, как показывает практика, могут сработать даже значительно лучше разоблачений.

1. Истина не нуждается в дубинке.

Все, даже те, кто 24 часа смотрит Первый канал, знают: в России сегодня нельзя не только обвинить Путина в военных преступлениях — нельзя даже поднять плакат «Нет войне!», за это как минимум заберут в полицию. В России закрыты многие СМИ, введена цензура, бесконечны предложения привластных чиновников ввести еще больше ограничений, заставить всех молчать и запретить слушать что бы то ни было, кроме официальной точки зрения. Говорят, с 11 марта отключат связь российского сегмента интернета с внешним миром. Говорят, примут закон о статусе «нежелательной персоны» для граждан России — таких будут выдворять из страны или не впускать обратно. Для получения этого статуса достаточно критиковать действия властей. Все эти жесточайшие меры введены и вводятся на фоне уверения россиян в том, что подавляющее большинство поддерживает власть и российскую политику.

Одновременно в странах условного Запада российские СМИ обещают жестокий кризис, который должен вызвать чуть ли не революционные преобразования. Но почему-то в этих странах никто не закрывает никакие СМИ, кроме пары самых одиозных российских, не запрещает писать и говорить (в том числе резко критиковать власти), за выход с плакатом никто никого никогда не задержит — наоборот будут охранять на всякий случай. Интернет свободно работает, VPN не нужен.

Отсюда вопрос: где больше уверенности в правоте и правильности политики, в поддержке населения? Почему российская власть так боится даже не критики — простых гуманистических лозунгов? Может быть, потому что понимает: ее кровожадные устремления могут разделять только люди крайне зомбированные, и стоит дать им альтернативу, они изменят позицию?

## 2. Путин — китайский шпион?

Действия российской власти уже с 2014 года были крайне сомнительны с точки зрения пользы для России и россиян: присоединение Крыма можно было бы расценить как приобретение (цинично, но можно), но в реальности в обмен на кусок земли, в основном покрытый горами, россияне получили дырку в бюджете, санкции, отбросившие экономику сильно назад и существенно ослабившие Россию на международной арене, многолетнее падение доходов населения и пр. А ДНР-ЛНР вообще ничего не принесли России и даже не «защитили права русскоязычных» — в том же Харькове русскоязычные жили на порядок лучше, чем в ДНР.

Выигрыш же от действий России получал Китай. Западные санкции толкали Россию на восток, к единственному крупному игроку. Как следствие, условия сотрудничества с Китаем становились невыгодными России и выгодными Поднебесной. Россия играла роль злодея на мировой арене и отвлекала внимание от Китая. За участие в ограничении России Китай мог выторговывать себе компромиссы у Запада.

Интересно, что начало агрессивного поведения России по отношению к Украине приблизительно совпадает по времени с осознанием руководством Китая формирующихся структурных проблем китайской экономики. С 2013 года у власти в стране Си Цзинпин — сторонник более жесткой внутренней политики и более амбициозной внешней. При этом скорость роста ВВП Китая, которая до 2012 года в среднем составляла 9% в год, после 2012-го снижается — с 7% до 6%, а в последние 2 года это и вовсе 5% годовых.

Китаю срочно нужен был новый драйвер роста, особенно на фоне ужесточения экономических отношений с США. Новая энергетика вполне могла бы быть таким драйвером, поскольку Китай обладает огромными запасами редких металлов и производственными мощностями. Но, с одной стороны, Россия тоже обладает такими запасами, с другой — в процессе, на ближайшие лет 10–15, существенно более важно для Китая обеспечить себе дешевые источники «старых» носителей энергии: рыночные цены на них тяжелы для китайской экономики.

В этом смысле Россия, отрезанная от мира санкциями, Россия-изгой, которой некуда продавать свои нефть, газ и уголь, кроме как в Китай, и потому она продает их почти за бесценок, — идеальное решение китайской задачи. Более того, платить России можно продукцией собственного производства, продавая ее по любой цене, если, конечно, другие страны не продают свою продукцию. Если Россия изгой, то можно почти забесплатно скупить ее промышленность (раз спроса нет) и мало того что получать сырье дешево, так еще и прибыль от его добычи оставлять себе. Если Россия изгой, то даже то, что Россия заработает, можно держать в юанях, то есть вообще не отдавать. Получив контроль над Россией, Китай становится монополистом в части сырья для новой энергетики. Россияне не смогут мешать заселению своей земли китайцами — под санкциями, в стране-изгое, они будут вымирать, освобождая место, а трудовые мигранты разъедутся из-за падения курса рубля и обнищания страны.

В реальности все эти процессы уже идут. Долгосрочные соглашения с Китаем о поставках нефти и газа невыгодны России. Скупка активов, которые с 2014 года только дешевеют, идет. Заселение страны китайцами идет, вымирание россиян — идет. Еще до ковида Китаю, видимо, было достаточно санкций за Крым и ДНР. Но, возможно, на фоне дальнейшего падения скорости роста ВВП Китая, проблем в ковид и жесткой позиции США по технологиям ЦК КПК показалось, что процессы слишком слабые — надо увеличить зависимость России от Китая, сократить стоимость активов, ускорить вымирание. Как можно было добиться этого? Только заставив Россию сделать что-то совершенно ужасное и нелепое, от чего содрогнется мир. И Россия начала тотальную войну с Украиной.

Несложно убедиться, что Россия, последовательно мигрировавшая к Китаю от всего мира, тем не менее к полномасштабной войне и ответу Запада была совершенно не готова. Не были защищены резервы, наоборот, внешний долг почему-то старательно минимизировался; не были локализованы тысячи относительно простых технологий, которые нечем заменить; не были защищены продажи нефти через переход в основном к продажам «третьим странам». Напрашивается вывод: решение о войне было принято не в Кремле и продиктовано Кремлю извне; очевидно, с востока (Западу такая война совершенно не нужна — ему рост цен на нефть, газ и зерно совершенно не на руку).

Если придерживаться этой версии, то становится понятным, почему спустя 13 дней после начала войны, несмотря на захлебнувшееся наступление, несмотря на то что, по опросам, отношение россиян к войне меняется быстро и не в лучшую для Кремля сторону, несмотря на рубль по 100 и угрозу развала множества производственных цепочек, несмотря на тысячи убитых со стороны России — Путин не предлагает Украине приемлемых условий и не объявляет о «победе» в попытке минимизировать ущерб. Китаю просто недостаточно введенных санкций. В России должны остаться только китайские товары; России должны запретить продавать сырье кому-либо, кроме Китая; Россия должна пройти полномасштабный дефолт и падение цен на свои крупные бизнесы и производства до нуля; Запад должен дойти до серьезных переговоров с Китаем относительно того, какие преференции Поднебесная получит, если остановит Россию. Понятно также, почему западные санкции активно бьют по российским олигархам и по среднему классу: Китаю не нужны ни текущие владельцы активов, ни прослойка населения, которая будет сопротивляться китайской тихой оккупации, — пусть лучше они будут выдавлены за рубеж и/или потеряют все активы и бизнесы. Китайцам в России надо будет чем-то прибыльным заниматься, местные конкуренты не нужны.

Если эта версия верна (а похоже, не правда ли?), то происходит страшная вещь: под предлогом борьбы за независимость от Запада Россию просто сдают Китаю с потрохами, предварительно максимально ослабив. Вернее, что Россию сдают Китаю — это факт; вопрос лишь в том, сознательно или по идиотизму. Может ли это значить, что руководство России, принимающее решения, завербовано? Исключить это нельзя. Могло ли оно быть завербовано давно? Могло — китайцы мыслят десятилетиями и даже веками.

А теперь вопрос: кто хочет поддерживать такую политику (не важно — по глупости или намеренную)? Может быть, лучше опомниться и вернуться к балансу между Китаем и Западом?

3. Вы подумали о завтра?

Дальновидные люди думают не только о сегодняшнем дне — они думают о том, что будет завтра.

Война в Украине не может длиться вечно, она закончится. 200 000 солдат сегодня не могут продвигаться вперед. Чтобы увеличить армию, надо проводить мобилизацию резервистов, переобучать их, вооружать, комплектовать новые соединения, организовывать командование, логистику, отправлять их воевать, а общественное мнение будет неизбежно меняться, так как адреналин быстро уходит из крови тех, кто непосредственно не воюет, а неудобства будут нарастать. В Украине же 300 000 добровольцев проходят ускоренную подготовку, к ним уже присоединяются 20 000 добровольцев из-за границы, в основном с боевым опытом. Запад поставляет Украине оружие, хорошо приспособленное для обороны, и поток этот будет неиссякаемым, а Россия ударное оружие не будет успевать воспроизводить. За 13 дней уничтожено 5% всех российских боевых самолетов, 10% незаконсервированных танков, выведено из строя 15% личного состава всех боевых частей страны. При упорном желании захватывать города-миллионники потери будут на порядок больше. Захват всей Украины (и даже ее восточной половины), по оценкам независимых специалистов, займет месяцы, будет стоить потери сотен тысяч солдат и офицеров, более 30% боевого авиапарка, бронемашин, артиллерии. Россия существенно ослабнет в военном отношении — некому будет остановить, например, прорыв талибов в Таджикистан и далее на север; некому сдерживать волнения в Дагестане. Территорию надо будет контролировать, и основные силы Росгвардии и ОМОНа будут брошены в Украину, где российские военные будут продолжать гибнуть от атак. Некому будет останавливать массовые демонстрации в моногородах, лишившихся работы, в столицах, где сильно подешевевший рубль сделает сбережения россиян фантиками, и начнутся перебои с поставкой продуктов и товаров. Авиасообщение между российскими городами станет намного хуже; РЖД захлебнется, экспорт через Черное море не будет работать, Балтийский узел не будет справляться.

Как вы думаете, какова вероятность, что через месяц, или два, или полгода группа молодых офицеров, группа старых генералов, группа высших чиновников, группа олигархов или любая из комбинаций при помощи специалистов-контактеров из ЦРУ сумеет договориться с ФСО (или нейтрализовать ФСО) и арестует (или случайно застрелит при попытке к бегству, или, к великому сожалению, найдет немного умершими от естественных причин) двух-трех человек, которые сегодня управляют страной и войной? И что кто-то из второго эшелона (например, Мишустин) вдруг объявит, что 1) война окончена; 2) нас всех обманули; 3) виновные понесут наказание; 4) мы просим Запад помочь Украине и не мешать нам? Кстати, китайскую версию так удобно достать из моего поста при этом!

Да что там арест или убийство — какова вероятность, что на фоне затяжной войны и прочих передряг сердце или сосуд в мозгу сексуального символа нации не выдержит — все же возраст — и далее события будут теми же?

То есть я даже вас так спрошу: а какая у вас есть другая версия событий? Как Путин и Ко будут держать Украину в оккупации, одновременно бороться с катастрофой в экономике и сдерживать свои элиты и силовиков, у которых, естественно, будет большой вопрос: «И зачем мы такого г...на наелись?» Вы правда верите в «импортозамещение/Китай нам поможет/у вас самих кризис пострашнее»? Это значит, вы не видели российского высшего чиновника, который может потерять безнаказанность и богатство — вот что страшнее любого кризиса.

То есть даже давайте допустим, что вероятность вышесказанного — 50%, а 50% — ваша взяла. Но с вероятностью 50% курс поменяется в одно прекрасное утро на свою полную противоположность, причем новой власти, конечно, не придет в голову проводить демократические выборы и формировать в новой думе фракцию «запутинцев» — это вам не безвольные демократы девяностых. Новая власть должна будет быстро найти виновных и быстро навести порядок. Кто будет виновным? Вы же и будете, батенька! И даже не надо новых законов: в российском УК есть две статьи — за ведение агрессивной войны и за разжигание такой войны, и (спасибо Путину) статьи за оскорбление чувств, за разжигание межнациональной розни и пр., и пр. Так что вы, господа восторженные поклонники, пишущие про «укрофашистов», поддерживающие президента, и госпожи, татуирующие недосвастики на задницах мужей, уже по российскому УК заработали на 20 лет заключения. Просто сейчас вы нужны хозяевам жизни на свободе. Если хозяин сменится, вы будете нужны на восстановлении вредных производств и приисках Восточной Сибири.

Вы думаете, что победили «пятую колонну», «либерастов» и теперь ваша взяла? Глупые: если бы «либерасты» победили, они бы нудно дискутировали и, обсудив между собой, потупясь, объявили бы, что демократия требует предоставить вам равные права, и потому вы как ни в чем не бывало продолжили бы сидеть в теплых местах, депутатствовать и ждать реванша. «Либерасты» вам были безопасны. Бойтесь тех, кто победит сейчас. И лучше уже сейчас вычищайте все посты из соцсетей в поддержку президента, «спецоперации», «русского оружия», обличения «укрофашистов», стирайте недосвастики и русские триколоры и молчите — за молчание не сажают нынешние и не посадят будущие.

## Минирование подступов

Я вообще очень долго соображаю за политику (экономика другое дело, там мне обычно сразу все понятно). Вот, например, я долго не мог понять, зачем русский император совершает вещи, ставящие и его, и страну в заведомо безвыходное положение? Что это за такой бессмысленный способ повышать ставки, самому себе отказывая в «плане Б»?

Ведь вот, например, когда ты воюешь за территорию, то это совершенно обратимая ситуация — сколько в итоге завоевал, все твое, хоть сантиметр, а уже победа. И даже если в итоге у тебя осталось меньше, чем было раньше, то это ж все из завоеванного в 2014-м, враг на твою настоящую территорию не пойдет, так что как бы ничего особо страшного.

Но если ты что-то еще не завоевал (хуже того, находишься в перманентном плановом отступлении), а при этом объявляешь не только эту, но и прилегающие территории частью своей страны с занесением в Конституцию — каким образом ты потом будешь сдавать назад, когда враг окончательно тебя выгонит, пусть даже не со 100%, а хотя бы с 50% этих территорий, которые теперь Россия, пусть только в твоей Конституции?

То же самое — с мобилизацией. Легко отыграть назад спецоперацию силами спецконтингента: в любой момент объяви задачи выполненными — и все свободны. Но когда на фронт ушли и погибли десятки тысяч гражданских, а тебе надо сворачиваться, при том что ситуация на фронте стала только хуже, как ты это сделаешь?

Таких же вопросов можно задать еще дюжину. Что происходит?

Ответ «да он рехнулся» я отметаю сразу: в этом безумии, очевидно, куда больше смысла, чем в ином смысле безумия.

И вдруг меня осенило. Все же очень просто! В чем на самом деле основная и почти единственная цель российского императора? В удержании власти. А кто же угрожает власти российского императора? Не США и НАТО (им-то вообще чего?), не Украина (тоже ни при чем), не народ (он вообще на все согласен). Угроза исходит от его же элит, от того или тех, кто, позарившись на его место и его власть, сумеет собрать достаточную коалицию, чтобы императора сместить.

«Но тогда его действия еще более нелогичны! — скажете вы. — Он же сам, ухудшая положение России, ставит вопрос о своей замене!» Так-то оно так, но только вот вопрос замены силовой, и тут ставь — не ставь, задача просто хорошо защищаться. Главный же вопрос — в желании потенциального конкурента получить власть.

А теперь скажите: кому в здравом уме сегодня захочется занять место № 1 в России, чтобы оказаться перед лицом развала армии, экономического кризиса, наличия конкурирующих вооруженных формирований в стране, да еще перед необходимостью признать потерю территорий? Мне кажется, любой претендент в такой ситуации будет ждать, пока действующий император разрешит самые серьезные проблемы, иначе вина за них и последствия их падут на самого преемника/претендента.

Ну а император не будет торопиться: за неимением желающих он спокойно будет править сам. Чем хуже, тем спокойнее. Так минируют подступы к своей позиции, выжигают землю, травят колодцы вокруг своей ставки. Чтобы не подошли, чтобы даже не подумали подходить. Чтобы никому не надо — а я уже здесь, мне надо.

## Слабоумие и отвага — наше все

Это комментарий к экономической статистике России за 2022 год

Подоспели данные по России за прошлый год и начало этого. В них ничего особо интересного, но они мне нужны для того, чтобы об интересном поговорить, так что enjoy:

1) в расчетах используется тринадцатипроцентная инфляция. Большой вопрос, насколько эта цифра адекватна потребительской корзине. Наблюдаемая инфляция держится выше 20%. Если вы считаете, что инфляция выше, — все цифры надо опускать вниз на эту разницу, так как мы считаем реальные величины (в стабильных ценах),

2) ритейл-продажи упали на 6,5% к декабрю, на 7,3% к 1 февраля, в феврале были стабильны. В реальном выражении ритейл вернулся на уровень 2011 года. Опять же считаем с тринадцатипроцентной инфляцией, инфляция в ритейле, конечно, выше и сильно ближе к 20%, то есть продажи упали примерно на уровень 2009 года,

3) непродовольственная розница упала на 11% за год, на 16% в ноябре-декабре. Это хороший индикатор изменения доходов среднего класса, но, конечно, уехавшие тоже влияют,

4) импорт упал на 20% в долларах. С учетом падения доллара на 15%, роста цен в долларах на 5% и предположительной средней дополнительной наценки на импорт в 10% в связи с тем, что везут теперь криво, это падение в натуральных величинах примерно на 40%,

5) приобретение новых автомобилей. Тут падение на 50%,

6) депозиты населения в банках в России за год упали на 1 трлн рублей (с 34,5 до 33,5),

7) резкое падение прироста долгов — на 50% по сравнению с 2021 годом (новых всего на 2,4 трлн рублей, на 7%, то есть «не выбрано» 2,5 трлн, 40 млрд долларов),

8) за год из страны ушел 251 млрд долларов. Из них около 30 млрд — это то, что должно было, но не пошло в потребление. ЦБ РФ предполагает, что в 2023 году из страны уйдет 124 млрд долларов. Напомню, что в 2021 году из России ушло 72 млрд долларов, в 2020 — 50,

9) оценка «снизу» по уехавшим долгосрочно (нашли работу, обосновались) — 1,1 млн человек, из них 15 тысяч миллионеров (примерно 20% всех миллионеров России до 2022 года). Примерно половина «понаехавших надолго» все еще работает на российские компании и, получая зарплату, выводит ее за рубеж — к вопросу о падении непродовольственного ритейла в первую очередь,

10) косвенно это отражается в падении трудовых ресурсов (минус 423 тысяч человек). Уехавшие, но работающие, естественно, в падении не считаются. На этом фоне количество занятых за год увеличилось на 263 тысяч. Поскольку явно не просматривалось роста штатов, увеличение, скорее всего, полностью объясняется мобилизацией,

11) инвестиции в новые предприятия упали на 20%, но суммарные инвестиции выросли на 6%. Всему виной смена оборудования, изменения логистики и прочие проблемы, возникшие из-за санкций, эмбарго и войны. Это в реальности инвестиции, уравновешенные списаниями, то есть чистые потери капитала,

12) падение импорта помогло текущему счету — Россия заработала в 2022 году 227,4 млрд долларов. Однако отток капитала свел конечную финансовую позицию к негативной (минус 50 млрд долларов без учета замороженных средств). Всего у России есть незамороженных где-то 300 млрд, на 5 лет такого сальдо,

13) в жилищном строительстве намечается спад: с октября объемы средств на эскроу-счетах упали на 6%, с декабря к февралю объемы строительства упали на 4,3%,

14) падение выдач ипотеки усиливается, несмотря на то, что реальная ставка по ипотеке уже почти минус 3% (8% против 11% ставки по ОФЗ). В январе 2023 года выдано на 14% меньше сумм и на 18% меньше кредитов, чем годом ранее,

15) выпуск стали упал на 8% год к году, всего по черным металлам отгрузка упала на 11%. Где новые танки и пушки, а если они есть, то насколько упал выпуск гражданской продукции?

16) производство легковых автомобилей упало на 67%, грузовых — на 24%. В Украине потеряны тысячи грузовых машин — где восполнение?

17) производство древесины и изделий из дерева упало на 19%,

18) в январе промышленное производство в РФ сократилось на 2,4% год к году (декабрь–декабрь — 4,7%, обработка — 5,7%). Это с учетом военной промышленности, о которой так много говорят в Кремле. То ли в реальности там нет никакого разгона, то ли провал в невоенной части очень велик,

19) отгрузка промышленного сырья по железной дороге в феврале 2023 года на 24% меньше год к году. Как обработка выдала минус 5,7% на ¾ сырья?

20) внутреннее потребление нефти упало на 10%. Производство нефти в 2023 году будет на 5% ниже 2022 года по плану,

21) отгрузка удобрений по ж/д — минус 6,5%. Ж/д — это фактически внутренние перевозки удобрений. Что произошло в сельском хозяйстве?

22) ВВП, по оценке Мирового банка, упал на 3,5% — это при дополнительном разовом вкладе в ВВП высоких цен на нефть и газ в размере около 2%, дополнительных доходах логистики и финансовых компаний около 0,5%, дополнительного ВВП,

потраченного на войну (по расчетам «Форбс» — около 2,75% ВВП), то есть падение «системное» превышает 8%,

23) дефицит бюджета 2022 года — 2,5% ВВП, дефицит бюджета 2023-го будет, видимо, около 4% ВВП, за вычетом сырьевой ренты — 12% ВВП,

24) в бюджет заложены расходы на оборону и безопасность в размере 6,5% ВВП (у Израиля 5,6%),

25) плановые доходы бюджета РФ 2023 без сырьевой ренты равны сумме расходов на оборону и безопасность и социальных расходов,

26) очень интересный показатель — медианный среднедушевой располагаемый доход. В декабре 2013 года при курсе доллара 30 он был 9000 рублей (300 долларов); в феврале 2023-го при курсе доллара 72 он составляет 17 000 рублей (или 236 долларов). Это уровень июня 2010 года, вот только с июня 2010 года доллар подешевел на 60%. В реальных долларах 2010 года это 147 долларов, уровень медианного среднедушевого дохода россиянина примерно 2004 года. И это процесс не напрямую связанный с войной. В декабре 2021 года этот показатель был около 215 долларов (то есть примерно те же 140 долларов 2010 года),

27) 64% семей в России не хватает денег на покупку бытовой техники; 32% — на покупку одежды и обуви. У 59% семей нет сбережений.

Для справки: источник цифр на 99% — ЦБ РФ, Росстат, правительство. Никаких злых западных голосов. А теперь об УДИВИТЕЛЬНОМ: удивительно отношение к ситуации россиян.

Февральский опрос инФОМ говорит о том, что индекс оценки текущей ситуации вырос до 88,4, то есть уровня 2018–2019 годов (он проваливался до 63 летом 2022 года). Правда, до аннексии Крыма он был чуть выше 100, но 2015 и 2016 годы «пролежал» между 60 и 70. Выходит, теперь россиянам лучше, чем в 2019 году, до пандемии.

Индекс ожиданий, то есть «каким вам видится будущее», достиг 111, повторив пик 2018 года: до Крыма он не достигал даже 110. Всё уже хорошо, а будет совершенно замечательно.

Вообще индекс ожиданий у россиян стабильно выше индекса текущей ситуации на 10–20 пунктов. Максимальный разрыв был после Крыма — 30 пунктов. Сейчас он 23. Вот такие россияне оптимисты — их даже не смущает, что они оптимисты уже много лет, а индекс текущей ситуации ни разу не добрался до уровня индекса ожиданий 3–5 лет назад.

А еще россияне много знают про цены, стоимость валют и вообще финансовые рынки. В то, что цены «росли в последний год очень сильно», в августе 2021 года верили 63% россиян, а в феврале 2023 года — 55% россиян. То есть кажется россиянам, что цены мало росли — меньше, чем в 21-м...

В то, что «в ближайший год цены будут расти очень сильно», в январе 2021 года верили 19% россиян, в январе 2023 года — 17% россиян. И тут все стало сильно лучше.

51% верит в то, что через год рубль будет стоить к доллару больше или столько же, сколько сейчас. 20% из них верит в рост курса рубля. В январе 2022 года таких было всего 6% — видимо, россияне считают, что с финансами у страны стало резко лучше. [Тут хочется включить волшебника из ноября 2023 года и напомнить, что рубль за 2023 год подешевел к доллару очень сильно. Какой сюрприз для половины россиян!]

Наблюдаемая инфляция в России всегда значительно выше ожидаемой. 30% россиян сейчас верит, что инфляция за 2023 год не превысит 4%. 16% затруднились ответить, 3% сказали, что она будет даже ниже 4%. [Прошу прощения за назойливость, по итогам 2023 года инфляция в России выросла так, что ЦБ РФ поднял ставку выше 15%].

Наконец, 62% россиян уверенно сделали прогноз относительно роста цен через пять лет. Такой прогноз не осмеливаются делать даже международные финансовые институты и даже для развитых стран. Но россияне могут, чего там...

Правда, разброс их прогноза от 3% до 25% примерно, распределение ровное.

Живите теперь с этим и не спрашивайте, как санкции отразятся на политических воззрениях россиян. Они не отражаются даже на их экономических ощущениях. Там ничего уже не отражается ни на чем. Абсолютно поглощающая поверхность.


## Любить — сердцем, думать — головой

Кто только из хороших людей (кроме россиян) не потроллил плохих людей (только россиян) за желание получать туристические визы в Европу. Кто только не порадовался скорому их запрету — так им (россиянам) и надо, ведь россияне состоят из двух очень плохих типов: 1) сторонники войны — преступники и 2) противники войны, которые Путина еще не свергли, а потому ничем не лучше первых.

А я смотрю на эту вакханалию вселенской справедливости, и в глазах моих грусть, грусть, а не агрессия. И грущу я даже не про справедливость (бог с ней) и не про то, что подобные позиции порождают дурацкую дискриминацию по российскому паспорту, эмиграция в девяти случаях из десяти начинается с такой визы, в итоге мы не можем вывезти из РФ множество хороших людей, мир недосчитывается ученых и врачей, айтишников и инженеров, которые будут работать на Путина (а куда им деваться?).

Я грущу про простую рациональ, окончательно забытую панами, херрами, хёррами, кунгсами и понасами на этом празднике возмездия: россияне-туристы оставляют за границей миллиарды долларов валюты — той самой, которая будет нужна Кремлю, когда нефть упадет в цене, для закупок у Китая вооружений. В 2020 году это было 40 млрд долларов, аналог 10 000 (!) HIMARS. Не даем визы — оставляем валюту в России. Даем визы — забираем.

То же самое, кстати, касается вывоза капитала. Сколько сделано с февраля очень ответственными сотрудниками очень ответственных регуляторов из Европы для того, чтобы не дать россиянам вывозить свои средства из России! Отток капитала упал почти в ноль — ура, победа! Да только эта победа оставляет в России те от 50 до 150 млрд долларов, которые ранее уходили из нее в год, а то и больше — при нынешних нефтегазовых доходах, да при нынешнем страхе россиян за будущее это бы и все 250 млрд могли быть.

Я же еще импорт в Россию всякого ширпотреба и прочих стеклянных бус забыл — его ж тоже как бы запретили, а это еще сотня миллиардов в год! Без бус, конечно, россиянам очень обидно, но, мне кажется, менее обидно, чем было бы обидно Кремлю без 100 млрд долларов! Нет, конечно, станки, технологии, микросхемы для ракет, запчасти к самолетам и многое другое надо было остановить, чтобы не усиливать милитаристскую машину. Но предметы роскоши-то зачем?! Сумками Луи Вюитон они, что ли, бомбить соседей будут? На «Бентли» фронт прорывать? На БМВ Х5 гаубицы устанавливать? Подгузники «Хаггиз» солдатам раздавать перед боем для храбрости?

Ну что, всё еще готовы за справедливость заплатить России от 200 до 400 млрд долларов? Или, может, лучше предоставить россиянам самим свершить справедливость и вывезти эти деньги из страны? Человеку для того и даны ум и сердце отдельно, чтобы уметь ими отдельно пользоваться. Умом — думать. Сердцем — чувствовать. Беда, когда путается.

Сердцем-то я с вами, товарищи, и вы это знаете. Но вот с умом тут что-то не так.

# О российском ВВП и аде для абсолютистов

В маленьком уютном аду моих фантазий специальное место отведено для абсолютистов и обобщателей, тех, кто говорит «на самом деле» или «все экономисты думают...».

Намедни попалась на глаза очередная гневная заметка одного такого кандидата на размещение в аду на тему: «Все экономисты предсказывали крах России из-за санкций, они все идиоты, ВВП России сократился только на 2,5%».

Для начала приведу цитату из самого себя, из поста от 6 июля:

«...На сегодняшний день все введенные против России санкции не приводят (и не могли привести) к „экономической катастрофе".

Да, доходы населения упали на 8% (на самом деле даже больше), да, импорт провалился более чем в два раза, да, у среднего класса появилось множество головных болей (где держать деньги, как выезжать за границу, какой телефон купить). Но все это настолько же не похоже на крах экономики и настолько же не вызывает страха и боли у основной массы жителей России, насколько не являются крахом рост цен на углеводороды и инфляция для жителей Европы. Россия получает огромные валютные средства. Продажи углеводородов переориентируются на Восток. Самообеспечение товарами первой необходимости налажено, а 70% населения других никогда и не покупало.

Через какое-то время ситуация, конечно, будет хуже: проблемы с логистикой из-за выхода из эксплуатации самолетов и части ж/д парка, проблемы с автоматикой, проблемы с производственными цепочками и прочее, о чем все много говорили и говорят, заставят Россию сидеть в стагнации на уровне ВВП ниже минус 10% к 2021 году долгие годы, а доходы россиян не будут расти с уровня начала двухтысячных, если не начала девяностых, к которым они придут в этом году. Но это скорее обидно, чем больно...»

Нет, не все экономисты предсказывали крах. Вот я, например, никогда не предсказывал. И не только я — на самом деле среди нормальных экономистов я не знаю фактически никого, кто неверно оценил бы перспективы России в рамках санкций. Есть, правда, одна деталь, которая действительно может непрофессионала навести на мысль об ошибке, — это прогнозы ВВП.

После 24 февраля хорошие экономисты прогнозировали на 2022 год падение ВВП в России в 7–10%. Я придерживался оценки в 7–8% и предполагал инфляцию в 15% или больше [инфляцию, к слову, я почти угадал, даже причесанные оценки дают почти 13%, а хорошая традиция Росстата советует занижать инфляцию на 10–20%]. И вдруг мировой банк (чьим оценкам я верю чуть больше, чем оценкам Путина) говорит о падении ВВП России на 3,5%. Что не так?

На самом деле все так, даже еще хуже, чем так. Когда мы оцениваем динамику ВВП, мы 1) имеем в виду изменение имеющихся экономических цепочек, 2) устойчивые изменения (без разовых выбросов), 3) в первую очередь думаем о «базовом ВВП», то есть объемах дохода экономических агентов, создающих мультипликативный эффект. Делаем мы это так не потому, что глупые, а потому что внезапно появляющиеся части ВВП, разовые изменения и немультиплицируемая часть ВВП просто непредсказуемы и (для нас как экономистов второе служит на самом деле основным оправданием) практически не влияют на жизнь социума в перспективе.

Так что же случилось с ВВП России в 2022 году?

Во-первых, экспорт нефти из России вырос на 7% (добыча выросла на 2%, то есть внутреннее потребление упало на 10% — это, мне кажется, важный показатель падения экономики, особенно с учетом того, сколько нефтепродуктов потребили российские танки и БТР). Честно сказать, я, как и многие, ожидал эмбарго на экспорт нефти раньше и жестче. Ну тут уж претензии к Западу, это про другое.

Учитывая, что цена Urals в 2021 году была в среднем 64 долл/ббл, а в 2022 — 72 долл/ббл, можно очень грубо прикинуть, что только экспортный ВВП от продажи нефти увеличился более чем на 2,5 трлн рублей. Грубая (а другой у нас и не будет теперь) оценка ВВП России 2023 — 135–145 трлн рублей. То есть только прирост ВВП за счет экспорта нефти (в основном за счет роста цены) составляет более 1,5%. А есть еще экспорт нефтепродуктов (там еще +0,5% к ВВП). Все это — разовые прибавки. Цена на нефть упала и вряд ли будет расти в ближайшее время, российская нефть продается хоть и не с официально заявленным потолком в 60 долларов за баррель, но на Западе — еще дешевле, а на востоке не сильно дороже. По моим предварительным оценкам, российский экспорт нефти упадет на 10–15% в 2023 году, значит, эти 2% уйдут, и вместе с ними уйдут еще 1–2% ВВП. Можно было предвидеть такой скачок цен и запаздывание санкций? Не знаю.

С другой стороны, по оценкам «Форбс», Россия потратила в 2022 году на ведение военных действий (сверх военного бюджета) 82 млрд долларов. Цифра грубая, но нет оснований не верить порядку. ВВП так устроен, что почти все эти 82 млрд на 100% идут в ВВП, вернее, не попадает туда только 21 млрд долларов стоимости уничтоженной техники (часть из них надо в ВВП включить обратно, так как стоимость ремонта и выпуска новой боевой техники в ВВП войдет, но не будем мелочиться). Итак, 61 млрд долларов, 4 трлн рублей, 2,75% ВВП. Это непроизводительный ВВП, он никак не улучшит ни жизнь граждан России, ни российскую экономику; но он есть. Должны ли мы были включать его в оценку? Я считаю, что нет, это как «раскопал яму — ВВП, закопал яму — снова ВВП».

Вот вам только по двум «разовым» и немультиплицируемым статьям 4,75% ВВП. Если же добавить сюда мелочи, такие как рост внутрироссийского туризма в связи с закрытием западных направлений и рост стоимости билетов на перелеты за границу, избыточные доходы финансовых учреждений от того бардака, который творился и еще творится в банковской системе, прибыли посредников при продажах «серого» товара и пр., мы уж точно наберем на 5% в совокупности.

Итак, 5% ВВП у нас либо случайно и уйдет, либо вредно для страны и большинства жителей (за исключением, конечно, получающих выплаты за убитых и раненых мужей и сыновей, но тут не мне решать, что лучше для них). 3,5% снижения ВВП, по данным Мирового банка, + 5% = 8,5% снижения полезного ВВП, и это — оптимистическая оценка (мы много чего не стали учитывать).

Катастрофа? Нет, конечно. Были экономисты правы? Безусловно.

Кстати, на будущее: никакие прогнозы ВВП никогда не смогут учесть милитаризацию страны — кто его знает, сколько танков захочет выпустить Кремль? Танк делается из местного сырья, 100% его стоимости — это ВВП, в условиях чудовищной коррупции его стоимость будет очень высока. Так что не удивляйтесь, если ВВП России будет даже расти. Танками прирастать богатство России будет. Но считать ВВП, конечно, правильнее без танков. В конце концов, танк — это перевод железа и перераспределение денег рабочим на заводе. Второе, конечно, помогает им жить, но лучше бы они делали что-то полезное.

## Норма (не опера)

Меня тут справедливо упрекают, что я часто пишу «как все плохо», игнорируя то, что хорошо. Есть такой грех — «хорошо» оно и есть хорошо, что про него писать? Пишешь, когда что-то не устраивает или беспокоит. Тем не менее, если у читателей складывается впечатление, что я хорошего просто не вижу, стоит хоть раз его опровергнуть. Давайте поговорим о хорошем — о норме.

Безусловно, огромное количество людей в мире и в России и сегодня, и всегда адекватны, разумны, эмпатичны. Это касается людей всех национальностей, живущих на всех территориях. Это — норма.

Вы наверняка знаете мое отношение к режиму Путина и его политике — можно не повторяться. Но я категорически не готов объявлять «всех россиян» или «всех, кто не выходит на протесты» или «всех, кто не уехал» пособниками режима и преступниками. Десятки миллионов жителей России всё понимают, но не могут ничего сделать. Они — заложники, а не пособники. Сомневающиеся могут вспомнить, что Освенцим, лагерь, через который прошли миллионы заключенных и в котором их одновременно находилось около миллиона, охраняли 6000 человек, а пулемет был только у взвода, сторожившего главные ворота. Что, узники Освенцима тоже были пособниками? Жить сейчас в России (с полным осознанием тупика, в который страну завела нынешняя власть, с чувством катастрофы, с ощущением ужаса и ненависти к режиму) — норма.

Точно так же норма — уезжать из России сейчас, и было нормой уезжать и раньше. Вообще решать, где тебе жить, самостоятельно, а не на основе навязчивых советов или доктрин типа «патриотизма» или «русофобии» — это норма. У меня нет и не может быть претензий ни к остающимся, ни к уезжающим просто по факту их выбора локации. У остающихся может быть тысяча причин оставаться: старые родители, неконвертируемая профессия, любовь к месту проживания, что угодно. Может даже вообще не быть никаких причин — и их выбор все равно норма, и осуждать его не следует, осуждение выбора это — не норма.

Десятки миллионов жителей России не понимают того, что происходит. Это не их вина, это их беда. Их не научили критическому мышлению, не дали доступа к объективной информации. Их с детства пичкали конструктами, которые въелись в их сознание и блокируют восприятие реальности, если она не соответствует их предпочтениям и ожиданиям. Этот феномен — норма, а не отклонение: если с детства человека не растят определенным образом, он вырастает именно таким.

Можно ли обвинять их в том, что они такие? Думаю, нет, иначе нам придется обвинить все человечество во всей его истории, и мы не найдем безвинных. Отчасти этот подход — обвинения — исповедуют самые радикальные левые в развитом мире, предлагающие сносить статуи и жечь книги тех, кто триста лет назад владел рабами или сто пятьдесят лет назад был против равноправия женщин. Двигаясь таким путем, мы отменим всех великих писателей и философов античного мира и подавляющее большинство знаменитостей более поздних эпох, только чтобы через двести лет человечество, которое перестанет есть мясо, отменило нынешних радикальных левых, потому что они позволяли себе стейк.

Ровно так же мы не можем ни обвинять, ни отменять тех, кто продолжает сейчас в России игнорировать происходящее или искренне верить пропаганде. Ненавидеть их, призывать на их головы всевозможные кары, воевать с ними — это ненавидеть себя, воевать с собой: у каждого из нас есть свои заблуждения, свой wishful thinking, свои догмы и свои страхи; а если не у нас, то у наших предков они были в изобилии, но мы не ненавидим и не отменяем своих предков. Объяснять — да. Выражать свою позицию ясно — да. Ссориться — да. Но не забывать, насколько мы сами недалеко от них ушли.

Что же является «не нормой»? Поддержка войны, убийства, захвата территорий; не «я не верю, что мы можем убивать и насиловать» (это вариант нормы, пусть печальный), а «и правильно их там убивают и насилуют». Это не норма вне зависимости от причин — вера ли это, садистическая патология или выражающий эту поддержку просто сидит на окладе и/или надеется на ништяки. Кстати, я написал «их там», но не написал кого. Так вот, вставьте кого угодно — и это не будет нормой в равной степени.

По разным оценкам, из России уехали в этом году от 75 тысяч до полумиллиона человек (точнее данных у меня нет и не может быть). Их отъезд сам по себе совершенная норма, и так же, как у оставшихся, это их личное дело: захотели — уехали, захотели — остались. Часть из них слышать не хочет о России, и это нормально, учитывая то, что в России творится. Другая часть, наоборот, активно вовлечена в информационное поле, дает советы, высказывает мнения — и это тоже нормально. Формально все, кто не лишился гражданства, имеют право (и моральное, и физическое!) принимать участие в решениях относительно политики в России; но и те, кто не имеет российского гражданства, конечно, имеют право иметь мнение и его высказывать. Причем мнение это может быть каким угодно, если оно не поддерживает войну, убийства, захват территорий. Иметь мнение — норма.

Кстати, мнение «Россию надо разделить на 20 частей» в этом смысле крайне безответственно и очень опасно, поскольку насильственное деление, особенно снаружи, конечно, будет кровавым. В этом смысле стоит говорить, но не заговариваться.

Что в данном случае не является нормой? Нормой не является то же самое — поддержка войны, убийства, захвата территорий, в том числе войны с Россией, убийства россиян, захвата российской территории (сразу оговорюсь, что под российской территорией я лично понимаю международно признанные границы, куда Крым не входит). Желать Украине освободить свои земли — норма. Желать, чтобы при этом погибло как можно больше российских граждан — нет. Желать смены режима в России — норма. Желать ядерного удара по Москве — разумеется, нет. Желать, чтобы военная машина России забуксовала под санкциями, — правильно; желать обнищания россиянам, болезней из-за отсутствия лекарств, роста детской смертности, разрухи, преступности — не норма в любом случае.

Я отлично понимаю чувства жителей Украины, которые потеряли имущество, место жизни, работу, близких, получили травмы. Их ненависть ко всем россиянам, перенос своего горя и ужаса, своего негодования, своей травмы на наиболее удобный для этого предмет — абстрактный «народ» или «нацию» — совершенно естественны, и я не готов их за это винить. Но такая трансляция травмы — не норма. Нормой будет, если, освободив свои земли и защитив сограждан, украинцы переживут травму и вернутся к объективному пониманию ситуации, как сделали это народы Европы и те же украинцы в отношении немцев после Второй мировой. Для этого, кстати, есть даже больше оснований — в России живет столько украинцев, а в Украине столько русскоязычных, что даже пропагандистам сложно объявить, что война идет между россиянами и украинцами, как сложно заявить, что раскол российского общества пролег между оставшимися и уехавшими.

Война идет между милитаристским режимом и его соседом; не за территорию и не за отстаивание территории — это война против свободы выбора и за свободу выбора. В том числе выбора, что поддерживать и где жить. Я не вижу никакой разницы в том, как будет называться страна, где будет расположен город, который сейчас называется Харьков, — в конце концов, названия меняются регулярно. Но крайне важно, чтобы люди в этом городе жили в свободном и безопасном пространстве, где можно без опаски выражать свои мнения, откуда можно ездить по всему миру, говорить на языке, на котором тебе удобнее, спать с кем хочешь, верить во что хочешь, главное — не делать плохо другим и никого не заставлять быть на себя похожим. И я верю и надеюсь, что так будет в Харькове очень скоро. Я верю и надеюсь, что так будет и в Москве, но понимаю, что очень нескоро. Это норма.

## Отвлекитесь на Луну

Моя жена говорит, что трансляция чувств на посторонний объект или событие есть следствие травмы. Следствие следствием, но все же надо быть умнее — не потому что «так правильно», а исключительно из утилитарных соображений: трансляция смещает объект и, как следствие, не дает правильно реагировать.

А так-то русскоязычный мир борцов за свободу трансляцией живет и дышит. Едва отгремели совершенно непонятно к чему приуроченные статьи на тему «так и надо олигархам, да и вообще всем русскоязычным» (бедные олигархи, многие из которых давно покинули Россию, высказались против войны и вообще для мира не вреднее мифических жадных евреев средневековой антисемитской традиции, переворачиваются в своих постелях и икают от упоминаний — ни застелить их постели, ни подать им воды теперь некому). Так вот, едва отгремели эти неожиданные фанфары презрению к нормам западного права и практического здравого смысла, как нашлась новая тема для улюлюкания: Луна-25.

Вот ведь почему она разбилась? «Ясно, — пишут со злорадной радостью комментаторы, — это ж Путин запустил, а у него ничего не выходит никогда. Это дурак Рогозин всем руководил, вот и развалили все. Из России-то все умные уехали, а кто остался, разве может что-то на Луну посадить?»

Умный чикагский экономист неизвестных с недавних пор национальности и гражданства, только что ругавший почем зря израильского бизнесмена, родившегося в Казахстане, и утверждавший, что покарать Фридмана так же правильно, как руководителей нацистской Германии (и главное — за то же), пишет длинную статью о том, что в России Путина ничего никогда на Луну полететь не сможет, потому что там нет демократических выборов, а есть коррупция.

Между тем, если бы чукча был читателем, а не только писателем, он бы мог прочитать в Интернете следующее:

1) процент потерь малых спутников при запусках в целом по миру за последние 25 лет — 41,3%, 25% — тотальный неуспех миссии, 6% — потеря на старте,

2) первые четыре запуска аппаратов к Луне, сделанные американцами, окончились неудачно; СССР предпринял еще большее число неудачных попыток запуска,

3) в 60-е американская миссия «Рейнджер» запустила 9 аппаратов к Луне. Первые 6 разбились,

4) в конце 60-х США организовали суперуспешную миссию к Луне — «Сервейрер». В процессе ее выполнения разбилось всего два из семи аппаратов,

5) «Аполлон-13», запущенный к Луне с экипажем, не долетел до Луны, и экипаж чудом удалось спасти и вернуть на Землю,

6) советская миссия «Луна», осуществленная в течение 1958–1976 годов, имела failure rate в размере 66%. «Луна-15» разбилась о поверхность Луны всего в 540 милях от места, где почти в тот же самый момент Нил Армстронг ступил на Луну,

7) из двух китайских миссий к Луне в 2018 году одна была неудачной,

8) в последние четыре года потерпели аварию миссии к Луне, отправленные индусами, израильтянами и японцами. Ни те, ни другие, ни третьи не стали всего лишь четвертой страной, посадившей свой аппарат на Луну. Их до сих пор три,

9) миссия JAXA планировавшая совместно с NASA в 2022 году полужесткую посадку на Луну, провалилась,

10) лунная миссия США Flashlight в декабре 2022 года практически провалилась.

И да, чтобы не забыть: я крайне отрицательно отношусь к режиму Путина. Я больше других писал и пишу про деградацию науки и экономики в России, вызванные оттоком умов, коррупцией, ложными мотивациями и пр. Но ваш праздник от наказания невиновных и злорадство на пустом месте не имеют никакого отношения к реальности, никому не помогают, не приближают никого к пониманию происходящих процессов и уж точно не способствуют ответам на вопросы «что делать» и «как нам сохранять свое человеческое достоинство при виде кошмара, совершающегося в России».

Если у нас и есть что противопоставить взрыву архаики в России, то это а) трезвый ум и б) постоянная борьба за сохранение новейших гуманитарных достижений так называемой «западной цивилизации», особенно в ситуациях, где она сама от них пытается отойти — от правил логического мышления до презумпции невиновности, независимости судебной власти и равенства всех перед законом.

Глупость по поводу «закономерной неудачи лунной миссии» лишает нас возможности внятно говорить про реальные проблемы России. Глупость по поводу санкций без суда, следствия, доказательств и прагматических целей открывает путинским методам доступ в развитый мир. Совершенно не важно, как будет называться территория. Если в Британии будут приняты кремлевские методы решения проблем, это будет эквивалентно захвату Британии Кремлем.

## Полословие

> Этот скетч был написан по следам очередного выдающегося изречения Владимира Путина: на сей раз в начале 2023 года он заявил, что Россия спасает мир от концепции «гендерно-нейтрального бога».

Считайте это призывом к биологам и теологам наконец-то собраться вместе (например, в баре The Duke of York, он недалеко от моего дома, и пиво там отменное) и выпить. А чтобы не просто так пить, обсудить следующее.

## 1. ПОЛ

Пол — это биологический признак, имеющийся только у живых существ, которые воспроизводятся определенным способом, а именно через мейоз специфических клеток (деление клетки с уполовиниванием набора хромосом: половина одной новой клетке, половина — второй) с последующим соединением таких клеток от двух разных организмов. В результате образуется новая клетка с полным набором хромосом, из которой развивается полноценное живое существо.

Однако не все такие живые существа теоретически имеют пол, потому что пол определяется не фактом такого воспроизведения, а специфической ролью в выращивании нового живого существа, которую играет каждый из доноров специальной клетки. В природе так сложилось, что, как правило (но не всегда), один из доноров ограничивает свое участие передачей клетки, которая представляет собой почти только набор хромосом (условно мужская роль), тогда как второй обеспечивает клетку и набором хромосом, и большим объемом питательных веществ, и/или берет на себя питание и заботу о новом живом существе, пока то не станет самостоятельным (условно женская роль). Тут важно не запутаться: упомянутая забота специфична для женского пола. Это не стирка пеленок или защита от опасности (это делают представители обоих полов) — это начальное снабжение (создание икры) или вынашивание в утробе или формирование плодового тела и обеспечение поглощения переносчиком — как для растений.

В мире есть четыре формы полового размножения:

1) разделения ролей нет в принципе, доноры клеток играют совершенно одинаковую роль, клетки совершенно одинаковы. Встречается редко, но встречается,

2) одна и та же особь может играть как мужскую, так и женскую роль, и играет ее попеременно, в зависимости от обстоятельств или даже от того, «кто круче». Более крутой, кстати, может присвоить себе как мужскую роль (у некоторых существ), так и женскую (у других),

3) одна и та же особь играет и ту, и ту роль одновременно для разных новых живых существ (детей). Это особенно часто встречается у растений, на одном дереве могут быть и «мужские», и «женские» цветы, встречаются даже случаи, когда один и тот же организм играет обе роли в отсутствие второго (самоопыление у растений),

4) пол особи более или менее определен с раннего этапа жизнедеятельности (редко есть примеры «смены пола» в процессе жизнедеятельности), и особь играет свою роль стабильно с разными партнерами по размножению в течение своего жизненного цикла.

Только в четвертом случае можно говорить о «поле особи» в полном смысле этого слова. В первом это вообще бессмысленно, во втором и третьем это ситуативная функция, а не свойство особи. То есть (внимание!) пол есть только у размножающихся существ, причем: а) размножающихся путем мейоза и слияния специальных клеток, б) имеющих устойчивое разделение дополнительных функций, относящихся не к процессу обмена клетками, а к процессу заботы о потомстве [еще раз для непонятливых: пол не определяется тем, у кого выпукло, а у кого вогнуто!].

То есть для того, чтобы некто/нечто имело пол, оно должно быть представлено множеством индивидов (размножение предполагает увеличение числа, хотя теоретически можно допустить смерть родителя в момент рождения ребенка, но главное — разделение функций предполагает, что есть с кем делить, то есть индивидуумов как минимум двое).

Теоретически половое размножение могло бы быть каким угодно сложным, включать соединение более чем двух клеток от более чем двух доноров, сложные разделения функций в том числе с теми, кто не является донором клеток (что, кстати, имеет место очень часто) и пр. Но «размножение» и «разделение функций» будут необходимыми условиями для появления свойства «пол».

## 2. БОГ

Боги бывают разные — буквально какие хотите, потому что бог не является научным понятием, то есть не имеет наблюдаемых объективных свойств (сразу оговорюсь, что я не утверждаю, что бог не имеет объективных свойств, я утверждаю, что они не наблюдаемы в научном смысле слова). Но если речь идет о боге в христианской трактовке, то бог этот достаточно хорошо определен:

1) Бог вечен,
2) Бог един,
3) Бог не имеет материального конечного воплощения,
4) Бог всемогущ,
5) Бог всеведущ,
6) Бог существует в силу себя самого.

Можно ли, таким образом, говорить о наличии у бога пола? Разумеется, нет, в силу любого из нижеперечисленных аргументов:

a) Бог всемогущ — значит, он не ограничен определенной функцией и может выполнять любую возможную функцию и даже любую невозможную, предварительно сделав ее возможной;

b) Бог един и вечен — значит, он не порождает себе подобных, соответственно, не участвует в процессе размножения; бог един — значит, ему не с кем разделить функции, то есть у него не может быть пола;

c) Бог не имеет материального воплощения — значит, у него нет клеточной структуры и хромосом и не может быть мейоза, сперматозоидов, яйцеклеток и пр.; более того, бог существует в силу себя самого и посему не нуждается в размножении: он не стареет, не накапливает дефекты, ему не надо для сохранения себя создавать реплики.

Последний аргумент, правда, работает с исключениями: бог в христианской мифологии может порождать свои материальные воплощения (по крайней мере мы знаем об одном — Иисусе Христе). В истории христианства спор о том, как соотносится материальное воплощение бога и сам бог, велись всегда, но из двух концепций: а) материальное воплощение бога независимо от бога и есть его порождение и б) материальное воплощение бога есть сам бог и неразделимо с ним. Последняя является догматической, а первая — так называемой арианской ересью.

Православие является одним из самых жестких приверженцев концепции единства: фактически формула троицы в православии предполагает:

a) единосущность бога и его материального воплощения,
b) вечность существования и того и другого,
c) неразделимость и неразделенность бога и материального воплощения.

«Христос — Единородный Сын Божий, рожден «прежде всех век», «свет от света», вечно с Отцом, «единосущен Отцу».

Таким образом, Иисус Христос — это даже не часть бога (типа глаза или руки), а бог в целом, просто спроецированный на материальную реальность (как квадрат может быть проекцией трехмерной пирамиды на двумерную плоскость; фактически мы живем в этом «маломерном» мире наших ощущений, а многомерный [бесконечномерный] бог может спроецироваться на наш мир бесконечно разными способами — он же всемогущ, — и единственно известный христианам раз он спроецировался так, что проекция выглядела как человек мужского пола. Можно ли сказать, что «пирамида рождает квадрат»? Можно (сказать вообще можно что угодно), но только в поэтическом смысле. Есть ли у пирамиды по этому поводу пол? Полагаю, любой человек в здравом уме сообразит, что нет.

Разумеется, всемогущий бог мог бы создать такую свою проекцию, которая будет кем угодно, в том числе мужчиной — и в том числе женщиной. Бог имеет возможность выполнять в рамках своей проекции любую половую функцию (иначе нам придется предположить, что он не всемогущ), но пола он не имеет.

Тут возникает софизм: если бог всемогущ, то, значит, он мог бы иметь пол, если бы захотел. Но разрешение этого софизма очень просто: «пол» — это термин, придуманный людьми, описывающий как раз недостаток могущества. Те, у кого есть «пол», не могут выполнять функции другого пола. Всемогущий бог не может иметь недостаток могущества.

Кстати, дьявол в христианской традиции значительно чаще пользуется возможностью порождать свои материальные проекции, и, как известно, они бывают обоих полов (суккубы и инкубы). Бог явно ничем не хуже.

## 3. ПРЕЗИДЕНТ

Разобравшись с богом и полом, мы можем задать вопрос: а каких верований придерживается диктатор одной далекой страны, выражающий несогласие с концепцией «гендерно-нейтрального бога», вплоть до готовности пожертвовать жизнями соотечественников ради защиты их умов от такой идеи?

И поборники ислама, и сторонники иудаизма были бы потрясены и взбешены самой идеей наличия у бога пола, низведения бога до уровня размножающегося существа. Так что копать нам надо глубже — в основном вдоль временной оси и, конечно, назад.

Похоже, вера этого человека существенно ближе к ранним языческим религиям (древнегреческой, раннеславянской, скандинавской), характеризующимся политеизмом (и, как следствие, размножением богов). Однако и даже в этом случае сей президент идет дальше жрецов этих древних религий: хотя в основном боги древних пантеонов исполняют стабильные половые функции и имеют внешний вид, соответствующий тому или иному человеческому полу, тем не менее известны частые случаи исполнения ими функций противоположного пола (вспомните, как Зевс вынашивал Диониса в бедре, а Афину в бороде или как Локи, спасаясь от гнева других богов, превратился в корову и даже успел отелиться). Более того, в этих — очевидно, родственных — мифологиях один и тот же бог мог быть мужчиной или женщиной (сравните Бальдра и Деметру) — зависело от места жительства. Никто из древних богов, кажется, не стал бы тратить человеческие жизни (хотя они их и не ценили) на борьбу за утверждение себя в определенном поле.

Так что, скорее всего, мы имеем дело совсем не с религией или верой в современном варианте и даже не с античными версиями. Надо спускаться ниже, в дорелигиозные протомифологические времена и концепты, в которых только-только просыпающийся разум человечества не отделял себя от мира и существовал как бы в пространстве бесконечных зеркал, видя отражения внутреннего во внешнем и внешнего во внутреннем. Человек такого сознания творит себе бога из самого себя и сам стремится стать богом по сотворенному образу. Бог этого человека — он сам, избавленный от страхов и несовершенств. И если стареющий мужчина, воспитанный в шовинистическом мире, где неспособность выносить ребенка является предметом гордости, а способность к устойчивому удержанию крови в пещеристом теле определяет статус, творит себе бога, то такой бог, конечно, будет мужчиной. И каждый, кто скажет, что бог гендерно нейтрален, будет на самом деле прямо посягать на статус этого мужчины, лишая его магическим образом потенции. А этого он уже никак не может допустить, и, чтобы спасти его пенис, любое количество смертей не будет слишком большим.

Другой вопрос — разумно ли в XXI веке позволять управлять страной представителю племен, кочевавших по поверхности Земли лет так 10 000 назад? Но это вопрос не ко мне, да и не к тем, кого я призываю собраться в The Duke of York, как только у них появится время.

# Россия золотой рыбки

Вся лента в одной новости: электронные повестки. О ужас. Одни говорят: «Это конец»; другие: «Вам осталась неделя, чтобы сбежать»; третьи: «Это гибель российской экономики». Все возмущены, шокированы, удивлены.

Модель «золотая рыбка». Золотая рыбка живет просто: она бурно реагирует на опасность, всегда — бегством. Шаблоны опасностей заложены в ней изначально, она не обучается. Она помнит про возникшую опасность примерно тридцать секунд, далее она живет, как будто никакой опасности не было — до следующей опасности. Никаких долгосрочных выводов, никакой подготовки к будущей опасности. Всегда одно и то же — увидела шаблонную ситуацию, удивление, ужас, бегство, через тридцать секунд все норм, возвращаемся в квадрат I.

Ну а если мы хотим быть дальше в стреле эволюции, то с этими квантовыми повестками, приходящими сразу в мозг мобилизуемому, есть сразу четыре проблемы:

1) вы правда думали, что прошедшая мобилизация последняя? Нет, ну серьезно?

2) что, реально именно этот способ рассылки повесток кажется вам страшным, а если на бумаге, то ОК, норм? Типа на бумажную не пойду, а на электронную придется?

3) когда уклонистов отлавливают с полицией, это прям вот ОК — нам полиция нипочем, но когда вам говорят, что их не выпустят из страны (что, собственно, всегда было, ничего нового тут нет, уже не выпускали), то это «новое крепостное право» и «ужас-ужас»?

4) вы правда считаете, что мобилизовать еще миллион человек через электронные повестки (при том что госуслуги вне крупных городов не то чтобы популярны) — это раз плюнуть, а мобилизовать миллион человек через

телефонные звонки и бумажные повестки — это никак не возможно?

И еще проблема: мобилизовать людей — дело нехитрое. Другое дело их свезти в нужное место, там одеть, прокормить, обучить не стрелять себе в ногу первым же нажатием на курок, объяснить, какие бывают приказы и как их исполнять, вооружить хотя бы АК-47, перевезти к линии фронта, обеспечить патронами и пайками, придать подразделениям, отправить в бой, продолжая кормить, бинтовать раненых, закапывать убитых, возить почту им и от них и пр. Ни на миллион, ни на пятьсот тысяч в РФ сейчас нет ресурсов ни на обучение, ни на обмундирование, ни на вооружение стрелковым оружием — на фоне 150 тысяч нового призыва так и вообще. Я не говорю про оружие другого типа — пользованию им надо обучать месяцами, это возможно, если за тобой стоит НАТО с инструкторами, полигонами, тренировочными установками и пр., а если ты 70% кадрового состава уже отправил на войну, то банально учить некому, не на чем и негде; да и оружия этого столько нет, чтобы потом посадить на него мобилизованных.

Так что если вы не думаете, что Китай, Иран и Египет в скором времени поставят России миллион АК, 10 млн патронов, 5000 БТР и 10 000 орудий, но главное — 10 тысяч инструкторов со знанием русского матерного, то придется признать, что нынешняя новация ничего нового в жизнь не принесет, если вы, конечно, не хотите разбираться в тонкостях сортов тоталитарной действительности. Не будут они всеобщую мобилизацию объявлять. И миллион призывать не будут.

А будет ли мобилизация? Разумеется, будет, и, наверное, не одна еще волна тысяч по 100–200. Но к форме повесток это отношения не имеет и новостью не является.

# Чей учебник?

В России спешно переписываются учебники истории, что совершенно не новость для страны, где их переписывают пару раз в жизни каждого поколения. Но, оказывается, этому смешному процессу можно поискать аналогии в самых неожиданных местах.

В основе всего должны лежать традиции и вера. Они образуют порядок, который необходим для счастья и процветания. Наша страна — истинный носитель традиций и веры, ведущих к порядку, процветанию, счастью всех и каждого. В нашей стране соединены люди многих национальностей, их объединяет общее понимание верховенства порядка, уважения к традициям и вере.

За порядок в стране отвечает правитель, его действия направлены на достижение порядка, но каждый гражданин обязан стремиться к порядку путем соблюдения традиций и исполнения решений правителя, а также назначенных им губернаторов. Во все времена длинной истории нашей страны, когда правитель недостаточно жестко следил за порядком и/или граждане забывали о традициях, вере или о своей обязанности исполнять решения правительства, наступали смутные времена. Смутные времена влекли за собой хаос — противоположность порядка — и большие несчастья для всех. В смутные времена наша страна разделялась, люди соблазнялись своими различиями, забывая о своем сходстве и единстве. Но народы нашей страны всегда находили в себе силы положить конец смутным временам и под предводительством мудрого избранного правителя вернуться к порядку и процветанию.

Другие страны оказались неспособны к правильному пониманию того, как должно жить человечество. В них процветал и процветает хаос, каждый думает лишь о себе, и оттого люди несчастны. Люди в других странах делают мерзкие вещи, мерзкие вещи стали сутью их жизни, и они требуют, чтобы все делали мерзкие вещи. Другие страны завидуют нам и мечтают насадить свой хаос у нас, они неоднократно предпринимали попытки расчленить нашу страну. Особенно они торжествовали, когда у нас наступало смутное время. Но торжество их всегда было недолгим, ибо наша страна восстанавливалась еще более сильной и единой. Божественная функция нашей страны — показывать другим странам, как надо жить, и мы будем ее выполнять и дальше.

Патриотизм — любовь к правителю и нашей стране — это естественное чувство человека, который желает людям добра и человечеству процветания. Только ставя интересы нашей страны выше личных, жители нашей страны будут добиваться всеобщего счастья и исполнять свой долг. Так всегда было и так будет и дальше.

Нет, вы ошиблись, это я не пересказываю новый учебник истории РФ. Это я пересказываю древнейшие египетские «учебники», созданные примерно 3500 лет назад, на базе которых потом писались даже куски Торы (например, к ним есть очевидная отсылка в Экклезиасте).

Египет вообще штука интересная. Идеологи изоляционизма и исключительности, пионеры централизованной власти и вообще административно-командной системы, египтяне считали себя лучшими, особыми, носителями сверхидеи, учителями мира.

Египет остается самой долгоживущей империей в зафиксированной истории — и одновременно в эту долгую жизнь включены как минимум четыре (на самом деле больше) разных империи, которые разделяются периодами распада на более мелкие государственные образования. Распад, а потом воссоединение, разумеется, проходили в процессе внутренних вооруженных конфликтов, но нет никаких свидетельств, что после завершения распада мелкие вчерашние номы, а теперь — независимые государства жили хуже, чем при едином Египте.

Была у Египта и особо любимая соседняя страна, с территории которой египтяне происходили и которую египетские фараоны считали «своей», но никогда не смогли покорить до конца — Нубия. Нубия почти никогда не управлялась так централизованно, как Египет. За тысячи лет граница между этими двумя странами перемещалась на 800 км туда-сюда в результате множественных СВО. Нубийцы считались египетской пропагандой приспешниками врагов Египта и одновременно одним с египтянами народом. Какое-то время нубийцы даже правили всем Египтом, захватив его во время очередной СВО, непонятно уже кем начатой.

Египет более или менее пережил крах мелких государств Средиземноморья в период конца Бронзового века в том смысле, что впал в состояние развала, а потом пересобрался заново. Но централизованная система управления и гигантский административный аппарат, настроенный на сохранение и распределение природного ресурса (агропродукции, создаваемой в долине Нила), противоречили начавшемуся с концом Бронзового века периоду инноваций, которые активно шли в греческих демократических полисах и даже в авторитарных Ассирии/Вавилоне и потом Персии. По случайности (?) этот период совпал с исходом евреев из Египта в [будущий] Израиль. С IX века до нашей эры Египет проигрывает в экономической и военной конкуренции соседям, с III подпадает под власть греческой династии, но и это не помогает: постепенный проигрыш в конкуренции заканчивается присоединением к Римской империи в I веке до нашей эры. Причем это даже не был захват: наследники Птолемеев передрались между собой и сами пригласили римлян; особая миссия Египта была к тому времени забыта. Ну а если бы не пригласили, Рим бы пришел сам: египтяне к тому времени отставали от римлян в технологиях примерно навсегда.

Через триста лет ничего не осталось ни от египетского языка, ни от алфавита, ни от культуры — только покрытые слоем песка памятники, построенные древними правителями самим себе. Кстати, начиная со II тысячелетия до нашей эры памятники эти становились все менее инновационными, их размеры также сокращались. А потом от древнего Египта не осталось ничего. Территорию теперь населяют совершенно другие народы, другая вера считается у них истинной, страна не претендует ни на лидирующую роль в мире, ни вообще на какую-то серьезную роль. Чтобы узнать все, что я выше рассказал, в XIX веке потребовалось расшифровывать забытый древнеегипетский язык с нуля. Египет теперь — достояние ученых и зевак в музеях.

Так проходит мирская слава империй, мнящих себя носителями исторической миссии. А история Египта — хороший пример для историков России, я полагаю.

## Чума на оба ваши дома? Или на один?

Словесные баталии в стане называющих себя российской оппозицией с войной не только не уменьшились — они стали эффективной заменой борьбе с Кремлем. Поливание друг друга грязью настолько вошло в обиход, что, кажется, никто из «хороших русских» в 2023 году больше ничем и не занимался. Поиск поводов приводил оппонентов в неожиданные места — например, обильно доставалось тем оппозиционерам, которые когда-то давно получали деньги на свои проекты из бюджета РФ. Особенно нелюбим был «хорошими» оппозиционерами создатель «Эха Москвы» Алексей Венедиктов. Когда оказалось, что на издание журнала «Дилетант» (хороший, кстати, журнал) он брал деньги у города, над ним разверзлись небеса. Громче всех поносил Венедиктова Волков, профессиональный борец с Кремлем из команды Навального. Правда, быстро выяснилось, что Волков недавно лоббировал снятие санкций с Михаила Фридмана в Европе, — и встречный поток помоев попал в точности в него. Немного о моем взгляде на этот процесс — в данной статье, написанной в марте 2023 года.

Можно я выскажу свое мнение? Мнение человека, который с властью нигде в мире никогда не сотрудничал, денег от нее не получал, политикой никогда не занимался, никого никогда не разоблачал и вообще уехал из России навсегда, отчетливо для себя понимая, что там происходит, прямо это всегда говоря и никогда не меняя своего мнения, не претендуя на роль в политике России ни сегодня, ни когда-либо в будущем, даже в Прекрасной России Будущего — ни за что, никогда, никак.

Так вот, мое мнение:

1) если деньги из бюджета никому не выдаются, то непонятно, кому нужен бюджет вообще. Вопрос не в том, получал ли имярек из бюджета деньги, вопрос — на что и как их потратил,

2) нет ничего плохого задать имяреку вопрос: «А вы, батенька, на что потратили деньги, полученные из бюджета?» То есть недружелюбно это, но почему бы нет?

3) если имярек на это разумно и спокойно отвечает: «Сделал журнал, вот результаты, вот себестоимость, она совершенно рыночная, вот что я заработал, да и то отдал, чтобы журнал доделать», спрашивающему приличествует извиниться публично, а имяреку — великодушно сказать: «Да нормально все, фигня вопрос». Если спрашивающий не извиняется, он человек неприличный и явно не за правду борется, а просто поливает грязью других, возможно — по заказу,

3.1) если спросивший не только не извиняется, но еще и, будучи уличен, начинает кричать: «А зато он электронное голосование поддерживал!» — это совсем непристойно,

4) кричать: «Держи вора!» на основании того, что кто-то получил деньги из бюджета на какой-то проект, вместо того чтобы задать вопрос, указанный в п. 2, — это поведение клеветника и охотника на ведьм и немного пахнет заказом,

5) нет ничего плохого в публичном выражении мнения по поводу санкций по отношению к конкретным олигархам XYZ. Считать, что с них надо снять санкции, и даже писать местному начальнику про это — совершенно ОК. Я, кстати, сам считаю, что с них надо снять санкции, и не только с них. О моем отношении к Кремлю вы кое-что знаете, так вот, я громко заявляю: я считаю, что с XYZ надо снять санкции (конечно, при условии, что олигархи не будут помогать Кремлю),

6) отрицать, что ты написал начальнику про XYZ, а потом под давлением фактов признавать это, а потом каяться в этом и с понтом уходить с какого-то поста, о котором никто раньше не слышал [собственно, Волков как раз и ушел с поста директора ФБК вслед за этим], — поведение нашкодившего школьника, а не политика,

7) отвечать на поливание тебя грязью на тему «держи вора!» сливом документов на тему «а они на окладе у олигархов» — это опускаться почти на уровень поливающих. Почти, потому что «держи вора!» — это швондеровский крик, а слив документа — это просто информирование общественности; но разница не очень велика, тем более что если первое еще можно выдать для простаков за «борьбу с коррупцией», то второе — откровенная месть,

8) борьба с коррупцией — отличное занятие для общественной структуры в демократическом обществе и очень плохое и вредное для оппозиционной структуры в авторитарном обществе: снижение коррупции в авторитарном обществе укрепляет авторитаризм и делает страну еще опасней для окружающих и для своих граждан. Борьба с коррупцией — типичное оружие элит во внутренней борьбе за власть, в итоге любой «борец» просто поставляет более сильным элитам материал для борьбы с менее сильными, что усиливает вертикаль. Кроме того, указание на коррупцию власти не меняет отношения населения к ней в худшую сторону (а часто — наоборот), зато делает самих борцов и тех, кого они в борьбу

втягивают, целью репрессий и жертвами, совершенно бессмысленными в контексте безразличия народа к коррупции,

9) борьба же с коррупцией, оголтелая и бездоказательная, направленная на тех, кто (какими бы недостатками они ни обладали) делает много полезного для сохранения в России остатков свободы слова, разности мнений и дискуссии как таковой, — это хуже чем преступление, это политическая ошибка,

10) если у России есть какой-то шанс стать мирной, демократической, свободной и процветающей, то только через широкое объединение тех, кто (по-разному и обладая массой разных недостатков), видит цель таковой и готов на нее работать. Только когда все, условно от Юнемана со своим национализмом и идеей малых дел до Гудкова с его интернационализмом и либеральной повесткой, сядут за один стол (а за столом окажутся и Венедиктов, и Хаматова с их сотрудничеством с властью во благо, и Каспаров с идеями малой России, и ребята из DOXA с их максимализмом, и Навальный с его верой только в себя, и пр., и пр.), появится шанс. И если для того, чтобы 1000 человек сели за стол, из-за него надо выгнать двух-трех, цель которых — срач, метание говн в своих и единоличное право на белое пальто, их стоит выгнать.


# П-рубль

Только, пожалуйста, не пугайтесь. Эта статья была напечатана 1 апреля.

Разумеется, эта идея должна была родиться, странно, что она родилась только сегодня и только сегодня озвучивается. Теперь понятно, почему проект «цифрового рубля» вдруг был поставлен на паузу и год про него толком ничего не было слышно. Понятно, зачем из Китая приехала такая делегация специалистов по компьютерной безопасности и технологиям.

Правительство вносит законопроект о Специальной Военной Е-Криптовалюте (рабочее название проекта СВЕКР, авторство, по слухам, некоего Егора Ашманова и его круга, но, конечно, в проекте закона она называется «Цифровая Дифференцирующая Валюта Российской Федерации»). По заявлению Ивана Делетского (в прошлом глава «Яндекс-Умные Вещи», старший вице-президент банка «Новый Долговой», в последний год — советник Медведева по финансовым технологиям), «смысл проекта — в создании финансовой системы, обладающей дифференцирующими свойствами, цифровая валюта гибче и лучше отражает потребности страны на данном этапе». Депутат Ширмочкин, который представит законопроект в первом чтении, выражается более четко: «Как написано в справке, цель внедрения цифровой дифференцирующей валюты системы СВЕКР состоит в обеспечении дифференциации возможностей патриотически настроенных добросовестных граждан России и тех, кто, именуя себя гражданами, занимает пассивную или даже штрейкбрехерскую позицию по отношению к российскому будущему. На сегодняшний день фиатная валютная система Российской Федерации слепа и не может отделить платеж патриоту от платежа внутреннему врагу или иждивенцу».

В общем, будет в России две валюты: одна одинаковая для всех, вторая — «умная». Рабочее название ее «Военный Рубль», варианты «Военный Рублевый Сертификат», «Патриотический Рубль» — скорее всего, в Думу пойдет последнее название. По признанию Делетского, первое его разработчики тут же сократили до «ВОР», второе до «ВОРС», а третье как-то само сократилось до «ПАТРон», что звучит энергично и в духе идеи. Валюта будет эмитироваться централизованно ЦБ РФ и обращаться в системе Специального Военного Криптовалютного Обращения и Верификации («СВЕКРОВь»). Систему должны создать и внедрить в кооперации сотрудники нескольких патриотических IT-компаний (в том числе «РусКом», «ИнфоЧасы», «Группа Ашманов», «КрымКод» и пр.). Но самое интересное — как, предполагается, будет функционировать эта валюта.

Во-первых, ПАТРон будет обязателен к приему всеми экономическими агентами на территории России. А вот российский рубль станет необязательным: пункт 12.4 проекта закона гласит: «Все экономические агенты на территории Российской Федерации обязаны принимать в качестве средства платежа ЦДВ [цифровую дифференцирующую валюту], а также российский рубль; экономический агент может быть освобожден от обязательства по приему российского рубля в качестве средства платежа по распоряжению ЦБ РФ либо Правительства РФ». То есть в России появятся «особые» экономические агенты, которые оперируют только ПАТРонами. По мне, это пахнет спецраспределителями — но замах авторов проекта намного шире.

Во-вторых, ПАТРон будет использоваться как средство для социальных выплат, выплат заработных плат, расчетов между экономическими агентами в России. Однако для этого у плательщика и получателя должны быть открыты счета в системе СВЕКРОВь. Открытие счета в такой системе будет производиться с одобрения Местного комитета СВЕКРОВи (Местные комитеты будут совместно образовывать Федеральную комиссию, с точки зрения системы они будут выполнять функции узлов удостоверения транзакций и центров авторизации счетов). Члены комитета будут назначаться из числа представителей ЦБ РФ, ФСБ, МВД, РПЦ и/или другой признанной в Российской Федерации церкви (для территорий с преобладанием неправославного населения) и местного совета депутатов. Заявление на открытие будет рассматриваться с позиций (цитирую проект закона) «добросовестности и патриотизма заявителя, его деятельного вклада в укрепление обороноспособности и духовного развития Российской Федерации». Автоматически ПАТР-счет будет открываться сотрудникам силовых органов, участникам СВО, близким родственникам погибших в СВО, депутатам Думы и региональных ЗакСобраний, чиновникам высших уровней, руководителям предприятий оборонного комплекса. ПАТР-счет не будет открываться по определению: 1) иностранным агентам и нежелательным лицам и организациям, лицам с двойным гражданством в недружественных странах — никогда, 2) лицам, осужденным по статьям за дискредитацию органов власти и за фейки, — в течение десяти лет после отбытия наказания.

В-третьих, владельцы ПАТР-счета (Делецкий говорит, его ребята «называют такой счет „ПАТРонташ", это энергично») смогут покупать у ЦБ ПАТРоны за рубли в пределах, необходимых для произведения расчетов с владельцами ПАТР-счетов (свободно) и для накопления. Но для накопления будут установлены лимиты, зависящие от рейтинга владельца ПАТР-счета. Процент на остаток будет также начисляться в зависимости от рейтинга: «для более низких рейтингов он может быть и отрицательным, для более высоких — будет выше инфляции». Рейтинг будет определять Федеральная комиссия один раз в год (цитирую) «на основании оценки текущего вклада владельца счета в укрепление физической и духовной мощи Российской Федерации, победу над врагами Российской Федерации, продвижение традиционных ценностей, воспитание подрастающего поколения в духе патриотизма и преданности традиционным российским идеалам». Эта же комиссия будет иметь возможность закрытия счета в случае падения рейтинга до минимального в предыдущем периоде и необходимости его снижения в настоящем. К работе комиссии предполагается привлечь специалистов по кредитным рейтингам, оставшихся в России после ухода «Большой четверки», поскольку внутри России кредитные рейтинги более рассчитываться не будут.

Иосиф Брайбберг, когда-то работавший на Абрамовича, а сейчас возглавляющий группу по борьбе с внутренней коррупцией администрации президента РФ, говорит: «В реальности большинство рейтингов пересматриваться не будут, так что комиссия не будет перегружена. Пересмотры будут идти только по сигналам соответствующих органов — позитивным и негативным и, конечно, на основании заявлений граждан. Комиссия будет принимать информацию от граждан о действиях и бездействиях, которые должны влиять на рейтинг, попавших в поле зрения этих граждан. Мы, русские, всегда жили общиной, а в общине люди следят, чтобы соседи вели себя правильно, — в этом основа нашей стабильности. В России всегда относились всерьез к сигналам от граждан, и комиссия даст возможность адекватно их отрабатывать». Будет ли комиссия повышать рейтинг тем, кто даст больше сигналов, Брайбберг не сказал: «Не я определяю критерии изменения рейтинга».

По словам работника аппарата правительства, по факту одобрения законопроекта они ожидают указ президента, который, в частности, определит рамки использования рейтинга вне ПАТР-отношений: «Рейтинг будет крайне полезен, например обладатели ПАТР-счетов будут приоритетно получать бронь от мобилизации, причем те, у кого высокий рейтинг, будут иметь ее по определению. Формулы расчета пенсий будут зависеть от рейтинга. Применение статей УК будет зависеть от рейтинга».

В зависимости от рейтинга физические и юридические лица смогут требовать от контрагента оплату соответствующей части причитающихся сумм в ПАТРонах. То есть если, например, твой рейтинг позволяет требовать оплаты 30% в ПАТРонах, то ты можешь требовать 30%, а можешь меньше, если хочешь. Но если твой контрагент не имеет ПАТРонташа, то ты не сможешь получить от него ПАТРонов. Эта коллизия на уровне проекта закона не разрешена. Соавтор законопроекта, депутат от ЛДПР Ширмочкин говорит: «А нечего работать с теми, у кого нет ПАТР-счета. У кого его не будет? У предателей или балласта. Пусть сами работают с собой — нам не жалко, мы не фашисты какие-нибудь. Но приличный человек покупать у них не станет и продавать им не будет». На вопрос Тг-канала «Пробабки»: «Получается, магазин, ресторан с высоким рейтингом может отказаться и не обслужить покупателя без ПАТР-счета?» Ширмочкин отвечает: «Мы не можем запрещать патриотически настроенным организациям отказывать в обслуживании тем, кто тянет нашу страну назад, кто продает нас с потрохами гнилому Западу. Это меньшинство, эти пришлые по духу люди отравляют воздух в России своей ненавистью к великой стране, великому народу, нашей великой миссии и будущему. Если кто-то выставит такого из своего магазина, как можем мы его осудить?»

«В реальности ситуация сложнее, — пишет канал „Пробабки“, — высокопатриотические предприятия, среди которых, скорее всего, будут все государственные и олигархические, в том числе крупные сети магазинов, будут требовать долю оплаты товара ПАТРонами выше, чем доля ПАТРонов в кошельке даже и простого патриота. Введение новшеств создаст кардинальные экономические преимущества для обладателей высоких рейтингов; рубль будет котироваться существенно ниже ПАТРона, хотя выплаты будут номинально проходить по курсу 1:1. Не только враги и пассивные граждане будут вытесняться на периферию экономики, в „гетто“ маленьких магазинов и бизнесов с низким рейтингом — простые патриоты тоже будут страдать, имея ограниченные экономические возможности».

«Россия ведет борьбу за выживание с западным монстром. Это борьба не на жизнь, а на смерть, — возражает Ширмочкин. — ПАТР и система рейтингов дадут нашему народу ясную мотивацию быть ответственными гражданами, преданными Родине и президенту, стремящимися ежедневно демонстрировать свой патриотический порыв, даже соревнующимися в этом порыве».

В законопроекте прямо не сказано, но сразу несколько чиновников подтверждают, что государственным компаниям будет запрещено работать с подрядчиками, не имеющими ПАТР-счета, и нанимать сотрудников без такового. Банки при принятии решения о кредитовании будут учитывать рейтинг заемщика — ЦБ установит различные нормы резервирования для разных уровней рейтинга. Сотрудник ЦБ сообщил Тг-каналу «Пробабки», что предполагается для заемщиков, не имеющих ПАТР-счета, установить уровень резервирования 200%. «Будущее регулирования — в мотивировании, а не в регламентировании, — сказал он, — мы не станем запрещать кредитование не имеющих ПАТР-рейтинга; мы лишь покажем банкам, что это не выгодно».

Наличие ПАТР-счета и рейтинга будет необходимо и для инвестирования. Тот же сотрудник ЦБ на условиях анонимности сообщил, что в ЦБ готовы дополнения к закону «О ценных бумагах», предполагающие, что меры защиты инвесторов будут распространяться только на инвестиции, оплаченные ПАТРонами минимум на 50%; купить акции государственных компаний и стратегических предприятий можно будет только за ПАТРоны.

Предполагается, что с момента внедрения СВЕКРа иностранную валюту в России можно будет покупать только за ПАТРоны, а продавать — только за рубли.

Внедрение СВЕКР-валюты уже, разумеется, одобрили известные патриоты. Несколько провоенных Тг-каналов заявили, что появление ПАТРонов обеспечит скорую победу в СВО. Сегодня утром Владимир Соловьев сообщил в прямом эфире, что (цитата) «России для обеспечения экономической справедливости и процветания не нужно нюрнбергских законов, да и самого Нюрнберга. Хотя если Запад будет продолжать агрессию, то Нюрнберг придется присоединить. России достаточно новой российской валюты, чтобы отделить зерна от плевел».

Православный психолог Дурова на канале «Скрепа» пишет: «Вначале было слово. И это слово ПАТРоны. С новой российской валютой в обиход россиянина войдет борьба за независимость, православие, традиции нашей Родины. „Подкинь ПАТРонов“, — будет просить сын у отца; „ПАТРоны пришли", — будет подтверждать поставщик покупателю. Мерзкая либеральная меркантильность, провозглашающая жизнь ради денег, сменится в миру на патриотическое стремление иметь больше ПАТРонов для защиты Родины от богомерзких долларов и евро».

Философ Дугин отмечает, однако, что патриотическая валюта могла бы быть названа исконно русским словом: «Нельзя немецким автоматом Родину защищать. Вместо латинянско-еретического слова patria в основе названия русской валюты должны быть наши слова, например „Родная Куна", „РОК"».

Ну что, добро пожаловать в мир новой, цифровой валюты?


## Дело коуча

В начале 2023 года в России дела против предпринимателей шли своим чередом. В какой-то момент настала очередь знаменитой коучицы, блогерши, преподавателя всевозможного личностного роста и прочего безумия, шарлатанки с миллионной аудиторией. Она как-то не так оптимизировала налоги (то есть в российской версии, вероятно, не расплатилась с кем надо). Так или иначе, я написал несколько мыслей по этому поводу.

1. Если кого-то (совершенно не важно, кого, какой у него был бизнес, какие цены, на какой машине он ездил и пр.) арестовали в России «за неуплату налогов», то это говорит исключительно и только о том, что и/или:

    a) люди в погонах того или иного вида увидели, что человек много зарабатывает и пора его раскулачить, а человек не/плохо поделился;

    b) человек поделился хорошо, но не с теми, или «крыша» сменилась, или решили, что взять надо 100%, потому что нечего, режем курицу, ибо неизвестно, кому достанутся золотые яйца в будущем;

c) есть жирный заказ от конкурентов или просто врага, причем заказ на уровень выше, чем «крыша», или на уровень более жирный, чем доход от человека;

d) есть политика: где-то в ведомстве по обеспечению единомыслия сочли, что этот человек единомыслию мешает.

2. Бизнес, который не думает про оптимизацию налогов, — это еще не мертвый, но уже обреченный бизнес. Почему? Да потому что его прямые конкуренты о ней думают и выигрывают конкуренцию. Бизнес должен и будет всегда думать об оптимизации, и это хорошо, а не плохо: если вы хотите, чтобы у бизнесмена была мотивация, оставьте ему право желать оптимизации всего, в том числе налоговой нагрузки.

Альтернатива — «эффективные менеджеры», пилящие доставшиеся им ресурсы; я думаю, с этим феноменом знакомы во всем мире. В России это называется «большой бизнес», на Западе non for profit social organizations, типа британской системы здравоохранения — работает на удивление одинаково: сколько денег ни залей, все мало, а качество ужасное.

Поэтому оптимизацию налогов везде разрешают в пределах, определенных законом. То есть если вы не хотите, чтобы что-то оптимизировали, просто уберите из закона такую возможность. Не убираете — сами виноваты. Причем речь именно о букве закона, «дух» непознаваем, как любой дух, и потому не может браться в расчет, кроме как для коррупционных целей. В России же «дух», а вернее, звонок сверху или сбоку давно победил букву, и это мы тоже все знаем.

Но тем не менее комментаторы злорадствуют: «А нечего налоги оптимизировать».

Я бы понял, если бы такие комментарии писали «патриоты-государственники», мечтатели о возврате в выдуманный ими СССР, где от всех было по способностям, каждому по пайку и главный навык был — ходить строем. Да, им предприниматели не нужны, им нужны работники, желательно в ватных бушлатах. Но если вы за свободное предпринимательство, за инициативу, за бизнес, за главенство закона, если вы помните, к чему приводит безмотивационное управление экономикой, как вы можете одобрять безумие под названием «предпринимателя арестовали по подозрению в неуплате налогов?».

И чтобы два раза не вставать, обращусь к толпе людей в белых пальто: господа, вы не можете одновременно кричать: «Как вы смеете платить налоги Кремлю» и «Как вы смеете не платить налоги Кремлю». Выберите что-то одно.

Да, бизнес упомянутой госпожи был так себе с точки зрения объективной пользы и субъективной честности. Но это отношения к делу не имеет.

## Прекрасная Россия будущего (б)

Помните, как в начале XX века ВКП разделилась на ВКП (б) (партию «большевиков», которых на самом деле было меньше) и на «меньшевиков»? И те и другие имели видение «России будущего». Но разное.

Мы, особенно те, кто вне России, разделившись с теми, кто считает (не без оснований), что они и есть Россия, много говорим про видение России будущего с наших, меньшевистских (поскольку нас меньше) позиций. Но ведь есть еще «Россия будущего» по версии тех, кто сегодня ею правит, взяв власть примерно так же, как большевики в 1918 году (я не оговорился, я имею в виду роспуск Учредительного собрания и последующее создание фиктивных демократических органов власти и процедур).

Бытует мнение, что современные большевики не имеют плана — они-де действуют исходя из своих конспирологических теорий вперемешку с тактическими решениями, отражающими их страх потери власти. Думаю, это существенная их недооценка (кстати, ровно такая же, как бытовала после 1918 года) — отсюда и такая же, как тогда, идея, что «это ненадолго».

На мой же взгляд, стратегия новых большевиков адекватно отражает их амбиции и опыт, является достаточно смелой и, разумеется, бесчеловечной и циничной, но в последнем никакой разницы со старыми большевиками тоже нет.

Амбиций у них, по большому счету, две, и они такие же, как у большевиков в начале их пути: 1) получить и удержать абсолютную власть, 2) максимизировать свою территорию, распространив свою власть на пространства, сравнимые с бывшими землями Российской империи. Первое совершенно прагматично; второе — скорее романтично. Если все остальное у тебя уже есть, ты волей-неволей начинаешь стремиться к мировой славе и благодарности потомков — просто кто-то строит больницы, кто-то летит на Луну, а кто-то убивает и захватывает земли. Понятно, что новые большевики в силу естественного отбора больницами интересуются только для себя, Луной не интересуются вообще и славу меряют по количеству захваченного. Это масштабно, но вообще не революционно: если бы какой-нибудь Александр III сейчас восстал из гроба, он мыслил бы точно так же.

В вопросе абсолютной власти нынешние большевики прошли путь от (видимо) честной уверенности, что лучшей стратегией является дружба с Западом по принципу «мы вам чего изволите, а вы нам не мешайте делать, что мы хотим» до абсолютно адекватного понимания: пока на Запад не закрыты все ворота, абсолютной власти быть не может — Запад так устроен, что просто не в состоянии не вмешиваться в дела суверенных правителей косвенно, даже когда не вмешивается прямо. Влияние Запада действительно разрушает авторитарные режимы в европейских обществах (про общества других типов разговор особый, но Россия, конечно, европейское общество, кто бы что ни говорил). В Кремле это видели все четче, и параллельно с идеей «мы уже достаточно сильны, чтобы восстановить Российскую империю» они где-то после 2008 года окончательно отбросили вариант альянса с Западом, а после 2014-го — даже вариант холодного добрососедства. Еще раз: отбросили как опасный для их власти. Я думаю, что, когда это решение принималось, они даже не понимали, что это окажется для них еще и экономически выгодно.

На удивление жесткая сепарация оказалась-таки выгодна материально: своими бессмысленными и безобразными, как русский бунт, санкциями Запад обеспечил Кремлю три огромные выгоды: 1) резко сократил возможности бегства капитала — куда бежать-то, если никуда не пускают — и вернул большую часть средств олигархов, 2) резко сократил потенциальные запросы граждан на процветание — какое процветание, санкции! 3) заставил иностранные компании продавать свои бизнесы и позволил их скупать избранным новым большевикам за малую долю от сделанных этими же компаниями в свое время инвестиций. Тут важно оговориться, что речь идет о выгодах Кремля, то есть новых большевиков. Разумеется, средний житель России от такой сепарации серьезно пострадал, но в условиях абсолютной власти это не имеет никакого значения.

Четвертую выгоду Кремль создал самим фактом сепарации, помноженным на организованные репрессии: миллион эмигрантов, среди которых почти половина от всех живших в России миллионеров, оставили бизнесы, которые подобрали за небольшую цену лояльные люди, продали свою недвижимость (если в среднем на человека приходилось 20 м², то это 20 млн м² недвижимости бизнес-класса, которую задешево покупают сейчас прокуроры, чиновники и прочая основа режима, повторяется сюжет известной картины «Новоселье» 30-х годов), освободили места для менее способных, но более лояльных.

Нельзя отказать новым большевикам в смелости. Если бы Запад был более последователен в своей политике, более рационален и решителен, если бы вместо запретов на вывод денег из России и заморозок имущества россиян он сумел бы привлечь российские капиталы на свою сторону, действенно помочь Украине и создать альянс с Китаем и Индией под эгидой идеи недопустимости пересмотра границ — все для Кремля сложилось бы существенно менее радужно. Но кто не рискует, тот не выигрывает: возможно, в Кремле долго изучали исторические свидетельства реакции Запада на действия агрессоров и авторитарных режимов и пришли к правильному выводу: Запад всегда не готов, Запад всегда медлит, страны Запада никогда не могут договориться между собой и тем более с другими игроками, потому что единственный их способ общения — свысока, а этого никто не любит.

Будем справедливы. Как и план Сталина по захвату Европы, «план-2022» Кремлю удался настолько частично, что, если и когда в Москве состоится парад победы над Украиной, Путину не стоит его принимать, как не принимал парад победы Сталин. Думается, план предполагал все же захват всей территории страны, восстановление «законной власти» бандита Януковича и, возможно, следующим этапом — денонсацию беловежских соглашений с формированием расширенного Союзного государства из Белоруссии (ее же тоже надо куда-то пристроить, не может она так болтаться вечно), Украины и России. Разумеется, что-то пошло не так, но, как и у Сталина, у Путина есть план Б — план раздела Украины. Думаю, что в 1945 году (до Хиросимы) Сталин считал, что захват Европы просто отложен до следующей возможности. Думаю, что в 2023 году Путин считает, что захват Украины так же отложен до следующего шанса. Теперь ему важно закрепить статус-кво: ему нужна новая Ялта, на которой будет проведена черта между Россией и Европой, желательно по линии соприкосновения сегодняшнего дня. А дальше он будет ждать и смотреть, как Украину не принимают ни в ЕС, ни в НАТО, как в отсутствие военных действий желание ей помогать экспоненциально падает, как внутренние конфликты в стране ее ослабляют. А параллельно Россия с помощью Китая, который в отличие от Запада во внутренние дела не лезет, будет наращивать свой наступательный потенциал, восстановит вооружения, создаст армию в миллион человек. Санкции, может быть, и не снимут, но точно ослабят; резервы вернут — даже Ирану вернули, когда аятоллы сделали вид, что уступают немного: куда их девать-то, отобрать Запад не может, не по закону это. Поставки чувствительной техники и технологий наладятся через серые каналы. И в какой-то момент Путин решит: пора повторить. «Можем повторить» — это ведь всеобъемлющий лозунг новых большевиков: они сами суть реплика/гибрид минувших сил, и действия их основаны на повторении одного и того же. И он повторит и доведет дело до конца — Запад ведь опять окажется не готов. И Украина, да и Молдова, может быть, будут присоединены. А пока нужно ждать, ведь и Ленин пожертвовал большой частью Украины в свое время — на время; да что там, Кутузов даже Москву сдавал на время.

Насколько правдоподобны его ожидания? К сожалению, вполне. Поставки Украине вооружения явно недостаточны для решительного наступления, в то время как у России есть еще достаточно резервов, российская армия умеет обороняться намного лучше, чем нападать. И в США, и в Европе усталость от конфликта нарастает, и на первый план начинают вылезать свои местные интересы (будь то фермеры в Польше или независимость от США во Франции).

В конечном итоге, у развитого мира год назад был выбор из двух позиций: 1) действия России неприемлемы для всего мира, ибо подрывают статус-кво, а значит, надо любой ценой помочь Украине победить, 2) действия России очень плохие, и мы их сильно осуждаем, и поэтому мы хотим помочь Украине победить. Чувствуете разницу? В первом варианте Запад не оставляет вариантов — это его война. Во втором — это война хороших славян против плохих славян, что-то из серии Эфиопии и Эритреи: надо, конечно, обозначить помощь и сочувствие, если получится малыми силами — ура, мы победили...

Но не получилось, и медленно-медленно в дискурс проникает идея «пусть уж эти славяне на чем-то там остановятся, в конце концов, хватит гибнуть людям, тем более что этот загадочный Путин, который сам себе так все испортил, вроде бы готов договариваться». Именно «Путин, который сам себе так все испортил» — это начало, корень и главная проблема заблуждения высоколобого Запада. Никто не видит, как на самом деле Путин себе этой авантюрой все улучшил и приблизил себя к реализации всех своих задач, пусть и не так сильно, как задумывал.

Насколько велики и долгосрочны амбиции новых большевиков? Велики и долгосрочны. Они понимают суверенитет страны как их суверенную власть + атомную бомбу. И то и другое у них теперь есть, так что помешать им невозможно. Их лидер, комбинация Александра III, Ленина и Сталина, мистер Путин, в добром здравии и может (в отличие от Ленина) прожить еще двадцать и более лет — огромный срок. Но планы их наверняка выходят за пределы жизни одного человека. Они восстанавливают номенклатурный класс, элиту государства. Они выучили урок, и вместо экономически убийственной рабовладельческой социалистической доктрины они будут использовать позднефеодальную конструкцию, которая значительно эффективнее в ресурсных странах. Вместо идеологии «коммунизма», провозглашающей интернационализм и равенство (на чем эта и идеология и обломалась — в конечном итоге советские люди всегда смотрели на жителей Запада как на потенциально «своих»), теперь радикальное православие, изоляционистская религия национального превосходства, удобная для автократии и даже автаркии.

Внутри страны главной задачей их является достичь консенсуса уровня сталинской эпохи без расходования сверхсредств на силовой аппарат. Для этого новые большевики решили использовать проверенное тем же Сталиным средство — показательные репрессии вместо тотального контроля и выявления недовольных. Страх дешевле силы: вместо того чтобы, как делало царское правительство в свое время (или брежневская власть в позднем СССР), создавать дорогущий аппарат поиска реальных диссидентов и привлечения их к сравнительно небольшой ответственности (малые сроки, штрафы, поражение в правах, высылка за границу), можно брать небольшое число наиболее заметных диссидентов, тех, кого не требуется выявлять или ловить, и показательно пытать их и медленно убивать пожизненными сроками. Остальные сами не решатся слово сказать, тем более граница открыта: не нравится — вали и там говори что хочешь, нам здесь больше достанется. Поэтому к срокам в 25 лет надо привыкать, это новая реальность. Скорее всего, у этой реальности будет и второй пласт: самый простой способ премировать опричников — за счет собственности выявленных врагов. Нигде проскрипции не обходились без передачи имущества прямо или косвенно тем, кто проявил бдительность. Это не только награда, но и мотивация выявлять «иноагентов». Идеальная схема: враги сами оплачивают свое выявление, а громкие процессы над ними создают атмосферу общего ужаса, и реальных врагов становится сильно меньше, чем выявляемых. Но и нет риска, что их не станет совсем: бдительные корыстные граждане выявят сколько надо наймитов Запада даже среди самых верных путинцев, дай только план и вознаграждение.

Насколько широки амбиции Кремля? А они этого и не скрывают — настолько, насколько был широк СССР до 1940 года, на первом этапе; а потом, на втором этапе, возможно, станут шире — в пределах Российской империи 1913 года. Но второй этап не скоро, о нем даже никто (кроме философов новой России) не думает, потому так безразлично воспринят прием Финляндии в НАТО — что им Финляндия? Да и первый этап (и они это понимают) получится несколько усеченным. У них на повестке три славянские республики (не знаю про Молдову, возможно, их амбиции ограничены Днестром). Следующий этап (а может, промежуточный, в процессе подготовки к полному захвату Украины) — это Грузия и Армения

(Азербайджан, видимо, также не рассматривается на первом этапе, это сейчас сфера влияния Турции, это — потом). Дальше вопрос со Средней Азией — тут надо «рисовать красные линии» с Пекином, Пекин пока и надолго — союзник (а что такого, СССР и Германия были союзниками и рисовали красные линии). Но Казахстан, возможно, получится выторговать, тем более что там живет много русскоязычных, и ресурсы, и логистика транспортных путей.

Второй этап, конечно же, есть в мыслях — примерно как был этап мировой революции у старых большевиков: это этап-мечта, этап-легенда, этап — недостижимая цель, которую надо завещать новым поколениям, но всю идеологию в стране, несомненно, будут строить вокруг него. На этом этапе на фоне разрушения Запада под действием внутренних проблем (большая часть которых описывается идеологами, к сожалению, достаточно верно), на фоне ослабления Китая, который захлебнется без достаточных ресурсов Запада (что тоже логично, если предположить, что Запад разрушится), Россия возвращает себе мировое влияние и становится лидером. В этой мечте частью России снова становятся и Прибалтика, и Польша, и Финляндия, и вся Средняя Азия, и север Китая, и Азербайджан и даже Иран, входят в федерацию Сербия и Черногория, возможно (да что там возможно — конечно), Болгария, Северная Македония и Греция, установлен контроль над Босфором и европейская часть Стамбула возвращает себе название Константинополь.

«Не при нашей жизни, — наверное, вздыхают новые большевики, — но наши дети будут жить в такой России и править ею безраздельно и самовластно».

И не только вздыхают — они будут последовательно работать над реализацией этого плана. И ни Запад, ни Китай не будут им мешать, так уж они устроены.

Так что же будет на самом деле? Будет то же самое, что было с СССР и с Российской империей до этого. Я только не могу сказать, когда это будет, и потому не могу определить, на каком этапе и в каких границах это произойдет — до или после включения в Новую Россию всей Украины, или Грузии, или Северного Казахстана, или Прибалтики, или Польши, или…

Ошибок всех русских Македонских всегда было две: 1) они забывали, что их мощь держится на природных ресурсах, цены на которые имеют свойство сильно колебаться и часто надолго зависать около нуля, 2) они не понимают, что такое прогресс, полагая, что ученый — это лишняя прокладка между начальником и рабочим, а свобода творчества сродни сексуальному извращению: приятно, стыдно и не обязательно. Рано или поздно в очередной и очень затяжной кризис на рынках природных ресурсов окажется, что Россия так сильно технологически отстала от других блоков, что фактически ее существование зависит от того, сколько и как ей дают технологий, устройств, систем. В этот момент тогдашний троноблюститель вдруг (у них всегда это вдруг) увидит, что ему диктуют, что делать, не только лидеры крупных держав, но даже сейлзы международных корпораций. Он схватится за ядерную бомбу и обнаружит, что во всем мире есть эффективные системы перехвата и уничтожения ракет, да и система нейтрализации того, кто хочет нажать на кнопку, уже тоже есть. Потребовать у мира, чтобы его голодных подданных накормили, уже не получится — придется просить. Начнутся новые 80-е, потом новые 90-е.

Разумеется, все это будет, только если новые большевики не допустят раньше какой-то фатальной ошибки и не передерутся между собой. Но я считаю, что опасность этого для них невелика — у них есть опыт, и до новых 80-х они страну доведут без внутреннего разлада. А уж сколько времени потребуется — тридцать лет ли, пятьдесят, — не ко мне вопрос.

Удивительно, но эта статья имела продолжение: вдруг среди моих казахских читателей возник один, испытавший невыносимые моральные страдания по поводу фразы, что Россия будет вести диалог о Казахстане

258

с Китаем. Эта фраза оскорбила, по его мнению, весь казахский народ, лишив его субъектности. Читатель этот потратил много сил на бранные комментарии и отдельные посты, на обещания, что «в Казахстане Мовчана не будут читать», на требования немедленно изгнать мой бизнес из Казахстана. А я на это ответил короткой заметкой.

## Выйди и войди как положено

Шульман сказала, что дом сгорел, но не сказала, кто поджег. Я написал: «Россия будет пытаться выторговать Казахстан у Китая» — написал правильно, но без должного уважения к казахам. Кто-то пишет про «Р», забывая приписать, что «Р» начала «в». А еще кто-то говорит, что санкции оставляют этой «Р» больше средств для ведения «в» — да как он может, ведь всех «р» надо наказать. Эмигранты не имеют права жаловаться на жизнь — ведь они же уехали, а каково тем, кто остался! Оставшиеся тоже не имеют права жаловаться, потому что они не эмигранты, значит, сами виноваты. И О, и Э не имеют права вообще ни на что, потому что они не украинцы. Но если бы они с украинцами поменялись местами, то тоже не имели бы права, потому что им так и надо.

Я понимаю, что все на пределе, что агрессия, которую ты не можешь выплеснуть на ее объект, разрушает и одновременно требует выплеснуть хоть куда угодно — вот мы и выплескиваем на того, кто ближе стоит. Но это непродуктивно. Непродуктивно и не по-человечески. А продуктивно — не разучаться сочувствовать друг другу. Даже если у тебя голову оторвало, ушибленный палец у соседа меньше болеть не стал. Продуктивно видеть смысл сказанного, а не думать о форме, если только в форме не заложен смысл (например, говорящий хочет оскорбить). Продуктивно разумно поделить всех на своих и врагов и прощать своим их несовершенство, их несогласие с вами в деталях, их плохие манеры и прочие мелкие недостатки. Продуктивно подчеркивать общее, меньше думать о разногласиях.

Было такое: один барин сидел, чай пил. Тут слуга врывается в комнату с криком: «Барин…» Барин его оборвал гневно: «Ты как к барину входишь, мерзавец? Совсем себя забыл? Выйди и войди как положено! Постучи, спроси, как дела, как здоровье, поклонись, а потом спроси позволения говорить». В общем, долго барин слугу входить учил, наконец говорить позволил, а слуга и говорит: «Барин, не извольте гневаться, амбар загорелся; точнее — уже сгорел, пока вы меня манерам учили».

Все мы, пишущие и говорящие, разумеется, не слуги, а читатели, столь злобно оценивающие наши слова, — не баре. Читатели наверняка еще лучше, чем баре. Мы хуже. Мы — крысы и канарейки. Мы предупреждаем и бежим с корабля. Если вам наша манера предупреждения не по душе, некому будет вам рассказать, что амбар сгорел. Впрочем, это вы сами увидите.


## Заработал и уехал

Мне в последнее время (видимо, в качестве упрека) часто в комментариях пишут: «Заработал деньги в России и уехал [тут разное слово бывает, но суть такая] на Запад!» Мне кажется важным объяснить, что такой комментарий выдает крайне серьезную проблему мышления, судя по всему, действительно имеющую место у многих жителей России.

В реальном развивающемся рыночном мире люди зарабатывают только в одном случае: когда кто-то хочет им платить за их работу. Много зарабатывают, если много кто хочет за нее платить и мало кто ее может делать; мало — если мало кто готов оплачивать или (что является часто обратной стороной того же факта) очень многие готовы такую работу делать.

Поскольку люди в большинстве своем более или менее психически здоровы, они хотят много платить за то, что приносит им большую ценность. Разные люди могут ценить разное и потому за разное платить: поэтому, например, могут много зарабатывать и инстаграм-блогеры (это только некоторым кажется, что «им платят ни за что», на самом деле они сильно способствуют дистрибуции товаров, сокращая издержки производителей и потому в итоге — цены для потребителей), и дирижеры симфонических оркестров, и бойцы ММА, и инженеры-конструкторы. Важен факт: если ты заработал (не украл, не выиграл в лотерею, не нашел на помойке) — значит, ты сделал кому-то лучше.

Есть, конечно, еще мошенники — они зарабатывают, внушая людям, что делают им лучше, но на самом деле не делая. Есть воры, наконец. Но ни один из моих комментаторов не упрекает меня ни в мошенничестве, ни в воровстве. Я бы сказал, что это потому, что такая ложь была бы слишком чудовищной, если бы не видел, какая чудовищная ложь сейчас легко произносится и пишется в России. Так что отсутствие обвинений меня в воровстве и даже в пожирании младенцев я считаю недоразумением, причин которого не понимаю.

Ну а в действительности я в России заработал много. Не все, что я заработал, заработано там, но существенная часть. То есть я создал много ценности для России и ее жителей. Можно было бы подробно обсудить какой, но ведь это не имеет отношения к вопросу; важно, что есть заработок — значит, есть ценность. Я не монополист, я не мог навязывать цены; значит, цены были справедливыми и ценность, честно созданная мной для России, честно и оплачена. То есть комментаторы упрекают меня в том, что я создал ценность для России, а потом не захотел в ней жить. Интересно, было бы лучше, если бы я не создал для России никакой ценности, а потом не захотел в ней жить? Или, не создавая ценности, сидел бы сиднем в России всю жизнь?

Идея этого упрека берется из укоренившегося в головах многих россиян «самодержавно-распределительного» представления о товарно-денежных отношениях. Есть государь; у него в распоряжении ресурсы страны, ее богатства; он распределяет их «с государева плеча» подданным, которые сами пользы не приносят, потому что польза вся — в ресурсах страны и в государевом управлении. Любой заработок подданного — это милость государя, подачка, требующая благодарности. Дали заработать — кланяйся в ноги, будь патриотом, живот положи за государя. Заработал и уехал — неблагодарный мерзавец, тебе от щедрот отвалили, а ты чем отблагодарил?

В некоторой степени (но даже тут далеко не полностью) подобная оценка справедлива для бенефициаров российской приватизации, которые получали собственность по разнарядке, не платя. Она вполне применима к государственным бизнесменам, получавшим подряды по завышенной стоимости вне конкурса, к руководителям госкорпораций, разбазаривавшим средства и себя не забывавшим. Но сотни тысяч людей в России зарабатывали без государства, без связей с государством, часто — вопреки государству. Они создавали реальную ценность для россиян и получали за это деньги. Сегодня многие (если не большинство) из них покинули и покидают Россию по причинам, которые если надо объяснять, то, как говорится, не надо объяснять. Мне кажется, им стоит сказать спасибо за сделанное и пожалеть, что Россия не сумела их удержать. С позволения комментаторов, я так и буду относиться к подобным фразам в свой адрес.

## Письмо отказника

В феврале 2023 года после длительного сбора бумаг я по записи, стоившей мне почти 400 фунтов (а бесплатно не было мест), явился в посольство РФ, чтобы подать документы на отказ от российского гражданства. В течение примерно часа я оформлял и подписывал за себя и за сына разные листочки. Мне помогала невероятно любезная девушка, которой было совершенно все равно, что она разговаривает с предателем родины. Не прошло и четырех месяцев, как я получил бумагу, удостоверяющую милостивое разрешение мне и моему сыну не считать себя больше гражданами Российской Федерации. Мой странный, бурный и местами страшный роман с Россией закончился. Этому событию, как говорится, посвящается следующая песня.

Моя дорогая, когда-то любимая!

Я не поверил бы, что с нами может так случиться. Но случилось.

Ты помнишь те времена? Я был молод, горд, счастлив, что ты есть у меня, а я — у тебя. Ты тоже была молодой, у нас обоих было все впереди.

Мы жили трудно, мы делали ошибки — и ты, и я, и мы прощали их друг другу, потому что впереди была вся жизнь и мы обязательно должны были стать лучше и все исправить.

У нас не получилось.

Тогда я хотел заботиться о тебе и прожить с тобой всю жизнь. Я верил, что делаю тебя красивее, успешнее, умнее. Я думал: от нашего союза всем вокруг становится лучше.

Поначалу мне казалось, что наши чувства взаимны. Буду честен, ничего плохого ты лично мне не сделала (и на том спасибо). Ты ласкала меня, дарила подарки и давала возможности. Ты намекала, что я молодец. Я слишком долго слушал тебя.

Спустя годы я понял: я был тебе безразличен, как были безразличны все, кто встречался тебе на жизненном пути. Для тебя все были мусор, как сказал любимый тобой герой любимого тобой фильма.

Ты терпела меня, но я всегда был не тем, кого ты ждала: ты хотела брутальных, простых, на 100% преданных, готовых целовать тебе руки и убивать за тебя, не задающих вопросов, не дающих советов, не сомневающихся, не имеющих принципов, лишенных смелости возражать и гордости не соглашаться. Тебе нравились воры, вруны, подлецы — чем мельче и подлее была их душа, тем лояльнее они были.

Я поздно понял это — так поздно, что ты стала мне безразлична задолго до, и это мой грех.

Мне не на что жаловаться. Дело не во мне. Я вижу, что ты делаешь с другими, как цинично, жестоко, беспричинно злобно ты обходишься с ними ради вещей и идей, мне абсолютно чуждых, как привлекаешь их дьявольскими соблазнами и обманываешь, и я не хочу быть частью этого.

Мы давно разошлись де-факто, разъехались, хотя формально не расставались, и многие продолжают считать, что мы вместе. Я не часть твоей жизни уже многие годы; я рад, что сегодня мы оформляем это официально. Наши дети, дети рожденные в тебе, все остались со мной, и я даже благодарен тебе, что ты их всех отпустила.

Я признаюсь, расставание волнует меня. Но я не рад. Развод с тем, с кем прожил всю жизнь, ощущается как смерть части себя — части важной и любимой, даже если она заболела, загнила и, чтобы выжить, ее надо отсечь. Я тоскую — не по тебе, но по моим давним мечтам о том, какой ты будешь и каким буду я с тобой. Нет ни такой тебя, ни такого меня. Наверное, это пройдет.

Мы сделали это. Будем благодарны друг другу за то, что было хорошего в нашей совместной жизни. Я желаю тебе всего самого лучшего, хотя уверен: ничего хорошего у тебя уже не будет — по крайней мере без перерождения, катарсиса, подобного смерти, без хождения по будущим мукам, в которые ты сама себя так бездумно загоняешь. Впрочем, я давно запутался в том, что для тебя хорошо, что плохо. Возможно, твой мазохизм абсолютно искренен и является лишь неотъемлемой частью твоего вечного садизма. Но всё: твоя боль — не моя боль, и обратное тоже верно. Прости и прощай.

Не обессудь, у тебя есть другие, а у меня — другая. Не уверен, что с ней я когда-нибудь стану хоть вполовину так близок, как был с тобой, но за нее мне хотя бы не стыдно.

Кто знает, может быть, мы еще увидимся: через много-много лет я появлюсь как чужой в твоем городе, на твоих улицах, посмотрю в пустые глаза окон дома, когда-то бывшего моим, и вдруг — встречу тебя. Может быть. Не уверен. Я этого не хочу. Мне все равно не к чему возвращаться, моя бывшая... Родина.

# УКРАИНА

## 24 февраля 2022 года

Этот текст я опубликовал днем 24 февраля 2022 года. В этот день началась война. Этим текстом начались статьи, которые собрались в книгу, которую вы читаете. С этих позиций я писал про Украину все это время. С этого поста я хочу начать раздел украинских статей в период от войны до войны.

Ситуация не предполагает двусмысленностей и экивоков. Россия сегодня совершила тягчайшее военное преступление. Нам теперь придется с этим жить, и это не просто. Все мои мысли, мое сочувствие, мои симпатии — с украинцами. Я хочу верить и молюсь, чтобы каждый житель Украины сохранил жизнь и здоровье, а Украина как страна сохранилась, отстояла свою землю и свободу, двинулась вперед как можно скорее. Мне ужасно стыдно за страну, в которой я родился и вырос, в вооруженных силах которой я служил, в которой я работал и создавал изобретения, продукты, рабочие места, в которой все еще есть мои друзья. Я хочу верить, что миру удастся остановить обезумевших руководителей страны, которую я пятьдесят лет называл своей. Я не знаю, как переварить поддержку (по данным Левады) сорока процентами населения России текущего безумия и кошмара. Я говорю с ними на одном языке — и это страннее всего. А страшнее всего — бессилие. И уверенность, что условный Запад пожует губами и опять родит пшик: это и есть гибридная война 2.0 — на чужой территории, не используя своих военных и ресурсы. Это тот редкий случай, когда я хотел бы ошибиться и увидеть самые тяжелые санкции в отношении России, включая эмбарго на экспорт ресурсов, остановку платежных систем, конфискацию резервов и пр. Преступников надо остановить, как бы больно это ни было.

Прошу прощения, это были эмоции. Дальше — завтра и всегда — будут опять факты и рассуждения. Обещаю снова стать циничным.

# Мифы российской военной пропаганды

Этот набор статей написан в конце февраля 2022 года как ответ на истерическую пропаганду, распространявшуюся российскими СМИ по всему миру и, естественно, в России для оправдания войны с Украиной.

«Мы делаем это, чтобы остановить убийство детей на Донбассе».

В этом аргументе ложь все от начала до конца.

Никто не останавливает убийство путем вторжения в другую страну по всей линии границы. Если бы речь шла об остановке локальных артиллерийских ударов со стороны Украины по территории Донбасса, то признания независимости территорий и выдвижения российских войск на границу зоны разграничения было бы более чем достаточно. В крайнем случае можно было бы подавить огневые точки Украины в ответ на первый же обстрел — этого бы хватило. Нынешнее действие убьет за несколько дней больше детей, чем погибло за все время с 2014 года, плюс, видимо, десятки тысяч взрослых — и ничего не решит.

Но правда еще и в том, что «убийство детей» началось и продолжалось исключительно по воле и благодаря России. Именно Россия организовала бандитский мятеж в Донецке и Луганске. Не верите? Вспомните, откуда взялись Стрелков, Бородай, Пушилин и прочие «деятели»? А читали ли вы биографии этих людей? Жулики и бандиты — скрыть тут ничего невозможно. Помните ли вы, что именно Россия поставляла вооружения этим бандитам? Помните ли, что она поддерживала огнем боевые действия? Есть многочисленные свидетельства прямого участия военнослужащих ВС РФ в войне против ВСУ в 2014 году на Донбассе.

Но, может быть, Россия вынуждена была тогда защитить мирное население Донбасса и «у нее не было выбора»? Конечно, нет. Севернее Донбасса и Луганска находится Харьковская область. В ней живут множество русскоязычных граждан. В ней Россия в 2014 году не смогла организовать бандитский мятеж. Вся область и до, и после 2014 года живет мирно и спокойно — вернее, жила до нападения России в 2022-м; никто не погибает — вернее, не погибал до последних дней; никто не воюет; мирно проходят настоящие выборы; область голосовала за Зеленского и имеет теперь президента, которого выбирала.

А еще есть Крым — территория, незаконно отторгнутая Россией у Украины. По какой-то неведомой причине никому не нужно «защищать детей Крыма» от украинцев — дети Крыма не гибнут под обстрелами, украинцы не обстреливают Крым вовсе. В чем же причина? Может быть, в том, что со стороны Крыма не ведется обстрела украинской территории (ох, извините, не велось до 24 февраля)?

Восемь лет на Донбассе происходят инциденты, влекущие за собой гибель людей. Всего за эти восемь лет погибло около 3400 гражданских лиц, из них около 90 детей. Восемь лет продолжалась вторая чеченская война, в которой Россия отстаивала свою территориальную целостность — такие же восемь лет, что прошли с 2014-го по 2022-й год, отстаивала так же, как Украина, война велась при президенте Путине. За это время в чеченской войне погибли, только по официальным российским данным, 25 тысяч мирных жителей. Неужели «это другое»?

За восемь лет противостояния вокруг Донбасса погибло почти 4500 военнослужащих ВСУ — больше, чем гражданских в ДНР-ЛНР. Во второй чеченской войне погибло 3000 военнослужащих ВС РФ — в 8 раз меньше, чем гражданских. Если уж вы считаете действия ВСУ на Донбассе преступлением, первыми надо судить президента Путина и его генералов за вторую чеченскую войну.

Но главное даже не это: в 2021 году на Донбассе в связи с действиями боевиков ЛНР-ДНР и ВСУ погибло 8 (восемь) гражданских лиц. За это же время в ДТП там погибло более четырехсот человек. Если уровень преступности в ДНР и ЛНР соответствует общероссийскому, то в том же 2021 году там на бытовой почве были убиты более двухсот восьмидесяти человек (на самом деле он там, конечно, выше). Факты свидетельствуют: наличие на линии разграничения ВСУ и их действия представляют для жителей ДНР-ЛНР минимальную угрозу, в 50 раз меньшую, чем автомобили, в 35 раз меньшую, чем бытовые преступления. Период активного противостояния закончился восемь лет назад, абсолютное большинство жертв погибло тогда. Сегодня не от кого и незачем «спасать детей Донбасса» — разве что от самих спасителей, которые за три дня «спасения» убили и потеряли убитыми уже значительно больше, чем погибло в ДНР-ЛНР за последние восемь лет.

Так от кого и кому надо защищать население Донбасса? Разве разорение Донбасса мятежниками и «гостями» из России, вывоз оборудования в Россию, открытые грабежи и убийства несогласных внутри ДНР и ЛНР не привели к гибели большего количества детей, чем обстрелы ВСУ огневых точек сепаратистов, тех самых сепаратистов, которые все восемь лет провоцировали конфликты по линии соприкосновения?

«Мы должны очистить Украину от нацистов».

И в этом аргументе ложь — каждое слово.

Я открою вам страшную тайну. В Украине есть националисты! Там есть поклонники Бандеры (который, конечно, был националистом и даже думал, не поддержать ли Гитлера, но не поддержал и даже сидел в нацистской тюрьме) и даже поклонники Гитлера. Там даже теперь есть проспект Бандеры! Правда, Ганди поначалу тоже поддерживал Гитлера, а в Москве есть памятник Ганди и, кажется, даже площадь. Но я открою вам еще одну страшную тайну: в России тоже есть националисты! И даже поклонники Гитлера! И их, по статистике, больший процент, чем в Украине! И еще в России есть поклонники Сталина! И даже было предложение вернуть название Сталинград, и устанавливаются памятники Сталину! Поклонников Сталина, которые не хотят помнить или одобряют репрессии, унесшие жизни более миллиона человек, совсем уж много, они заседают в думе, пишут книги, раздают интервью. Я вас уверяю, в любой стране есть националисты и поклонники Гитлера. В Украине они не имеют никакой власти, никакого влияния, поддержка даже умеренных националистов составляет меньше, чем поддержка поклонников «Русских маршей» в России. Как я это узнал? Очень просто: попробуйте назвать факты, демонстрирующие их влияние. Нет, не «они голосуют за членство в НАТО» — тут национализм ни при чем, это вопрос государственной политики. Но в Раде их не слышно, на улицах не видно. Преступность в Украине и так невысокая, а про преступления на национальной почве (в отличие от России) найти информацию просто невозможно. Может быть, стоит сперва очистить от националистов Россию?

Не стоит также путать «национализм» и тем более «нацизм» (первое — убежденность в превосходстве своей нации, второе — стремление подчинить другие нации) с естественным стремлением людей жить в своем государстве, иметь свой государственный язык, отличный от языков соседей, самим решать свои внутренние проблемы. Такое стремление есть у большинства людей мира. Идея «отказ от русского языка как государственного в Украине — это проявление нацизма, так как там живет много русскоязычных» ничем не умнее идеи «отказ от украинского языка как государственного в России — проявление нацизма», ведь в России живет множество украинцев. В России живут также, например, татары, калмыки, армяне, азербайджанцы и пр. — они не требуют сделать их язык государственным. Это естественно, обратное — странно. И уж конечно, убивать тысячи людей для того, чтобы поменять государственный язык, — это дикая архаика и страшное преступление. Только не надо говорить, что «это украинцы начали» — во множестве областей Украины от Харькова до Одессы большое количество русскоязычных; никто не убит за восемь лет, тем более из-за языка.

«Как никто не убит?! — скажете вы, — а как же сожженные националистами люди в Одессе?» И вы будете правы — в Одессе в результате столкновения агрессивной толпы русских националистов с агрессивной толпой украинских националистов (количество и тех, и тех было примерно одинаково) в 2014 году погибло 48 человек. Большинство из них было прорусскими, то есть открыто выступающими с незаконными требованиями отделения территории от Украины (что не важно с точки зрения их гибели — никто не заслуживает смерти). Их гибель — это большая трагедия. У трагедии нет размера, но хотя бы количественно: в Москве в 1993 году беспорядки, организованные толпой прокоммунистических бойцов, пытавшихся разгромить административные здания и телевидение, унесли жизни 143 человек. Кто-нибудь говорил об антикоммунистической чистке по факту этих событий? Или, может быть, какая-нибудь Германия должна была тогда (прошу прощения, в 2002 году, через восемь лет) ввести по этому поводу в Россию войска?

Надо ли говорить, что события 2 мая 2014 года в Одессе были единичным случаем и ничего похожего за восемь лет больше не случилось ни в одном городе Украины? Можно уверенно констатировать: Украина сама справилась с этой проблемой.

Украина справилась, а вот Россия — нет! За последние годы в России погибли от рук убийц или по «неизвестной причине» десятки правозащитников, оппозиционеров и деятелей общественных организаций. Немцов, Мохнаткин, Эстемирова — список вы легко можете продолжить сами. Навальный, как и другие оппозиционеры, был отравлен. В тюрьмах России регулярно от пыток и побоев гибнут и теряют здоровье сотни людей. «Одесский синдром» в России просто растянут во времени и пространстве, но в отличие от Украины он не пресечен в зародыше, а ширится и растет. Убийства, санкционированные сегодня Путиным в Украине под видом «спасения» кого-то, — это кульминация происходящего в России все эти годы. Так от кого и какую страну надо нам очищать на самом деле?

«Украину пичкали оружием, и она могла войти в НАТО, что ставило под удар безопасность России».

Давайте разберемся по порядку. Начнем с оружия.

Данные о вооружениях стран давно не секрет, они публикуются в открытой прессе. На начало 2022 года Украина обладала 2596 танками — все советских моделей; Россия имела 12 420 танков (в 4 раза больше при населении в 3,3 раза больше, то есть Россия больше напичкана танками). Украина располагала 12 303 бронемашинами — подавляющее большинство советских моделей. У России было 30 122 бронемашины. Украина располагала 3597 орудиями и мобильными ракетными комплексами против 17 536 у России (соотношение 1:5). Оружие советское и модернизированное советское, но тем не менее даже в области этих вооружений Украина диспропорционально проигрывала России. В реальности ее не то что не пичкали оружием — она его распродавала.

А вот в области современного наступательного вооружения ситуация предельно прозрачная. 69 боевых самолетов у Украины (советские модели) против 772 у России; 34 атакующих вертолета у Украины против 544 у России; 38 боевых кораблей против 605. Наконец — ноль ядерных боеголовок против 6255 у России. Не нужно разбираться в вопросе, чтобы понять: Украина не обладала никаким наступательным потенциалом и не представляла для России никакой угрозы;

более того, невозможно заметить даже следа, даже попытки этот потенциал создавать.

Западные страны, конечно, поставляли в Украину оружие. Однако на практике эти поставки скорее напоминали вооружение горожанами Ланселота из пьесы «Дракон» Шварца — тому, если помните, торжественно вручили бритвенный тазик и нож для разрезания бумаги. Украина получала бронежилеты, каски, личное оружие, некоторое количество сугубо оборонительных мобильных вооружений типа противотанковых гранатометов, предметы военной логистики. С таким «западным оружием» не напасть даже на первобытное племя.

Вопрос про НАТО более сложный, поскольку в нем идет речь о возможностях, а не о фактах, а возможности войти в любой блок есть почти у всех стран и всегда. Бессмысленно спорить о том, войдет ли со временем Украина в НАТО, — мы не знаем; можно лишь упомянуть, что этому до февраля 2022 года было множество препятствий. В частности, решение должно было бы пройти через Верховную Раду, в которой представительства различных партий весьма неоднозначно воспринимали эту идею (так же, как и жители Украины, лишь около 50% высказывались «за» — теперь-то, конечно, будет иначе); это решение требовало бы согласия всех членов НАТО (и, я уверен, российская дипломатия могла бы найти пару стран, с которыми можно договориться о бесконечном затягивании вопроса). Наконец, это решение шло бы вразрез с протоколами самого НАТО, в которых в 1996 году установлено, что НАТО избегает принимать в члены страны с нерешенными территориальными спорами — Крым был бы камнем преткновения.

Но важнее, конечно, не вопрос, могла ли Украина быть принята в НАТО, а вопрос, чем это реально угрожало бы России. Здесь пропагандисты, как правило, дают два ответа: 1) это резко увеличивало бы границу непосредственно России с блоком НАТО и угрожало бы массированным вторжением, 2) в Украине могли бы быть размещены ядерные ракеты с очень малым подлетным временем до центральных городов России.

Ответ на первый тезис стало очень легко дать после вторжения России в Украину. Для того чтобы такое вторжение подготовить, Россия стягивала к границе войска в течение месяцев. Во вторжении задействовано 60% БТГ страны (прошу прощения, на сегодня, говорят, уже 70%). Россия господствует в воздухе — у Украины на порядок меньше самолетов и вертолетов, и, поскольку они советских моделей, Россия фактически может видеть радары каждого. У России кратное преимущество в вооружении. И тем не менее за 7 дней российская армия продвинулась менее чем на на сотню километров, несет большие потери и не может решить ни одной стратегической задачи, при этом фактически уничтожая уже жилые кварталы и мирное население. А ведь НАТО для такого вторжения пришлось бы стягивать силы из США и Западной Европы; а ведь преимущества в воздухе не было бы, как и на земле; а ведь для России 100 км — это не расстояние, считай, приграничные бои, все важные центры и города находятся значительно дальше. Какова же вероятность, что НАТО (вообще говоря, оборонительный альянс, присутствие которого в странах-членах Восточной Европы минимально и ограничено оборонительными вооружениями) пойдет на такое вторжение, тем более что у России шесть с половиной тысяч ядерных боеголовок и агрессия НАТО будет поводом для применения ядерного оружия на территории Украины без развязывания глобальной ядерной войны?

И уж если НАТО так нужно вторгаться на территорию России, почему не сделать это из Балтии — расстояние до Петербурга и Москвы сильно меньше, Балтийское море для быстрой поставки техники в их распоряжении, дороги из Германии и Польши ровные, а не через горы? Может ли НАТО вторгнуться с двух направлений? Очень вряд ли — в свое время для атаки на Кувейт НАТО собирало силы шесть месяцев.

Правда в том, что в современном мире подобные вторжения обречены, если только речь не идет о крохотной стране, раздираемой внутренним конфликтом, в которой агрессор находит лояльных ему инсургентов в достаточном количестве.

Этот факт не только делает бессмысленным тезис, что «НАТО вторгнется с территории Украины». Он делает бессмысленной саму идею вторжения в Украину со стороны России. Допустим, Россия ценой огромных потерь личного состава и техники, ценой убийства огромного количества местных жителей, ценой катастрофических западных санкций, ценой превращения в придаток Китая все-таки оккупирует Украину. Это вполне вероятно. Вспомним ГДР. Эта советская часть Германии отстраивалась в послевоенное время так, что в ней была образована прочная система советской власти, которая функционировала почти сама. Страна тогда была разорена и обескровлена войной и подчинялась легко, а потому система была уже врощена в страну. Площадь ГДР составляла 108 тыс. км². Население — 16 млн человек. Как вы думаете, сколько составлял военный контингент России в ГДР? Более 1 миллиона человек. Украина в 6 раз больше по площади, в 2,5 раза по населению; структуру власти свою там не построить. Украинцы не будут чувствовать вины, как немцы после войны, а будут чувствовать лютую ненависть к захватчику. Чтобы хоть как-то контролировать страну (на фоне очевидной партизанской войны, терактов, саботажа), нужно будет вложить миллиарды долларов в инфраструктуру, которую придется строить из китайского оборудования, и это при замороженных резервах и, возможно, при эмбарго на экспорт углеводородов. Какой контингент Россия будет держать в Украине — 1 млн штыков при армии в 750 тысяч человек на всю страну? Сколько будет стоить оккупация? И насколько слабее технически и в смысле вооружений станет Россия, потеряв доступ к технологиям, заработок, ресурсы и растрачивая десятки миллиардов долларов в год на поддержание оккупированной территории в подчинении?

А если Украину не оккупировать, то какой смысл во всей авантюре — ведь она только озлобила население страны и подвинула ее намного ближе к ЕС и НАТО! Даже если Россия «откусит» еще территорию, создав себе коридор с Донбасса в Крым и увеличив зоны ДНР-ЛНР, даже если она отодвинет границу на севере, заберет кусок Харьковской и Сумской областей, что это меняет в плане опасности вхождения Украины в НАТО? Украинцы испугаются входить в НАТО? Они уже сейчас не боятся, и любой исход, кроме оккупации, будут рассматривать как победу. НАТО испугается? Уже испугалось и именно поэтому наращивает мощь в Восточной Европе (и Украину или то, что от нее останется, не забудет). Россия стала сильней? Конечно, нет — намного слабее под такими санкциями, тем более что придется что-то еще делать с захваченными территориями.

Значительно проще нам обойтись с тезисом про «подлетное время». На самом деле разговор про то, что «НАТО в более выгодном положении, так как они ставят ракеты у наших границ, а США далеко» идет минимум 70 лет и никак не меняется — шел он и тогда, когда «наши» границы проходили намного западнее Украины. В реальности, где стоят ракеты, определяется не тем, кто входит в НАТО, а тем, куда их поставили. Вот о том, кто, что и куда ставит, и стоило бы говорить на переговорах. Военное вторжение в Украину не только не снижает вероятности установки таких ракет около территории России, напротив — увеличивает. Кроме того, какая разница, прилетит ракета за 10 минут из-под Киева или за 5 минут из Латвии? А Латвия — член НАТО, всё, поезд ушел, ее не атаковать, как Украину (чтобы это доказать я, конечно, могу привести сравнение вооружений России и НАТО, но тут уже даже самые заядлые сторонники Путина всё понимают).

# Все друг другу желают, чтобы в 2023 году война закончилась

Поработаю-ка я военным экспертом. В прошлый раз я сделал это 15 февраля и очень близко к тексту рассказал, что будет, если Россия нападет на Украину. Тогда я сделал вывод, что не нападет, не такие в Кремле дураки. Оказалось, такие.

Так вот. Боюсь, история и статистика наши мечты не поддерживают.

Вот небольшая выборка войн за последние 70 лет:

- Война в Корее — 3 года,
- Франко-Вьетнамская война — 8 лет,
- Американо-Вьетнамская война — 8 лет,
- Советско-Афганская война — 10 лет,
- Вторая конголезская война — 5 лет,
- Ирано-Иракская война — 8 лет,
- Первая Карбахская война — 3 года,
- Никарагуанская война за независимость — 9 лет,
- Ливийско-Чадская война — 9 лет,
- Боснийская война — 4 года,
- Хорватская война — 4 года,
- Португало-Ангольская война — 14 лет,
- Эфиопско-Эритрейская война — 30 лет,
- Франко-Алжирская война — 8 лет,
- Война в Сирии — уже 11 лет,
- Гражданская война в Алжире — 11 лет.

Войн было намного больше, и 95% их длились три года и больше. Исключения составляют а) «недовойны» типа приграничных конфликтов (именно так про нынешнюю войну думали в Кремле до 24 февраля) и б) войны, в которых военному лидеру мира противостоит слабая и лишенная поддержки страна или даже группировка внутри страны (вы удивитесь, но и так в Кремле думали про нынешнюю войну). Все же прокси-войны длятся годами, могут и 5, и 7, и 8, а нынешняя война — это классическая прокси-война. Войны между близкими по силе странами третьего мира легко идут 30 лет.

В феврале все говорили о быстрой победе России, но что-то пошло не так. Сейчас эксперты предпочитают говорить о скорой победе Украины (что бы они ни понимали под этим выражением). Основной аргумент свидетелей быстрой победы Украины — «Россия истощает свой военный потенциал, в то время как Запад снабжает Украину всем необходимым».

Аргумент этот звучит грозно, но не соответствует реалиям при детальном разборе ситуации. «Форбс» недавно приводил данные по потерям и остаткам вооружений (за точность их не поручусь, но это и не важно, важна общая картина). Так вот, Россия, по его оценкам, потеряла где 15, где 25, где даже 30% имевшихся вооружений, то есть сейчас у нее осталось в среднем 75% потенциала. К этому надо добавить существующее производство, которое способно производить в год примерно 5% имевшегося потенциала и вспомнить, что из этих 25% «убытка» примерно 5% было потеряно в целом виде — украинцы взяли трофеями. То есть даже при той же интенсивности операций (скорее всего, будет ниже), если Россия научилась не терять трофеями свою технику, через год у России останется 60% потенциала, через два — 45%. Это если производство не вырастет и не будут идти закупки китайского, иранского или советского, принадлежащего третьим странам, вооружения.

Украина за то же время, на первый взгляд, почти не сократила свой потенциал. Но, по факту, она потеряла большу́ю часть имевшихся вооружений (до 60–70%), а взамен приобрела трофеями и получила от стран НАТО и сочувствующих большой объем военной техники устаревших моделей советских времен. Дальше трофеев, скорее всего, не будет или будет мало (русские научились, кажется, не бросать технику), а поставки советской техники из третьих стран — это вообще штука одноразовая, техника эта просто уже закончилась или почти закончилась.

Да, пришла пригоршня натовских гаубиц, несколько «Хаймарсов», пара радаров и батальон зенитных установок; они помогут обороняться (и то вопрос насколько), но никак не помогут наступать, тем более решительно, широким фронтом. Ко всей технике нужны снаряды (ракеты), Европа не может произвести даже столько, сколько нужно Украине для натовской техники, а советские снаряды и ракеты где брать?

Через год такой войны советской техники у Украины будет существенно меньше, а западной — вряд ли сильно больше, потому что Запад не торопится ее поставлять, а кое-кто просто не может: в Европе ее толком нет (у Германии совсем швах с танками, например); плюс украинцев нужно переучивать. НАТО никак не решит, можно ли поставлять наступательные вооружения в принципе, «а то Россия обидится» (я лично не вижу логики в аргументе, но специалисты утверждают, что она есть).

Не хочу быть пророком (да и не могу), но я вижу лишь два сценария 2023 года: 1) stalemate от начала и до конца и 2) попытку Кремля, бросив все силы, сломить сопротивление, ударив сразу со всех сторон, неудачу и stalemate потом.

Третий сценарий — это попытка Украины организовать масштабное наступление на Мелитополь с целью отсечения группировки российских войск в оккупированной части Херсонской области и выхода к Крыму с перерезанием путей поставки вооружений из Крыма. Я не могу судить о шансах такого наступления, я только знаю, что, если оно будет неудачным, второго шанса уже не будет: потери сильно ослабят украинскую армию, но самым ужасным будет резкое изменение настроя общества, уныние и потеря боевого духа. Я не уверен, что руководство ВСУ готово взять на себя такой риск.

Чуда я хочу, но в него не верю. Консенсус сегодня полагает, что время работает на Украину. Я считаю, что все наоборот. Отличие моего мнения от консенсуса, на самом деле, состоит только в оценке возможностей и готовности НАТО снабжать Украину вооружениями. Мне кажется, что они очень ограничены и не позволят Украине сформировать потенциал для решающего наступления. Запад, возможно, пытается с помощью ВСУ истощить российский военный потенциал, параллельно не дав Украине возможности создать свою мощную армию. Возможно, все еще проще и у Запада просто нет запасов вооружений и возможностей их поставки. Возможно, имеет место комбинация первого и второго. Так или иначе, я не думаю, что для Запада принципиально, где будет проходить граница между Россией и Украиной: ситуация похожа на корейскую войну 1950–1953 годов.

Для победы Украины, когда бы она ни состоялась, на мой очень скромный взгляд, необходимо три не существующих сегодня компонента:

1) кардинальное изменение в поставках оружия — создание стратегического плана превращения Украины в хорошо вооруженную и хорошо защищенную самым современным оружием страну, способную на успешные наступательные операции. Это займет время, поэтому план должен быть сейчас, сегодня, а его исполнение должно занять меньше, чем займет утрата Украиной ресурса для успешного сопротивления;

2) серьезная стратегическая коммуникация с Китаем для вовлечения его в миротворческий процесс на стороне Запада и Украины под эгидой построения мира, в котором неядерные страны не должны бояться агрессии ядерной державы. Западу есть что предложить балансирующему на грани сваливания в японскую экономическую ловушку (только на существенно более низком уровне) лидеру развивающихся стран в обмен на поддержку в украинском вопросе. А Китаю есть что сделать для того, чтобы в Кремле поняли: их кураторы в Пекине недовольны и требуют изменить поведение, прекратив войну и уйдя с оккупированных территорий;

3) построение скрытого канала переговоров с Кремлем для выработки условий прекращения войны, в рамках

которых Кремль может сохранить лицо для «внутренней аудитории» и сохранить власть в России, а Украина получит справедливость, возмещение и материальные, а не словесные гарантии безопасности (например, размещение баз НАТО, размещение натовских стратегических сил сдерживания, фаст-трек в НАТО или хотя бы билатеральное соглашение с США о военной помощи и поддержке и пр.). Западу придется взять на себя контроль и администрирование восстановления страны экономически и быстрое построение украинских вооруженных сил по образцу натовской армии.

Без выполнения этих трех пунктов войну в Украине может закончить либо чудо, либо невероятная случайность, либо отказ Запада от продолжения, то есть поражение Украины. Это тот случай, когда я был бы счастлив, если бы оказалось, что я ничего не понимаю и несу чушь, но мне так не кажется.

## Сценарии

Этот длинный текст написан осенью 2022 года, и, разумеется, из ноября 2023 года он уже не может восприниматься как набор сценариев развития конфликта в Украине. Впрочем, ведь книгу эту будут читать и сильно позже, поэтому ценность статьи скорее в том, чтобы сделать «фотографию» момента и запомнить, как выглядели варианты развития событий через восемь месяцев после нападения России.

В октябре 2022 года мы сидели отличной компанией, размышляя о сценариях будущего в контексте России и Украины. Краткое содержание размышлений будет представлено в восьми сценариях.

Предварительные замечания:

1) картинка не вероятностная, будущих триггеров и развилок много, про каждый сценарий в лучшем случае можно сказать «маловероятен», «вероятен», «очень вероятен»;

2) возможны любые «гибриды» сценариев — жизнь богаче воображения;

3) горизонт всех сценариев — конец 2023 года, дальше все совсем в тумане;

4) сценарии удобно классифицировать по шести параметрам: вероятность, достигаемый уровень стабильности статуса, уровень приемлемости для развитого мира с учетом возникающих из него угроз, благоприятность для Кремля, благоприятность для России как социума, благоприятность для Украины как социума;

5) всего выделяется 8 сценариев: «Северный Кипр», «Победа России», «Финский вариант», «Сектор Газа», «Малая победа Украины», «Малый Армагеддон — с Крымом или без», «Большой Армагеддон — с Крымом или без», «Change of Control»;

6) единственный способ обдумывать сценарии — полностью отключить эмоции. Мы с удивлением наблюдали, как каждый из нас давал большую вероятность тем сценариям, которые были ему морально или экономически выгоднее. Wishful thinking поражает всех, поэтому большая просьба, читая сценарии, не анализировать, за кого автор. В жизни я известно за кого; в анализе сценариев я убиваю в себе эмоции и абсолютно нейтрален.

Примечание: сценарии имеют разную вероятность. Даже маловероятные сценарии — это тоже сценарии. Сценарии — это точки в пространстве возможностей. Между любыми двумя точками-сценариями есть бесконечно много промежуточных вариантов. Оценка вероятности сценариев основана на имеющейся на сегодня информации — новые вводные в ней не могут быть учтены по определению (например, если завтра Китай вступает в войну, это все поменяет, но учесть это невозможно). Сценарии нужны не чтобы успокоить или расстроить — они нужны, чтобы понимать весь спектр возможностей.

## Сценарий 1. «Северный Кипр»

В результате изматывающих атак на украинскую инфраструктуру в течение зимы и вывода на фронт сотен тысяч мобилизованных (скорее всего, весной) российские войска переходят к наступлению и занимают территорию всех четырех украинских областей, объявленных в сентябре аннексированными, теряя еще сотню-полторы тысяч убитыми. Уставшие от войны и энергетических проблем европейские страны давят на Украину, предлагая прийти к мирному соглашению в обмен на вступление в ЕС и НАТО. В США большинство республиканцев в Конгрессе и Сенате после выборов блокируют интенсивную поддержку Украины (просто в пику демократам). С разрушенной инфраструктурой и без существенного потока вооружений Украина вынуждена идти на переговоры — условно в Стамбуле, — и в результате возникает «мир в обмен на территории»: Россия полулегально занимает аннексированные зоны (например, на базе долгосрочного договора о статусе территорий, в котором Украина обязуется не требовать их возврата, или просто письменного признания факта отсутствия контроля и обязательства не применять оружие на этих территориях), вооруженное противостояние прекращается, в обмен Украина (без аннексированных территорий) получает вступление в ЕС и НАТО, базы НАТО на своей территории и в целом — эффективную защиту на будущее. Обе страны могут объявить о победе. Ситуация стабилизируется. Санкции против России остаются практически в полном объеме (международного признания аннексии не происходит). Международный суд конфискует 300 млрд резервов у России в пользу Украины.

Вероятность сценария — невысокая.

Достигаемый уровень стабильности — высокий.

Уровень приемлемости для мира — средний.

Благоприятность для Кремля — высокая.

Благоприятность для России — низкая.

Благоприятность для Украины — средняя.

Комментарии: средний уровень благоприятности сценария для мира основывается, с одной стороны, на прекращении вооруженного противостояния и получении достаточных гарантий его невозобновления (за счет вступления Украины в НАТО), а также стабилизации торговых потоков. С другой стороны, этот сценарий фактически демонстрирует возможность вооруженной аннексии территории и повышает глобальные риски. Он также снижает авторитет существующих правящих сил в развитом мире.

Низкий уровень благоприятности для России обусловлен усилением власти Кремля и дальнейшим движением страны по иранскому/северокорейскому пути.

Средний уровень благоприятности для Украины обусловлен, с одной стороны, окончанием боевых действий и получением массивной помощи и вступлением в оборонительный союз и экономический блок, с другой — психологическим ощущением поражения и потенциальными политическими проблемами, ожидаемой сменой власти и курса в сторону агрессивного ресентимента, лозунга «Нас предали, иначе бы мы победили», популистской политики.

Оценка вероятности: сценарий реализуется при целом ряде триггеров: 1) у России достаточно средств для уничтожения инфраструктуры Украины (спорно); 2) Запад не поставит эффективное ПВО (спорно); 3) российская армия сможет пережить зиму без тотальной дезорганизации и невосполнимых потерь техники и перейти в наступление весной (спорно); 4) США перестанут поставлять оружие Украине в объемах, достаточных для сдерживания и медленного наступления (очень спорно); 5) НАТО будет готово принять

Украину де-факто и разместить базы (спорно). Количество триггеров указывает на невысокую вероятность.

Будущее России в этом сценарии: нет больших изменений во власти, рейтинг Кремля высок, развитие в рамках гибрида Северной Кореи и Ирана, официально страна победно входит в режим передышки и перегруппировки перед дальнейшим наступлением на «загнивший Запад» для установления господства «Русского Мира». Милитаризация экономики и жизни, но в условиях усиления коррупции все превращается в показуху и наращивание «пушечного мяса». Формируется культура единства: средства за границей, использование иностранных социальных сетей, интенсивные контакты с Западом перестают быть приемлемыми для всех, кроме избранных. СМИ полностью прокремлевские.

Рынки полузакрыты, экономически — колония Китая. Границы прикрыты, но не закрыты, проблемы с выездом у военнообязанных, резерва, специалистов определенных специальностей.

Инвестиции только государственные, только в стратегические направления. Огромные средства идут на восстановление аннексированных территорий и почти полностью исчезают там. Дефицит бюджета умеренно нарастает.

Курс рубля полностью управляем.

Консолидация больших бизнесов вокруг никому не известных фигур. Появление силовых институтов в кругу владельцев и бенефициаров ключевых индустрий. Формируются новые касты богатых, в том числе каста военкомов и каста пропагандистов.

Формируются новые центры русскоязычных за рубежом, где держат наворованное и проводят время вдали от суеты России, — это, скорее всего, ЮВА (Индонезия, Филиппины, Таиланд, возможно, Китай) плюс Латинская Америка (Аргентина, Бразилия, Парагвай). Российские деньги на Западе все так же под запретом, хотя активы уехавших олигархов выборочно и медленно размораживаются.

[Комментарий из конца 2023 года: как видим, не так уж и далек от истины был этот сценарий. Другое дело, что конец 2023 года пришел, а завершения горячая фаза войны не получила, и элементы этого сценария только-только начинают проглядывать из военного контекста. В сущности, разговор про «Северный Кипр» уже идет интенсивно, и именно в его рамках формируется раскол в украинской элите. Сторонники «мира в обмен на территории» этот сценарий открыто пропагандируют, а США не торопятся с продолжением предоставления помощи. Вероятность этого сценария растет, но поживем — увидим. Вполне возможно, что, когда вы читаете эту книгу, ситуация уже разрешилась и вы можете оценить прогностические способности «коллектива авторов».]

Сценарий 2. «Победа России»

Все как в сценарии «Северный Кипр», но в обмен Украина (без аннексированных территорий) не только ничего не получает, но и вынуждена принять нейтральный статус и невхождение в экономические блоки. Это возможно, если в дополнение ко всем факторам, описанным в сценарии № 1, России удастся критически повредить/уничтожить жизненно важную инфраструктуру Украины ракетными ударами еще зимой и российское контрнаступление перейдет границы аннексированных регионов, например вернется в Харьковскую область, и прибавится наступление белорусской армии на севере и приднестровской на юго-западе. Важным фактором в этом сценарии могут являться поставки в Россию вооружений из Ирана, возможно, Китая и других стран. Дополнительно на этот сценарий будет работать усталость Европы и возможное изменение политики США (см. сценарий № 1).

Россия объявляет о победе. Ситуация стабилизируется. Санкции против России остаются практически в полном объеме (международного признания аннексии не происходит). Международный суд конфискует 300 млрд резервов у России в пользу Украины.

Вероятность сценария — очень низкая.

Достигаемый уровень стабильности — низкий.

Уровень приемлемости для мира — низкий.

Благоприятность для Кремля — высокая.

Благоприятность для России — низкая.

Благоприятность для Украины — низкая.

Комментарии: низкий уровень благоприятности сценария для мира связан с тем, что этот сценарий фактически демонстрирует возможность вооруженной аннексии территории и повышает глобальные риски, а также снижает авторитет существующих правящих сил в развитом мире. Кроме того, этот сценарий не приносит стабильности — Украина остается легкой целью, и в момент нового падения рейтинга Кремля через 5–7 лет Кремль повторит/продолжит агрессию, которая на этот раз будет еще более легкой.

Низкий уровень благоприятности для России обусловлен усилением власти Кремля и дальнейшим движением страны по иранскому/северокорейскому пути.

Низкий уровень благоприятности для Украины обусловлен очевидными политическими проблемами, ожидаемой сменой власти и курса в сторону агрессивного ресентимента, лозунга «Нас предали, иначе бы мы победили», популистской политики, на фоне очевидной невозможности восстановления хозяйства, массовой эмиграции формируется failed state. Через 5–7 лет Украина с большой вероятностью будет поглощена Россией полностью.

Оценка вероятности: сценарий реализуется при целом ряде триггеров: 1) у России достаточно средств для критического уничтожения инфраструктуры Украины (очень спорно); 2) Запад не поставит эффективное ПВО (спорно); 3) Российская армия сможет пойти в наступление зимой и вести его успешно (очень спорно); 4) США перестанут поставлять оружие Украине в объемах, достаточных для сдерживания (очень спорно); 5) НАТО будет готово принять фактическую аннексию всей Украины и триумф российской агрессии (крайне спорно). Количество триггеров и их вероятность указывает на крайне низкую вероятность сценария.

Будущее России в этом сценарии не отличается от сценария «Северный Кипр» с той только разницей, что через несколько лет агрессия явно повторится, и это будет местом разветвления сценариев. Кроме того, головокружение от успехов может заставить Кремль допустить фатальную ошибку как внутри страны (пережать, пропустить заговор внутри элит), так и во внешней политике, например начать ультимативно диктовать условия Европе и организовать военную провокацию на границе с Польшей или Балтией. Высока вероятность, что это переполнит чашу терпения НАТО и ЕС, и ответ будет совершенно асимметричным. Также в период между победой и следующей войной компетентные органы НАТО и США будут озабочены превентивными мерами, в которые может войти подготовка физического устранения руководства России. Они не часто бывают успешными, но бывают, и вероятность успеха повышается тотальной коррупцией в России и низким уровнем профессионализма силовиков.

Вероятность этого сценария крайне низкая. Тем не менее она есть, и описать сценарий было необходимо.

[Комментарий из ноября 2023 года: вероятность этого сценария выросла, но не сильно.]

Сценарий 3. «Финский вариант»
Война уходит в зиму. У России недостаточно ракет для поражения инфраструктуры Украины, ПВО Украины становится эффективнее, и ракетные атаки мало меняют ситуацию. На фронте либо уже зимой, либо после зимнего затишья продолжается медленное наступление Украины — освобожден Херсон, существенная часть Луганской области, идет наступление на юг от Запорожья, постоянные атаки России на Донецком фронте почти прекращаются. Количество жертв

в российской армии перевалило за 100 тысяч, похоронки во всех городах и всех слоях общества; эмиграция из России идет волнами, уехало к весне за год уже 2–3 млн человек. Весной мобилизовать кого бы то ни было нового крайне сложно; трудовая мобилизация неэффективна, начинают чувствоваться проблемы в МСП, где множество бизнесов встало из-за призыва, в IT, где более 50% ключевых специалистов уехало. Политически на фоне ужесточения критики власти со стороны ура-патриотов (становящихся увы-патриотами на глазах) власть вынуждена начать репрессии против них, тем самым защищая себя от радикалов, но и параллельно снижая накал милитаризма в обществе. Общество устало от войны, и власть вынуждена переводить стрелки — искать тех, кто виноват даже не в поражении, а в самом начале войны, внутри страны.

Тем не менее линия фронта меняется крайне медленно, война всем надоела, и у Украины все очевиднее проблемы с экономикой и все больше жертв, а жертвы толерируются все хуже. В Европе тоже хотят закончить конфликт — у них другая повестка, надо разбираться с переустройством экономики, к тому же продолжение конфликта ставит Европу в слишком большую зависимость от США, а там опасаются, что смена президента в США в 2024 году может нести в себе риски изменения отношений через океан.

В России рассматривается вопрос о применении в отношении Украины ядерного оружия, но либо Кремль не решается на это, либо НАТО удается убедить Кремль, что применение ЯО в Украине означает смертный приговор всем, принимавшим и исполнявшим решение. Нерешительность Кремля, скорее всего, будет связана еще и с тем, что применение ЯО политически выдвинет на первый план как раз оголтелых ястребов, а достигнутая этим эскалация сама по себе может выйти из-под контроля и вылиться в переворот.

В результате на секретных переговорах, на которых, возможно, будут посредники, стороны договариваются, что под контролем России останутся часть территории Луганской и Донецкой областей (возможно, несколько больше, чем на 23 февраля 2022 года или в этих границах) и Крым. Украина получит за это право войти в НАТО и ЕС формально или неформально или хотя бы неограниченно развивать армию и вооружаться. Будет «Стамбул-1» по типу «Минска-2», но с гарантией ненападения; взаимные провокации прекратятся, наступит стабильность. Вероятно, в этом сценарии Украина должна будет признать ЛНР, ДНР и Крым в границах 23 февраля 2022 года, чтобы получить право на вхождение в НАТО и ЕС и гарантии НАТО о защите от нападения. Территории, де-факто контролируемые Россией, за пределами границ 23 февраля 2022 года (if any) останутся в том же статусе, что ЛНР/ДНР до 23 февраля 2022 года. Однако стороны на этот раз возьмут реальные обязательства исключить военные провокации — на них реализуется сценарий «Северный Кипр».

В силу самоограничения принятием в состав России Запорожской и Херсонской областей Кремль на переговорах будет биться за сохранение за Россией хотя бы какой-то части этих территорий, пусть даже тонкого прохода в Крым, с Бердянском и Мелитополем внутри. Взамен легко будет получить и членство в чем угодно, и большую часть территорий ЛНР/ДНР, деньги и пр. Этот вопрос будет камнем преткновения на переговорах, его разрешение представляет огромный риск для власти той страны, которая эти территории отдаст.

В России будет предпринята попытка объявить о победе (поскольку Украина признает ДНР/ЛНР и Крым российскими), но общественное мнение будет считать итог войны поражением. Как ни парадоксально, возникнет шанс на улучшение отношений с Западом, небольшую часть санкций могут снять достаточно быстро, медленно будут сниматься и другие (но не все) санкции — при разумной внешней политике в течение лет 10–15 Кремль сможет убрать большинство (но не все) ограничений. 300 млрд резервов будут по решению суда переданы Украине, если только возврат их не будет частью сделки.

Вероятность средняя.

Достигаемый уровень стабильности средний.

Уровень приемлемости для мира средний/низкий.

Благоприятность для Кремля низкая.

Благоприятность для России низкая.

Благоприятность для Украины средняя/высокая.

Комментарии: средний/низкий уровень благоприятности сценария для мира связан с тем, что этот сценарий сохраняет прецедент вооруженной аннексии территории (пусть не в начальных границах) и тем не снижает глобальные риски, а также не повышает авторитет существующих правящих сил в развитом мире. Но Украина остается защищенной и может эффективно развиваться, угроза конфликта в Восточной Европе отодвигается как минимум на несколько лет, а то и десятилетие. Однако этот сценарий предполагает риск дестабилизации ситуации в России с непредсказуемыми последствиями.

Низкий уровень благоприятности для России обусловлен именно этим риском дестабилизации и потенциальным приходом к власти еще более радикальных сил.

Средний уровень благоприятности для Украины обусловлен очевидностью победы и наступлением внешней стабильности, однако признание потери территорий будет способствовать обострению внутриполитической борьбы и потере власти нынешним руководством с вероятностью восстановления олигархического контроля над страной или прихода к власти правых радикалов, которые могут направить страну на путь поиска военного реванша: ни то ни другое не будет способствовать интеграции в ЕС и развитию экономики, в перспективе есть риск разочарования населения в западном варианте развития и встречного разочарования Европы.

Оценка вероятности: сценарий реализуется при целом ряде условий: 1) у России недостаточно средств для уничтожения инфраструктуры Украины (вероятно); 2) Запад поставит эффективное ПВО (неопределенно, вероятно); 3) российская армия не сможет перейти в контрнаступление на широком фронте и будет продолжать отступать (очень вероятно); 4) США продолжат поставлять оружие Украине в объемах, достаточных для сдерживания и даже медленного наступления (вероятно); 5) НАТО будет готово принять Украину или хотя бы неформально вооружать ее (не определено); 6) Россия не применит ядерное оружие (вероятно); 7) Кремль решится на фактическое признание поражения (не так невероятно, как кажется, если Кремлю предварительно удастся уничтожить радикальную оппозицию). Количество условий и их вероятность указывает на среднюю вероятность сценария, основная проблема — сделанное признание и включение в состав России Запорожской и Херсонской областей (именно этот факт существенно сокращает вероятность финского варианта).

Будущее России в этом сценарии определяется способностью сегодняшнего политбюро удержать власть, не изменив курса и не изменив свой состав. Скорее всего, будет предпринята попытка на фоне объявления «победы» (будут сравнения с Израилем, покинувшим Газу, или США, которые ушли из Ирака, наконец, с итогами финской войны) параллельно найти виновных в поражении и отдать их «народному гневу» — могут пройти массовые репрессии среди военных и заодно среди потенциальных претендентов на власть и вообще радикального крыла милитаристов-патриотов. Вероятность удержания власти, скорее, высокая, но не исключены серьезные перестановки в верхних эшелонах, усиление влияния ключевых фигур, осторожно относившихся к конфликту. Вместе с тем из произошедшего будут «извлечены уроки», и фокус будет на модернизации армии и подготовке к реваншу.

Вопрос удержания власти станет острее, и потому милитаризация общества, поддержание статуса чрезвычайной ситуации и уровень несвободы будут быстро расти. В остальном все как в предыдущих сценариях.

[Комментарий из ноября 2023 года: вероятность этого сценария снижается в пользу первых двух сценариев; виной тому неудачное контрнаступление Украины летом, которое убедило Запад в слабых перспективах отвоевывания захваченных территорий, а главное — убедило в этом Кремль. К тому же дорогая нефть и неэффективность санкций делают Кремль готовым воевать долго и не готовым вообще уступать что бы то ни было — сегодня Кремлю легче терять по 300 000 солдат в год, чем признать, что определенная в конституции граница должна быть пересмотрена не в пользу России. Время работает на Россию, увы.]

## Сценарий 4. «Сектор Газа»

Война уходит в зиму. У России недостаточно ракет для поражения инфраструктуры Украины, ПВО Украины становится эффективнее, и ракетные атаки мало меняют ситуацию. В отличие от предыдущего варианта, ситуация на фронте стабилизируется — возможно, после некоторых украинских успехов. Зимой интенсивность боев резко снижается, как и потери с обеих сторон, наступает весна, но ни у одной, ни у другой стороны нет сил и возможностей для наступательных операций.

Ни Украина, ни Кремль не могут позволить себе закончить конфликт соглашением — их «наилучшие предложения» слишком далеко отстоят друг от друга. Но интенсивность боевых действий существенно снизилась, запас средств поражения большой дальности у России в большой степени исчерпан, и для обеих сторон есть смысл сделать паузу.

В результате начинаются переговоры, и первым согласованным решением является прекращение огня. Далее переговоры идут в непрерывном или сессионном формате, формируется фактически постоянно действующая переговорная группа, стороны высказывают неприемлемые требования друг к другу, движения никакого не происходит, но прекращение огня практически соблюдается.

Россия использует этот период для перевооружения, в том числе закупок вооружения у Ирана и других стран, и обучения «новой армии», состоящей из мобилизованных и призывников. Возможно, срок срочной службы увеличат до двух лет и расширят контингент призыва, будут призывать студентов и ограниченно годных; возможно, существенно расширят прием по контракту. Украина использует этот период для увеличения кадровой армии, обучения бойцов работе с натовским вооружением, получения этого вооружения в достаточных для ведения войны объемах и развития систем управления и связи.

С течением времени будет становиться понятно, что Россия не может получить решающего преимущества, а Украине получить его не дают — НАТО передает оружия ровно столько, сколько надо, чтобы остановить агрессора, но недостаточно для атаки. Взаимная подготовка будет затягиваться, а территории, занятые Россией, будут жить в режиме «ДНР/ЛНР до 2022 года» — их статус будет определен только для России, Северной Кореи и Зимбабве, вся экономика в них будет строиться на прямых и прямо разворовываемых субсидиях России, натуральном хозяйстве и вывозе в Россию всего, что можно увезти.

Поскольку ситуация зависнет, Кремлю не надо будет ничего объявлять внутри страны — сколько бы лет ни продлилось прекращение огня, оно будет официально подаваться как тактическая пауза, целью останется «отвоевать наши земли», и претензии ура-патриотов по поводу бездействия властей будут нивелироваться нежеланием общества опять получать тысячами похоронки. Санкции плюс-минус встанут на месте, 300 млрд будут лежать замороженными. Ситуация будет стабильной либо до получения одной из сторон реального преимущества (по аналогии с карабахским конфликтом), либо до ошибки, допущенной одной из сторон; возможно, со временем ситуация перерастет в сценарий «Change of control» или в какой-то другой.

Вероятность средняя.

Достигаемый уровень стабильности низкий — временно.

Уровень приемлемости для мира средний/низкий.

Благоприятность для Кремля средняя/низкая.

Благоприятность для России низкая.

Благоприятность для Украины низкая.

Комментарии: средний/низкий уровень благоприятности сценария для мира связан с тем, что этот сценарий ничего, по сути, не решает и является паузой перед реализацией какого-то другого сценария.

Низкий уровень благоприятности для России обусловлен сохранением статус-кво власти с очевидной милитаризацией страны и экономики и неразрешимостью внешних санкций.

Низкий уровень благоприятности для Украины обусловлен отсутствием разрешения ситуации, замораживающим любое развитие, вступление в любые блоки и ведущим к политической неопределенности.

Оценка вероятности: сценарий реализуется при ряде условий: 1) у России недостаточно средств для уничтожения инфраструктуры Украины (вероятно); 2) Запад поставит эффективное ПВО (не определено, вероятно); 3) российская армия не сможет перейти в контрнаступление на широком фронте, но сможет остановить наступление ВСУ (очень вероятно); 4) США продолжат поставлять оружие Украине в объемах, достаточных для сдерживания (вероятно); 5) Россия не применит ядерное оружие (в этом сценарии очень вероятно). Количество условий указывает на среднюю вероятность сценария.

Будущее России в этом сценарии бессмысленно определять, так как оно зависит от того, в какой сценарий переродится эта переходная фаза. Такое перерождение может наступить через кварталы или через годы, возможно, через 5–10 лет, но оно обязательно наступит, и все акторы будут ждать его и на него работать. Ненависть к Украине станет официальной идеологией России (наподобие ненависти к Армении в Азербайджане) и основой всех систем принятия решений; то же верно и для Украины по отношению к России. Кремль, естественно, постарается зачистить политический ландшафт от оппозиции (теперь — от радикальных «патриотов» и сил, приобретших самостоятельное влияние в 2022 году) и перестроить систему управления ВПК, армией и экономикой вообще, чтобы получить преимущество в следующем раунде конфликта. Однако тут он столкнется как с ригидностью системы, так и с объективным ухудшением ситуации из-за растущей изоляции страны, снижения цен на углеводороды, проблем рынка труда (в частности, утечки мозгов и рук, которая будет медленно, но идти, и в связи с начинающимся демографическим кризисом). В целом время будет работать против Кремля, и ему придется искать новый способ взаимодействия с центрами принятия решений (США и ЕС): все методы государственного шантажа и персонального соблазнения уже использованы и отыграны, возможно, Кремлю придется учиться обратному — соблазнению на государственном и шантажу на персональном уровне. Задачей будет предложить США и ЕС настолько большие выгоды, чтобы они согласились на разрешение конфликта в Украине, которое можно представить как победу Кремля. От того, будет ли решена эта крайне сложная в нынешних условиях задача, зависит, как переродится сценарий «Сектор Газа».

[Из ноября 2023 года этот сценарий выглядит очень вероятным при условии продолжения помощи Украине США и маловероятным без такой помощи. Но, кроме того, чтобы его реализовать, Украине нужно перейти к обороне и укрепить существующие рубежи, продав Штатам идею защиты страны малой кровью; на сегодня такой готовности в Украине пока не видно.]

Сценарий 5. «Малая победа Украины»
Война уходит в зиму. У России недостаточно ракет для поражения инфраструктуры Украины, ПВО Украины становит-

ся эффективнее, и ракетные атаки мало меняют ситуацию, как и атаки иранскими дронами. Украинские войска берут Херсон, зимой интенсивность боев резко снижается, как и потери с обеих сторон, а когда наступает весна, оказывается, что моральный дух в российской армии очень низок, за зиму надлежащая подготовка не проведена, поставки вооружений сорваны, зато внутренние конфликты в руководстве армии и страны усилились. Украинская армия, напротив, использовала передышку для насыщения оружием, пополнения личным составом и выработки планов наступления.

Вариантом этого сценария является также внезапное зимнее наступление ВСУ, которые будут использовать преимущество в экипировке и системах снабжения.

В итоге ВСУ получает возможность действовать сразу с трех направлений («север», с целью взять Луганск, «центр», с целью выйти к Азовскому морю, взяв Бердянск и Мелитополь, и «юг», с целью отрезать Крым и, выйдя с юго-запада к Мелитополю, «взять в кольцо» остающиеся в Херсонской области силы российской армии. Удар настолько быстр, что российские войска вынуждены уходить из Херсонской области на восток, к границам Донецкой области. Видя развитие ситуации, Лукашенко отказывается вступать в войну и мягко выдворяет российскую группировку с территории Беларуси. США находят возможность надавить на Иран, и тот прекращает поставки ракет и дронов.

События происходят слишком быстро, чтобы Кремль мог провести новую мобилизацию и заткнуть бреши, тем более что, по всем опросам, общество не готово к дальнейшей мобилизации. На сепаратных тайных переговорах Москвы и Вашингтона стороны договариваются: Россия не будет применять ядерное оружие в обмен на то, что Украина не будет атаковать Крым.

Снижение цен на углеводороды в мире и нарастающие экономические проблемы в России начинают серьезно влиять на общественное мнение. Разгромив в конце осени — начале зимы милитаристов-радикалов в страхе уступить им власть, Кремль остается один на один с «партией мира» и внутри элиты, и внутри общества. На «весах» политической стабильности мир начинает перевешивать войну.

Пока в Кремле идет проработка дальнейших действий, ВСУ наносят быстрый удар в сторону Волновахи и выходят к Новоазовску, отрезав Мариуполь от Донецка. На севере ВСУ стоят на подступах к Луганску. Кремль отчаянно нуждается в переговорах. Однако успехи ВСУ не должны нас обманывать — потери при наступлении высоки, выше российских, в том числе теряется техника — обороняться ракетными системами удобно и сохранять их легко, но для наступлений и взятия городов нужны танки и мотопехота, а они сравнительно беззащитны в атаке. Выход фактически на границы 23 февраля 2022 года является очевидной победой Украины, и пока Кремль думает, как не потерять вообще все, в Киеве должны задуматься о том, что испытывать судьбу опасно и нужно «фиксировать прибыль», тем более что Крым явно недоступен (Вашингтон считает, что атака на Крым будет означать ядерную войну).

В результате начинаются переговоры, на которых основным вопросом стоит прекращение огня и долгосрочное соглашение о ненападении. Кремль достаточно легко пойдет на него, понимая, что как только он будет готов, соглашение можно нарушить. Киев будет готов на него с условием, что российские войска покидают ДНР/ЛНР и везде, кроме Крыма, восстанавливается украинская государственность. Россия, разумеется, не сможет подтвердить границу — изменения в конституцию уже внесены, обратного хода нет. Но вполне можно принять закон «Об особом статусе некоторых территорий России, находящихся временно под контролем Украины» и жить с таким законом сколь угодно долго, вернее — до первого серьезного изменения баланса сил. Теоретически можно даже признать потерю территорий, ссылаясь на опыт Брестского мира, например. Николаю II это спокойно удалось после Русско-японской войны. Но вряд ли от Кремля можно ожидать такой смелости, поэтому ждем специального закона. В ответ схожий закон примет Украина в отношении Крыма.

На радостях ЕС и США ослабят ряд второстепенных санкций и снимут территориальные санкции как с востока Украины, так и с Крыма. Поскольку соглашение будет обставлено множеством реверансов и экивоков, переход контроля к Киеву пройдет без репрессий, все пророссийские активисты будут тихо вывезены в Россию, а что уж с ними сделают в России — другой вопрос. Возможно, Россия «отторгует» себе у Запада снятие санкций с особо приближенных к Кремлю политиков и бизнесменов, возврат части замороженных резервов и восстановление критически важных технологических связей, а также свободу продажи сырья. Украина получит свободу в смысле вступления в ЕС и НАТО и начнет оба процесса.

Как и в предыдущем сценарии, ситуация будет стабильной, но здесь триггеры дестабилизации несимметричны: пока у России есть ядерное оружие, Украине просто не позволят атаковать Крым. Так что дестабилизация будет зависеть только от России — либо это будет получение Россией реального преимущества, либо ошибка, либо «Change of control».

Вероятность низкая.

Достигаемый уровень стабильности средний/высокий.

Уровень приемлемости для мира средний/высокий.

Благоприятность для Кремля низкая.

Благоприятность для России высокая.

Благоприятность для Украины высокая.

Комментарии: средний/высокий уровень благоприятности сценария для мира связан с тем, что этот сценарий приносит долгосрочную стабильность и дает основу для восстановления части региональных связей; при этом прецедент агрессии будет пресечен.

Высокий уровень благоприятности для России обусловлен облегчением экономической ситуации, прекращением войны и отсутствием необходимости тратить средства на восстановление территорий. Вместе с тем поражение Кремля может заставить его пойти на некоторые прогрессивные реформы с целью дистанцироваться от ура-патриотического крыла и снизить вероятность радикального переворота.

Высокий уровень благоприятности для Украины обусловлен обеспечением мира и возможности экономического развития, удовлетворением (правда, не на 100%) стремления к справедливости и возмездию, ощущением победы и единением нации на этой почве.

Оценка вероятности: сценарий реализуется при ряде условий: 1) у России недостаточно средств для уничтожения инфраструктуры Украины (вероятно); 2) Запад поставит эффективное ПВО (не определено, вероятно); 3) российская армия не сможет подготовиться для противостояния ВСУ на широком фронте (маловероятно); 4) США продолжат поставлять оружие Украине в объемах, необходимых для наступления (маловероятно); 5) Россия не применит ядерное оружие (в этом сценарии вероятно); 6) Кремль нейтрализует ура-патриотов и потенциальных претендентов на власть в стане ястребов настолько, что не побоится фактически признать поражение в войне (маловероятно). Количество условий указывает на низкую вероятность сценария.

Будущее России в этом сценарии — «возвращение в недавнее прошлое» на более низком витке: в стране будет восстанавливаться ситуация 2019–2020 годов, но с большей долей государства в экономике, меньшими доходами бюджета, более явной стагнацией и более низкими доходами населения, выраженным кадровым голодом и более внятным противостоянием различных кланов элиты. Фактически страна повторит метаморфозу Российской империи после русско-японской войны.

Будущее Украины крайне неопределенно из-за сложности предсказать политический расклад. В плохом сценарии в стране разгорится конфликт между национал-патриотами и либеральными западниками, в результате которого находящаяся сегодня у власти коалиция умеренных националистов и либералов-западников будет заменена на радикальных националистов. В этом случае ждать экономических реформ и быстрого роста не стоит, страна будет оставаться бедным форпостом НАТО на востоке, вряд ли войдет в ЕС и в НАТО в итоге. С течением времени есть вероятность изменения настроений — маятник качнется «на восток» (в частности, если в России произойдет change of control).

В хорошем сценарии власть в Украине будет стабильной, и страна, избавившись от войны и проблем на востоке, а также от олигархических сил, получит импульс для быстрого развития, по-своему повторив путь Южной Кореи. В этом варианте через 15 лет Украина может стать одной из самых развитых и богатых стран Европейского Союза; вряд ли она догонит Германию, но легко перегонит Польшу и Италию. Жаль, что для такого исхода требуется не только маловероятная «малая победа», но и «хороший сценарий», вероятность которого не выше 50 %.

[Как мы в ноябре 2023 года понимаем, этот сценарий не реализовался и время для его «отложенной реализации» упущено.]

Сценарий 6. «Малый Армагеддон»

Война уходит в зиму. У России недостаточно ракет для поражения инфраструктуры Украины, ПВО Украины становится эффективнее, и ракетные атаки мало меняют ситуацию, как и атаки иранскими дронами. Украинские войска берут Херсон, зимой интенсивность боев снижается, моральный дух в российской армии очень низок, надлежащая подготовка не проводится, поставки вооружений идут плохо, зато внутренние конфликты в руководстве армии и страны усилились, и общественное мнение склоняется к тому, что война была ошибкой и действия президента неправильны.

Генштаб докладывает, что есть риск внезапного наступления ВСУ, которые будут использовать преимущество в экипировке и системах снабжения. Возможно, такое наступление начинается в соответствии с предыдущим сценарием. Возможно, ВСУ прорывают оборону на самом юге и угрожают войти в Крым или входят в Крым.

Снижение цен на углеводороды в мире и нарастающие экономические проблемы в России начинают серьезно влиять на общественное мнение и ставят под вопрос возможность долгого ведения войны. В Кремле принимается решение закончить войну, но закончить ее способом, который не будет рассматриваться массами как «поражение от Украины» — значит, нужно нанести решающий удар и если он позволит победить, то победить, а если нет, то вовлечь в войну НАТО напрямую и проиграть, но уже НАТО.

В результате Россия наносит массированный удар по Запорожской АЭС или использует небольшой ядерный заряд для удара по Запорожью или Херсону. Возможно, будет поставлена задача представить удар как провокацию ВСУ и удар придется не по городу под контролем ВСУ, а по городу номинально под контролем России, например, по Мелитополю или по местности в Херсонской области, на которую идет наступление ВСУ.

Удар уничтожит разом 50–100 тысяч человек и загрязнит территорию примерно в 20 тыс. км². Радиоактивное облако уйдет, скорее всего, на северо-запад, и радиоактивному загрязнению подвергнутся Запорожская, Херсонская, Криворожская области, все течение Днепра от Запорожья, воды Черного моря у Очакова, Одессы и, возможно, большее пространство.

Возможно, НАТО ответит уничтожением большей части российского Черноморского флота и наземной группировки в Украине; при этом погибнет еще до 50–100 тысяч человек мирного населения оккупированных Россией областей и до 100–150 тысяч военнослужащих РФ. Де-факто российских войск в Украине толком не останется, и Украина будет восстанавливать контроль над «Новороссией», но непонятно, как это будет происходить технически и как быть с заражен-ной территорией. Кремль будет придерживаться версии «это провокация украинцев и американцев, в результате чего мы потеряли свои земли, у нас нет возможности их сейчас отвоевать, но мы обязательно сделаем это в будущем», но ресурсов отстаивать эту территорию у него не будет очень долго, возможно, никогда. В этом случае возможен вход ВСУ в Крым, однако, если ядерный заряд будет взорван в Запорожской или Херсонской области, коридор в Крым с запада будет фактически закрыт, восточный коридор не будет использоваться россиянами, Крымский мост будет уничтожен, как и возможность навигации для российских судов между Новороссийском и Крымом, и ситуация в Крыму будет долго характеризоваться коллапсом властных систем и кризисом обеспечения, возможно возникновение влияния на территорию третьих лиц (Турции?), или международного мандата (маловероятно), или постепенного образования широкой автономии, или формально независимого образования, объективно зависящего от поставщика товаров и продовольствия.

Возможно, НАТО не ответит ударом по флоту и группировке, а сосредоточится на убеждении нейтральных стран присоединиться к санкциям и усилении санкций со своей стороны. Скорее всего, это будет не так сложно сделать. Россия в любом случае объявит случившееся провокацией Украины и США и будет угрожать применением ЯО уже со своей стороны по, скажем, Харькову или другому городу Украины, если ВСУ не прекратят наступления и не вернутся на границы оккупированных областей. В отсутствие ответа НАТО будет безумием для Украины продолжать боевые действия, и соглашение о границе (пусть временной) по линии четырех аннексированных областей будет в каком-то виде принято. Речи о переходе Крыма к Украине, естественно, идти не будет, но, если удар будет нанесен в Запорожской или Херсонской области, то сухопутного коридора в Крым тоже фактически не будет, как и водоснабжения Крыма с территории Украины, что создаст в Крыму перманентный кризис снабжения.

Есть также вероятность, что радиоактивное облако двинется не на северо-запад, а в какую-то другую сторону. Последствия его движения на юг, юго-восток и восток могут быть разрушительны для Крыма и РФ, в том числе существенно изменить экономику Краснодарского края, коренным образом изменить экологию Азовского и Черного морей, перекрыть торговые пути через Новороссийск и Азовское море, создать очаги радиоактивного заражения по всему побережью этих морей и даже в Эгейском море. Это приведет к глубокому кризису стран, расположенных по берегам этих морей.

Вне зависимости от того, где пройдет граница, Россия замкнется внутри себя (скорее всего, после ядерной атаки нейтральные страны присоединятся к санкциям, а санкции западных стран усилятся; предположительно, Россия будет выведена из Совета безопасности ООН, ограничения на въезд из России существенно усилятся, возможности вывоза капитала будут фактически ликвидированы).

Так или иначе, подавляющее большинство жителей Запорожской и Херсонской областей, а также, возможно, Криворожской или Донецкой и Луганской областей должны будут быть выселены навсегда, и огромные территории превратятся в нежилые, территориальный вопрос на юге вне зависимости от формальной границы будет решен появлением «полосы отчуждения». На севере Украины, исключительно если НАТО не ответит на удар, Россия может предпринять попытку аннексии Харьковской и даже Сумской и Черниговской областей, угрожая применением ЯО. В перспективе такие же угрозы могут прозвучать в адрес республик Балтии, Казахстана, Грузии и пр. — во всех случаях будут предъявлены территориальные претензии и требование изменения границ с угрозой применения ЯО при отказе, поскольку всем сторонам будет известно, что НАТО не отвечает на ограниченный ядерный удар.

В случае неядерного эффективного ответа НАТО ситуация замрет на неопределенное время, потому что Россия окажется в очень тяжелых условиях всеобщей изоляции и вряд ли будет способна на неядерную атаку кого бы то ни было. Однако если ответа НАТО не последует (да и если последует), то прецедент применения ЯО кардинально изменит международную политику на десятилетия вперед.

Вероятность низкая.

Достигаемый уровень стабильности средний/низкий.

Уровень приемлемости для мира низкий.

Благоприятность для Кремля низкая.

Благоприятность для России низкая.

Благоприятность для Украины низкая.

Комментарии: не требуются.

Оценка вероятности: сценарий реализуется при ряде условий: 1) у России недостаточно средств для уничтожения инфраструктуры Украины (вероятно); 2) Запад поставит эффективное ПВО (не определенно, вероятно); 3) российская армия не сможет подготовиться для противостояния ВСУ на широком фронте (маловероятно); 4) США продолжат поставлять оружие Украине в объемах, необходимых для наступления (маловероятно); 5) Россия применит ядерное оружие (маловероятно); 6) ответ НАТО не приведет к эскалации на уровень глобальной ядерной войны (средняя вероятность). Количество условий указывает на низкую вероятность сценария.

Будущее России в этом сценарии — автаркия с резко ухудшающимся экономическим положением и возможной дестабилизацией власти и территориального единства в среднесрочной перспективе. Возможно длительное загнивание с попыткой перезагрузить отношения с нейтральными странами через длительное время, или смена контроля в стране с попыткой полностью перезагрузить отношения с миром, или распад страны на крупные части (особенно при косвенном содействии Китая). Не исключено, что следующее применение тактического ЯО произойдет уже внутри России в процессе потенциальной сепарации того или иного региона — центром или этим регионом или Россией на другой ее границе (только в случае отсутствия ответа НАТО).

Будущее Украины негативно — сочетание общего объема разрушений и ущерба от применения ЯО оставляет мало шансов на скорое экономическое восстановление и даже на восстановление порядка и законности на существенной части территории страны.

Будущее мира в этом сценарии крайне туманно. Изоляция России и изменения в геополитике в связи с эффектом «разбитого окна» вызовут череду крайне серьезных кризисов в самых разных регионах начиная с Европы, которую захлестнет волна беженцев и из России, и из Украины. Кризис международных организаций может привести к распаду ООН. Не исключены рецидивы применения ЯО Северной Кореей против Южной Кореи, между Пакистаном и Индией, Ираном против Израиля или Саудовской Аравии и пр. Не исключен катастрофический экономический кризис в Китае и в центральной Африке, связанный с разрушением логистики. Возможен военный конфликт между Китаем и Тайванем с вовлечением США и Японии, применением тактического ЯО, с перерастанием в применение стратегических ЯВ в среднесрочной перспективе. Влияние применений ЯО на климат и экологию планеты очень сложно оценить.

[Ноябрь 2023: этот сценарий не состоялся и на будущее он уже не подходит, хотя вероятность применения РФ ядерного оружия не стала нулевой. Но в сценариях будущего это возможно при попытке наступления ВС РФ на Одессу и Киев, а не для отражения контратаки ВСУ.]

Сценарий 7. «Большой Армагеддон»
Не описывается, поскольку по нему уже снят не один десяток фильмов. Рекомендую «Безумный Макс».

## Сценарий 8. «Смена контроля»

Этот сценарий отличается от всех предыдущих тем, что его реализация в целом не зависит от того, какая складывается ситуация на фронте, — он может реализоваться при практически любом раскладе, кроме сценария № 2, да и в сценарии № 2 это возможно, только несколько позже.

В случае более позитивного для Кремля развития событий на фронте триггером этого сценария может быть смерть президента России от естественных причин или (значительно менее вероятно) в результате заговора/действий разведок третьих стран.

В случае негативного для Кремля развития событий на фронте триггером может стать нарастающее недовольство элит провалом кампании и положением России — элиты будут все более четко делиться на «ястребов» (выступающих за всеобщую мобилизацию и войну до последнего украинца) и «голубей» (выступающих за прекращение войны, возвращение к статусу 23 февраля и попыткам урегулировать отношения с Западом). По мере углубления проблем представители силовой элиты начнут занимать ту или иную сторону. Уже сейчас вырисовывается противостояние армейского руководства и «ястребов», создающих свои вооруженные отряды. Национальная гвардия и ФСБ пока молчат, но вряд ли они (или существенные их части) вступят в коалицию с Кадыровым и Пригожиным.

Предположительно, в элите (и в силовой в том числе) сторонников «войны до победы» подавляющее меньшинство, а большинство хотело бы вернуть ситуацию умеренного противостояния с Западом, мира и возможности зарабатывать в России, а хранить вне ее, существуя независимо от Китая. Однако в настоящий момент система, завязанная на первое лицо и несколько полуформальных руководителей вокруг него, не может развернуться на 180 градусов — глубокое убеждение президента России, что признание поражения означает его личную гибель, накладывается на убежденность ряда фанатичных представителей его ближайшего окружения в необходимости победы любой ценой.

Возможен вариант, что (как это было много раз в истории, в частности в 1917 и 1953 годах в России и в 1918 году в Германии) элиты в какой-то момент смогут преодолеть недоверие друг к другу и достичь (пусть иллюзорной) договоренности о действиях и разделе власти в будущем. Если такая коалиция (включающая в себя, скажем, часть руководства армии, способную поднять несколько дивизий в крупных центрах России, часть руководства ФСБ, способную обеспечить нейтрализацию нескольких важных фигур, возможно, часть руководства Национальной гвардии, которая обеспечит порядок) появится, то технически сместить президента (настоятельно предложив ему написать прошение об отставке или зафиксировав его смерть от сердечного приступа), а также изолировать и лишить возможности руководства 4–5 «ястребов», будет несложной задачей.

Если это произойдет, то, скорее всего, немедленный вопрос о власти будет решаться выдвижением технической фигуры: и. о. президента будет премьер, и его именем ситуация будет стабилизироваться; в то же самое время внутри узкого круга элиты, де-факто получившей контроль над страной (то есть шаткого союза нескольких групп, управляющих армией, ФСБ, Национальной гвардией), будет идти процесс выбора преемника и/или системы управления страной. В 1953 году понадобилось четыре месяца, чтобы определить, кто будет ведущей силовой структурой (тогда эта роль досталась армии), и четыре года, чтобы власть в стране осталась в руках одного человека. Как будет сейчас — неизвестно, но очевидно, что потенциальные победители должны предложить элитам не образ врага, а образ будущего, и для закрепления власти им нужно будет быстро решить вопрос войны и экономической изоляции России.

У новой власти — и временной, и потом постоянной — будет уникальная возможность быстро закончить войну практически на любых условиях: объявление действий предшественников ошибкой (или преступлением) с изменением курса на 180 градусов является традицией в России и проверенным способом решения политических проблем. В конкретном случае смены власти в России элиты не будут ждать кардинальной смены курса — выстраивание протекционистского государства с управленческой и силовой элитой, владеющей ресурсами страны, управляющей страной «поверх» законов, написанных для обычных людей, и контролирующей гипертрофированный бюджет, останется приоритетом, так же как защита активов страны от иностранцев. Однако ценность такой власти и таких активов проявляется в возможности их обмена на активы в развитых странах, изоляция от Запада создает значительно более проблемную зависимость от Китая, а военные действия, обогащая очень немногих, съедают доходы большинства членов элиты. Поэтому нет сомнений, что перемены произойдут и будут быстрыми, иначе свалить все на предшественников уже не получится.

Скорее всего, как только случится триггер, новая власть начнет искать контакты с Вашингтоном и Киевом для решения вопросов о выходе из конфликта максимально комфортно для Украины, но без потери власти в России. Можно ожидать достаточно быстрого прекращения огня — как только российская сторона обозначит желание договориться, украинцам не будет смысла продолжать боевые действия. Переговоры займут какое-то время, поскольку новая власть в России не будет «восстанавливать справедливость» бесплатно, тем более что ей надо подготовить решение вопроса с «ястребами» на местах (с наиболее одиозными фигурами вопрос решится быстро, но что делать с полевыми командирами ДНР/ЛНР, местным аппаратом, вооруженными формированиями и прочим?). В конечном итоге стороны должны будут прийти к единственному соглашению, которое может устроить и Москву, и Киев (в смысле такому, при котором власть и там, и там может устоять):

1) вывод российских войск со всей территории Украины, кроме Крыма;
2) вопрос Крыма выделен в отдельную тему переговоров, которые не имеют временных рамок;
3) Россия демилитаризует Крым и приграничные территории;
4) Украина демилитаризует приграничные территории;
5) создается специальный фонд восстановления Украины, куда Россия передает 300 млрд долларов замороженных резервов в обмен на 100-летние беспроцентные облигации Украины в гривне (в России это объявят разморозкой резервов и будут учитывать по номиналу, на Украине — конфискацией резервов в пользу Украины);
6) Россия не возражает против вступления Украины в ЕС и НАТО;
7) НАТО принимает заявку Украины, но не рассматривает ее в течение, скажем, пяти лет, однако военное сотрудничество возможно и не ограничено;
8) Украина подтверждает безъядерный статус;
9) с России снимаются все сырьевые санкции, включая санкции на поставку технологий разведки и добычи;
10) происходит расчет с нерезидентами по российским активам и с резидентами России по зарубежным замороженным активам (возможно, однако, Россия не откроет свой рынок для нерезидентов для новых сделок, но это не вопрос переговоров);
11) с России снимаются импортные санкции на всё, кроме технологий двойного назначения и транспортные санкции, Россия отменяет антисанкции в полном объеме;
12) происходит пересмотр персональных санкций, снимаются санкции со всех представителей управленческой элиты, которые остаются у власти.

Вероятность не определена.

Достигаемый уровень стабильности высокий — временно.

Уровень приемлемости для мира высокий.

Благоприятность для Кремля очень низкая — для сегодняшнего Кремля.

Благоприятность для России высокая.

Благоприятность для Украины высокая.

Комментарии: не требуются.

Оценка вероятности невозможна, поскольку в основе сценария лежит событие, не поддающееся вероятностной оценке; если оно происходит, то дальнейшее развитие событий в рамках сценария крайне вероятно.

Будущее России в этом сценарии не определено, поскольку сложно предсказать, какие силы получат власть в стране и насколько они будут успешными в реализации своих планов. И в 1917, и в 1953, и в 1985 годах силы, получившие власть в результате мягкого переворота, были отстранены от власти сравнительно быстро (через 9 месяцев, через 4 месяца, а потом через 3 года, через 5 лет соответственно). Вектор развития при этом менялся. Однако есть большой шанс, что, как это было в 1953–1957 годах и в 1985–1990 годах, развитие страны в результате пойдет вперед по более правильному пути.

Будущее Украины в этом сценарии так же не определено. У страны будут все возможности для рывка вперед, однако в прошлом Украина никогда такие возможности не использовала, скатываясь во внутреннее противостояние, не позволявшее развивать ни реальные институты, ни экономику.

Будущее мира в этом сценарии выглядит оптимистично: в конечном итоге прецедент агрессии против мирного соседнего государства будет исчерпан, все западные политики запишут себе очки за разрешение конфликта, Россия после двадцати лет слишком теплого и безответственного отношения будет восприниматься как потенциальная угроза, и это гармонизирует европейскую и американскую политику, в частности, сделав ее более гибкой по отношению к другим силам.

[Как уже было сказано, сценарий этот не может быть оценен с точки зрения веротяности. Поэтому своей актуальности он не теряет и в ноябре 2023 года.]

# «Что теперь делать?»

*Следующая заметка была написана по итогам первой волны мобилизации в ответ на панику в кругах «игнорантов» — тех, кто, не одобряя войну и не имея ни малейшего желания в ней участвовать, тем не менее делал вид, что все нормально, и оставался в России, не предпринимая никаких решительных шагов. Паника, собственно, была по поводу возможных следующих волн и вообще всеобщей мобилизации.*

Вопрос, на мой взгляд, совершенно бессмысленный, потому что единственный разумный ответ на это столь же жесток, сколь и бесполезен: «А где вы были шесть месяцев?» Если вы могли уехать и не уехали, то это же был ваш выбор, не так ли? Вы выбирали моральный компромиссище, потому что вам казалось, что материально это удобнее. Ну ОК, теперь вы знаете, что тот, кто выбирает между моральной и материальной проблемой моральную, в итоге получает и ту и другую.

А если вы не могли уехать, я вам очень сочувствую (поверьте), но что изменилось в этой вашей невозможности? Может, все-таки возможность есть? Если есть — надо ехать, пока еще можно (пока еще можно, но сколько будет можно?).

Что же касается экономического эффекта, ответить на этот вопрос невозможно, не зная масштабов мобилизации. Объявили 300 тысяч, но ведь неделю назад говорили, что вообще не будет, так что верить в цифры нельзя, тем более что последний раз система мобилизации тестировалась еще в 1987 году при СССР. На практике мобилизовать разом 300 тысяч человек из 84 регионов — это серьезная логистическая задача, решать которую будут (в силу страха недобора и полного отсутствия каких-либо систем, кроме балансирующих друг друга командно-административной и лоббистско-коррупционной) методом переваливания на нижестоящих заведомо завышенных планов с целью на выходе получить что-то похожее на результат, о котором можно отчитаться.

Так что первым экономическим эффектом будет дезорганизация самого процесса.

В ближайшее время большинство из 25 млн резерва (это около 35% трудовых ресурсов страны) будет думать только о том, как бы забрали не его (то есть время будет идти не на работу, а на нервное грызение ногтя, переезд на другую квартиру, где не найдут, уход с работы, на которой найдут, поиски знакомств в военкомате, получение липовых медсправок, попытки устроиться на оборонное предприятие и пр.). Большинство руководителей бизнесов страны будет озабочено не работой, а способами сохранить персонал или, на худой конец, найти замену потенциальным потерям. Большинство из 100 млн членов семей резервистов будут сильно хуже работать от стресса и помогать своим мужьям/братьям/сыновьям грызть ногти, переезжать, искать, кому дать взятку и где купить справку.

Банки вместо нормальной кредитной работы переключатся на выработки протоколов риск-менеджмента в условиях нового параметра «подлежит ли мобилизации» и определении, что делать с теми 300 тысячами должников, которые не будут гасить ипотеки и потребкредиты в связи с мобилизацией.

Все чиновники, так или иначе могущие повлиять на ход мобилизации, начиная с уборщиц в военкомате и кончая депутатами и членами правительства, будут озабочены максимизацией своего заработка на предоставлении льгот, отсрочек, утере личных дел и пр. Нет сомнения, что миллиарды (если не сотни миллиардов) рублей поменяют своих владельцев в эти недели, надо спешить делать деньги, все остальное подождет.

Все чиновники, не могущие повлиять на ход мобилизации, а также несметное количество подрядчиков и агентов, должны срочно переориентироваться на решение логистического вопроса: призывников надо куда-то селить, во что-то одевать, как-то перевозить и чем-то кормить. Даже если все это в природе существует, это все нужно найти, получить, упаковать, распределить, доставить, раздать, проконтролировать использование и заодно — что можно украсть, перепродать, сховать до лучших времен. 300 тысяч человек — это не комар чихнул, а более двух стандартных призывов (в дополнение к текущему призыву, который никуда не делся); работникам РЖД теперь придется придумать, как перевезти их в точно заданные направления, на каких-то перевозки в моменте вырастут в 2 раза, на каких-то в 3. На 300 тысяч, конечно, найдется всего и даже вагонов и поездов. Но для того чтобы это нашлось и было задействовано, необходимо, чтобы еще 3 миллиона человек отвлеклись от своих дел на недели или месяцы и занялись мобилизованными. А ведь их будет не 300 тысяч (но об этом потом).

Авиакомпаниям надо срочно решать вопрос безопасности: в их штате немало бывших военных летчиков, которые будут в ближайшие недели пилотировать гражданские самолеты, параллельно размышляя, что сказать жене перед отправкой на фронт, где, по последней статистике, шанс быть сбитым за полгода у них примерно 30–50%. С таким психологическим состоянием можно запросто ошибиться в пилотировании.

Еще до всякой мобилизации российская экономика лишится в ближайшие недели едва ли не такого же количества работников, как в конце февраля — марте-апреле. Судя по очередям на границах и ценам на билеты, многие мужчины России внезапно захотели повидать мир. А через несколько недель такая же волна повторится — это поедут жены, дети, а иногда и родители уехавших от мобилизации. И если на 500 000 уехавших в начале года кое-кто мог смотреть свысока как на пожирателей смузи, либералов, которые экономической пользы не приносили, а только смуту учиняли (правда, там было немало IT-шников, но для кое-кого они тоже пользы не приносят, а только клавиши давят), то сегодня уезжают молодые мужчины, отслужившие в армии и имеющие ВУС и, скорее всего, занятые в существенно более земных профессиях. Вместе с «весенним исходом» это уже миллион человек, полтора процента трудовых ресурсов, среди которых будут преобладать представители конвертируемых профессий, специалисты, менеджеры — все, кого и так очень не хватает.

Как я уже сказал, мобилизация будет идти путем спускания сверху вниз завышенных планов (в качестве реакции на ожидаемое их недовыполнение). В итоге, вполне возможно, низовое звено просто организует тотальную мобилизацию на фоне массового уклонения: 30% трудовых ресурсов вместо работы будут бегать от военкомов, еще 60% будут им в этом помогать или просто сочувствовать, а военкомы будут ловить всех подряд и мобилизовывать, и в итоге мобилизуют сильно больше 300 тысяч. Во-первых, надо же план перевыполнять. Во-вторых, мобилизовывать будут тех, кто не дал взятку, а значит, надо предельно расширить список мобилизуемых, чтобы максимизировать количество полученных взяток; поскольку процесс необратим, надо послать повестки всем, до кого можно дотянуться, и если в итоге мобилизованных будет не 300 тысяч, а 3 миллиона, то так тому и быть, сами виноваты, что взятку не дали.

Дальнейшее на самом деле зависит от того, сколько человек мобилизуют, причем мои рассуждения о сильном превышении плана могут оказаться и совершенно ошибочными. Дача взятки будет повсеместным явлением — любая полученная сумма выше нуля будет для военкома прибылью, поскольку рыночная цена не будет публичной и военкомы будут идеально дифференцировать цену в зависимости от состоятельности клиента. А раз так, то почти все смогут дать взятку, и, возможно, в итоге новые клиенты арабских частных банков будут разводя руками рапортовать вышестоящему начальству (которое к тому времени станет клиентами тех же банков, но более престижных отделов), что в реальности резерва не набирается даже и на 200 тысяч, не то что на 300.

Если призовут много, то к вышеперечисленным проблемам добавятся нарушения в работе множественных предприятий из-за отсутствия кадров, а логистические проблемы мобилизации станут иметь форму логистического коллапса. Если призовут мало, то вышеперечисленные проблемы останутся, но не дополнятся проблемами существенного отсутствия персонала (сверх уехавших) и коллапса мобилизационной логистики.

Отдельно, конечно, хочется написать про вопросы собственно военные. Дяденьки из Кремля, где вы на 300 тысяч призывников возьмете новый офицерский состав (хотя бы 30 тысяч человек, на самом деле нужно 30 000 + 10 000 + 2500 + 250 + 25 + 5 = что-то около 42 800 офицеров? Я понимаю, что можно считать лейтенантом выпускника военной кафедры 2010 года (считать можно, но никакой он не лейтенант, вы же сами понимаете), но где взять капитанов, майоров, полковников? Вам же эти 300 тысяч человек, не желающих воевать и ничего не знающих про войну (служба в армии десять лет назад, посвященная окраске травы и выравниванию коек, не считается), надо чему-то научить? Когда? Кто учить будет? Где? Сколько патронов им надо расстрелять, прежде чем АК перестанет выпадать из рук? Как вы будете поддерживать дисциплину — где возьмете столько «красначей»? Ну да ладно, не мое это дело.

[Интересно перечитывать эту статью в конце 2023 года. Видно, что и я в этот момент поддался общей эмоциональности — в реальности мобилизация в России прошла более спокойно, чем сначала казалось. Тем не менее в большой степени все описанные проблемы проявились — недостаток рабочей силы и специалистов стал критическим, логистические проблемы дали о себе знать, качество ВС упало, как и дисциплина. Проблемы оказались настолько значимыми, что, судя по всему, в Кремле было принято решение в дальнейшем от мобилизации отказываться в пользу контрактного набора и привлечения заключенных.]

# Год войне — привыкание

Год назад в 4 утра со звонка моей дочери началась новая эра. Ее молодой человек был в Киеве.

Мой партнер, управляющий одним из наших фондов, улетел из Киева в Турцию отдыхать 22-го. Мои друзья из Днепра отдыхали в Таиланде всей семьей. Мои друзья из Харькова, Мариуполя, Краматорска, Запорожья были дома.

Наш офис в Москве должен был работать как обычно.

В одном из наших фондов 35% портфеля было в арбитражных позициях на российском рынке.

В начале марта я должен был лететь в Москву на неделю, летом должен был быть в Одессе.

Когда я уезжал в 2020-м, я написал в ФБ: «Всё в России, кажется, не так уж плохо, кроме постоянного легкого запаха, от которого воротит, но можно привыкнуть. Не так уж плохо, но будет хуже, и я не хочу этого ждать». Я надеялся, что уехал достаточно далеко. Оказалось, от этого не уехать.

Это было шоком. Для меня, для всех нас. Не только из-за чудовищности преступления, совершаемого «в прямом эфире», но и из-за его полной бессмысленности и заведомой обреченности. Последнее было ясно — я за две недели подробно написал, почему эта затея обречена, и оказался совершенно прав; я сделал вывод, что этого не будет — и тут я ошибался. Никогда нельзя недооценивать уровень человеческого идиотизма и подлости.

Я плохо помню конец февраля и март — мы жили в шоке и действовали в шоке: надо было спасать людей, спасать бизнес, спасать собственную психику и здравый смысл. Эвакуация коллег из России, эвакуация денег из России, эвакуация беженцев с Украины, смена инфраструктуры бизнеса — нас атаковали не только из России, но и с Запада. Митинги, интервью, бесконечные разговоры — теперь каждый был психотерапевтом; бесконечный вопрос «как помочь украинцам?» и бесконечные мелкие, по большей части жалкие ответы, но из капель медленно собирались ручейки и речки. Ольга переключилась на работу с волонтерами и беженцами на 100%. Дети организовали проект по вывозу молодых ученых и студентов.

Спать и есть было невозможно, потому что некогда — все время, не занятое делом, занимало чтение новостей. Во сне мозг отказывался отдыхать, напряженно ища ответ на вопрос, как такое вообще может быть.

Меня позвали на интервью радио «КП» — кажется, это было 26-го. Передо мной на экране торжествующий гомункулюс Сергей Мардан ждал легкой дискуссии — уроды-гопники типа него привыкли легко брать верх над интеллигентами, когда доходит до драки. Вот только я не интеллигент, и сколько и на чем я таких, как Мардан, вертел в своей жизни, ему было неведомо. Через 27 минут он окончательно забился в истерике и отключил трансляцию. Надеюсь, с той программы ему каждую ночь снится Юлиус Штрайхер с веревкой на шее.

Кажется, я в этот момент впервые почувствовал уверенность — Украина победит: это z-сочетание трусости, злобы и глупости способно лаять, кусаться, но не побеждать. Сравнение нынешней прокремлевской братии с немецкой нацистской верхушкой и их обслугой напрашивается, но неверно. Последние были не в пример умнее, последовательнее, эффективнее и смелее, хотя, конечно, были не меньшим злом (я, кстати, вообще сомневаюсь, что зло такого масштаба, как немецкие нацисты времен Второй мировой или нынешний российский режим имеет меру и может быть сравнимо — тут масштаб бесконечен).

Украина сопротивлялась; Украина остановила продвижение российских орд. Мы суетились, помогая как можем, и перестраивали бизнес: вывозили своих и не своих людей, вытаскивали клиентские активы, меняли, строили, ломали и снова строили. Примерно тогда же, когда захлебнулось российское наступление, нам удалось полностью стабилизировать бизнес.

Украина контратаковала и вернула себе часть территорий. Мы искренне радовались и тоже контратаковали: бизнес стал снова развиваться и расти. Кажется, именно после освобождения Херсона прошел шок и будни стали буднями — буднями, в которых все время присутствовала война.

Как я могу сравнивать? А никак — я не сравниваю. Я просто обозначаю себя (нас) во времени. Параллельно с нами тысячи бизнесменов, менеджеров, специалистов прошли примерно такой же путь.

Мы «вошли в колею», как и Украина, понимая, что война будет долгой, что мир не будет прежним, что он разделился не только на «до» и «после», но и на своих и врагов с четкостью, которой раньше не было даже близко, что больше ни у кого не получится жить как раньше, даже если и когда все закончится — ни я, ни Украина не исключение.

***

Прошел ровно год. Что главного я понял за этот год? Наверное, что слово, которое было в начале всего, остается самым важным и сейчас. Особенно важным — сейчас. Надо говорить, и надо говорить правду. Надо называть вещи своими именами. Надо быть четким. Надо определяться и не скрывать своей позиции. Пожалуй, я сейчас обозначу свою.

Россия напала на Украину. Ничто не может служить оправданием военной агрессии России по отношению к Украине. 200 000 смертей за этот год ничем не могут быть оправданы, и 20 000 тоже, и 2000. Дискуссии о причинах неуместны в контексте определения позиции по отношению к войне, поскольку никакие причины не могут быть оправданием тому, что сделано.

Да, я за возврат к границам до 2014 года, очевидно. Да, у этого нет никаких альтернатив, ни моральных, ни логических — если не считать такими идеи, построенные на смеси лжи и агрессии. Да, я понимаю, что на практике это — маловероятное событие в обозримом будущем.

Кремлевская пропаганда лжет не только нагло и невероятно масштабно — она лжет бессистемно, сама себе противореча, путаясь в силлогизмах и генерируя оксюмороны, не пытаясь хоть как-то скрыть свое вранье. Аргумент «это пропаганда» не работает — масштаб безумия не сравним ни с чем, даже с гитлеровской пропагандой своего времени: последняя выдерживала последовательность и логику, не меняла нарратива каждые две недели (хотя, конечно, исходила из чудовищно лживых постулатов). Анализ кремлевской пропаганды совершенно бесполезен не только потому, что она бессвязна, но и потому, что не она определяет происходящее.

Мы сегодня отчетливо видим разделение русскоязычных людей не столько на умных и глупых (то есть не верящих или верящих кремлевской пропаганде — верит ей абсолютное меньшинство по большей части старых и малообразованных людей), сколько на носителей трех совершенно различных типов морали.

Первая мораль — мораль банды, примитивной группы — предполагает стремление быть на стороне силы вне зависимости от того, что это за сила, удовольствие от подчинения и унижения других, полное отсутствие эмпатии по отношению к выходящим за рамки самого ближнего круга. Понятия благородства, честности, доброты в ней отсутствуют, проявление их у других воспринимается как слабость, отсылка к ним — как хитрость. Понятие чести соответствует успешности продвижения в иерархии. Удивительным образом такая мораль оказалась широко распространена в России. Если что-то мучает носителей этой морали, то злоба. Они поддерживают власть в России, потому что власть — сила и потому что она удовлетворяет их жажду насилия ради самоутверждения. Их не волнуют аргументы, пропаганда для них —

лишь привычный способ вранья, сокрытия собственных мотивов, в ней они видят свое родство с властью.

Вторая мораль — мораль маленького человека — предполагает стремление устраниться от конфликта. В основе этой морали — уверенность, что от ее носителя все равно ничего не зависит, кроме комфорта его самого и его ближнего круга. Маленькие люди верят в благородство, честность и доброту и практикуют их, кроме случаев, когда это может им навредить. Их сравнительно легко заставить поступиться принципами под угрозой личной безопасности или потери комфорта и крайне легко заставить замолчать, не мешать, устраниться. Они раз за разом выбирают «притвориться мертвым» и только в крайнем случае «бежать» — но почти никогда «бороться», только если враг атакует лично и только их и выбора нет: все маленькие люди вокруг в этой ситуации оставляют жертву бороться в одиночку — они же все равно ничего не могут сделать. Как оказалось, в России подавляющее большинство является носителями этой морали. Если что-то мучает носителей этой морали, то это страх. Они поддерживают власть, потому что иначе их маленький мирок будет в опасности.

Третья мораль — это мораль, условно приписываемая современному человеку. Она предполагает неприятие насилия, активное проявление эмпатии по отношению к самому широкому кругу людей, стремление к сотрудничеству, благородство, честность и доброту как безусловные ценности. Носители этой морали, разумеется, совершают и плохие поступки (люди не ангелы), но они четко понимают, что поступили плохо. Если что-то мучает носителей этой морали, то это совесть. Последний год отчетливо показал, что в России миллионы людей являются носителями этой морали. Эти люди не поддерживают Кремль, хотя не все заявляют это публично и не все что-то делают для борьбы с Кремлем. Многие из них уезжают или уедут при первой возможности.

С первыми мы никогда и ни о чем не сможем договориться. В нашем обществе первые должны быть под жестким контролем и не иметь значимого доступа к принятию решений. Пока так не будет в России, ей не стать приемлемой для жизни третьих страной, и третьи будут стремиться ее покинуть или изменить. К слову, в условиях открытого мира стремление изменить скорее свойственно первым — именно для них борьба за место в иерархии имеет ключевое значение. Этот факт делает прогнозы будущего России пессимистичными и одновременно подсказывает, что Кремль не закроет границы. Для меня любой поддерживающий Кремль и агрессию против Украины — враг в полном смысле слова.

Вторых во всех обществах мира большинство, и не стоит ругать ни Россию, ни россиян за их обилие. Надо помнить, что они с радостью ведут себя, как третьи, если им не страшно за себя. Задачей потенциального будущего в России является создать для этого условия. Я не считаю, что вторые должны нести на себе бремя вины или наказания за преступления Кремля и его приспешников. Я не разделяю их морали, но не готов ни назвать их врагами, ни желать им зла.

Все сказанное выше не означает, что первые обречены на провал, а третьи на успех. Победа первых может быть и масштабной, и прочной, и исторические примеры этого бесчисленны. Но в конкретных сегодняшних обстоятельствах торжество прокремлевских сил в России как раз совершенно невозможно, и это хорошая новость.

Разумеется, они могут удерживать власть очень долго, и могут сотворить еще очень много зла, и могут даже теоретически уничтожить мир в ядерном огне (но не будут — они трусы и думают о своем комфорте). Но это будет удержание власти на очень медленно тонущем «Титанике».

Их возможности будут сокращаться, как и их комфорт. Им не будет покоя; они не смогут пожинать плоды своих тактических побед; вокруг них будет все хуже, беднее, примитивнее, опаснее. Они будут пожирать друг друга параллельно с пожиранием всего вокруг. В какой-то момент (наверное, не скоро) они допустят роковую ошибку и уничтожат сами себя в репрессиях и дворцовом конфликте. Они оставят после себя руины и несмываемое клеймо на своих детях и внуках, но оставить им богатство они не смогут.

Почему так? По трем причинам:

1) во власти в России сейчас не самые умные, не самые умелые и не самые отважные люди. Скажем прямо: они все являются продуктом отрицательного отбора. Они могут кусаться, они могут, используя неимоверный объем природных ресурсов, залатывать тришкин кафтан экономики до поры, они могут заливать деньгами проблемы безопасности, но и всё. Строить новое, привлекать таланты и капиталы, развивать, умножать — просто физически выше их способностей. Кроме того, они все чудовищно развращены властью и безнаказанностью и не могут преодолеть этой развращенности во всей системе: куда бы они ни выделяли ресурсы, половина уйдет на их охрану, а вторая все равно будет украдена;

2) современный мир развивается интенсивно, а не экстенсивно. В тысячу раз более эффективно для развития придумать способ обогащать руду, чем захватить месторождение. Активы в XXI веке превратились в обязательства — их надо охранять, хранить, обрабатывать, искать покупателя. Активы могут тебя кормить и поить, если их много, но, сидя на активе, ты будешь с грустью наблюдать, как мимо вперед проносятся те, кто активов не имеет, зато умеет облегчать их использование. Отгораживаясь от мира, умеющего инновировать, ты не столько сберегаешь неэффективный актив, сколько лишаешь себя простого доступа к инновациям и отстаешь все дальше и дальше;

3) современный мир — это мир талантов и персональной эффективности. На этом держатся мировая экономика и современная мораль. Поэтому современный мир всегда будет дискриминировать тех, кто вместо конкуренции за таланты и раскрепощение человека пытается

строить экономику дистрибутивного плана с охраной ресурсов от людей, — просто потому, что страна, в которой это практикуется, будет источником тех самых талантов для других, и чем в ней хуже, тем миру лучше.

Так что позиция многочисленных первых вне ближайшего окружения Кремля, мягко говоря, неразумна, хотя им это сложно понять — позиция члена банды всегда менее выгодна, чем позиция нормального гражданина, но количество бандитов велико во всем мире.

Наконец, я считаю, что для всего современного мира крайне важно, чтобы вооруженный конфликт закончился внятным поражением России, и в этом смысле помощь Украине крайне важна для всего мира, а не только для самой Украины. Мир сегодня слишком хрупок, и ему нужен прецедент: даже относительно сильный агрессор не должен мочь захватить территорию мирного соседа и получить от этого выгоды. Результатом агрессии должны становиться убытки и проблемы агрессора, снижение его статуса на международной арене, необходимость компенсировать нанесенный ущерб, признать свою неправоту, дать весомые гарантии неповторения агрессии. После победы Украины мировым державам необходимо создать новые системы поддержания мира и разрешения споров между странами, которые надежно закрепят вышеуказанный принцип ответственности за агрессию. Если мир не сможет помочь Украине не просто выжить, но и очевидно победить, если не будут созданы механизмы для недопущения повторения такой ситуации, пройдет какое-то время и в этом же или в другом месте война начнется в значительно большем масштабе и со значительно более страшными последствиями (хотя куда уж страшнее!).

К слову, этот год показал, что политических механизмов для создания такой системы недостаточно. Мир стал не просто объединен экономически (что хорошо); мир пронизан экономическими монополиями и олигополиями, делающими всю мировую экономику очень хрупкой перед лицом рисков даже регионального масштаба. Миру предстоит борьба с олигопольным положением различных стран на экономической арене. И борьба эта существенно сложнее, чем формирование политических механизмов, и обойдется мировой экономике много дороже, чем переформатирование ООН и перезаключение глобальных договоров.

*** 

Прошел год. Многие говорят, что мир привыкает к войне; мы привыкаем к войне. Привыкать полезно для выживания здесь и сейчас, но очень вредно для будущего. Это, наверное, последнее, что я хочу сказать: давайте не привыкать. Война — это не нормально. Пусть она закончится. Пусть свобода победит. Пусть агрессор будет наказан. Пусть такое никогда не повторится. Надеяться не менее важно, чем знать. Я надеюсь.

# Ханука — праздник свободы

Когда я собираю статьи к книге, до Хануки 2023 года остается месяц — месяц очередной войны за свободу и существование Израиля. А в декабре 2022 года трудно было такую войну представить, и тогда мои слова обращались к украинцам в большой степени. Потому в раздел об Украине и помещена эта статья. Но все же, все же в ней есть тот самый «урок № 4» — про объединение, про сохранение победы, про извлечение уроков. И этот урок — теперь для израильтян.

Улучил (отличное слово, от слова «луч») момент написать поздравление с Ханукой.

Для не знающих: Ханука — это праздник освобождения от оккупантов и восстановления бесперебойной подачи света в условиях ограниченных запасов горючего и разрушенной инфраструктуры. Однако «ханука» переводится с иврита не как «да будет свет» или «как мы вышли на границы 900 года до нашей эры» (спойлер: не вышли), а примерно как «выученный урок». И действительно, ханукальная история очень поучительна.

Урок первый: личный выбор важнее и сильнее всего. Не хотели евреи жить в великой греческой цивилизации, и все тут. Не хотели и не стали — вопреки всем прогнозам аналитиков, говоривших, что греческая армия — вторая армия мира и что восстание подавят в три дня. Споры о том, где лучше — в греческой цивилизации или в какой другой, — не имеют отношения к делу. Евреи выбрали, евреи сделали, никто не мог помешать. Не мог им, не сможет никому. Народ, делающий выбор, сильнее любого колонизатора со всеми его преимуществами.

Урок второй: чтобы был свет, нужно очень мало масла — намного меньше, чем кажется. Даже если у вас осталось совсем мало веры, вы все равно сильны. Даже если надежда призрачна, все возможно. Светильник будет гореть божественным провидением, если вы будете верить в победу.

Урок третий: победа — это момент, когда светильник загорается и не гаснет. Никто не празднует освобождение Израиля (оно случилось на тридцать лет позже), все празднуют момент, когда стало ясно: победа будет за евреями. Это случилось, когда был зажжен светильник. «Великое Чудо Было Там» — написано на дрейдлах у детишек вне Иерусалима. В Украине можно смело заменять «Там» на «Здесь». Если вы сомневаетесь в победе, подумайте: ваш светильник горит? Тогда все в порядке, у врага нет шансов.

Урок четвертый: победа — это еще не всё (точнее, почти ничего). Если ваш выбор тверд, Б-г победу вам даст, но с ее плодами возиться не будет. Израиль не смог, погрузился в разборки, междоусобицы, делился внутри себя и в конечном итоге сам призвал другого колонизатора, а затем закончился, и 2000 лет потребовалось для восстановления. Так что, победив, трижды подумайте, что делать дальше.

Урок последний, самый приятный: Ханука — это последний этап перед Пуримом — календарно и логически. Если горит ваш масляный светильник, значит, скоро мерзавцу Аману, который снова, сидя в бункере, задумал погубить очередной народ, отрежут уши и превратят их во вкусные печенья для детишек; мрак рассеется, и какое-то время будет мир. Когда я приеду в мирный процветающий Киев в какую-нибудь весну, я очень надеюсь на порцию хоменташен. Я буду есть, и я буду точно знать, чьи это были уши.

С праздником всех, кто верит в свет!

# Lost in interpretation

Мне выпала честь модерировать в Pushkin House дискуссию о книге Максимилиана Хесса «Экономическая война». Хесс в представлениях не нуждается ни в России, ни на Кавказе, ни в НАТО: он сотрудник Foreign Policy Research Institute, владелец собственной консалтинговой компании, аналитик, проведший много лет в России и Украине (в том числе в Мариуполе), автор колонок в «Аль Джазире», Financial Times и прочих местах, куда пускают только тех, кого читатели любят и ждут. Хесс — это копна всклокоченных соломенных волос (почти Джонсон) над светло-коричневым многокарманным пиджаком по охотничьей моде начала прошлого века (почти Джонсон) — англичанин из англичан, несмотря на свободный русский язык (хотя встреча шла на английском).

Книга Хесса уже получила все полагающиеся маркетинговые отзывы (посмотрите https://www.hurstpublishers.com/book/economic-war ради интереса) и будет на Западе считаться хрестоматией по случившемуся между Россией и Западом в период с 2007-го по 2023 год. Книга, однако, не ограничивается этим сюжетом — она начинается с описания мирового экономического порядка и продолжается рассуждениями, что с ним происходит и при чем тут Россия. Насколько я знаю из литературы, СМИ и личных бесед, изложенная в книге версия является принятой в западных интеллектуальных кругах — и, на мой взгляд, это является огромной проблемой.

Дело в том, что версия эта (ИМХО, разумеется, ИМХО) не имеет ничего общего с действительностью, и именно поэтому действия Запада в последнее время носят такой странный, противоречивый характер и повсеместно заканчиваются неудачами. Говоря это, я вовсе не предсказываю «крах Америки» — совсем наоборот. У коллективного Запада есть такой гигантский запас прочности, что, я думаю, лет 50–100 он еще смело может портить себе всё что угодно и проигрывать где угодно без потери стратегического преимущества и инициативы. Но все когда-нибудь начинается с малого, а весь этот запас прочности построен был во времена, когда Запад верил в совершенно другие вещи и действовал сообразно.

Я попытаюсь кратко пересказать содержание книги Хесса, она же «Катехизис западного чиновника». А дальше я разберу эти тезисы и дам им свою оценку.

Вкратце суть книги Хесса можно изложить так:

1) в мире нет никакого описанного признанными правилами порядка — каждый делает что хочет; зато есть неписаный экономический порядок, основанный на доминировании доллара как валюты расчетов и сбережений. Благодаря ему западные страны находятся в привилегированном положении, и это хорошо, потому что такой порядок работает, а любой другой — неизвестно. США хотят сохранить такой порядок и правильно делают;

2) ярким проявлением доминирования Запада является так называемый original sin — невозможность для большинства стран занимать на международной арене в своей валюте; им приходится занимать в долларах и зависеть от США;

3) Россия (в лице Путина и его соратников) хотела бы изменить сложившийся (см. выше) мировой порядок. Принадлежащие России большие запасы сырья делают попытки России менять мировой порядок опасными, и США, понимая это, всячески борются с Россией. Россия пытается построить новый мировой порядок совместно с Китаем и Индией, и задача Запада — ей помешать. В головах кремлевских чиновников, в отличие от западных, основной идеей является не экономический либерализм, а пресловутая «геоэкономика»;

4) западные страны для поддержания своего экономического порядка используют в основном санкции по отношению к тем, кто не хочет его поддерживать, как меру экономической конкуренции;

5) Россия давно использовала экономическое оружие против других стран с целью включить их в свой мировой порядок;

6) Европа рассматривала углубление экономических отношений с Россией как способ умиротворить Путина, а Путин видел в этом способ сделать Европу зависимой от России и заставить ее не мешать ему менять мир;

7) ярким проявлением стремления России менять мировой порядок являются ее попытки воздействия на страны-соседей путем манипулирования ценами на газ и предложением финансовых ресурсов. Предложение Украине (в лице Януковича) 3 млрд долларов займа в форме выкупа Евробондов Украины было дьявольской хитростью: таким образом Россия лишала Украину возможности воспользоваться средствами МВФ и других контролируемых США и ЕС финансовых институтов (они на 2014 год не кредитовали тех, у кого есть спорные долги третьим странам);

8) решение атаковать Украину показывает, что создание ЕАЭС было империалистическим предприятием с целью захватить Украину в свою экономическую орбиту.

Победа России в войне с Украиной позволила бы России поколебать мировой порядок. Этот риск США не могут допустить;

9) в ответ на российскую угрозу уже после 2014 года Запад ввел значительные санкции против России — прежде всего с целью лишить страну доступа к международным финансам и тем значительно ее ослабить. Санкции против отдельных индустрий были призваны лишить Россию возможности использовать экспорт полезных ископаемых как двигатель своего развития;

10) санкции, которые разрабатывались еще в 2021 году, были призваны «максимизировать воздействие на Россию и ее способность вести войну»;

11) на сегодня США и Европа эффективно противостоят попыткам сломать мировой экономический порядок, хотя во многих местах мира с подачи России делаются такие попытки.

Вот такие одиннадцать заповедей. Я попробую показать, что экономическая война — это фикция, придуманная, чтобы скрыть личные и корпоративные интересы. Действия Запада и России в экономической сфере симметричны и потому одинаково неэффективны, Запад в отношении России исходит из представления о РФ как маленькой и испорченной Америке, что категорически неверно, и вообще знания Запада о российских реалиях даже в рамках международной статистики непростительно малы. Нападение России на Украину имеет совершенно другие причины, и лечить его надо другими лекарствами, а наибольшая опасность для экономического доминирования Запада сейчас исходит из него самого, в том числе как следствие тех самых пресловутых мер противодействия России.

Тут есть о чем поговорить, начиная с [цитирую Хесса]: «*There is no "rules-based international order"— but there is an international economic order, and understanding the West's privileged position in it is key to understanding what would come to be at stake in the economic war*».

Хесс знаменательно игнорирует ООН, ВТО и прочие организации, тонны бумаги, заполненные статутами политических договоров, и утверждает, что в мире нет никаких правил. Вопрос не в том, так это или не так. Это и есть внутреннее ощущение истеблишмента в США и Европе — «правил нет», «договор действует, пока выгоден всем сторонам». Не надо воображать, что США или ЕС выступают за создание «договорной базы» и «правил поведения в мире», это не так. США и ЕС считают, что их экономическое доминирование обеспечивает им мир на их условиях, достаточно это экономическое доминирование сохранять.

Здесь должна быть сноска: мне нравится это доминирование не менее, чем Хессу, и не менее, чем чиновникам Капитолия, я всячески за него хотя бы потому, что оно эффективно для мировой экономики и позволяет развивать ее в направлении всеобщего достатка и благоденствия. Но, в отличие от Хесса, чиновников ЕС, США и пр., я не удивляюсь, почему элитам в Китае или России хочется его challenge — в конце концов, у меня есть сын-подросток (интересно, у них есть?).

Хесс совершенно прав: разрушить экономический порядок сегодня крайне трудно, прежде всего потому, что большинство (да что я говорю — все) претендентов очень сильно зависят от США, ЕС и международных финансовых организаций. Чего Хесс не видит, так это того, что заносчивость и откровенное отношение сверху вниз со стороны западных стран к остальным создают устойчивую базу для попыток этот экономический порядок изменить. Еще одна вещь, которую Хесс игнорирует, — Левиафан мирового доминирования непобедим, но уязвим, причем чем меньше «укол», тем больше. Терроризм не может сломать мировой политический порядок, но может портить всем жизнь, и ничего с ним не сделать. Атаки претендентов на мировой экономический порядок не сломают его, но будут портить всем жизнь достаточно основательно.

И тут главный вопрос не «что», а «как». Для приглашения в свой мировой порядок США и ЕС используют жестко дозированные морковки кредитов на тяжелых условиях, со скрипом дающиеся права торговать с ними без драконовских ограничений и множественные палки в виде санкций, запретов, ограничений, преследований, требований соответствовать и рекомендаций, которые нельзя не выполнять. Пытаясь вести себя похожим образом (нет, даже существенно приветливее, без драконовских антипопулистских заходов а-ля IMF и требования к авторитарным лидерам установить демократию), Россия собрала очень мало союзников и отвратила от себя всех, у кого был шанс отвратиться.

Да-да, Россия вела и ведет себя совершенно в стиле США и ЕС, когда дело доходит до дружбы со слабыми, только морковка у России больше, а палка меньше. В то же время в США и ЕС в лучших традициях «наши доблестные разведчики, их подлые шпионы» полагают, что сами они борются за светлое будущее благородными методами, в то время как Россия *«had long shown a willingness to use economic weapons against its own neighbours»*. Если бы на Западе могли осознать симметричность методик, они поняли бы, что будет с их порядком и союзниками, как только появится реальная альтернатива. Но они не могут.

Есть ли сейчас кто-то, кто собирает союзников под свой порядок, действуя по-другому? Есть, это Китай. Является ли сегодня Китай угрозой доминированию Запада? Нет — он сам слишком зависим от Запада и слишком мал для этого, кроме того, основное оружие Запада — международный статус доллара — для Китая выгоден. США и Китай сегодня — злой и добрый полицейские экономического мира. Но времена меняются (пусть и незаметно медленно); китайцы мыслят длинными сроками. Может ли послепослезавтра нынешняя политика Запада по отношению к другим странам стать причиной потери ими их доминантной позиции в мировой экономике? Может.

Здесь, конечно, стоит сказать, что хотя доминирование Запада, безусловно, является фактом, оснований этого доминирования значительно меньше, чем думают чиновники в Вашингтоне. В частности, пресловутый original sin давно уже преодолен. В своей валюте теперь занимают все страны, для примера: доля локального долга в руках нерезидентов в Перу — 45%, в Малайзии — 44%, в Южной Африке — 42%, в Индонезии — 39%, а в США — только 30%. Мир усложняется, и многие верные для XX века конструкции перестают существовать, а чиновники, кажется, замечают это последними, и это как минимум опасно. Из книги Хесса мы узнаём, что и известные аналитики грешат тем же, и это еще опаснее.

Вообще (отвлечемся на секунду) в книге Хесса подобных ошибок хватает, с цифрами он не дружит. ВВП России в 2013 году у него 4 трлн долларов (в реальности 2,29), в 1999 — 2 трлн (в реальности 870 млрд). Причиной такого бурного роста Хесс называет «доступ к европейскому кредиту», видимо, включая Россию за компанию в клуб восточноевропейских стран. Между тем, в 2013 году у России внешний долг к ВВП составлял 27% (у Ирландии 630%, у Бельгии 251%, у Арабских Эмиратов 59%, у Южной Африки 57%, у Турции 55%, у Польши 49%, у Бразилии 38%), причем большая часть его была в руках российских же инвесторов, действовавших через свои офшоры.

Такое «глубокое знание» реальности связано с классическим для специалистов, близких к чиновническим кругам Вашингтона и Брюсселя, представлением обо всех странах мира как о мини-США/Европе (только испорченных, которые нужно исправить). США росли на увеличении внешнего долга, значит, все так растут. В США из-за рецессии меняется президент, значит, создав в России рецессию, мы поменяем президента. В США все хотят демократии и равных прав для женщин, значит, и в Афганистане все этого хотят.

Непонимание реальности у Запада не ограничивается игнорированием разности социальных структур и экономических моделей разных стран. Там сегодня принято не интересоваться законами экономики, за исключением buzz sentences типа «высокая ставка снижает инфляцию, низкая — способствует росту». Следствия этого мы видим на Западе повсеместно: от неспособности в XXI веке сводить в ноль бюджеты, вообще говоря, крайне богатых стран до диких экспериментов с раздачей денег в период пандемии.

В своей книге Хесс прямо говорит еще об одной несуразности: *«Although it is far smaller in GDP terms, Russia's control over crucial commodities makes it a genuine threat to the West's economic stability — left unchecked, this could pose a real threat to the United States' leading position in the international economic order».* Мы с вами не чиновники Белого дома и должны понимать, что контроль ресурсов как эффективная мера конкуренции закончился то ли в начале железного века, то ли в начале XX века — в зависимости от того, что вы называете контролем. В XXI веке страна, «контролирующая ресурсы», зависит от их покупателя больше, чем покупатель от нее — на каждый ресурс есть более или менее несколько продавцов. «Богатая Россия» за двадцать лет дорогих ископаемых не обогатилась настолько, чтобы средняя зарплата в ней была хотя бы 50% от китайской. «Богатая Россия» вынуждена продавать свои ресурсы почти на максимуме возможностей, просто чтобы обеспечить свое потребление, а цена этих ресурсов прыгает в два раза вверх-вниз просто потому, что в крупном промышленном центре ожидается рецессия. Но мало этого — как бы там ни было, в мире практически любая страна при желании остается unchecked очень легко, вопреки иллюзиям чиновников Запада. Unchecked Саудовская Аравия сокращает добычу нефти вопреки требованиям США. Unchecked Венгрия покупает российскую нефть вопреки санкциям ЕС, входя в ЕС. Об unchecked Турции я вообще молчу. В этом смысле «начать с России» Вашингтон и Брюссель побуждает, разумеется, не «контроль ресурсов», а адская смесь исторической памяти об СССР и сохранившихся остовах структур, методик и даже персоналий, которые помнят СССР империей зла и готовы быть использованы снова, а старую собаку не научишь новым трюкам, даже если она американская.

Но все же времена изменились, и отсутствие идеологии у Кремля сегодняшнего Запад (у которого идеология очень даже присутствует) воспринимает как отсутствие политического вектора, то есть империя зла как бы есть, а вектора в политике нет, и надо искать его где-то еще. Так на Западе победило мнение, что чистая геополитика России, сведенная после 24 февраля к большой демагогии и региональной войне, — явление совершенно локальное, миру не угрожающее, и потому представляющее не «субъект» проблемы, а объект, который можно использовать в своих интересах. А вот проводимая маленькой экономически Россией откровенно слабая геоэкономическая политика, напротив, поставлена в западном нарративе на D8, превращена в черного ферзя, и именно с ним (с ней, если хотите, но отнюдь не со стоящим на B8 Лавровым) Запад затеял борьбу.

И вот, «начав с России», Запад в силу полного непонимания экономических законов делает «все наоборот», толкая Россию всеми силами ровно туда, куда ему как бы не надо. Дело тут как в непонимании разности стран, так и в непонимании законов экономики. Но мало этого, на полное непонимание накладывается еще и тотальное игнорирование самой недавней истории, тем более поразительное, что в Вашингтоне есть кому ее рассказать начиная с директора ЦРУ.

История же (вполне соответствующая законам экономики и российской социальной ситуации) показывает, что чем более приветливо и принимающе относился Запад к России, тем быстрее и последовательнее она слабела экономически: никакого чуда, сказывалось мощное ресурсное проклятие. Из-за него институты не строились, риски оставались высокими, большая маржа в ресурсных индустриях перекашивала рынок труда и обедняла все другие отрасли, свободный вывод денег на Запад лишал крупнейших экономических агентов воли создавать внутри страны конкурентные Западу производства, вся система была пропитана воровством, как ромовая баба ромом, все запасы хранились в долларах и евро, новых вооружений не создавалось вовсе, армия постепенно превращалась в парадную, и речь шла об отмене призыва в принципе, вместо (и точно не вместе с) развития науки, культуры, производств или инфраструктуры все средства шли на «похорошение Москвы» и строительство дворцов.

Ситуация, скорее всего, развивалась бы в эту сторону и дальше, если бы Запад не начал к 2006–2007 годам подавать тревожные сигналы, постепенно заставлявшие российские элиты начать подозревать его в готовности неприятно влиять на их власть и даже сменить их в будущем. Власть — единственное, что волновало десяток семей, контролировавших страну, поскольку власть давала все остальное, а ее отсутствие с большой вероятностью лишало жизни (много было наделано дел). Запад, который больше имел дела не с этими семьями, а с их консильери и банкирами, всеми силами обустраивавшимися на Западе, ошибочно полагал, что именно эти сибариты и компрадоры управляют Россией; он считал, что их более всего волнует лояльность Запада, без которого они не мыслят своего процветания, и потому они всегда будут готовы на нужные (пишу и думаю: кому нужные?) компромиссы, лишь бы не быть отлученными от развитого мира. Возможно, что касается консильери и банкиров, это так и было, но не они определяли политику России; те же, кто ее определял, рассудили, что делиться властью с Западом внутри России они не готовы, и ответили на строгость Запада враждебностью и программой закрытия страны с устранением всех элементов общественной жизни, через которые Запад мог бы до них добраться. Со временем к рациональным ощущениям прибавилось раздражение (Запад, конечно, вызывает раздражение своим менторским тоном и уверенностью, что его доминирование дано свыше и является благословением), и действия по изоляции стали нервными и избыточными, а к практическим шагам прибавились демонстративные. Аннексия Крыма была такой демонстрацией, актом закрытия Олимпиады в Сочи, заключительным мазком в картине «Нам никто не указ — мы крутые».

Да, на местах перестарались, и вместе с Крымом появились ДНР и ЛНР. Счастливый Запад, совершенно уверенный, что это Россия сама пошла по пути конфронтации, и понимающий только санкции, бросился ее останавливать, заодно «нанося ей страшный экономический удар», ибо наконец-то представилась легитимная возможность. Вместо нокаута получилась пощечина (что логично, как мы говорили выше), и в ответ уже Кремль кинулся наносить Западу комариные укусы, воображая, что бьет обидчика кинжалом в сердце. Самоизоляция приобрела характер шизофренический, пока левая рука продолжала наращивать зависимость от Запада (этой рукой управляли банкиры, а им по рангу было не положено знать о планах начальства), правая готовилась к последней и решительной демонстрации, кто в доме хозяин, путем сжигания соседского амбара. К 2022 году первые завязали практически все технологии в России на Запад, почти весь сбыт газа на Европу, половину резервов — в доллары и евро, а вторые составили план блицкрига и собрали ржавеющего оружия на полумиллионную армию, которая, по фантазиям никогда ни с кем кроме отрядов туземцев не воевавших, зато на 146% лояльных генералов, должна была захватить амбар и установить над ним знамя победы за три дня. Запад в вялотекущей самоизоляции видел признаки ослабевания России, в недвусмысленной милитаристской риторике видел блеф, в попытках тягаться с «гегемонами» в слаборазвитых регионах путем посылки наемников — смешное подражательство. Запад продолжала волновать судьба доллара, и ничего больше.

В 2022 году нарыв прорвался. У блицкригов вообще печальная судьба, они имеют тенденцию превращаться в затяжные оборонительные войны; этот не оказался исключением. В коллективной голове Кремля после некоторого шока от «хотели как лучше, а получилось как всегда» родилась новая версия реальности: «война лучше победы». Действительно, война малой кровью на чужой территории (помните тов. Сталина?) объединяет лучше ее окончания, а кого не объединяет, тех в утиль, по законам военного времени. Зато Запад, обалдевший и от того, что он опять во всем ошибся, и от наглости России, стал активно подыгрывать Кремлю нелепыми санкционными мерами, а его «умеренная» военная поддержка Украины, обусловленная желанием проскочить между Сциллой российской ядерной угрозы и Харибдой обвинений в трусости и отказе от поддержки борцов с реинкарнированной империей зла, как нельзя лучше вписалась в кремлевскую концепцию небольшой вечной войны — иногда даже мне (хотя я не сторонник теории заговоров) кажется, что они договорились.

Так на сентябрь 2023 года и застыли Запад, Россия и Украина в позах героев пастернаковского стиха про рыцаря, змея и деву. Запад «ослабляет» Россию, Россия «встает с колен», Украина борется за независимость. Все при деле, конца этому не видно, и никакого отношения к экономическим войнам все это по сути не имеет; да и какие экономические войны в настолько взаимозависимом мире, что здесь даже США и ЕС не могут остановить продажу Россией нефти? Да и какие экономические войны в мире, где Иран, который под санкциями почти полвека, снабжает Россию (которая под санкциями полтора года) дронами, которые США (которые вводят санкции против России и Ирана) не могут поставить Украине (которая вообще не под санкциями)? Да что дроны — КНДР продает России снаряды, в то время как руководство НАТО плачется, что у них нет производственных мощностей для снарядов для Украины...

В заключение встречи Максимилиан Хесс рассказал, что в Тбилиси в кафе сейчас легко отличить украинцев от русских: если подойти к столику украинцев, они продолжат говорить по-русски между собой; если же подойти к столику русских, они перейдут на английский. Может быть, стоило бы написать книгу об этом.

## Хорошие русские

*Добро и зло одинаково ненавидят истину.*

*Монтескье*

Тема «как обижают русских» (на самом деле россиян) приобрела характер салонного дискурса. О ней говорить модно, престижно и интересно, причем вне зависимости от позиции говорящего: тот редкий случай, когда все оппоненты за правду, причем за одну и ту же, просто есть нюансы.

Моя собственная юридическо-этическая позиция (о ее ценности я жду множества комментариев на диване в моей уютной гостиной в центре Лондона с бокалом хорошего виски в руке) состоит в том, что государство как аппарат является отдельным лицом, несущим свою собственную ответственность за свои действия, а каждый его гражданин в отдельности не может быть более соответственен действиям своего государства, чем миноритарный совладелец огромной компании с ограниченной ответственностью действиям этой компании. Граждане инвестируют в государство свою жизнь и работу, свои налоги и инвестиции, и они их легко теряют, если что-то идет не так, но требовать с них терять больше (например, если удалось спасти деньги и жизнь — требовать их потерять, потому что «государство плоховато») это все равно что требовать от миноритарных инвесторов в Theranos или FTX сесть ненадолго в тюрьму вместе с руководителями этих мошеннических фирм (вот крупнейшие венчурные фонды удивились бы такой идее!).

Я категорически за суд над людьми только по их собственным личным поступкам, не по намерениям и не по высказываниям. Чтобы быть точным, есть намерения и высказывания, которые сами по себе являются осуждаемыми поступками (пропаганда агрессии однозначно к таким относится), но высказывание пожелания или намерения не равно обозначенному действию (агитатора надо судить за агитацию, а не за то, что сделали сагитированные).

Я категорически не принимаю идею коллективной вины. Некоторые страдающие близорукостью мозга европейские чиновники договариваются до того, что «коллективная вина отлично сработала против немецкого нацизма после Второй мировой войны». Во-первых, это полное незнание истории и непонимание, что сработали оккупация, интеграция в широкий военно-политический блок и, тем самым, устранение причин развития нацистской идеологии. Во-вторых, на примере ГДР отлично видно, что кое-что совсем не сработало: на трети территории один тоталитарный культ заменили другим, и «новые немцы» так же сосредоточенно стреляли в спину бегущим через берлинскую стену, как «старые» — в спину бегущим из гетто, и участвовали в мировом ядерном противостоянии, сочиняя вундерваффе для уничтожения Лондона, как и в сороковые. Но самое главное — великий мировой опыт объявления коллективной вины существует, и именно он закончился тем, что потребовало оккупации, расчленения и контроля Германии, а сперва унесло 6 млн жизней коллективно виноватых сперва в распятии некоего Христа, а потом — в огромном разнообразии смертных и не очень грехов. Один этот опыт должен был бы останавливать роты борцов со 145 млн человек одним скопом — если бы только опыт мог остановить глупость и безответственность тех, кто, не имея сил и возможности победить зло, ведет святую войну с теми, кто подворачивается под руку.

Но мне пора встать с дивана (виски выпито, и как минимум — за бутылкой, но не только) и сесть к компьютеру — я все же инвестор, инвестиционный менеджер и экономист.

Давайте отбросим мораль и этику и поговорим о рациональных вещах.

«Силы света» всего мира сейчас как бы борются за победу Украины в войне с Россией (в чем бы она ни заключалась, все это понимают по-разному, но это уже другая история). Ключевым моментом в этой борьбе является борьба экономическая: Россия далеко не самодостаточна с точки зрения как товаров и услуг, так и, в частности, компонентов для вооружений. Если лишить Россию возможности производить достаточно вооружений, вопрос должен решиться сам собой.

Миром введено множество санкций на поставки в Россию товаров и услуг. 90% не имеют никакого отношения к военной машине, но 10% имеют, и это хорошо. Только вот не надо забывать, что самые суровые запреты на импорт обходятся, если требуются не слишком большие количества, а для создания ракет, например, как раз требуются не слишком большие количества микросхем. К тому же санкции не перекрывают весь мир, опыт Ирана показывает, что и через сорок лет санкций можно делать дроны и ракеты и еще получше российских. Опыт Северной Кореи показывает, что можно создавать ядерное оружие и баллистические ракеты при всеобъемлющих санкциях и нищем населении (да что там — опыт СССР показывает, что все можно делать самим, если надо).

Остается попытаться отобрать у России две вещи: на что покупать и кому потом проектировать и делать все это оружие.

С «на что покупать» Запад ведет священную войну. Заморозили половину резервов (правильно). Ввели потолок на цену продаваемой нефти (но только на продаваемую по морю) в размере несколько выше реальной цены — оставили России 80 млрд долларов в год выручки, как будто этого одного не хватит на две войны одновременно. Перестали покупать газ (вернее, Россия перестала продавать, потому что из-за этого цена так поднялась, что от одних азиатских поставок доход выше, чем раньше был от всего). Отказались от кучи мелкого экспорта, в общей сложности «убив» что-то около 15 млрд долларов в год российской валютной выручки. В общем, после всех усилий, аукнувшихся Европе и миру парой сотен миллиардов долларов субсидий на подорожавшее топливо, Россия, может быть, недосчитается 50 млрд в год, и это верхняя оценка.

50 млрд в год — это средний отток капитала из России в прежние годы. Да, еще 40 млрд долларов в год оставляли российские туристы вне России, размахивая карточками Visa и Mastercard российских банков. Только вот 2022 год — не средний. Не в каждый год страну покидают 2 млн человек. Было бы все как раньше — быть бы оттоку капитала миллиардов 150 как минимум, да и эмигранты не 40, а все 80 миллиардов бы вынесли. Было бы, но не было — пришли певцы коллективной ответственности и решили Кремлю сэкономить денег на войну, запретив карточки, ограничив счета россиянам, заставив почти весь мир перестать открывать им счета совсем, заморозив активы олигархам (а значит, попрощавшись с идеей, что они из России переведут остатки своих средств). В итоге в Кремле сперва пугались и пытались вывод капитала ограничить, а потом увидели, что весь мир на их стороне, и бросили это дело — все равно доллары девать некуда.

Тут ведь еще какая проблема: продавать ли нефть и газ — решает Кремль. Занизишь потолок — не продадут, цены колом вверх, и Россия опять в победителях, а мир проиграл. Поэтому отгрызать возможно лишь по чуть-чуть (if any), даже если это требует оплачивать сотни тысяч командировочных евродепутатам и министрам, обсуждающим высоту потолка. А вот выводить ли эти доллары из России, решают те самые коллективно виноватые россияне, и их ни Кремль, ни Армагеддон не остановят — их, может, на войну можно силком загнать, но соблюдать российские законы ничем не заставишь: в девяностые вывоз капитала был запрещен, но вывозилось все до последней крошки. Единственное препятствие для истощения валютных запасов России сейчас — санкции Запада. Единственное препятствие для истощения человеческого потенциала — эмиграционная бюрократия и отсутствие «зеленого коридора» для россиян оборонных и высокотехнологических специальностей, желающих покинуть родину. Я бы вообще не побоялся провести эксперимент: объявить, что у россиян есть шесть месяцев для безвизового въезда в ЕС и США и право остаться при условии, что хотя бы один из членов семьи удовлетворяет базовым требованиям квалификации, начального капитала (небольшого) и подпишет декларацию о несогласии с политикой Кремля. Вангую, что через полгода в России ракеты было бы делать некому и не на что.

Ах да, еще забыл: в Россию же теперь нельзя поставлять предметы роскоши, то есть россияне теперь такие особые дикари, что обменивать куски бычьей кожи с тиснением LV на золото у них нельзя, пусть лучше на это золото микросхемы покупают для ракет: ракеты нам дело знакомое, а вот если они сумками Луи Вюитон начнут бомбить, тут кто его знает, что будет?

Получается, что «высокоморальное» в конкретном случае означает «дурацкое». Отвоевали у агрессора 50 млрд, а 200 ему сохранили. Кстати, если бы не отвоевывали и не сохраняли, может, и 50 бы не было, цены-то на углеводороды к февралю падали и падали бы себе дальше.

История учит нас, что процветание западного мира стало возможным после изобретения компаний с ограниченной ответственностью, в которой миноритарий не отвечает за компанию. История учит нас, что страны, отказывавшиеся от идеи коллективной вины, были успешными, а те, кто держался этой концепции, проигрывали. История учит, что надо привлекать население на свою сторону (именно так был разрушен Советский Союз), а не огораживать (именно так созданы все государства-монстры в мире, и в первую очередь нацистская Германия, именно так Германия проиграла войну с СССР).

Если, конечно, история хоть чему-то учит, а она, по мнению Ключевского, этого не делает. Так что нет у меня сомнений в трех фактах:

1) сотни комментаторов расскажут мне, как россияне виноваты;
2) у Кремля будет вдоволь средств и кадров для создания вооружений и войны с Украиной;
3) сотни комментаторов так никогда и не свяжут эти два факта в единую причинно-следственную цепь.

## Разговор о коллективной ответственности

К вопросу о коллективной ответственности, о термине «русские», о навязчивых обучениях, что кому делать, говорить и писать и чего не делать, и к прочему хайпу на тему.

Повод — статья особо ответственной гражданки: нельзя разрешать Парфенову выступать в Германии, но не потому, что нечего развлекать бывших нацистов, не пугайтесь, а потому что а) он «русский», и вообще нечего им выступать, б) он про СССР, и вообще, нечего про СССР, в) он скажет, что было вкусное мороженое, и это опасно, так как все сразу захотят в СССР, г) все, кто думает иначе, — имперцы, а раз Парфенов собирается выступать без разрешения ответственной гражданки, значит, он — имперец.

Я никого не хочу учить — просто выскажу свое мнение, а если кому-то оно отзовется, значит, я не зря написал.

1. Все мы люди. Русские, татары, украинцы, бушмены. Никакой один (или два) фактора не могут нас определить. Гены у русских и украинцев часто неразличимы, дело тут не в «один народ», они у русских часто неразличимы вообще с европейцами, да и в России живут миллионы «нерусских», как и в Украине «неукраинцев»; большая часть «русских» в третьем поколении с территории Украины и наоборот;

большинство украинцев говорят на русском как на родном, да что там украинцев — большинство казахов делают то же самое, да что там — спустя триста лет после падения Римской империи франки говорили на искаженной латыни, а нынешние потомки иберов — испанцы — на ней и продолжают говорить. Для коллективной ответственности невозможно подобрать коллектив, он расползается по швам. Нет никаких «русских», которые «в ответе» — есть случайно оказавшиеся/родившиеся/приехавшие/не вовремя уехавшие на/с некоей территории, но на той же территории «оказались» миллионы человек с украинскими паспортами и несколько миллионов вообще совсем иностранцев. Отвечать за собственный поступок — понятно; отвечать за то, что родился где-то, — непонятно.

2. Коллективная ответственность бессмысленна с экономической, культурной и политической точек зрения. Единственный эффективный способ взаимодействия с кажущимся враждебным социумом — это его расшатывание путем выявления частей, потенциально не враждебных, и взаимодействия с ними как с союзниками. Причем использовать надо именно тех, кто не враждебен, а не тех, кто активно дружественен. Почему? Элементарно: 1) активно дружественные уже на вашей стороне; 2) если социум вам враждебен, значит, активно дружественных мало, а вам нужно его расшатывать всерьез. Обратите внимание, как действует Кремль: «доктрина Герасимова» официально опирается на «коллаборацию с инсургентами». В своей пропаганде Кремль воюет не с народом, а с некими неведомыми «неонацистами», а народ он — освобождает. Вспомните позицию США по отношению к советским гражданам в свое время: сочувствие и принятие, желание дружить, горизонтальные контакты. У США получилось увидеть падение СССР. Позиция США по отношению к Афганистану была другой, и в итоге они вынуждены были уйти. Ослаблять врага путем перетягивания на свою сторону его естественных сторонников — правильно, тем самым вы

еще усиливаете себя. Усиливать врага путем отвержения его внутренних противников, путем огульного тотального обвинения — просто глупо, да еще и очень вредно. Россия обладает огромным человеческим потенциалом, умно сейчас взять его себе, а не отказаться от него в пользу Кремля, умно потом взять его себе, а не отказаться в пользу остального мира. Да-да, для Украины это было бы даже умнее, чем для других стран, — Украине потребуются все, кто может помочь в восстановлении и развитии. Миллион граждан России, которые захотели бы переехать в Украину — инженеры, ученые, программисты, писатели, художники, учителя, врачи, — могут оказаться полезнее ненадежной западной помощи. Не надо их делать врагами. Может быть, вы боитесь, что «русская кровь» размоет «единство нации», создаст «пятую колонну»? Не бойтесь: сегодня самые стабильные государства — государства со смешанной этничностью, корпоративные, а не национальные, собранные по принципу «кто хочет», а не по форме носа или метрике прабабушки. Уехавший от Путина русский будет лучшим украинцем, чем симпатизирующий «сильному президенту» гражданин Украины.

3. Даже на поле боя коллективная ответственность вредна. Солдат должен бить врага без жалости, а значит, враг для него должен быть расчеловечен — человека всегда жалко. Но расчеловечить нацию в глазах своих воинов практически невозможно (даже нацистам это не удалось — даже в отношении евреев регулярные части не занимались «решением вопроса», на оккупированных территориях приходилось собирать местных отморозков). Делая своим врагом всех русских, украинцы снижают боевой дух своих воинов. Вот если бы врагом была «кремлевская хунта и ее силовики», «наемники-уголовники», тогда вопросов бы не было.

4. Коллективная ответственность опасна. Раз выпустив ее из клетки под названием «Махровый шовинизм, не открывать!», вы ее не загоните обратно. Сегодня вы ее активно направляете против русских и с улюлюканьем требуете, чтобы

им всё везде перекрыли, считали их неполноценными и гнали взашей. Цивилизованные люди из третьих стран удивляются, но поскольку война, в чем-то даже соглашаются. А что будет завтра, например, когда война закончится, а борьба за власть в Украине и коррупция никуда не денутся — может такое быть? Когда пойдут отчеты о разворованной западной помощи — это возможно? (Не говорите, что нет, по украинским же опросам, только 19% населения доверили бы деньги нынешней власти.) Когда вырастут новые олигархи? Кто будет убеждать Запад, что русские, конечно, все плохие, но вот украинцы — не все воры, олигархи и коррупционеры?

5. Коллективная ответственность несостоятельна во времени. Люди живут коротко, и за какие-то двадцать лет состав «ответственных» практически полностью меняется. Но даже и внутри такого малого периода невозможно не иметь отношений между социумами, находящимися рядом социально, географически, экономически и культурно. Сейчас идет война, а нефть из напавшей России все прокачивается через подвергшуюся нападению Украину в поддерживающую ее Европу, и деньги за транзит платятся Украине Россией. Кажется, скоро и аммиак начнет опять прокачиваться. Закончится война, и сразу сотни товаров двинутся через границу, как бы она ни закончилась. А миллионы смешанных пар? А трудовые мигранты? А вынужденное сотрудничество в сферах метеорологии, навигации, экологии и пр.? Сотрудничать с виновной нацией неудобно, неэффективно, как правило, себе в ущерб. Очень скоро надо будет находить ответ на вопрос, почему это 10, 20 или 30% торгового оборота идет с нацией врагов (не удивляйтесь цифрам, у стран Балтии сегодня с Россией от 10 до 20% торгового оборота). Проще заранее решить, что это торговый оборот «с кем надо». Китай торгует с Южной Кореей; Вьетнам тоже (и с США); талибы зачастили в Москву; израильские туристы массово ездят в Египет и Иорданию; множество сербов живет в странах НАТО;

скоро армяне будут активно сотрудничать и с Турцией, и с Азербайджаном. Так устроен мир.

6. Коллективная ответственность не соответствует физическим возможностям этого мира. В самом приемлемом варианте коллективная ответственность русских наступает за непротивление кремлевскому режиму — не за военные же преступления, совершенные 0,07% населения, должны 100% отвечать. «Почему вы не разобрались с Путиным и еще живы сами?!» — вопрошают самоназначенные прокуроры. Но что ж они с русских начали? Почему китайцы не разобрались с КПК и позволяют репрессировать уйгуров и диссидентов — там жертв побольше, чем в Украине? Почему белорусы не разобрались с Лукашенко? Иранцы с аятоллами? Венесуэльцы с Мадуро? Северокорейцы с Кимами? Сербы с Милошевичем? Немцы с Гитлером? Испанцы с Франко (итальянцы с Муссолини разобрались, правда, с помощью, но все же — уникальный случай). Попробуйте быть логичными в обвинениях, и вам не останется в мире с кем дружить и торговать. Особенно если вспомнить, что с Януковичем разбирались примерно 10 000 человек из 45-миллионной страны, а остальные вовсе даже не разбирались, а половина так вообще за него голосовала. Русские в этом смысле похожи на 7 миллиардов человек из восьми на Земле — да, пожалуй, что и на 8 миллиардов. Увы, но это так.

Сказав это, я, разумеется, не отрицаю ответственности индивидуальной и даже групповой (причем последняя тяжелее, как мы знаем из уголовных кодексов). Но все-таки это ответственность за реальные действия или преступное бездействие, а не за принадлежность к статистике по не зависящему от тебя параметру. Тот же Парфенов ну никак под ответственность не попадает. Ну никак.

Легко проанализировать, кто является активным сторонником коллективной ответственности: их три группы.

Первая — это украинцы, реально травмированные в результате варварских действий российской армии. ПТСР есть

ПТСР, и им стоит помогать как возможно, невзирая на то что в ответ мы будем сейчас получать ненависть по тому самому коллективному признаку. Это пройдет, и когда это пройдет, мы им никогда не напомним про ту ненависть — и они сами не вспомнят.

Вторая — это люди, которые не изменили своей позиции в последние много лет, много больше, чем с 2014 года. Их ненависть к русским имеет столько же оснований, сколько ненависть антисемитов к евреям, просто сейчас стало можно ее открыто высказывать. Тут нечего обсуждать. Этих людей все-таки немного, я знаю огромное количество украинцев лично, и среди них ни одного такого. Напротив, кстати, 99,9% моих знакомых украинцев не делают различий между украинцем и русским, но очень точно определяют — ты сволочь или нет (по обе стороны).

Третья же группа — это русскоязычные любого происхождения, которые «заняли позицию». Они, как правило, сидят в удобном месте, сытно едят и классно пьют, но все свободное от сытного питания время они занимают позицию строгого учителя, требующего у всех русских покаяться, обернуться саваном и медленно ползти на кладбище. Они громко ненавидят каждого выходца из России, который продолжает активную жизнь; они проклинают каждого, оставшегося в России, особенно тех, кто относится к нормальным людям и сам в ужасе от происходящего. Их единственная реальная цель — собственная значимость; они упиваются полученным правом буллинга и ролью начальников морали, которая, впрочем, на них самих не распространяется (они себя считают очистившимися в связи с самопокаянием). Все бы ничего (в конце концов, чем они страшнее бабок на лавочке у подъезда, обзывающих проституткой любую девушку в юбке покороче?), но их громкий скрипучий голос способствует раздраю в немногочисленных рядах экс-россиян, провоцирует украинцев на поддержку их диких идей и разделяет тех, кто мог бы сообща что-то противопоставить Кремлю.

«Варвары убивают друг друга, Риму это выгодно», — говорит герой детского фильма про захват германских земель. «Противники Кремля поносят друг друга, Кремлю это выгодно», — сказал бы я. Я бы подумал, что Кремль платит этим морализаторам, но уверен, что нет — глупость в данном случае страшнее подлости.

## Русская алия и циничный Запад

С некоторой грустью я должен заметить, что условно российская (то есть имеющая Россию в анамнезе) глобальная алия гуманистических взглядов (уж не знаю, как ее короче назвать — ну не либеральной оппозицией же!) проявляет уровень жизнеспособности того самого «еврейского эмбриона» из анекдота (по мнению еврейской мамы, еврейский эмбрион самостоятельно нежизнеспособен до 40 лет).

Позволю себе на правах инвестиционного менеджера со стажем, деньги которого (и деньги его клиентов) успешно пережили 2001, 2008, 2014, 2020-й и вот теперь 2022-й, то есть человека на 146% циничного и не имеющего ничего святого, сформулировать несколько истин, объединенных заголовком «сынок, ты должен это знать, иначе хана», вдруг кому-то пригодится.

1. Запад не является аидише мама. У Запада нет хобби любить и опекать людей с прекрасными лицами. Ваши прекрасные лица — для того, чтобы вам самим было не противно смотреть в зеркало, а не чтобы торговать ими с Западом — Запад не купит, ему не надо. Вы думаете, что прекрасное лицо — это товар, а Запад справедливо видит в нем лишь гримасу «сами мы люди нездешние» и, скрывая брезгливость, бросает медяки, которые вы принимаете за глобальную поддержку свободы, демократии, вас лично и вашего прекрасного лица. То, что Запад красиво одет, красиво говорит, не плюет на пол и пахнет

духами, вовсе не означает, что он всерьез интересуется тем, кто из странных дикарей более достоин быть вождем в далекой снежной Тьмутаракани. Запад не собирается, селектируя дикарей, отбирать самых благородных и кормить их за это благородство зефиром в шоколаде. Величие Запада в том, что он предлагает каждому попробовать одеться, говорить и пахнуть, как он, и каждый, кто смог (сам!) это сделать и не плюет на пол, будет встречен на Западе как равный. Внимание: как равный, а не как имеющий за свое неплевание право на восхищение и пожизненное пособие. Не смог одеться и пахнуть? Будешь достоин милостыни. Плюнул на пол машинально по привычке — иди вон, извинения не принимаются, там уже другой в очереди за костюмом и духами.

2. Запад — не райский сад, не царство атлантов, не новый Иерусалим. Еще сто лет назад Запад был хуже современной России, еще пятьдесят лет назад — не лучше. На Западе полно еще бюрократов, дураков, ханжей, популистов, жуликов, мелких злобных персонажей и крупных злобных персонажей. Величие Запада в том, что 1) никто из вышеперечисленных не имеет на Западе единоличной власти; 2) в особо серьезных ситуациях (но только в особо серьезных) законодательные барьеры умеряют пыл вышеперечисленных категорий граждан и организаций; 3) никто из обозначенных личностей не может запретить вам ими возмущаться. Но, несмотря на величие Запада, вероятность, что вы пострадаете так или иначе от этих милых созданий в самом центре Запада среди дня у всех на виду, очень сильно выше нуля. На Западе эта вероятность закладывается в начальный подсчет кэш-флоу, и никто не плачет и к маме не бежит.

3. Запад — не царь Соломон, не мудрый судия, воздающий по справедливости. Величие Запада состоит в наличии бездушной, чудовищно запутанной, со скрипом, жужжанием и миганием работающей законодательно-регуляторной машины, которая иногда неожиданно бьет тебе в лоб кувалдой (не пригожинской) ни за что, иногда обращается в беско-

нечный безумный лабиринт, из которого нет выхода, иногда становится Шляпником и заставляет тебя спрашивать себя, кто безумен — ты или она, но в подавляющем большинстве случаев машина эта тебя защитит, спасет, поможет, выведет куда надо и когда надо. КПД ее не 100%, но удивительно высокий с учетом того, что ее сделали люди. Поэтому если вас долбануло западной системой права или регуляцией — это не значит, что на Западе нет закона и порядка. Это значит, что вам очень не повезло. Я бы сравнил это с катастрофой самолета. Случается, но очень редко, так что все летают, потому что если он не падает, то он крайне удобен. Верно, конечно, и обратное: если вы на Западе нарушили правила эксплуатации этой машины, то вероятность, что вы не получите в лоб, крайне мала. Правила бессмысленны и запутанны? А где же справедливость? Они не понимают, это другое? У нас же прекрасные лица? На Западе все это звучит только как «сами мы люди нездешние», и никого не трогает: плюнули на пол, хоть амброзией — получили в лоб.

4. У Запада, в отличие от Иисуса, нет на тебя никакого прекрасного плана, вне зависимости от того, возлюбил ты его или нет. Запад любит большого бога по имени Избиратель и дар богов под названием Прибыль. Целью Запада является ублажение Избирателя, чтобы он послал ему свой голос. Смыслом Запада является, ублажив Избирателя, получить Прибыль. Ты хочешь стать богом? Это очень просто на Западе — стань избирателем! Хочешь быть великим богом? Элементарно — стань избирателем и источником прибыли! Есть промежуточный вариант: если ты умеешь разговаривать с избирателем, ты можешь стать жрецом, и тебя Запад тоже будет любить. Ты не избиратель, не жрец и не источник прибыли? См. пункт первый — ты в категории «сами мы люди нездешние». Величие Запада в том, что он дал каждому возможность стать богом, точнее — частью божества по имени Электорат (Избиратели по-русски). Это на Западе не химера, не иллюзия, не обман — этот бог реален, и ты можешь быть его частью.

Можешь, но не являешься по определению. Если ты пришел из далекой страны, в которой творится несправедливость, то либо ты жрец, умеющий говорить с Электоратом, и тогда Запад проявит уважение и поддержку (настолько, насколько захочет Электорат!), либо см. пункт 1. А далее все зависит от того, какой ты жрец: сумеешь ты уговорить Электорат или хотя бы убедить Запад, что ты уговоришь Электорат, — Запад все исполнит. Если нет — это не Запад плохой, это ты жрец так себе. Можешь, конечно, еще попробовать стать источником прибыли — это тоже иногда помогает.

5. Запад на первый взгляд кажется христианским, но по сути своей он значительно более иудейский — в том лишь, конечно, очень узком смысле, что он не инклюзивный и не прозелитический, а эксклюзивный. Все, что не стало Западом по изложенной в пункте 1 инструкции и не получило статус жреца или источника прибыли, по определению заносится Западом в список гибридов наглядных пособий по изучению, как не надо, и подопытных животных для отработки приемов причинения добра. Величие Запада в том, что в изучении наглядных пособий и в обращении с подопытными животными он исходит из Великих Принципов и потому пособия сохраняются в сносном состоянии, а животные в большинстве своем не мучаются (но так было не всегда). Судьба пособий и качество жизни животных для Запада вторичны по сравнению с успехами Запада в учебе и прогрессом в методах причинения добра. Поэтому не надо удивляться, что если вы не часть Запада, не жрец и не источник прибыли, а просто пришли к Западу за помощью в борьбе за святое и правое дело, то Запад с охотой даст вам совет, напишет про вас много книжек, выступит про вас с зажигательной речью, продаст вам что-нибудь ненужное (возможно, даже недорого), подарит вам что-нибудь вообще ненужное, предложит попробовать волшебный метод, когда станет только хуже — предложит еще один волшебный метод, когда станет хуже… и так далее, пока вы еще будете в состоянии пробовать, но, возмож-

но, в какой-то момент метод сработает, не сбрасывайте этот шанс со счетов!

6. Ни в коем случае не надо путать Запад со жрецами, которые пытаются с Электоратом говорить от имени Запада или взывать к Западу, призывая его действовать во имя Электората. У жрецов свои интересы, страхи, своя глупость и свои соблазны, среди которых алчность, ксенофобия, жажда славы и власти встречаются намного чаще, чем среди обычных людей, потому что если ты уже Избиратель и ты не одержим ими, то ты просто не идешь в жрецы — незачем, а если ты не Избиратель, а дикарь из далекой заснеженной Тьмутаракани, то тем более. Жрецы — не Запад, жрецы влияют на Запад через влияние на Электорат. Величие Запада состоит не только в том, что он умеет оценивать это влияние, иногда ошибочно, но чаще примерно правильно, но и в том, что Запад понимает: Электорат многолик и противоречив, поэтому крайности должны отсекаться. Бороться со жрецами можно только одним способом — став жрецом. При этом правильный жрец — это не тот, который фокусируется на Электорате: он сильно рискует тем, что Запад ошибочно оценит его влияние. Лучшие жрецы фокусируются на самом Западе, убеждая его, что они сильно влияют на Электорат (см. пункт 4). Практика показывает, что это работает лучше, а еще лучше — делать и то, и то.

7. И последнее: мудрость Электората в его детской простоте. Мудрость Запада — в том же. Если у вас на двоих три мнения — значит, вы сами не знаете, о чем говорите, вы никакой не жрец, а просто «нездешний», и неважно, какое у вас лицо. Западное представление об устройстве мира основано на корпоративности: все объединяются по общности интересов или по общности взглядов (с учетом того, что взгляды определяются интересами, это одно и то же). Запад четко детектирует фальшь: например, если вы декларируете общность взглядов, но при этом поносите друг друга, то Запад решает (совершенно справедливо), что за общность взглядов вы на самом

деле выдаете общность своего положения «нездешнего» дикаря и воюете вы друг с другом за милостыню Запада, а вовсе не за светлое будущее или возможность быть частью прогрессивного человечества. Нет таких очков, с помощью которых Запад сумеет в вашей злобной возне разглядеть благородную попытку поискать от добра добра и стать святее Папы Римского. Но даже если вы объединитесь, не забывайте вышенаписанные пункты — Запад не интересует абстрактная идея добра, красота лиц и установление справедливости в одной далекой галактике, как минимум в отрыве от желаний Электората и/или возможности получения Прибыли. Обвинять в этом Запад и бессмысленно, потому что он другим не станет, и опасно: в ответ на такие обвинения Запад, как правило, решает, что вы «не свой» — далее смотри пункт I. Только упаси вас бог принимать реакцию Запада за отсутствие свободы слова. Свобода слова на Западе есть, и часто даже несколько избыточная. Но, во-первых, она здесь для своих, и чтобы свободно говорить, надо правильно одеваться, душиться и не плевать на пол. Во-вторых, на Западе нет свободы без ответственности, и местный девиз звучит так: «Ты получил свободу слова — теперь думай, что говоришь». Как думать? Да очень просто: Электорат должен быть доволен, на Западе бог один и на все случаи жизни.

Если вы всего этого не понимаете, то ваши попытки взаимодействия с Западом будут обречены на тяжелое разочарование, причем взаимное. Если вам это не нравится настолько, что вы кушать не можете, то, может, просто вам не надо взаимодействовать с Западом, есть же, в конце концов, куча мест с более привычной культурой — Латинская Америка, например.

# ИЗРАИЛЬ

## Barbarians at the gates

Я как-то сам с собой договаривался, что пишу без эмоций. В том числе потому, что мысли у нас могут быть разные, а эмоции у людей похожи, что нового я могу написать о моем ужасе от увиденного и узнанного, моем гневе, ярости, страхе за близких и не очень, за свой народ, за свою страну, за мою четырехлетнюю внучку, за старших детей, которые лечат там людей, за двух сыновей наших ближайших друзей, которые сейчас на переднем крае...

Так что без эмоций.

Наш мир — это мир реальных людей. Здесь и сейчас. Кто-то сажает мандарины в кибуце, чтобы люди их ели. Кто-то дежурит в больнице, чтобы люди выздоравливали. Кто-то плетет политические интриги, чтобы удержать свой пост. Кто-то ест; кто-то спит. Кто-то бежит на рейв, довольный и счастливый, потому что он молод и впереди вся жизнь.

Но это лишь часть мира. В другой его части кто-то готовит оружие, чтобы убить того, кто сажает мандарины, дежурит в больнице, плетет интриги, ест, спит, танцует на рейве. Он и сам готов умереть — ему объяснили, что это хорошо; объяснил кто-то, отлично зарабатывающий на убийствах — он не сажает мандарины, не дежурит в больнице и даже не особо плетет интриги: он зарабатывает огромные деньги обманом, насилием и провокацией войны. Его клиенты — властолюбивые психопаты-неудачники, страхом, ложными посулами и пропагандой управляющие миллионами забитых людей, из которых они набирают тысячи пешек-убийц, насильников и садистов, чтобы конвейер не прекращал работать.

Мир устроен именно так. Границы, исторические права, решения какой-то ООН, священные места, неисчислимые страдания бедного народа (которые они сами навлекли на этот народ) — все это маскировочные сетки тех «вторых», благодаря которым они в состоянии обманывать идиотов-идеалистов и любителей котят в «первом» мире. Под эти сетки им суют пожертвования, идущие на производство нищеты и бесправия в их мордорах и распространения насилия и смерти за его пределами. Ничего личного, это бизнес. В реальном мире есть только одно разделение: на места, общества, системы, в которых люди сажают мандарины, танцуют, любят, плетут интриги, спорят до драки, создают и преумножают, ценят жизнь, свою и чужую, и места, захваченные «вторыми», там люди бедствуют, ненавидят, прозябают в иждивенчестве, жертвуют собой во имя чужого обогащения и гнилого мифа — и опять ненавидят. Должен быть только один критерий валидности общества: оно первого или второго типа.

В этом смысле вопрос разрешения арабо-израильского конфликта кажется мне (уж простите, далее пойдет мое более чем скромное мнение неспециалиста — а что делать, если все специалисты облажались) и ошибочным, и зловредным. У Израиля нет никакого конфликта с арабами, а у арабов с Израилем. Есть в силу злой воли местных (и не очень) коррумпированных (а также глупых, благоглупых, патологических, психопатических и прочих) мировых и локальных лидеров сформировавшиеся очаги мордора в Палестине. Среди причин их формирования нет «еврейского вопроса», факта образования государства Израиль, отсутствия мифического государства «Палестина», проблем с местонахождением мечети Аль-Акса и прочего. Израиль ничего не «оккупировал», никто не был «обречен на нищету», нет предмета для «борьбы за независимость». Все это — маскировочные сетки, через которые не способны видеть лишь идиоты-идеалисты и те, кому очень хочется верить в «злых евреев».

В реальности есть государство Израиль — одно из самых развитых, демократических, свободных государств мира. В нем арабский язык является официальным языком (эй, как тебе такое, борец за статус русского языка на Донбассе?), в нем живет 2 млн (20%) арабских граждан, доступ к образованию и медицине у всех, границы открыты в обе стороны, по доходам населения страна находится в первой двадцатке мира. Это место, где можно хорошо жить, и было бы в три раза лучше, если бы не созданные вокруг него мордоры. Но мордоры созданы, и не только на территориях, которые так любят упоминать антисемиты, типа Газы или Западного берега — Южный Ливан такой же мордор, из-за этого весь Ливан перестал быть Ближневосточной Швейцарией и стал failed state. Эти мордоры создали одни и те же люди, по одной и той же схеме, хорошо описанной Толкиеном: мукой и чарами (пропагандой) превращая нормальных недалеких людей в орков.

«Израиль не дает построить государство Палестина по решению ООН» — самая главная маскировочная сетка, причем насквозь дырявая. Построить это как бы государство, у которого не было ни своего народа, ни своей нации, ни своей истории, не дали Иордания и Египет, захватившие выделенные земли в 1948 году, в немалой степени потому, что у будущего государства вообще не было никакой субъектности. Затем уже Израиль отвоевывал эти земли (на которые никто не претендовал, пока они были у Египта и Иордании), отвоевывал в результате нападений последних, а не наоборот; а потом Израиль неуклюже пытался дать местному населению автономию и независимость, в результате чего там сформировались образцовые мордоры.

Но дело даже не в этом. 99% обществ, не имеющих своего государства, далеки от такого мордора, как Газа, примерно как Земля от Плутона. Ни баски, ни шотландцы, ни татары или башкиры, ни якуты, ни гагаузы, ни сотни других народов (народов! — в мордорах «Палестины» нет никаких народов, там выходцы из самых разных общностей, но имеющих свои огромные сильные национальные государства, хочешь к своим — давай, они рядом) не живут в грязи и нищете, тратя гуманитарную помощь на бомбы, автоматы и листовки «убей еврея».

Бороться за создание своего государства куда как сподручнее, если у тебя в автономии сильная экономика и счастливые люди — ты же весь в белом, тебя все любят, и только злые дяди в Тель-Авиве мешают твоему самоопределению на основе твоего невероятного процветания, которое ты обеспечил за счет мало-мальски разумных инвестиций из того фонтана помощи, который тебе 75 лет отовсюду слали. Но вот ведь нет: в «оккупированном» Западном берегу ВВП за 23 года худо-бедно вырос в 2 раза, а в свободной Газе — в 2 раза упал.

Но даже если предположить, что именно так (убийствами и нищетой) надо бороться за создание своего государства, то у нас опять не сойдется баланс: ведь лидеры «борцов» не хотят следовать решениям ООН — они хотят «всю Палестину», то есть стереть с лица земли Израиль. Хотят ли на самом деле или только болтают — конечно, вопрос, с кем они будут воевать и как зарабатывать свои миллионы, если Израиля не будет? Но заявляют, что хотят, так что никакая ООН тут не ночевала — не этого им надо, надо им невозможного с точки зрения благоглупцов, апеллирующих к решениям ООН (что, однако, благоглупцам не мешает винить во всем Израиль). Наконец, когда «борцы за государство» получили свое государство в виде независимого сектора Газа, они что, начали строить его по принципу «лучше что-то, чем ничего»? Нет, они продолжили строить мордор, теперь уже без всякой помехи, но с интенсивной помощью корыстных спонсоров и благостных идиотов.

Можно сказать, экспериментов на тему «дадим Мордору ресурсы, будем его любить, вдруг он станет Гондором» проведено достаточно, и все они провалились. Апологетам повторения опытов, что в ООН, что в Европе, что в самом Израиле, пора прекратить опасные для жизней тысяч людей эксперименты, а также заткнуть каналы, через которые сладкой отравой льются их камуфляжные обоснования типа «исторических прав», «резолюций ООН», «прав народов на самоопределение» и прочей муры. Подождите, добрые обитатели безопасного дивана, не кричите, что это не мура, а величайшие ценности — ваши величайшие ценности нигде в мире не соблюдаются никем и никогда, и неспроста, так почему же вы хотите начать именно с клочка суши, на котором в тесноте расположились люди, буквально на песке без воды собственным потом построившие крохотную страну, в которой можно комфортно и весело жить?!

Не поймите меня неправильно, я не считаю, что Израиль имеет право и должен существовать, потому что когда-то какие-то евреи жили на этой земле или потому что «народу нужен свой дом». Я даже не вполне разделяю идею, что «народ, подвергшийся Холокосту, должен иметь национальный очаг-убежище». Но, ИМХО, у Израиля есть одно совершенно бесспорное основание для существования: это состоявшаяся страна, в которой люди свободны, обеспечены и могут быть счастливы. Нет никаких аргументов, которые могут перебить этот, и никакие аргументы после этого не могут поставить под сомнение абсолютное право Израиля на существование в тех границах, в которых ему удалось наладить эту нормальную жизнь — и лучше бы они были пошире, тогда у большего количества людей жизнь была бы получше.

Итак, государство Израиль пригодно для жизни и очень для нее полезно. Мордоры по краям — непригодны, хотя там местные лидеры мусолят идеи величия и правоверности уже 75 лет. Сколько это можно поддерживать? Сколько трупов невинных людей надо положить в основание понимания простой истины, что не должно быть никакой Газы, никакого Западного берега, никакого контролируемого Хизбаллой Южного Ливана? Есть Израиль, Египет, Иордания, Ливан — государства, которые могут дать своим гражданам более или менее нормальную жизнь. Сегодня Ливан недееспособен, но это можно изменить, уничтожив бандитов, засевших на его территории. Сегодня Египет и Иордания помогают Израилю, но не готовы взять на себя ответственность за часть территорий мордоров. Ну ок, Израилю не привыкать быть крайним — видимо, ему придется это делать? Но сделать это вопреки мировому сообществу (я не включаю в него мерзавцев-аятолл из Ирана, они как-нибудь перебьются со своей звериной ненавистью) Израиль не может — ни ресурсов не хватит, ни возможности идти против позиции мира. Нужна помощь, но не аморфной и бессмысленной ООН — они только портят. Нужна помощь тех, кто готов принимать решения, выделять ресурсы и действовать. США, Британия, возможно, Иордания, Саудовская Аравия, почему бы и не Турция? Может, даже Китай? В принципе, хватит и США, но вместе удобнее.

Для начала на уровне развитых государств необходимо отказаться от концепции выполнения старых резолюций и идеи создания еще какого-то государства около Израиля. Существующих вполне хватит; кровавых экспериментов достаточно. Затем надо признать, что террористические анклавы должны быть ликвидированы — в них должно быть введено внешнее управление, проведена тотальная чистка от террористов и их пособников, создана администрация из тех, кто «внешне управляет» (по крайней мере, надолго), создана базовая экономика развития, выращено поколение детей, которые ходят в светские школы, играют в уютных дворах и путешествуют по миру. Американские ЧВК, охраняющие объекты и досматривающие грузы; израильская полиция и администрация с постепенным выращиванием местных кадров для того и другого. Израильский ЦАХАЛ, расквартированный внутри. Большой и подробный план экономических реформ, сделанный командами типа чикагского университета, с созданием своей экономической ниши, интеграцией с израильскими предприятиями — своего рода «план Маршалла». Кредиты от международных институтов, использование кредитов управляется Израилем (за комиссию), инвестиции под контролем крупных инвестбанков. Жесточайший контроль оружия и бескомпромиссное уничтожение зачатков экстремизма словом или делом. Запрет левакам петь про «палестинское государство» на деньги спонсоров на уровне cancel culture и законодательно в развитых странах: террористов не поддерживают. Если хотят петь, пусть поют про независимость французов в Канаде, каталонцев в Испании, немцев в Эльзасе и Калининграде или курдов в Ираке, Сирии или Турции (кстати, а почему никто толком не борется за государство курдов? Спонсоров нет?).

Что, мой план напоминает послевоенную Германию? Точно. Там сработало, сработает и здесь.

Интегрировать ли территории в Израиль административно — вопрос только к Израилю. Нет — значит, это мандат на 50–75–99 лет на управление, а там посмотрим. Да — значит, план интеграции на несколько (может, 10 или 25) лет, включающий гражданство для жителей. Хочет такой мандат Египет по Газе или Иордания по Западному берегу? Надо обсудить гарантии его успешного исполнения (спойлер: не хотят, поверьте). В Южном Ливане Израилю не удастся управлять, но там есть Ливан, который может быть нормальным государством, если изолировать его от Тегерана и под корень вычистить террористическую нечисть с юга. США, которые сперва смогли в Афганистане, а потом допустили ключевую ошибку, отдав процессы на откуп местным, в Ливане могли бы реабилитироваться: совместно с умеренными мусульманскими и христианскими силами Ливана взять всю территорию под контроль и реализовать масштабную программу по развитию юга, с трудоустройством и обеспечением жильем тех «беженцев», кто на это готов. Да, деньги. Но не больше, чем идут на борьбу с террором. Не больше, чем те, которые уйдут на противодействие Ирану, использующему своих прокси по всему Ближнему Востоку, в том числе в Ливане и на территориях. Анклавы вокруг Израиля и Южный Ливан — они вместе на порядок меньше, чем Афганистан или Ирак. И поэтому шансов, что получится, намного больше.

Да, есть еще Восточный Иерусалим и святыни Храмовой горы. Кажется, их протектор Саудовская Аравия? Ну так, может быть, она и займется делом? Восточный Иерусалим передать СА (жалко? нет, не жалко, поверьте). Полиция СА, армия СА, жители — граждане СА с особым статусом жителя Иерусалима (что дает безвиз в Израиль, например), соглашение о беспрепятственной логистике с Израилем (можно даже аэропорт по такому поводу построить севернее Мертвого моря и сделать закрытую дорогу от него в Восточный Иерусалим) и пр. Будет работать — точно будет, при небольших инвестициях СА (а денег у них много). Будет образцовой территорией.

А как быть с границами Западного берега? Да очень просто: как только мы забываем о старых бумагах ООН, появляется реальная карта местности. Вот тут арабы и евреи живут де-факто как граждане. Это Израиль. Вот тут они живут так же, как и в Израиле, но это исторически считается территориями (типа Маале-Адумим). Это тоже Израиль. А вот тут реально сейчас местные администрации, свои силовики, террористы, бардак (или нет террористов и нет бардака — тем лучше!) — это подмандатное пространство. Что, есть места, где сложно провести линию? Ничего страшного, было бы желание — провести наилучшим возможным образом и оставить так, причем не чиновники из ООН это должны делать, а четыре-пять разумных сторон через своих представителей в комиссии — скажем, США, Израиль, Великобритания, Саудовская Аравия, ОАЭ. Впрочем, если Израиль готов аннексировать эти территории, то и комиссии не надо.

Так что, мне кажется, разрешить проблему нельзя только в случае, если а) мыслишь в парадигме предрассудков типа «а как же решения ООН» или б) если не хочешь, чтобы проблема решилась.

Есть, конечно, и еще одно возражение: террористы так прочно въелись в социумы территорий, что уничтожение их на корню повлечет за собой много жертв. Это правда. Так же было в Ираке, Афганистане, Сирии, Чечне и пр. И никого это не останавливало. С другой стороны, главный успешный проект превращения мордора в нормальный мир в XX веке — проект денацификации Германии — проходил через бомбардировки Дрездена и Гамбурга, взятие Берлина и прочие катастрофы для мирного (впрочем, в существенной части приветствовавшего фюрера, равно как сейчас существенная часть жителей территорий празднует убийства евреев) населения. Альтернатива — не нахождение розового единорога, который принесет мир и счастье всем, а длящийся ужас для миллионов жителей мордоров и миллионов жителей окружающих их стран, в первую очередь Израиля, и по совокупности еще больше жертв при существенно более низком качестве жизни всех.

Есть еще вопрос, конечно: что, этого не понимают большие дяди и тети в Вашингтоне, Лондоне, Брюсселе и т. д.? Да, не понимают, потому что от них это все далеко и потому что дяди и тети они, конечно, большие, но как много они понимают, видно хотя бы на примере их «успешной» борьбы с Кремлем. Они во многом настолько же зомбированы, насколько зомбированы пешки-террористы, только другим: благоглупыми идеями о том, что «все народы имеют равные права на самоопределение» (в то время как народы не должны иметь права на агрессию против других и против самих себя, no matter what, и только убежденность в ее отсутствии сейчас и потом может давать повод к разговору о самоопределении, да и вообще к разговору о «народе»), как и внушенными за большие деньги идеями о «притеснении палестинцев Израилем» (реально не существует никаких палестинцев, есть очень разные и по-разному живущие люди, и притесняют их собственные лидеры, а Израиль делает, что может, чтобы они как-то могли существовать).

И еще: множество дядь и теть имеют высокооплачиваемые рабочие места в комитетах, комиссиях, фондах помощи и пр. только потому, что в мире есть страх, смерть, террор, насилие, войны. Куда им без них, в бухгалтеры? Они же ничего не умеют, кроме как выступать и распределять помощь (часто себе в карман). Как это, «решить проблему»? А что они делать будут?

Наконец, в мире (как я писал вначале) есть просто силы, которые спонсируют существование мордоров — им выгодно. Вы сами можете их назвать и еще прибавить к названным торговцев нелегальным оружием, перевозчиков наркотиков и живого товара, отмывателей денег и просто богатых садистов. Эти силы вкладываются в левых миротворцев, политиков, СМИ, селебритиз, продвигая заведомо расширяющую мордоры повестку. Насколько те, в кого вложились, искренне заблуждаются, а насколько просто зарабатывают, наверное, варьируется с большой амплитудой.

Впрочем, есть слабая надежда, что после кошмара 7 октября что-то в головах миротворцев за чужой счет поменяется хотя бы ненадолго (а лучше навсегда). Катастрофа 2023-го для Израиля — это двадцать Одиннадцатых сентября по количеству жертв в процентах к населению. После 11 сентября США начали войну с террором большими силами на чужой территории. Будет справедливо и правильно, если после 7 октября будет сделано не меньше. Все террористы, пособники террора, руководители и спонсоры должны быть уничтожены, где бы они ни находились. Все территории, с которых исходит опасность, должны быть очищены и взяты под полный контроль без сентиментов и оглядки на что бы то ни было. Позиция Ирана должна быть поворотным пунктом в отношениях с ним Запада — в том числе в заигрывании в области ядерной программы. Если этого не сделать сейчас и не довести до конца, это повторится, только стократно хуже.

# Книга Ионы

Когда я писал эту заметку в январе 2023 года, я думал, что пишу про Россию. Но вот, собирая книгу, я понял, что поместить ее надо в раздел об Израиле. Хотя бы потому, что в Торе есть все о происходящем в Израиле сейчас, только не в книге Ионы, потому что Левиафан не поглотил Израиль. Вместо этого Израиль ведет и будет вести великую войну с Левиафаном, таково его предназначение.

За белым камнем Яффских ворот, тысячу лет прославляющим Сулеймана изысканной вязью, готовится к ночи Старый Город. На Мамиле молодежь толпится в очереди в кафе «Римон» — самое популярное на бульваре (в туалете в нем нет туалетной бумаги — зато в остальных кафе Мамилы нет туалета совсем; израильский люкс довольно суров).

Мы сидим со старым знакомым, который надел черную шляпу в те времена, когда я стал носить худи. Пробка на Ицхак Карив горит вечерними огнями. Тьма накрывает любимый нами город, исчез в ночи элитный комплекс домов напротив, и белым кубом на черном небе высится отель — тезка величайшего из великих царей; когда-то в нем единственный выходец из Беларуси, лауреат Нобелевской премии мира, устроил единственный в мире теракт, в котором погибло 92 человека, но ни один из них — по вине террориста.

Мы не виделись давно (ковид, шмовид, все дела), и нам есть о чем поговорить, но разговор все время сворачивает в сторону бывшей родины.

— Вот ты говоришь, что всему в этом мире есть ответы в Торе, — я делаю глоток кофе с кардамоном. — Ну так где в Торе про то, что происходит в России?

— Так везде, — пожимает плечами он.

И правда, разве мало в Торе написано про глупость, жестокость, несправедливость, про нашествия варваров, про бессильную ярость, про грабеж и убийства?

— Ну хорошо, — я делаю еще глоток. — А в Торе написано про людей в России? Про тех, кто бежал, про тех, кто остался, про тех, кто радостно поддерживает этот кошмар?

Мой собеседник делает лицо «Вейзмир, что за вопрос!»

— Конечно, в книге Ионы!

— ?

— Ты должен помнить: Иону проглотил Левиафан, правильно? Левиафан — это Россия, это еще ваш, кажется, Звягинцев фильм такой снял.

— Так, ОК, и где же там кто?

— Ну кто где. Ты видишь, когда ты оказываешься внутри Левиафана, некоторое время ты можешь побыть в нем сам собой; Иона был три дня, символические три дня. А потом есть два варианта. Либо ты для него противен, ядовит, из-за тебя его чрево болит, ты мешаешь, ты дрянь, которую надо исторгнуть. Тогда его вырвет тобой, как его вырвало Ионой, и ты окажешься на свободе. Или ты удобный, аппетитный, ты делаешь вид, что все в порядке, что ты не во чреве Левиафана, а на круизном лайнере. Но тогда из желудка ты попадаешь в кишки, а в кишках знаешь, что происходит?

— Что?

— В кишках все превращается в дерьмо.

— То есть я?..

— Что ты? Ты — блевотина Левиафана. И не говори, что ты себя так не чувствуешью

— А они...

— Ну, у кого-то три дня не прошли.

— Три дня?

— Метафорически. Первый день — день незнания. Иона не понимает, куда попал, как быть, что делать. Второй день — день бессилия. Иона не может спастись, потому что его держит чрево — что уж там держит, кто знает, родители старые, бизнес там, березки, сырники в «Кофемании», а может, просто в шоке он. Третий день — день усилия: Иона готовится и освобождается, но на это тоже день нужен. У каждого длина дней своя.

— А как отличить тех, у кого они не прошли?

— Они не в кишках — от них не пахнет. У всех три дня разные, но у всех они проходят. Если попал в Левиафана, то вариантов в конечном итоге только два: ты или блевотина или дерьмо.

Мы пьем вкусный кофе. Очередь на вход рассосалась — в Иерусалиме ложатся спать рано. Я свыкаюсь с идеей своего нового статуса.

— Ну ОК. А где же тогда во всей этой истории Эрец Исраэль?

— Прямо там, сказано же: и изверг кит Иону на сушу. Суша — это Эрец Исраэль.

— Почему именно Эрец Исраель?

— Как почему! А ты где сам сейчас сидишь?

Черна ночь над Иерусалимом, как пиджак моего визави. Белый камень города, как рубашка хасида. Белое в черном — да или нет, а все, что свыше этого, от лукавого, если, конечно, прошли твои три дня. Блевотина или дерьмо — незавидный выбор, но все-таки выбор.

Хотел бы я быть таким монохромным.

## О правах, гуманных атаках и будущем

Пока Израиль хоронит 12 сотен мирных граждан, погибших от рук нелюдей, олицетворяющих даже не беспощадного врага и тем более не «диких зверей», а самих бесов в бессмысленной и безумной жажде причинять адские страдания; пока самолеты везут в Израиль полные салоны молодых мужчин (среди которых прилетел в Эрец Исраэль и мой зять — фактически мой старший сын), мужчин, готовых лично противостоять бесам в их попытке принести свой ад на нашу землю; пока евреи всего мира шлют деньги на бронежилеты и шлемы, лекарства и обмундирование; пока армия обороны Израиля уничтожает адскую инфраструктуру, чтобы потом, когда ад будет зачищаться, сохранить максимум жизней своих и арабских, навсегда изгнав бесов с этого клочка земли; пока струсившие при виде двух авианосцев иранские мракобесы-убийцы истошно визжат бессмысленные лозунги, но боятся пошевелить пальцем; пока множество стран и политиков в ужасе от случившегося впервые недвусмысленно поддерживают не бандитов, прикрывшихся женщинами и детьми, а солдат, которые женщин и детей защищают; пока израильские политики находят в себе здравый смысл и благородство объединиться против извечного врага и отодвинуть от руля радикалов и дураков; пока даже самые полезные идиоты, с вечного одобрения которых ад процветал столько лет, поутихли и предпочитают молчать или мямлить что-то неразборчивое — пока все так (а уже завтра будет как-то иначе, и хотя все мы надеемся на лучшее, но здесь лучшего просто не может быть, в самом лучшем раскладе кто-то из нас получит похоронки), в сети не переводятся умники, которые продолжают рассуждать о «негуманных атаках с воздуха, из-за которых гибнут мирные жители», о том, что «это все из-за дискриминации арабов в Израиле», о «праве палестинцев на свое государство» и о бедных людях, «сгоняемых со своей земли». И мне очень хочется им ответить. Итак.

Про негуманные атаки. Да черт возьми! Скажите, пожалуйста, вы где-нибудь видели более гуманные атаки, чем когда всех людей предупреждают об атаке разными способами (SMS, листовки, «стук по крыше») и подсказывают, как лучше покинуть зону атаки задолго до ее начала? Я не видел. Американцы атакуют без предупреждений; Россия атакует без предупреждений; Украина атакует без предупреждений; Турция атакует без предупреждений; Азербайджан атакует без предупреждений. Расскажите Зеленскому про негуманность или хотя бы Эрдогану, добейтесь того, чтобы огромная по израильским меркам Украина предупреждала, куда нанесет удар ракетой, заблаговременно, и только потом предъявляйте претензии Израилю — иначе вы выглядите идиотами. Что, Украина воюет за правое дело? Разумеется. А Израиль?

Я бы еще добавил, что я, например, не знаю другого способа борьбы с нелюдями, которые инфильтрировали социальную и инфраструктуру Газы за двадцать лет сильнее, чем рак инфильтрирует здоровое тело. А вы знаете? Предложите? Ну а пока не предложили, лучше помолчите. Нет, я не призываю вас не жалеть «мирных граждан Газы». Я буду жалеть их вместе с вами. В Газе сотни тысяч людей, не виноватых ни в чем, нормальных людей, в большой доле — еще детей. Их жизнь не менее важна, чем жизнь израильтян (и не более). Разница в том, что это вокруг них бандиты-нелюди построили свой ад. Это не коллективная ответственность, это коллективные последствия. Жизнь немецких детей была не менее важна, чем жизнь детей союзников по антигитлеровской коалиции. Но немецкие города бомбили и обстреливали из артиллерии, потому что в противном случае ни немецкие, ни другие дети не жили бы потом на Земле. Нравится мне, что в Газе наверняка гибнут мирные жители? Нет — я в ужасе. Но я прекрасно понимаю, что гибнут они не от израильских бомб и не по решению израильского командования. Они гибнут из-за ублюдков, которые семьдесят лет наживаются на войне в регионе, из-за психопатов-садистов, руководящих нелюдями, из-за бесов, которые питаются страданием и своих, и чужих, но более всего — из-за благоглупых кретинов, которые корыстно или бескорыстно вещают мантры про «свободу Палестине» и «выполнение решений ООН». Именно они — убийцы детей в кибуцах вокруг Газы и детей в самой Газе. Именно и только они. И чем скорее все эти категории убийц будут ликвидированы как класс, тем скорее детям Газы перестанет что-либо угрожать и они станут веселы и здоровы, как множество арабских детей в Израиле.

Ах да, еще есть евреи, которые радуются бомбежкам Газы и требуют «убить их всех», имея в виду жителей, а не только террористов. Они ничем не лучше и не хуже украинцев, которые требуют «покарать всех русских», — они такие же жертвы ПТСР или просто плохие люди. Клавиатуру у них можно не отбирать, а вот автомат я бы отобрал. Но насколько я знаю IDF, они-таки отбирают автоматы в этой ситуации, так что не нужно бояться мести гражданским — ее не будет.

«Дискриминация арабов» в Израиле — это популярная тема. Есть ли де-факто такая дискриминация? Да, есть, не будем скрывать. Но важно понимать, что она собой представляет и почему она существует. Я бы сказал, она состоит из трех компонент (и только из них).

Во-первых, арабское население Израиля разнородно (есть оседлые арабы-мусульмане разных групп, есть бедуины, есть арабы-христиане), и каждая группа очень мала (каждая менее 10% населения страны) и потому, естественно, плохо представлена где бы то ни было. Легче всего в этом смысле сравнить израильских арабов с религиозными евреями или с русскоязычными жителями страны. Религиозных евреев около 19% еврейского населения, около 15% всего; их средний доход такой же, как у арабов; средняя жилплощадь — такая же, как у арабов; их представленность в Кнессете — примерно такая же, как у арабов, если мы исключим из рассмотрения аберрацию, связанную с последней предвоенной коалицией, где они «держали золотую акцию» — но это уже закончилось и, видимо, не вернется. На словах и на бумаге религиозных евреев все любят, и они как бы сильно влияют на жизнь Израиля; на деле они в основном, как и арабы, заняты борьбой за свои права (уж как они их понимают), их (как и арабов) уровень жизни в полтора раза ниже, чем у светских, и, как и арабы, они зависят от международных пожертвований. Ни арабы-мусульмане, ни ультрарелигиозные евреи не служат в армии. И те, и те живут во многом по своим законам внутри своих общин в конфликте с мейнстримом. Вы будете смеяться, но и среди тех, и среди других есть фракция, не признающая право Израиля на существование.

Русскоязычные евреи Израиля составляют едва ли не 25% населения, и они намного более интегрированы в мейнстрим, но их представительство в Кнессете как группы не лучше, чем у арабов, и хотя, кажется, весь Израиль говорит по-русски, нигде нет ни одной надписи на русском — зато, например, на моих водительских правах все дублировано по-арабски, есть арабские копии всех государственных документов, все знаки и указатели используют иврит, арабский, иногда английский.

Да, в Израиле меньшинства политически не слишком хорошо встроены в общество — есть грех. Впрочем, по сравнению с громадным большинством других стран, в Израиле все даже лучше в этом аспекте, причем арабы — не самые пострадавшие: православных церквей в Израиле практически нет, мечети же — повсеместно. Сравните любую развитую страну с Израилем, и вы увидите, что представленность в политическом спектре меньшинств с особым религиозным укладом и слабой социальной интеграцией будет там еще хуже, но никто не переживает по этому поводу.

Во-вторых, конечно, надо признать, что в рамках социальной и профессиональной лестницы арабы-мусульмане меньше представлены на верхних и больше — на нижних этажах. Проблема такой дискриминации связана с исторической структурой социума. Это то, с чем активно пытаются бороться в США: исходные условия определяют конечные возможности, и афроамериканцы в среднем беднее белых американцев, и уровень преступности среди них значительно больше спустя уже шестьдесят лет после официального уравнивания в правах; в Израиле ситуация прямо эквивалентная. Еврейская часть социума Израиля двигалась вперед ледоколом ашкенази — сильных, прошедших Холокост, образованных, предприимчивых европейцев и гибких, привыкших бороться в условиях дискриминации в ближневосточных странах, активных сефардов. Да, местные арабы объективно отставали в темпе развития все эти годы — не потому, что они глупее, а потому что не были готовы к такой гонке социально, не в последнюю очередь из-за религиозных установок, и потому что как социум сделали ставку на изоляцию, скорее чем на ассимиляцию (как и афроамериканцы бедных районов). Но ни одна арабская страна, кроме редких исключений, основанных на комбинации нефтяного изобилия и правильного управления, не смогла сделать больше для своих граждан, чем имеют израильские арабы, и не дала своим гражданам жизнь лучше, чем дал арабам-мусульманам Израиль. В итоге преступность в среде израильских арабов-мусульман выше, чем в среднем в стране, уровень образования — ниже, чем в среднем в стране, мобильность ниже, инфраструктура поселений хуже и так далее. Ровно то же самое с афроамериканцами в США, потому что причины те же, и они не в мифической дискриминации. Параллельно множество арабов-мусульман работают в Израиле на очень престижных работах (в частности, много врачей), в стране много предпринимателей-арабов, арабские и еврейские дети перемешаны на экскурсиях, в музеях, в парках и на детских площадках; арабские рестораны самые вкусные и гостеприимные, арабские магазины поражают изобилием, арабские продавцы любезны и часто адски красивы. Я бывал в дюжине арабских деревень с большими домами, довольными жителями и, кажется, отсутствием проблем дискриминации. Но, разумеется, есть и совершенно другие — это знают и посетители Израиля, и посетители США, побродившие хотя бы по Бронксу.

В-третьих, как это ни парадоксально прозвучит, проблема дискриминации — в искусственно поддерживаемой сегрегации «арабов с территорий», сегрегации, которую поддерживают как раз пламенные борцы за «арабское дело». «Западный берег» де-факто экономически и во многом политически интегрированная территория с Израилем, но благодаря доброхотам она не имеет полноценного статуса части Израиля —

автономии ли, интегральной ли части; она мнится «оккупированной территорией», хотя не бывает «оккупированной территории ничего», там должно быть название чего-то, что когда-то существовало, а кроме Османской империи до и Израиля после на этом месте кратко существовали только земли Иордании, и если ЗБ оккупирован у Иордании, то Иордания давно с этим согласна и не жалуется (как не жалуется она и на «оккупацию» саудитами бывшего иорданского юга). Но тем не менее Израиль стесняется распространить в полном объеме свой контроль на эту территорию, и, естественно, арабы с этой территории не имеют прав граждан Израиля; на самой же территории уровень жизни ниже, в первую очередь потому, что ее власти, хотя и не ведут себя, как ХАМАС, тоже о себе заботились всегда намного больше, чем о согражданах. Уровень преступности там еще выше, бедность и опасность канализируют страх и ненависть в удобном направлении — против «оккупантов», и этому помогают местные бандиты, которые наживаются на бардаке, местные муллы, для которых это способ контролировать паству, иранские проповедники, для которых это «работа» и способ сеять зло и смерть — метафизические задачи иранского режима.

Конечно, есть еще «Израиль — еврейское государство», в Израиле нельзя получить гражданство, если ты не еврей, сын или внук еврея или член его семьи, и это, очевидно, дискриминирует арабов, но только тех, кто не живет в Израиле! Живущие там арабы-граждане могут не волноваться — они, их дети и дальние потомки будут гражданами этой страны, если захотят. Вообще же «национальное государство» не такая уж редкость на карте мира и получение паспорта «по корням» тоже. Тут даже возникает дилемма: если вам так не нравится Израиль, какая вам разница, как он дает гражданство, вы же туда не собираетесь? А если он вам так нравится, что вы хотели бы стать гражданином, но не вышли предками, то перестаньте хотя бы говорить, что там кого-то притесняют (разве вам может нравиться страна, где кого-то притесняют?).

# О правах

О правах евреев и палестинцев (в смысле, конечно, арабов, проживающих на Западном берегу и в секторе Газа) на «свое государство».

Когда-то аргумент в пользу создания еврейского государства был всего один — без него народ подвергался реальной опасности исчезновения и постоянной дискриминации. При этом территория, на которой государство было образовано, управлялась из рук вон плохо, и была надежда, что евреи будут это делать эффективнее. Аргумент в пользу сохранения еврейского государства как минимум один: народ убедительно доказал, что он в состоянии обеспечивать себе мирное процветание и счастье своих людей в рамках своего государства.

При этом в нашем мире создание своего национального государства для каждого народа не является тенденцией мироустройства, и сегодня на это нет актуального запроса. При наличии всего 194 государств в мире своего личного государства нет у сотен, если не тысяч, народов (от шотландцев до овамбо и химба, от каталонцев до якутов, от татар до индейцев майя), лишь немногие из этих сотен (как курды) активно пытаются добиться его возникновения, но вся прогрессивная общественность совершенно не рвется их поддерживать в этом стремлении, поскольку везде, где нет Израиля, у прогрессивной общественности превалирует приоритет стабильности и процветания в рамках статус-кво — типа и так все ОК, зачем еще государство? Что касается «государства для арабов Палестины», то тут даже не идет речь о потребности народа в государстве, потому что налицо ситуация обратная: народа нет, а государство как раз есть, и даже не одно.

Якобы претендующие на «свое государство» жители Западного берега и Газы («якобы», потому что, как несложно увидеть, основной массе жителей этих мест просто хочется мира и спокойствия, им все равно, в каком государстве, а их лидерам хочется войны, а не государства) — в большинстве своем арабы, в массе своей потомки выходцев из разных арабских стран и общностей, которые так или иначе попали в свое время на территорию Палестины, в основном в последние 100–200–300 лет. Арабы имеют свои государства, размер арабского мира в 500 раз больше мира еврейского. Арабы Палестины просто обитатели окраин бывшего обширнейшего (а сейчас просто обширного) арабского пространства, так или иначе поделенного границами на десятки государств-сатрапий вдоль и поперек территорий проживания отдельных племен. У проживающих в Палестине арабов есть «свои государства» именно во множественном числе (в том смысле, что у каждого жителя Палестины оно свое — по тому, откуда его предки), во всех их плотность населения не слишком высока, в большой части запасы нефти и газа дают возможность жить если не великолепно, то вполне сносно.

Всем им есть где спрятаться от гипотетического и реально невозможного «арабского погрома»; правда, многие из них хотят прямо обратного — уехать из арабского мира в Европу или США и жить там тихими меньшинствами. Иногда протестуя у здания муниципалитета по поводу существования Израиля на крохотном клочке суши рядом с огромным арабским миром.

Палестинское арабское государство не случилось даже на 24 часа в 1947 году именно потому, что нечему было случаться: не было общности, которая могла бы выдвинуть лидеров, способных объединить людей в страну, чтобы дальше вести ее к процветанию. Потом, в рамках войны между арабскими странами и Израилем, которая велась совсем не за отстаивание резолюции ООН, а за уничтожение евреев, местные полевые командиры, в основном с богатым опытом поддержки германских нацистов и животной ненавистью к евреям (я не преувеличиваю, посмотрите их биографии, они практически все без исключения были активно на стороне Гитлера), конечно, выдвинулись в первые ряды. Но за прошедшие 75 лет в череде изменений, происходивших на этих землях (от статуса частей арабских стран к автономиям и даже независимым, как Газа, территориям), они не превратились в государственных деятелей — все они остались боевиками (кто помягче, кто пожестче), которые не в состоянии даже прокладывать водопровод; они могут только ломать его, разбирая на трубы, чтобы делать из них ракеты. Именно они посадили все население Газы на пособия, лишив нормального развития; спекулируя на несчастьях, откровенно обманывая спонсоров мифами типа израильской блокады (какая блокада, если есть граница с Египтом), они добились масштабной международной помощи, частично воруя ее, частично пуская на вооружения; лишили территорию возможности привлекать инвестиции, проповедуя человеконенавистнические идеи уничтожения соседей.

Создавать «палестинское государство» в этом смысле еще менее разумно и обоснованно, чем создавать государство евреев в Умани или Голдерз Грин — правда ведь, такое не придет никому в голову, хотя, возможно, эти государства были бы не такими уж плохими, в отличие от (проверено!) моментально превращающихся в нищие рассадники терроризма территории, переданные лидерам палестинских арабов.

Де-факто сегодня на территории Палестины уже есть процветающее государство, в котором живут в том числе арабы, со своими проблемами, как везде, но в среднем лучше, чем арабам живется в арабских государствах, — что-то мы не видим потока беженцев арабских граждан Израиля в Ирак, Сирию, Иорданию и другие места. Более того, в Восточном Иерусалиме у многих арабов есть иорданские паспорта, и что-то они не переезжают в Иорданию.

Израиль, кстати, в этом отношении совершенно не уникален — во многих странах есть выраженные национальные меньшинства. Мы уже говорили о США и проблеме афроамериканцев. Почему никому не приходит в голову, что на территории США должны возникнуть независимые государства индейцев, африканцев, испаноязычных? Если бы у кого-то родилась мысль, что на территории США должно появиться государство, скажем, нигерийцев, то все покрутили бы пальцем у виска и сказали: «Если им не нравится в США, пусть уезжают в Нигерию, откуда они родом, где их соотечественники и братья по крови». Предки нигерийцев на территорию нынешних США попали около двухсот–трехсот лет назад; предки нынешних израильских арабов на 90% попали на эту территорию в тот же период. Как и африканцы в США, арабы в Палестине — выходцы из множества разных стран (арабских), и многих их переселили в Палестину насильно. Про «дискриминацию» в Израиле мы поговорили и увидели, что она не больше, чем для афроамериканцев в США. В чем тогда разница?

Выходец из Нигерии, проживающий в США, может оставаться или уезжать в Нигерию. Разве не логичнее было бы, чтобы арабские страны принимали желающих в них переехать арабов так же, как Израиль принимает и принимал переезжающих евреев, — разве это не сняло бы палестинский вопрос так же, как снят еврейский вопрос по всему миру: хочешь быть евреем в другой стране — оставайся, хочешь быть евреем в еврейской стране — переезжай в Израиль? Хочешь быть арабом в Израиле — живи на здоровье; хочешь переехать — езжай в страну, откуда твои предки.

Конечно, логичнее, и именно так рассуждает весь мир про весь мир — кроме как про Палестину. Что далеко ходить: в Иране живет в два раза больше азербайджанцев, чем в Азербайджане, но разве в перерывах между истошной бранью в адрес «сионистских дьяволов» аятоллы задумываются о «священном праве азербайджанцев Ирана на свое государство, отделенное от территории Ирана»?

Итак, искусственное создание еще одного государства для разрозненного деклассированного населения, уже имеющего своих государств более десятка, на фоне полной неспособности местных лидеров направить своих подданных на что бы то ни было, кроме убийства соседей — глупая и вредная идея для всех, прежде всего для самих палестинских арабов.

Но разговор был бы неполным, если бы я не ответил на вопрос: «А почему же тогда идея создания этого совершенно искусственного государства, многократно доказавшая свою бессмысленность, до сих пор так популярна?» Ответов на этот вопрос пять:

1) в рамках социума выходцев с так называемых палестинских территорий и проживающих там арабов за время многолетнего хаоса сформировалась иерархия лидеров — по большей части типа полевых командиров, циничных и жестоких, любящих свою власть и не желающих ни при каких обстоятельствах стать «просто гражданами» Израиля или арабской страны. У них нет никаких навыков нормального администрирования, и в мире и спокойствии они были бы никем, но в тумане бесконечной войны они не только удерживают свои позиции (в рамках которых они самовластно правят, получая что хотят когда хотят, и имеют большие запасы денег и дворцы в Катаре или Саудовской Аравии), но и чувствуют себя героями (в основном за чужой счет). Эти несколько тысяч «лидеров палестинского мира» готовы умереть, но не за уничтожение Израиля или за мирную Палестину, а за продолжение войны под эфемерными лозунгами. Не надо себя обманывать: нянча идею «свободной Палестины», именно эти люди больше всего боятся ее реализации, потому что она оставит их без всего. Именно поэтому, как только по той или иной причине начинает веять приближением ее реализации, они обязательно организуют что-то очень кровавое и деструктивное, заставляющее Израиль отвечать отказом от движения в этом направлении. Война для них — это мир;

2) горячая точка — всегда место, где можно много заработать. Нелегальные поставки оружия и боеприпасов

обеспечивают каналы транзита наркотиков и живого товара, места, где можно спрятаться международным преступникам, отмыть деньги и пр. Вокруг Палестины столько коммерческих интересов внешне приличных бизнесменов из региона, а также из Европы и США, что превращение ее в мирную часть Израиля задело бы очень влиятельных людей полутеневого мира. Они точно этого не хотят. Да и не только в полутеневом мире дело: торговцы оружием вполне легальны, их вполне легальный интерес состоит в том, чтобы напряженность сохранялась. Не прошло недели с момента атаки ХАМАС, а сотни миллионов долларов еврейских жертвователей потекли в США и Европу на покупку шлемов, бронежилетов, обмундирования, биноклей. США делают производителям снарядов новые заказы, Европа думает нарастить производство оружия. Если бы атаки не было, кое-кому хотелось бы ее придумать; возможно, они в этом поучаствовали;

3) тема Палестины (как тема «нацизма в Украине» для Кремля) является крайне удобной частью повестки целого ряда арабских режимов, чьи экономические и социальные успехи оставляют желать лучшего и/или чья внутренняя политика осточертела собственным гражданам. Канализация разочарования своей жизнью в ненависть к непохожему и успешному соседу — лучшее лекарство от протестных настроений. Но просто успешного соседа ненавидеть не так легко; значительно удобнее, чтобы этот сосед тебя чем-то обидел, а если не тебя, так твоих братьев (не важно, что ты своих братьев на дух не переносишь и при каждой возможности сам убиваешь). Так что во многих арабских странах делается все, чтобы продолжала существовать легенда о «несчастных палестинцах без своего государства» и злобных сионистских оккупантах;

4) так уж случилось, что борьба полюсов современного мира протекает в виде прокси-конфликтов за установление контроля над различными опорными точками планеты. Каждая из сторон (которых в истории XX века было две — США и СССР) стремится a) установить такой контроль с помощью политических, военных и экономических связей и b) не дать второй стороне сделать это. Где появлялся союзник одной стороны, тут же появлялась активность второй по дестабилизации ситуации и попытки создания контрсоюзника. То же самое случилось с Израилем: если в период войны за независимость США и СССР присматривались к региону и прикидывали, кто будет на чьей стороне, то уже в начале 1950-х годов Израиль определился с аффилиацией, выбрав США; ответом на это в СССР была и антисемитская кампания травли и репрессий, и откровенная ставка на арабские режимы в регионе. А для дестабилизации Израиля была вытащена из старой папки и раскручена тема «территорий» — правда, конечно, не сразу (потому что территории были в руках арабских друзей), а по факту их перехода к Израилю. Тему запустили, раскрутили (кстати, одним из лидеров процесса был Примаков, которого еще и сегодня почитают «великим дипломатом» в России, даже школы называют именем этого международного интригана), и она зажила своей жизнью. СССР давно нет, но теперь Россия претендует на роль его кадавра и, разумеется, пытается вести себя так же: отсюда такая любовь с монстрами типа Ирана и Северной Кореи, отсюда же антисемитские шуточки президента России и пока неявное, но воскрешение в дискурсе страны темы «несчастных палестинцев»;

5) на общий фон, образованный первыми тремя причинами, накладывается уникальная история тотальной ненависти к евреям, уходящая корнями в темные века. Об антисемитизме как явлении написаны сотни томов,

и переписывать их здесь смысла нет, и в приличном месте сейчас считается непристойным быть антисемитом, но под тонким слоем цивилизации у множества, в том числе политиков в развитых странах (и, конечно, в СНГ), сидит обычный старый антисемит, для которого «оккупация Палестины» — такое желанное оправдание его непристойного порока: «Я не антисемит, я просто осуждаю евреев за оккупацию Палестины». Нет ничего более сладкого, чем благородное оправдание собственной пещерной ненависти и убожества — кто же от такого добровольно откажется в пользу здравого смысла и безопасности миллионов людей?

К сожалению, все эти пять причин никак не зависят от действий Израиля — крохотной страны, построенной евреями и, кстати, арабами для себя на песке и камнях ради мира, страны-убежища, которая из-за вышеописанного так и не может стать надежным убежищем. Единственный способ нейтрализовать все эти пять пороков в отношении Израиля — полностью закрыть тему, на которой они паразитируют. И это еще один аргумент в пользу ликвидации идеи «палестинского государства».

## Коротко о мифах

Пропагандистских мифов относительно так называемой ситуации в Палестине очень много. Поэтому мне пришлось сделать библиотеку кратких разоблачений террористической магии. Итак.

«Израиль оккупирует сектор Газа»/«Израиль организовал блокаду».
Нет, это не так. Израиль оставил сектор Газа в 2005 году и в зависимости от уровня исходящей от него опасности так или иначе ограничивает доступ жителей сектора и его

товаров на свой рынок. Кроме того, Израиль контролирует воздушное пространство над сектором и его территориальные воды — это вынужденная мера, поскольку в сектор идут поставки вооружений, которые потом используются против Израиля. Израиль не отвечает за границу сектора с Египтом и уже поэтому не может организовать блокаду, а вот Египет действительно блокирует свою границу с сектором, пропуская только гуманитарные грузы.

«Сектор Газа перенаселен».

Да, плотность населения там на уровне Гонконга (правда, никто не говорит, что Гонконг перенаселен). А если считать сектор городом, то плотность населения в тихой Женеве в полтора раза выше. Сектор Газа с учетом особенностей его экономики следует рассматривать как город-государство с достаточно небольшой плотностью населения.

В будущем сектор Газа тоже вряд ли будет перенаселен. Рождаемость в секторе быстро падает, и, скорее всего, увеличение числа жителей в 1,7–2 раза будет пиковым (и тогда это будет просто средненаселенный город). Открытие сектора Газа для мира будет наверняка сопровождаться существенно более активной эмиграцией (сейчас 0,4% в год). Так что катастрофы не предвидится.

«Газа наполнена беженцами».

В процессе дислокации жителей региона после Второй мировой войны с мест проживания переместились около 900 000 арабов и около 800 000 евреев. В сектор Газа переместились около 250 000 человек, которым Египет не позволил остаться на своей территории (он не позволил никому!). Около 400 000 человек переместились на территории Западного берега реки Иордан. Из 800 000 евреев примерно 550 000 приехали в Израиль. Ни один еврей не получил статуса беженца. На Западном берегу были предприняты попытки решить проблемы переселенцев — в результате сегодня лишь 15% жителей Западного берега все еще имеют этот передающийся членам семьи и по наследству статус; в Газе его имеют более 50% жителей — это удобный способ получать помощь международных организаций.

«Жители сектора Газа испытывают тяжкие страдания».

Безусловно, когда идут военные действия, это так, и не может быть иначе. Но вот когда они не идут, жители сектора живут не хуже, чем в большинстве арабских стран. Ожидаемая продолжительность жизни (73 года, 112-е место в мире, как Украина, Монголия, Венесуэла, Египет, лучше Сирии, Ирака, Пакистана, всего на полтора года хуже России); детская смертность (14 на 1000) соответствует Панаме, Молдове или Бразилии и ставит Газу на 98-е место в списке стран мира. Детская смертность в Сирии 22,4, Ираке 25,2, Египте 19,5, Иране 12,9.

Благосостояние жителей Газы происходит не только и не столько от местного ВВП (1500 долларов на человека), сколько от безвозмездной помощи Израиля (вода, электричество) и международной помощи (примерно 500 долл./чел. в год). При этом множество услуг (например, здравоохранение) спонсируется международными организациями. 80% жителей Газы получают гуманитарную помощь; все жители Газы, которые не противостоят ХАМАС, получают от ХАМАС вознаграждения. В секторе работает более 13 000 только сотрудников ООН (почти 1 на 100 жителей!), которые занимаются раздачей помощи. Такая система лишает жителей Газы мотивации работать, что поощряется ХАМАС: работать «на Израиль» — это коллаборационизм, внутренний рынок маленький, риски владения активами очень высоки, ХАМАС платит за участие в боевых подразделениях (всего более 100 тысяч человек) хорошие деньги, чиновники ХАМАС получают хорошие деньги, быть с ХАМАС означает быть с оружием, чувствовать себя защищенным и иметь власть. ХАМАС же создает эксклюзивные бизнесы (типа дорогих центров отдыха для международных чиновников или частных таможенных пунктов) под управлением семей своих лидеров. Работать там выгодно и престижно.

Более того, у сектора Газа есть козырь в рукаве: на шельфе есть газ, объем резервов в шесть раз больше, чем у Великобритании в пересчете на единицу населения. Добыча этого газа могла бы обеспечить инвестиции на много десятилетий вперед. Но, конечно, пока там у власти террористы, об этом бессмысленно говорить.

«Израиль не выполняет решения ООН».

Это полная глупость. Как правило, говорящий это что-то слышал о резолюции 1947 года о создании двух государств в Палестине и вообще не в курсе дальнейших событий. В 1967 году была принята резолюция ООН № 242, отменявшая действие резолюции 1947 года. Согласно этой резолюции (подтвержденной потом многократно, в рамках Мадридского пакета и соглашений Осло в частности), предусматривается признание Израиля в границах 4 июня 1967 года (то есть в нынешних границах без территории сектора Газа и Западного берега реки Иордан) и предоставляется право Израилю и палестинской администрации, созданной на базе ООП, решить вопрос о статусе сектора Газа и Западного берега «постепенно и исключительно путем переговоров». Несправедливо было бы утверждать, что Израиль рвется ускорить процесс переговоров, но резолюции ООН Израиль выполняет; не выполняются они палестинской администрацией, которая не может остановить насилие и атаки на израильтян.

«ХАМАС — это одна из палестинских партий, борющаяся за независимость Палестины».

Официально ХАМАС борется за уничтожение государства Израиль. Эта борьба противоречит всем возможным международным нормам, соглашениям и резолюциям ООН и является государственным терроризмом.

При этом ХАМАС стоит особняком в ряду различных организаций, которые самоназначили себя борцами за Палестину. Согласно международным соглашениям, только палестинская администрация может вести переговоры и представлять

Палестину, и больше никто. И «Хезболла», и ХАМАС — это нелегальные с точки зрения большинства стран мира (хотя кое-где не только признанные, но даже заседающие в парламентах) террористические организации, которые не имеют никакого отношения к переговорному процессу хотя бы в силу этой непризнанности. Кроме того, ХАМАС занимает особую позицию: будучи «дочкой» печально известной фашиствовавшей в свое время организации «Братья мусульмане», ХАМАС создавался как благотворительная организация в Газе. Он сумел сформировать свою экономическую инфраструктуру в секторе, «подсадив» граждан на свою помощь, и очень быстро начал искусственно создавать проблемы в экономике Газы, последовательно наращивая уровень конфронтации с Израилем, уничтожая независимые бизнесы, буквально ломая их, чтобы заменять своими неэффективными логистическими средствами. Так, например, было с водопроводом, который местами разобран для производства ракет, а ХАМАС организовал доставку воды бочками, естественно, обвинив Израиль в ее нехватке. «Решение» им же созданных проблем позволило ХАМАС приобрести имидж благодетелей и борцов за свободу в секторе, выиграть выборы 2006 года с небольшим перевесом, а затем ХАМАС устроил настоящую резню, уничтожив всех деятелей палестинской администрации в Газе, и нелегитимно захватил в секторе власть. До 2014 года ПА не признавала власть ХАМАС; после 2014 года под давлением Израиля была достигнута договоренность о признании, но ПА и ХАМАС остаются врагами. ХАМАС признан террористической организацией большинством стран мира — примерно как ИГИЛ. Задача его уничтожения ничем не отличается от задачи по уничтожению ИГИЛ и не имеет никакого отношения к вопросу управления Газой или палестинскому вопросу. Фактически уничтожение ХАМАС — это вопрос освобождения палестинских арабов Газы от власти террористов и предоставление им возможности вернуться к управлению своими законными представителями.

«Израиль хочет оккупации Газы».

В Израиле еще со времен Кэмп-Дэвидских соглашений устойчивое мнение властей состоит в том, что Газа Израилю не нужна, нужно только придумать, как от нее избавиться. Ицхак Рабин говорил в 1992 году: «Лучшим вариантом было бы, чтобы эта территория утонула в море, но такого варианта нет». В 1990-е годы большие опасения в Израиле были связаны не с «отъемом» Газы, а наоборот — с необходимостью ее интеграции в Израиль. В это время в мире шла борьба с апартеидом, и руководители Израиля отлично понимали, что присоединение Газы приведет к необходимости под давлением общественности дать гражданство и голоса всем ее жителям, что в условиях высокой рождаемости в Газе означало бы конец еврейского характера государства Израиль (то есть нарушение решений Лиги наций и ООН). В результате было найдено решение, названное «односторонним отделением»: Израиль без обсуждения условий ушел из сектора в 2005 году, открывая местным жителям путь к построению собственного государства. Увы, местные жители решили по-другому.

«ХАМАС поддерживают многие страны и движения».

Многие страны и движения в силу тех или иных причин поддерживают различные идеи типа «свободной Палестины», чаще всего, не вдаваясь в подробности, что это должно значить. Большинство арабских стран «выражают солидарность», но не вполне понятно с чем. ХАМАС — другое дело: в большинстве арабских же стран он считается террористической организацией, с которой официально иметь дело не стоит. Египет блокирует контакты с сектором Газа именно по этой причине.

Поддержка ХАМАС приходит от очень ограниченного круга спонсоров мирового терроризма, в первую очередь Ирана, который вопреки всем международным нормам официально стремится к уничтожению Израиля. При этом последние события заставляют усомниться в реальности этой поддержки.

Похоже, что Иран и «Хезболла» просто подставили ХАМАС (обещав ему открытие второго/третьего фронта и обманув) — видимо, даже им ХАМАС после отказа поддержать позицию Ирана по Сирии стал представляться неподконтрольным. Для «Хезболлы» же ХАМАС — конкурент за ресурсы спонсоров терроризма, и подставить его — святое дело.

Разумеется, палестинская администрация Махмуда Аббаса не поддерживает ХАМАС. Произнося правильные слова о единстве палестинцев, ФАТХ решительно осуждает насилие и захват заложников.

Похоже, кстати, что уже и в ХАМАС поняли, как их подставили. От громкой похвальбы и угроз его еще живые лидеры (это ненадолго теперь) сперва перешли к требованиям «союзникам» включиться, а затем стали трусливо сваливать на мирных жителей Газы вину за зверства (такое даже Путин еще не придумал) и имитировать удары израильской армии по мирным жителям (имитация удара по колонне беженцев уже подтверждена). ХАМАС должен уйти в историю, как любая бандитская структура, жители Газы могут выбрать себе нормальную администрацию и начать строить новую жизнь — тогда их, как и палестинскую администрацию Западного берега, действительно будут слушать и поддерживать многие страны и организации.

## Демократия и иврит

Еще полгода оставалось до 7 октября, но уже что-то носилось в воздухе: всегда, когда в Израиле возникал «раскол по центру», это заканчивалось трагедией. Свои мысли об этом я тоже пытался излагать. Увы, это не помогло.

И в Израиле, и в Великобритании, и в США, и во многих других местах мира в последние годы внятно проявился раскол общества на плохо примиримые фракции. Почему же в США или Великобритании страшилка «конца демократии» непопулярна, а в Израиле об этом говорят всерьез?

Спойлер: дело здесь вовсе не в национальном еврейском характере. Да, евреи темпераменты и часто кричат «все пропало» вместо «доброе утро». Но сейчас ситуация действительно серьезно отличается от ситуации в англосаксонских государствах.

Разница состоит в устройстве политической палитры в этих странах. В Великобритании и США на политической сцене присутствуют реально 2 (или 2,5) партии. Эти партии включают в себя в том числе радикальные части общества. Условно в США сторонники нравов XIX века, консервативные христиане, ястребы — апологеты военных решений, плоскоземельщики и прочие принадлежат к республиканцам, а коммунисты, сторонники 100% налога на доходы и влияния государства на все мелочи жизни, борцы за закрытие всех заводов и уничтожение скота для спасения планеты, сторонники разрешения смены пола детям с трех лет по их желанию и прочее — к демократам. Если кто-то из радикалов настолько радикален, что его не устраивает даже партия его стороны спектра, то он просто не виден и не слышен — вся повестка идет через одну из двух партий.

Поскольку все радикалы «приписаны» к той или иной партии, в процессе межпартийной борьбы их голоса заведомо распределены и борьба идет не за них. Борьба идет даже не за голоса тех, кто более или менее внятно бенефициирует от политических установок той или иной партии: коль скоро республиканцы выступают за снижение налогов, сокращение роли государства и расширение частной инициативы, а демократы — наоборот, то частные предприниматели будут в основном за республиканцев, а финансируемые государством служащие, профессура госуниверситетов, работники корпораций, получающих оплату из бюджета, — за демократов.

Борьба идет за «самый центр» — людей умеренных взглядов, готовых менять мнение в зависимости от аргументации и момента, не приемлющих крайности, выступающих за спокойное эволюционное развитие. Именно они и определяют, кто победит на выборах, а значит, именно под них подстраивается политика властей, желающих быть переизбранными.

Ошибка в оценке их предпочтений может вытолкнуть на Олимп более радикальную фигуру, но лишь на короткое время, да и то возможности такой фигуры будут очень ограничены — она (он), чтобы не потерять власть, будет вынуждена мигрировать к центру очень быстро.

Другая ситуация складывается в демократиях, в которых партий существенно больше, радикалы имеют свои отдельные политические представительства, а власть всецело принадлежит тому, кто построит коалицию. В таких государствах борьба за центр — это начало, а не конец процесса. Поскольку центр по определению состоит из не вполне определившихся, такая борьба идет между центристскими силами и заканчивается, как правило, «вничью». Бороться за центр центристским партиям надо, чтобы не проиграть, но выиграть это не помогает. Радикальные партии бороться за центр не могут, и потому заведомо имеют сильно меньше голосов, чем центристские, но зато именно их голоса в итоге определяют, кто получит большинство в рамках коалиции. Радикальные партии на каждых выборах фактически выставляют свои голоса на продажу, имея иногда одного покупателя (центристскую партию своей стороны спектра), иногда — двух (если партии центра имеют малоразличимые или противоречивые программы).

Радикальная партия в таком обществе чувствует себя сравнительно сильной — она в конечном итоге диктует организатору коалиции цену, за которую она готова в коалицию вступить. Итогом такого устройства становится значительно меньшее внимание крупных центристских партий к своим ключевым избирателям-центристам (наиболее выигрышная стратегия для центристской партии — предлагать ровно то же, что и оппонент, получишь 50% точно) и фокус на удовлетворении запросов как можно большего количества радикальных партий и групп. Свои избиратели за это даже не могут упрекнуть, ведь власть в такой стране — это компромисс, центристской партии приходится на него идти.

Таким образом, если в США государственная система толкает политические силы к центру (и часто нам кажется, что власть в США недостаточно радикально действует, а политические различия между претендентами на власть минимальны), то в Израиле система толкает политические силы к радикализации и игнорированию центра и реального большинства — контроль в стране будут де-факто осуществлять активные меньшинства, а политический и экономический курсы будут меняться чаще и сильнее.

К слову, и то, и то является демократией в прямом значении этого слова. А нам, оставив позади дискуссию, лучшая ли форма правления демократия, стоило бы сфокусироваться на вопросе, какие способы технического обеспечения демократии являются эффективными, а какие — нет. Демократия сама по себе не панацея ни в смысле эффективного управления, ни в смысле самозащиты — и Гитлер, и Путин, и Трамп, и Байден, и Тэтчер, и Джонсон — you name them — когда-то пришли к власти демократическим путем, но какие разные результаты!

# Кровавый навет

Этот текст был написан по следам лживых обвинений в адрес израильских ВВС в якобы попадании ракеты по больнице в Газе. Тогда ракета ХАМАС, отклонившись от плановой траектории, упала в Газе и взорвалась во дворе больницы, вызвав, как стало потом ясно, гибель или ранения нескольких десятков человек. ХАМАС немедленно объявил о попадании ракеты ЦАХАЛ в больницу и восьмистах погибших. Эту новость без верификации

опубликовали крупнейшие СМИ мира; пропагандисты Ирана, Турции, Пакистана и многих других стран
устроили истерику; были немедленно (кажется, прямо
в течение минут после появления новости) собраны
многотысячные митинги, осуществлены нападения на
посольства Израиля.

В XII веке в Англии, у Норвича, местные жители нашли убитого мальчика. Хотя это и был XII век, но какое-никакое право-
судие в Англии существовало и убийцу следовало бы найти.
Подозрение пало на родственников убитого, и было из-за чего.
В ответ родственники во главе с дядей-священником рассказали таинственную историю о незнакомце, который за три
шиллинга взял мальчика якобы помочь на кухне епископа.
Попытка была неудачной, и епископ немедленно возмутился,
тогда появилась новая версия: незнакомец, кажется, был евреем, и, кажется, их видели входящими в еврейский дом.
Местный шериф внимательно выслушал страстный рассказ родственников погибшего и допросил представителей
еврейской общины, которые всё отрицали. По факту рас-
следования он заключил, что евреи ни при чем. Дальнейший
поиск убийц зашел в тупик, и дело закрылось бы, если бы
местный мелкий феодал, задолжавший еврейской общине
крупную сумму денег, не возбудился и не потребовал наказания «страшных убийц, подвергших мальчика ритуальным
мукам Христа». Феодал требовал лишить евреев Норвича
всей собственности, простить все христианские долги им,
а самих евреев заключить в тюрьму.
Дело было дворянское, через множество неприятных эпи-
зодов типа нападений на евреев оно дошло до короля, и уже
в королевском суде феодалу было отказано в иске и всех требованиях. Феодал тот, надо сказать, был тем еще мерзавцем,
о чем исторические хроники сообщают подробно.
А спустя шесть лет некий монах Томас Монмутский сделает себе имя книгой про убитого мальчика, в которой будет

утверждать, что убийство было ритуальным, что убили мальчика евреи и что евреи по всему миру практикуют ритуальные убийства христианских детей. Книга имела семь томов (семь, Карл), в первом томе в подробностях описывалось совершение убийства и страшные ритуалы евреев, остальные были посвящены святым чудесам, происходившим с телом этого мальчика.

Книга была невысокого качества и никакого немедленного действия не возымела. Однако с тех пор вот уже девятьсот лет история мальчика из Норвича используется антисемитами всех частей света как модель: виновники очередного кровавого преступления, чтобы оправдать себя, обвиняют евреев — красочно, заламывая руки, призывая в свидетели своих богов и всех людей доброй воли. И каждый раз в мире находится множество людей, которые мечтают поверить в вину евреев за полчаса до совершения преступления. Они по свистку готовы выскочить на улицы, громить, убивать, требовать кары для всех евреев. Они — это не только дикари в бедных странах, оболваненные пропагандой. Они очень часто интеллигентны с виду; они могут быть журналистами и профессорами. Они никогда не реагируют просто на кровавые преступления — что им до них, если только в них не обвинили евреев; а вот если обвинение прозвучало, включается их тяжелая дурно пахнущая артиллерия.

Девятьсот лет прошло, и ничего не изменилось. Очередные мерзавцы облажались: хотели убить евреев, а попали в своих. Но, конечно, евреи виноваты! И, конечно, это они убили мирных жителей, и, конечно, их число завышено на порядок. И, конечно, уже бунтует улица, начавшая бунтовать буквально сразу, как до них дошла новость, — остается только догадываться, кто и как сумел организовать толпы в такой короткий срок и почему. И, конечно, уважаемые лидеры уважаемых стран выражают возмущение — кто просто на голубом глазу «еврейскими зверствами», кто некоей безликой «эскалацией насилия и гуманитарной катастрофой», и все требуют прекратить преследовать террористов, ведь если их не преследовать, то убивать будут только евреев, а так — не только. И, разумеется, уважаемые лидеры параллельно тут же отказались договариваться с «ужасными евреями» — отказ договариваться ведь лучший способ прекратить убийства!

Страшно это все. Как страшно и то, что все продолжают делиться на тех, кто «за евреев» и «за палестинцев»; и нет никого, кто сказал бы: «Я за евреев и палестинцев, против террористов».

И, конечно, опять кровавый навет — куда без него?

# Don't look (up)

Когда-нибудь, я боюсь, мне посчастливится, сидя в США — предпоследнем государстве, не ставшем частью всемирного халифата (Китайская Народная Республика от Будапешта до Сиднея будет еще одним, последним), в США, страдающих от нехватки ресурсов, перманентного экономического кризиса, террористов-исламистов и постоянной угрозы Тегерана нанести превентивный ядерный удар, в свободное от работы на заводе время писать книгу под названием «Как свободный мир все проебал». Посчастливится, если я буду жив, и семья моя будет жива, и мы успеем бежать в США. Вероятность того, что мне посчастливится, меньше, чем вероятность описанного выше сценария.

Знаете, что я сделаю введением к той книге? Вот этот диалог в ФБ 20 октября 2023 года, когда казалось, что глобальной войны, уничтожения Израиля ядерным ударом из Ирана, захвата всей Восточной Европы войсками китайской провинции Э-ло-сы, а остальной Европы — Корпусом Стражей Всемирной Мусульманской Революции, добровольного объединения Юго-Восточной Азии в «Великий Китай» и глобального экономического кризиса с падением мирового ВВП в два раза, а сокращением мировой торговли в четыре, всех этих ужасов, унесших жизни двух миллиардов человек и заразивших радиацией 10% территории планеты, можно было избежать. Нет, что я говорю — они казались невероятными, страшной сказкой времен «региональных конфликтов» и «временных трудностей», которые надо разрешать человечностью, переговорами, а правильнее всего — полным игнором реальности, которая не укладывается в гуманистическую методичку.

Это диалог с очень хорошим человеком, поверьте мне. И очень неглупым. Таких, как она, в расслабленном западном мире, где главная проблема — какое из 88 местоимений надо выбрать при встрече, большинство. Они уверены в победе добра над злом, и им не страшно. А мне страшно слушать их, и я не знаю, что делать с чувством безнадежности.

О: Я бы не сравнивала Украину и Россию с Израилем и Палестиной. Это ведь совершенно разные кейсы.

А: Все кейсы разные; человеческий мозг тем и знаменит, что может вычленить общее и осознать закономерности.

О: Ну, журналисту это очень знакомо. Вопрос зачем? Чтобы во имя Украины провести наземную операцию, никого не жалея? Кстати, детей Донбасса тоже очень жаль, и пропаганда лжет не в том, что их не жаль, а в том, что жертв среди мирных уже почти не было и восстановление границ Украины могло пройти почти бескровно.

А: Мне кажется, вы просто как раз не понимаете различий, и это очень грустно. Во-первых, «во имя Украины» — это мания величия. В Израиле все делается во имя наших детей, в том числе моей четырехлетней внучки, живущей в Иерусалиме. Во имя Украины, я полагаю, действуют украинские патриоты.

Во-вторых, «никого не жалея» — это просто токсичное навешивание ярлыка. Кто и где хоть раз сказал, что наземная операция будет идти, «никого не жалея»? Вы думаете, если бы никого не жалели, то от Газы все еще что-то оставалось бы? К сожалению, под гневное улюлюкание «миротворцев» израильские мальчики и девочки будут гибнуть в Газе просто за то, чтобы побольше палестинцев остались живы, здоровы и могли потом праздновать новые убийства евреев — такой уж дурацкий принцип есть у государства Израиль.

В-третьих, если вы против наземной операции, вы, наверное знаете, как лучше? Только не пишите «надо выполнить резолюции ООН», скажите что-нибудь конкретное: может быть, цветов им послать? Или, может, плюнуть и забыть, восстановить заборчик вокруг, убрать армию с границы и заново заселить кибуцы — это же так удобно, что теперь простые палестинцы знают, где они находятся? Да, забыл: наверное, еще снять блокаду палестинских грузов через Израиль в Газу и обратно — им оружие из Ирана неудобно кружным путем возить, а так напрямую будет? Как бы вы спасли от смертельной опасности быть изнасилованными и обезглавленными израильских девушек, от перспективы быть сожженными заживо израильских детей — как обеспечили бы, что нового погрома не будет?

В-четвертых, ситуацию с Украиной, конечно, нельзя сравнивать. Знаете, как было бы похоже? Если бы Украина признала ДНР официально в 2014 году; забрала оттуда всех, кто не захотел там жить; поставляла бы туда воду, свет, топливо, разрешала приезжать работать на своей территории (а своим гражданам не разрешала бы туда ездить). А в ДНР все время кричали бы, что их цель — уничтожить всех украинцев до единого (а не называли бы украинцев братским народом) и занять всю территорию Украины (а отнюдь не как скромно хочет Россия занять примерно 20% украинской территории); постоянно совершали бы провокации, и вот, наконец, банды из ДНР вторглись бы на территорию Украины и вырезали бы 5000 гражданских (цифра в пропорции к населению Украины — для сравнения, за почти уже два года войны в Украине всего погибло 9600 гражданских — два года и один день!), взяли бы 600 заложников и обстреляли бы территорию

Украины шестью тысячами ракет (это примерно столько же, сколько Россия выпускает по Украине за год). Да, добавьте еще, что территория нашей воображаемой Украины меньше реальной в восемь раз (потому что в Израиле плотность населения в восемь раз больше) и вам физически не из чего сделать полосу отчуждения.

Наконец, в-пятых, кто же конкретно обрекает неких гипотетических палестинских детей на смерть в виде collateral damage? Может быть, это лидеры Palestinian authority, Египта, Иордании, которые не готовы принять ни одного беженца ни на один день, даже не предлагают эвакуировать детей? Может быть, это бандиты из ХАМАС, которые прячутся за детьми, чтобы их не достало возмездие? Может быть, это Иран, который снабжает бандитов оружием и спланировал погром? Может быть, это ООН, которая, имея крайне дорогостоящих миротворцев, даже не подумала предложить расположить их в 5-километровой зоне вдоль границы Газы так, чтобы не допустить в будущем проникновений? Может быть, это Лига арабских государств, которая обладает ресурсами, чтобы войти в Газу и восстановить там порядок, но категорически не хочет этого делать? Может быть, все-таки не в Израиле дело?

О: Я не хочу с вами спорить, я понимаю вашу боль. И уж точно не хочу дальше вдаваться в сравнения Израиля и Украины в пользу того или иного государства (мне все же кажется, это реально разные кейсы). Но мое личное некомпетентное мнение — если бы теракт удалось израильским службам предвидеть, предотвратить, война бы, наверное, не была необходима. Думаю, все мировое сообщество могло бы лучше решать эту задачу, например все же облегчить выезд мирным палестинцам из сектора Газа, в том числе компетентным. Лучше разведка, более точные удары, лучшее укрепление границы и т. д. Нет ощущения, что Израиль, начав войну, сделает своим же жителям лучше.

А: Я мечтаю вернуться во времена, когда люди высказывали компетентные мнения, а некомпетентные люди прислушивались к специалистам. Я заранее прошу прощения за резкость, с которой будет написано дальнейшее, но иначе уже не получается.

Вы правда вообще ничего не понимаете. Это не «наша боль» — это боль всего мира. Сегодня они расправятся с нами, а завтра — с вами, в любой точке земного шара. 11 сентября, взрывы в поездах в Мадриде, теракты в Бомбее, Буденновск — это не у нас. Это у вас, просто вам удобнее прикрываться шапочкой из гуманизма. Пока удобнее. Как вы будете жить, если вырежут весь Израиль, я знаю отлично — хорошо будете жить. Но недолго, потому что потом они придут за вами. Это не Россия, которая никогда не перейдет границу блока НАТО. Эти будут всюду, как только поймут, что можно безнаказанно убивать.

И да, разумеется, если бы Израиль надел длинную юбку и не ходил вечером на улицу — а так сам виноват. Вранье, которое в отношении женщин вы, кажется, понимаете, а в отношении нас — нет. Мы не можем предвидеть и предотвращать все преступления. Пока мы занимаем пассивную позицию, они совершенствуются, накапливают арсеналы и получают доступ к новому оружию. Однажды они получат доступ к ядерному или бактериологическому, если их раньше не уничтожить. Мы не можем ждать. Никто и нигде не может. И мы не понимаем, почему мы должны тратить гигантские бюджеты на такое предотвращение, недофинансировать свою медицину, недополучать возможностей и инвестиций просто потому, что нас можно хотеть убивать и насиловать, а нам нельзя защищаться — вдруг случайно попадем в того, кто не убивал, а только праздновал убийства?

Нет ощущения, что Израиль, начав войну, сделает своим жителям лучше?! Так это Израиль начинает войну?! Вам не стыдно такое писать? Может, и Украина зря начала войну — разве от этого лучше ее мирным жителям?

О: Ну, вы же сами понимаете, что тогда еще и Иран надо вырезать, и кого еще? И нет ведь уверенности, что это как-то решит проблему. Тоже консервация. Понимаете, этот подход, что если мы сегодня не грохнем их, они завтра грохнут нас — он настолько стремный, что нужно прямо под микроскопом рассматривать, насколько это правда. Ирак не оправдался. Чечня — тоже не особо. Россия под этим предлогом напала. Шпеер в дневниках писал, что Гитлер рассказывал, что красные варвары сожгут всех немцев, поэтому нужно сражаться до последнего. Абсолютно очевидно, что есть террористы. Но что война — лучший способ борьбы с ними, не так очевидно

А: Я не предлагал вообще никого вырезать, большая просьба не спорить с собой, адресуясь ко мне. И Газа, и Иран — это миллионы людей и тысячи террористов. Во время освобождения Германии от нацистов погибло около 5% населения (я не считаю потери Германии на фронтах за границами Германии), во время свержения режима Саддама в Ираке (как бы мы ни оценивали эту операцию) погибло менее 2%. Я тут точно некомпетентен, но уж раз мы с вами себе это позволяем — снижение детской смертности на 10% в Газе в связи с тем, что там вместо террористов будут нормальные власти, спасет несравнимо больше детей, чем отказ от наземной операции, который позволит там террористам сохраниться, восстановиться и напасть опять, по дороге удерживая свое население в нищете, ненависти и насилии.

Кстати, Гитлер ведь рассказывал то же самое, что сейчас рассказывает ХАМАС и пересказываете вы — что сионисты убьют детей и женщин. Вы привели очень хорошую аналогию. Именно этот рассказ мешает миллионам жителей Газы встать и сказать: «Мы больше не посылаем своих сыновей на смерть». И вы — рассказчик.

И да, нынешний режим в Иране — это гигантская проблема и опасность. Они представляют совершенно чуждые нам ценности и не готовы делить территории — им нужен весь мир, в худшем случае его гибель. А мы не хотим гибели мира и не хотим быть их рабами — я имею в виду и нас, и вас, правда? Поэтому, к большому сожалению, война за освобождение Ирана от власти аятолл неизбежна, и лучше, чтобы она случилась, пока союз с Россией не привел к военному альянсу и пока Россия не передала Ирану ядерное оружие.

О: Блин, количество личных наездов перевесило мое желание поддерживать беседу. Без обид)

А: Логично. Эта беседа ведь нужна только нам, евреям…


# Далее везде?

Этот текст опубликован 2 ноября 2023 года. Армия Израиля окружила город Газу, в котором еще оставалось много боевиков-террористов и более двухсот сорока заложников — граждан двух десятков государств. Террористы продолжают огрызаться, залпы ракет по Израилю не прекращаются — в осажденной Газе заканчивается все, кроме ракет и безумного желания убивать и умирать.

23 военнослужащих ЦАХАЛ уже погибли во время наземной операции: кадровые военные и резервисты, 19-летние и 40-летние, отцы, братья, сыновья. Из 1200 убитых террористами около двухсот так и невозможно опознать — тела сожжены.

«Гуманисты» всего мира выступают за «гуманитарную паузу», игнорируя факт, что до 7 октября была самая настоящая гуманитарная пауза — ее следствием стали 1200 зверски убитых мирных жителей. «Гуманисты» призывают Израиль к милосердию, но почему-то не призывают к милосердию ХАМАС.

Ближневосточные режимы — те, у которых кровоточат многолетние проблемы что с элементарными правами человека, что с экономикой, что с устойчивостью власти, невероятно возбудились — пока только вербально. Они не жалеют слов, митингов, демонстраций на горячую поддержку невероятно страдающего «палестинского народа» (который до 7 октября не слишком страдал) и проклятия оккупанту Израилю (который до 7 октября ничего не оккупировал). В их пламенных речах, по накалу и риторике напоминающих речи лидеров Третьего рейха, нет места осуждению террористов; в их требованиях не присутствуют гарантии Израилю, что массовое убийство его граждан не повторится. Они бесконечно кричат и проклинают, участвуют в автопробегах и народных собраниях, возбуждают на арабской улице самые кровожадные и низменные инстинкты, но их забота о «бедных палестинцах» сочетается с отказом принять хотя бы одного палестинского беженца, поделиться с братьями хотя бы одним квадратным километром земли, послать хотя бы один взвод своих солдат на границу с Израилем для недопущения терактов в будущем. Впрочем, хорошая новость состоит в том, что и для «священной войны против Израиля» они пока не готовы послать даже взвод солдат.

В России ситуация, как это уже принято, оборачивается кровавым анекдотом. С молчаливого благословения Кремля наиболее тупые патриоты-антисемиты начали кампанию по бойкоту евреев — в основном предлагают не сдавать им квартиры. В Дагестане местные антисемиты пошли дальше и устроили погром аэропорта, куда должен был прилететь самолет с дагестанскими детьми, проходившими лечение в Израиле. Погром как погром — евреев не нашли, зато разграбили магазины и офисы.

В западном мире 7 октября разбудило многих, но пока далеко не всех. Еще не все жертвы страшного теракта преданы земле, а западные страны, столкнувшиеся на этом фоне с десятикратным всплеском проявлений антисемитизма, не справились даже с запретом демонстраций радикалов под лозунгами «От реки до моря» — то есть фактически «Уничтожим Израиль».

Хотел бы я посмотреть на реакцию западной общественности на демонстрации под лозунгами «Россия от Будапешта до Сеула» или даже «Украина — от Львова до Сахалина». Но как и раньше, чего нельзя против кого бы то ни было, можно против Израиля.

Чего гуманисты на Западе не понимают, так это того, что Израиль является сегодня мишенью не сам по себе, а как форпост западной цивилизации. Для мракобесов в Тегеране, Йемене, долине Бекаа Израиль ненавистен не как «оккупант» (никому не нужны эти клочки земли, как никому не нужны живущие на них люди), а как представитель мира, который они мечтают уничтожить. Они одержимы идеей мирового господства и последовательно идут к ней — в то время как Запад по какой-то непостижимой инерции полагает, что его возможности несравнимо больше, чем у иранского режима, и не стоит всерьез волноваться. Это не так, равно как ошибкой оказалась вера в то, что возможности ХАМАС несравнимо меньше возможностей Израиля и Израиль мог не волноваться. Но Запад давно перестал учиться на чужих ошибках, и нет гарантии, что он научится даже на своей.


Мне интересно.

Я видел фильмы Голливуда о захвате китайцами США. Надо сказать, что китайцы последние несколько веков, кроме Тибета, ничего не захватывали, и даже там непонятно, то ли они его захватили, то ли спасли. Но тем не менее фильмы есть, китайцы не обижаются, левая общественность не протестует против такой дискриминации китайцев.

Я видел фильмы Голливуда, где американский герой мочит коварных и злых русских, затеявших победить хороших парней. Русских и правда хлебом не корми, дай кого-нибудь победить, и много среди них коварных и злых, хотя с американцами они на поле боя не сталкивались, по крайней мере лоб в лоб. Но тем не менее фильмы есть, русские не обижаются, левая общественность не протестует против такой дискриминации русских.

А знаете, какого фильма я не видел? Я не видел фильма про нападение палестинских террористов на Лондон.

Ведь может быть такой — сугубо фантастический, конечно — фильм. Представьте себе: пасмурным октябрьским утром 1500 террористов, вооруженных автоматическим оружием и мачете, просто выходят из квартир в social housing столицы Великобритании и начинают методично, дом за домом идти, скажем, по Фулэму и делать там то, что они любят и умеют делать, прямо как в кибуцах Южного Израиля 7 октября. Как далеко они пройдут, учитывая полное отсутствие оружия у жителей Лондона (здесь даже газовые баллончики запрещены) и тот факт, что в полиции Лондона менее 3000 вооруженных сотрудников, рассеянных по всему городу, причем 20% в отпуске и половина не на работе, армейские подразделения никогда не вели уличных боев, а немедленно образующиеся в такой ситуации пробки не дадут им даже подобраться к месту событий? Учитывая, что каждый террорист сможет унести на себе 200–300 патронов, до 10 гранат и пару мачете и вряд ли их остановят в течение часов, а возможно, и нескольких дней, сколько десятков или сотен тысяч человек погибнет страшной смертью?

Я могу добавить деталей в сюжет: в заявлении очередной палестинской освободительной организации будет сказано, что это акт священной борьбы за освобождение Палестины — ответ на помощь Британии Израилю в войне 2023 года. В десятках арабских стран пройдут праздничные шествия, которые через несколько дней сменятся митингами гнева по всему миру по поводу зачистки британскими вооруженными силами мест скопления эмигрантов-экстремистов. В арабских странах будут жечь и громить британские посольства. В Дагестане толпа разгромит аэропорты и железнодорожные вокзалы в ожидании беженцев из Великобритании. Путин призовет к немедленному прекращению огня и признанию

Ричмонда территорией Палестины в качестве единственного мирного решения. Мировые рынки рухнут, фунт будет стоить 50 центов, золото — 3000 долларов за унцию. Где-то в своих роскошных дворцах и апартаментах заработают сотни миллионов долларов руководители террористов, которые за сутки до атаки зашортят фунт и мировые акции. Но все это не будет иметь никакого значения для жителей Фулэма — для них уже ничего не будет иметь никакого значения.

Вы спросите авторов фильма: «Как такое возможно?» — «Технически — элементарно, — ответят они. Завезти в Британию стрелковое оружие и гранаты намного легче, чем в находящийся в «ужасной израильской блокаде» сектор Газа. В Великобритании живет 4 млн мусульман — в 2 раза больше, чем в Газе; при этом въезд на территорию Великобритании так же элементарен (любимое слово Холмса, не так ли?) — в год около 53 000 нелегальных эмигрантов проникает в Альбион и еще около 20–30 тыс. выходцев с Ближнего Востока получает статус официально; направить в этом потоке 1500 своих человек за 2–3 года дело нехитрое, да и на месте можно набрать — неужели даже 1% из участвовавших в прохамасовских демонстрациях не пойдет за правое дело?»

Вы скажете: «Ну, это сказки какие-то, этого не может произойти». Отлично, а, собственно, почему? Почему, если можно это сделать в Израиле? Если можно взрывать небоскребы в Нью-Йорке, поезда в Мадриде, мечети в Пакистане? Почему, если все это можно и взамен можно получать еще больше денежной помощи от международных благотворителей, еще больше поддержки от безумных левых всего мира, если главарям с места событий можно в итоге спокойно уехать к своим особнякам и частным самолетам в обмен на жизни заложников (о, в Фулэме будет много заложников!) и начать все сначала с еще большей уверенностью в себе? Почему, если огромным державам на востоке и юге сегодня настолько выгодна дестабилизация Запада, что они готовы будут оплатить и сам акт, и последующую PR-кампанию?

Я лично очень сомневаюсь, что такой художественный фильм снимут, ведь палестинцы, Рамзан Кадыров и десяток бойцов смешанных единоборств могут очень обидеться. Это вам не русские и не китайцы — их обижать левое лобби не позволит.

Но я не сомневаюсь, что люди доброй воли всего мира приложат все усилия, чтобы не дать Израилю уничтожить на корню террористов в Газе; что никому даже не придет в голову, что международные силы наконец могли бы взять и территории, и Южный Ливан, и Йемен, и части Сирии, наводненные проиранскими террористами, под контроль; что можно и нужно создать международную противоиранскую коалицию, которая сможет объяснить аятоллам доходчиво, что будет с ними, если теракты продолжатся в любой форме; что никто не станет из университетов и СМИ поганой метлой гнать любителей террористов и плакальщиков по «бедному народу Палестины», а распространяющих ложь и дезинформацию по поводу «зверств Израиля» никто не будет сажать по статьям за клевету и разжигание национальной розни — ведь у нас свобода мнений и их выражения.

Если я прав, то нам с вами все-таки предстоит посмотреть фильм, сценарий которого я только что сочинил. Правда, фильм этот будет документальным.

# ЗАКЛЮЧЕНИЕ

В марте 2022 года, едва мы завершили полный вывод нашего бизнеса из России, я написал пару советов — по одному тем, кто вне России, и тем, кто внутри. Еще два месяца назад мне такое не пришло бы в голову — какая была разница, кроме тонкостей налогообложения. Это одна из первых моих статей в период от войны до войны, но я сознательно ставлю ее в виде заключения к книге — оба этих совета не стали неактуальными и не станут неактуальными в ближайшем будущем. Мой вам совет, дорогие читатели: не пренебрегайте ими.

18 февраля ушла в печать в России моя книга «Лондон. Дневник новичка», в которой я, подробно описав, почему уехал, тем не менее обещал: «Буду прилетать почти каждый месяц». Теперь это — памятник ушедшей эпохи (надеюсь, напечатают!), и прилетать я в Россию в ближайшие годы, а то и десятилетия не буду. Но времена изменились, и изменились безвозвратно. Как бы ни развивались события дальше, уехавшие (давно, недавно и сейчас) навсегда отделены теперь невидимым занавесом от тех, кто остается, не собираясь покинуть Россию. Занавес этот не только технический, состоящий из запретов на переводы валюты, отсутствия рейсов или запрета роскомнадзора читать в России фейсбук, а вне России — государственные российские сайты; он даже и не только политический, состоящий в простой опасности для уехавших и не боящихся говорить возвращаться в Россию. Занавес этот уже ткется и скоро соткется совсем — из наших же мыслительных конструкций, наших повседневных забот, наших страхов и обид, дум о будущем и настоящем, компромиссов и позиций, возможностей и потребностей.

Итак, совет для тех, кто вне России.

Во-первых, надо перестать торговаться и перейти к стадии принятия. Нет, неправда, что «большевизм скоро закончится», мы это проходили сто лет назад. Ну, закончится — будет хорошо, но не надо на это надеяться. Надо строить свою жизнь не на два дома, как раньше, а на один, или на два, но и второй будет другим, не российским. Из России надо по возможности эвакуировать все, что вам дорого, и отпустить все, что нельзя эвакуировать. Но не этот совет я хотел дать.

Всем обладателям российского паспорта, нынешним и бывшим, кто сегодня выбрал жизнь вне России, некомфортно не только потому, что они потеряли страну, в которой родились, выросли, для которой большинство очень много сделало и с которой была связана часть их жизни. Им некомфортно потому, что наклейка «россиянин» на их лбу сегодня жжет. Жжение это частично идет изнутри (если бы часть жителей Содома и Гоморры спаслись, они бы чувствовали то же самое), частично — снаружи: банки ограничивают операции, карты заморожены, визы больше не дают, подчас смотрят косо, все время хочется оправдываться.

Знаете, на что это похоже? На ощущения евреев в СССР. Я был, я знаю. Кто-то может возразить, что антисемитизм не имел под собой никаких оснований, а тут оснований с избытком. Я не соглашусь: во-первых, основания — всегда в головах, а не в реальном мире, и потому они всегда есть; во-вторых, тут тоже нет никаких оснований. В реальности «гражданин России» — это лишь магическая формула. Людям свойственно верить в магию любого рода: в СССР длинный нос, способности к математике или кудрявость были чарами, подтверждавшими загадочный «еврейский статус» человека, говорившего по-русски, думавшего по-русски, жившего в СССР, отмечавшего Новый год и даже иногда Масленицу. Носа было достаточно, чтобы не принимать в институт, бить в подворотне, оскорблять («еврей», кстати, всегда в СССР звучало немного оскорбительно, и неудобно было так себя называть). Оскорблений и ограничений было достаточно, чтобы субъект сам верил в свое еврейство и даже гордился им.

Сегодня паспорта достаточно, чтобы человека, который убежден в либеральных ценностях, всецело поддерживает Украину в текущем конфликте, является яростным противником российского режима, считать «россиянином» наравне, скажем, с Песковым. Да, быть евреем в реальности не было постыдно. Быть Песковым сейчас — чудовищный стыд. Но это не имеет к делу никакого отношения: обе наклейки — все равно лишь наклейки, и те, кто воспринимает их всерьез, ничем не отличаются друг от друга.

Мой совет: воспринимайте попытку наклеивать на вас ярлык одинаково вне зависимости от того, что на нем написано: 1) наклеивать наклейки глупо и часто гадко, даже если это делают любимые «развитые страны» — в них тоже делаются гадости и глупости; 2) не позволяйте себе поверить в наклеенное на вас, сохраняйте образ себя таким, какой он есть на самом деле; 3) учитывайте наличие наклейки на практике (а куда деваться), но не позволяйте себе обидеться и начать оправдывать то, что на ней написано. Евреи не начинали резать младенцев на мацу, оттого что их притесняли; вы не начинайте поддерживать Путина и стремиться в Россию, оттого что вас притесняют. Конечно, у евреев из СССР был Израиль, крайний выход; им позволяли также эмигрировать в США. У уехавших россиян сегодня нет России, куда можно вернуться, эмигрировать дальше нашей нынешней эмиграции некуда. Но есть и хорошая новость: если антисемитизм (увы) вечен, то антироссийские настроения не вечны, разделение «Путина и Пушкина» произойдет бесповоротно уже через несколько лет, и желающих отмежеваться от политики России россиян будут воспринимать так же, как еврейских беженцев из СССР.

С другой стороны, у меня есть совет и для тех, кто остается в России.

Именно сейчас у вас есть уникальный шанс — шанс, которого скоро не будет. Это шанс правильно остаться в истории, «сделать себе некролог». Нет, я не про выходы на митинги и прочее общественное сопротивление. Громадное большинство из вас — частные лица, и некрологи ваши будут частными, доступными лишь вашим потомкам. Но тем не менее они будут! Пройдут года и десятилетия, и в России пять раз все поменяется сверху донизу — властители, идеи, границы, общественный строй, даже история. Ваши внуки, правнуки, внучатые племянники обязательно будут интересоваться вами — своим предком. Что вы делали? Что думали? Что говорили? Подумайте об этом сегодня. Это очень просто и не требует больших усилий. Надо всего лишь не бежать вперед паровоза. Обеспечьте, чтобы ваш внук никогда не нашел ваше фото с митинга в поддержку «спецоперации», с адской буквой z или в компании известных любителей «русского мира». Позаботьтесь, чтобы в СМИ или соцсетях не было ваших комментариев про «море открывшихся возможностей» или «неоднозначность происходящего». Вам не нужно писать в ФБ, что вы думаете, если вы боитесь силовиков; но заведите дневник или напишите невзначай письмо жене или мужу, у кого кто (друзьям не пишите — донесут), и вот там изложите свои мысли, называя войну войной, преступление преступлением, преступников — преступниками. Спрячьте подальше от греха, но так, чтобы вы сами или ваши потомки нашли это, когда ветер переменится и отравленный морок схлынет.

Когда я рос, в нашей семье не слишком много говорилось про политику — было множество тем поинтереснее. Был поздний СССР, и, кажется, даже власти уже стеснялись политических разговоров. Но тем не менее мой дед слушал «голоса» на старенькой «Спидоле». Тем не менее его лицо во время трансляции заседаний съезда КПСС было крайне красноречивым. Тем не менее Прагу-68, как и Будапешт-56, в семье называли трагедией — негромко и чтобы дети не слышали, но дети же всё слышат!

Мама рассказывала, что 5 марта 1953 года мой дед ворвался на кухню к бабушке счастливый, с криком: «Лялечка, нам срочно надо выпить вина!» — «Почему ты радуешься, ведь Сталин умер!» — спросила его моя шестилетняя мама. «Что ты, Наташенька, я чудовищно грущу, это так ужасно!» — воскликнул он, захохотал и подхватил ее на руки.

Когда подрос, и это совпало с «гласностью», я впился в документы — свидетельства истории моей семьи. Среди моих ближайших предков нашлись дворяне и крестьяне, евреи, поляки, украинцы, русские, ученые и водители, репрессированные и занимавшие высокие управленческие посты (а также занимавшие их, а потом репрессированные). Не нашлось среди них лишь палачей; не нашлось доносчиков; не оказалось певцов товарища Сталина, коммунистического завтра, первых учеников партшколы; не было тех, кто поддерживал репрессии, кто одобрял сталинский террор, хрущевские метания, брежневский застой. Вы не представляете, как я благодарен моим предкам за то, что мне нечего стыдиться и нечего скрывать в истории моей семьи. Чего я и вашим потомкам желаю. Для этого ведь надо так немного: просто не будьте первыми учениками; просто оставьте им весточку из сегодняшнего дня, пока новая советская рутина вас не поглотила. Пусть они смогут сказать: «Мой предок был порядочным человеком».

Ну а если вдруг времена изменятся быстро и те, кто сегодня посылают убивать или выписывают штрафы за цитирование Толстого, уже завтра будут жалобно ныть, что «такой был приказ» и они «не виноваты», подобные записи пригодятся вам, возможно, не только для потомков, но и для современников. Просто чтобы вашу руку стали пожимать, будет мало не попасть на скамью подсудимых. Вероятность таких перемен, конечно, мала, но почему бы ее не учитывать?

# БЛАГОДАРНОСТИ

Книга «От войны до войны» родилась не от хорошей жизни, и было бы куда лучше, если бы для нее совсем не было материала. Но что есть, то есть, и уж коль скоро набралось более шестидесяти статей, то, очевидно, в этом не только моя заслуга.

Во-первых, никакой моей благодарности не хватит, чтобы оценить по достоинству вклад Ольги Мовчан в этот труд. Помимо великого терпения, необходимого, чтобы выдержать воскресное сидение мужа за компьютером, она внесла в тексты множество умных мыслей, идей, оборотов, которые я беззастенчиво присваивал по факту наших долгих дискуссий и включал в статьи. В ряде статей я прямо ссылаюсь на ее работы — она очень известный, титулованный, популярный в Европе психотерапевт и о нашем сегодняшнем сумасшедшем мире знает куда больше меня.

Мысль не работает в одиночестве. В течение полутора лет, пока писались статьи, я читал, смотрел, общался с большим количеством специалистов: политологов, экономистов, социологов, бизнесменов, менеджеров, профессионалов в разных областях. Вячеслав Иноземцев, Сергей Гуриев, Дмитрий Некрасов, Сергей Вакуленко, Олег Радзинский, Сергей Лагодинский, Оуэн Мэтьюз, Валерий Аджиев, Михаил Ходорковский, Яков Миркин, Игорь Липсиц, Константин Сонин, Том Де Вал, Александр Баунов, Максимилиан Хесс и еще многие и многие другие (простите меня, если я кого-то не назвал по имени, это потому, что память меня подводит) — огромное спасибо вам за ваши мысли, выступления, идеи, общение со мной: это бесценно.

Разумеется, почти ничего из вошедшего в книгу не было бы написано, если бы не аудитория моих читателей. Я веду канал в фейсбуке со 110 тысячами подписчиков, которые не только читают мои тексты, но и активно комментируют, помогая мне оттачивать мысли, избавляться от собственных пристрастных мнений, усиливать аргументацию. Их вопросы заставляют задумываться, искать информацию, находить новые и неожиданные факты и интерпретации. Огромное спасибо всем моим подписчикам — вы не только тешите мое самолюбие, вы очень помогаете мне в жизни.

В обычной жизни я являюсь владельцем большой и все еще, несмотря ни на что, быстро растущей компании. Если бы не ее менеджеры, которые с фанатизмом трехсот спартанцев защищают наш бизнес, кажется, от всего мира, с энтузиазмом конкистадоров прокладывают новые финансовые пути для наших клиентов и с гениальностью Шерлока Холмса по незаметным признакам определяют лучшие инвестиции, мне было бы не на что купить компьютер, на котором я пишу эти строчки. Огромное спасибо Борису Мошковичу, Юлии Прокофьевой, Рафаэлю Нагапетьянцу, Елене Чирковой, Марии Склифасовской, Эуджениу Киреу, Майклу Портному, Анастасии Овчинниковой, Артему Карлову, Виктории Вяхоревой, Жадре Абдуллиной, Борису Мильштейну, Павлу Широчкину, Данияру Серикову, Сергею Гурову, Софьи Кухно, Александру Овчинникову, Михаилу Никотину, Мирону Уншакову, Фае Мовчан, Жансулу Мухамеджановой, Тарасу Сычеву, Александру Уварову, Константину Ждановичу — вы лучшая в мире команда для нашего пиратского корабля.

Разумеется, этой книги не было бы, если бы не жили на свете дураки на высоких должностях, подлецы и воры, облеченные властью, убийцы, маскирующие свое черное дело под великие идеи и цели, трусы и подхалимы, готовые подпевать начальству и прогибаться перед сильным, конъюнктурщики и циники, ищущие выгоду где угодно, вне зависимости от морали. Благодарить всех этих Путиных, Патрушевых, Кадыровых, всех бесконечных депутатов Думы и других советов, генералов ВС РФ, ведущих российского телевидения, патриотических блогеров, равно как бюрократов из различных ведомств развитых стран и тем более террористов и их пособников от властей Ирана до безумных леваков, борющихся за право евреев быть убитыми, я, конечно, не стану. По мне так лучше бы их на свете совсем не было. Но без них не было бы и книги, и надо это признавать.

Наконец, если бы на свете были только персонажи, перечисленные в предыдущем абзаце, этой книги тоже бы не было, потому что тогда тьма накрыла бы мир, и некому стало бы это читать, и некому писать. Поэтому моя огромная благодарность, признательность и восхищение тем россиянам, которые не побоялись и не постеснялись выступать последовательно против кремлевского тоталитаризма — и внутри страны, и в эмиграции; тем, кто бескорыстно и на пределе сил все это время помогал и украинцам, и россиянам, не готовым мириться с режимом Путина; тем, кто в Украине не согласился склониться перед мощью вооруженного до зубов и обезумевшего соседа и ценой жизней, здоровья, своего личного будущего отстоял независимость Украины в эти два года; тем, кто сегодня в Израиле под ракетными обстрелами делает свое дело как ни в чем не бывало, и тем, кто в Газе уничтожает террористов, рискуя своей жизнью не только ради будущего еврейского народа и государства, но и ради того, чтобы как можно меньше жителей Газы погибло в катастрофе, спровоцированной террористами ХАМАС и их иранскими спонсорами; тем, кто не молчит, выступая в поддержку Израиля, и тем, кто отказывается присоединиться к хору простаков и подлецов, требующих от евреев смириться с убийством их женщин и детей ради абстрактных и ложных идей псевдогуманизма. Спасибо вам всем огромное — я восхищаюсь вами, моя деятельность, моя работа — ничто по сравнению с тем, что делаете вы, хотя я верю, что каждый день, и в том числе этой книгой, я вношу в наше общее дело микроскопический, но полезный вклад.

И, разумеется, книга мертва без читателей, так что спасибо лично вам — тому, кто сейчас держит ее в руках. Благодаря вам эта книга существует, и мне очень приятно, что вы прочтете хотя бы ее часть, хотя бы это предложение. А если она вам понравится, покажется полезной, принесет что-то новое, мне будет вдвойне приятно. Спасибо вам.

В издательстве Freedom Letters
вышли книги:

## Проза

Дмитрий Быков. VZ. ПОРТРЕТ НА ФОНЕ НАЦИИ

Сергей Давыдов. СПРИНГФИЛД

Алексей Макушинский. ДИМИТРИЙ

Александр Иличевский. ГОРОД ЗАКАТА

Александр Иличевский. ТЕЛА ПЛАТОНА

Дмитрий Быков. БОЛЬ/ШИНСТВО

Сборник рассказов МОЛЧАНИЕ О ВОЙНЕ

Ваня Чекалов. ЛЮБОВЬ

Юлий Дубов. БОЛЬШАЯ ПАЙКА
Первое полное авторское издание

Юлий Дубов. МЕНЬШЕЕ ЗЛО
Послесловие Дмитрия Быкова

Ася Михеева. ГРАНИЦЫ СРЕД

Дмитрий Быков. ЖД

*Серия «Отцы и дети»*

Иван Тургенев. ОТЦЫ И ДЕТИ
Предисловие Александра Иличевского

Лев Толстой. ХАДЖИ-МУРАТ
Предисловие Дмитрия Быкова

Сборник БЕДНЫЕ ВСЕ
Предисловие Александра Архангельского

Александр Грин. БЛИСТАЮЩИЙ МИР
Предисловие Артёма Ляховича

Сергей Давыдов. ПЯТЬ ПЬЕС О СВОБОДЕ
Сборник ПЯТЬ ПЬЕС О ВОЙНЕ

## «Слова України»

Генрі Лайон Олді. ВТОРГНЕННЯ
Генри Лайон Олди. ВТОРЖЕНИЕ
Генрі Лайон Олді. ДВЕРІ В ЗИМУ
Генри Лайон Олди. ДВЕРЬ В ЗИМУ
Андрій Бульбенко, Марта Кайдановська. СИДИ Й ДИВИСЬ
Максим Бородін. В КІНЦІ ВСІ СВІТЯТЬСЯ
Олег Ладиженський.
БАЛАДА СОЛДАТІВ. Вірші воєнних часів
Олег Ладыженский.
БАЛЛАДА СОЛДАТ. Стихи военных дней
Сборник современной украинской поэзии
ВОЗДУШНАЯ ТРЕВОГА
Юрий Смирнов. РЕКВИЗИТОР
Ксандра Крашевска. КОЛЫБЕЛЬНАЯ ПО МАРИУПОЛЮ
Предисловие Линор Горалик
Ирина Евса. ДЕТИ РАХИЛИ
Александр Кабанов. СЫН СНЕГОВИКА
Анатолий Стреляный. ЧУЖАЯ СПЕРМА
Валерий Примост. ШТАБНАЯ СУКА
Артём Ляхович. ЛОГОВО ЗМИЕВО
Алексей Никитин. ОТ ЛИЦА ОГНЯ

## Литература нон-фикшн

Людмила Штерн. БРОДСКИЙ: ОСЯ, ИОСИФ, JOSEPH
Людмила Штерн. ДОВЛАТОВ — ДОБРЫЙ МОЙ ПРИЯТЕЛЬ

Илья Бер, Даниил Федкевич, Н. Ч.,
Евгений Бунтман, Павел Солахян, С. Т.
ПРАВДА ЛИ. Послесловие Христо Грозева

*Серия «Февраль/Лютий»*
Светлана Еремеева. МЁРТВОЕ ВРЕМЯ
**** *******. У ФАШИСТОВ МАЛО КРАСКИ
Сборник эссе НОСОРОГИ В КНИЖНОЙ ЛАВКЕ

*Серия «Не убоюсь зла»*
Натан Щаранский. НЕ УБОЮСЬ ЗЛА
Илья Яшин. СОПРОТИВЛЕНИЕ ПОЛЕЗНО
Выступления российских
политзаключённых и обвиняемых
НЕПОСЛЕДНИЕ СЛОВА

www.ingramcontent.com/pod-product-compliance
Lightning Source LLC
Chambersburg PA
CBHW070050030426
42335CB00016B/1845